ACCESO GRATIS *a la Lectura en la Nube*

Para visualizar el libro electrónico en la nube de lectura envíe junto a su nombre y apellidos una fotografía del código de barras situado en la contraportada del libro y otra del ticket de compra a la dirección:

ebooktirant@tirant.com

En un máximo de 72 horas laborales le enviaremos el código de acceso con sus instrucciones.

La visualización del libro en **NUBE DE LECTURA** excluye los usos bibliotecarios y públicos que puedan poner el archivo electrónico a disposición de una comunidad de lectores. Se permite tan solo un uso individual y privado

SISTEMAS CONSTITUCIONALES COMPARADOS

Procedimiento de selección de originales, ver página web:
www.tirant.net/index.php/editorial/procedimiento-de-seleccion-de-originales

SISTEMAS CONSTITUCIONALES COMPARADOS

MARÍA HOLGADO GONZÁLEZ
Directora

MARÍA REYES PÉREZ ALBERDI
ABDELHAMID ADNANE
HÉCTOR ÁLVAREZ GARCÍA
ALICIA RIVAS VAÑÓ
Coordinadores

tirant lo blanch
Valencia, 2025

En caso de erratas y actualizaciones, la Editorial Tirant lo Blanch publicará la pertinente corrección en la página web www.tirant.com.

EDITA: TIRANT LO BLANCH
C/ Artes Gráficas, 14 - 46010 - Valencia
TELFS.: 96/361 00 48 - 50
FAX: 96/369 41 51
Email:tlb@tirant.com
www.tirant.com
Librería virtual: www.tirant.es
DEPÓSITO LEGAL: V-761-2025
ISBN: 978-84-1095-442-7
MAQUETA: Disset Ediciones

Si tiene alguna queja o sugerencia, envíenos un mail a: *atencioncliente@tirant.com*. En caso de no ser atendida su sugerencia, por favor, lea en *www.tirant.net/index.php/empresa/politicas-de-empresa* nuestro procedimiento de quejas.

Responsabilidad Social Corporativa: http://www.tirant.net/Docs/RSCTirant.pdf

Índice

CAPÍTULO IV

CAPÍTULO V

CAPÍTULO VIII
EL SISTEMA CONSTITUCIONAL Y EL MODELO TERRITORIAL PORTUGUÉS 165

CARLOS CARNERO JIMÉNEZ

CAPÍTULO IX
EL SISTEMA CONSTITUCIONAL DEL REINO DE MARRUECOS 201

ABDELHAMID ADNANE

CAPÍTULO XI

CAPÍTULO XII

Presentación

Esta obra, coordinada por un grupo de profesores y profesoras de Derecho Constitucional de la Universidad Pablo de Olavide, nace con el propósito de servir de recurso docente y de aprendizaje para la preparación de las asignaturas relacionadas con el Derecho Constitucional comparado y los Sistemas políticos comparados. Está dirigida especialmente a los estudiantes de los Grados en Derecho, Ciencias Políticas y de la Administración, y Relaciones Internacionales, con la finalidad de facilitar la comprensión de los distintos sistemas constitucionales objeto de estudio en estas disciplinas, así como para ofrecerles una visión global de los diferentes modelos que pueden encontrarse a nivel comparado. Igualmente, procura convertirse en una referencia útil y actualizada para el profesorado encargado de impartir esta materia, que le facilite su labor docente.

Con este objetivo, el libro comienza con un capítulo introductorio sobre el método del Derecho Constitucional comparado para, a continuación, analizar una selección de sistemas constitucionales comparados que pretenden ofrecer una muestra lo suficientemente ilustrativa de los diferentes modelos existentes. En este sentido, se ha buscado alcanzar un cierto equilibrio entre regímenes parlamentarios, presidenciales y semipresidenciales; sistemas unitarios y descentralizados; así como monarquías y repúblicas. Confiamos, para futuras ediciones, en seguir ampliando los sistemas constitucionales objeto de estudio a fin de ofrecer una visión más completa del Derecho Constitucional comparado.

Como herramienta docente y de aprendizaje y con la mirada puesta en el estudiantado, la obra adopta un lenguaje fácilmente comprensible y una metodología didáctica, buscando asegurar la homogeneidad en el tratamiento de los distintos sistemas constitucionales analizados a partir de una serie de elementos comunes de estudio (fuentes del Derecho, instituciones constitucionales, organización territorial, derechos fundamentales y justicia constitucional) a fin de que quien se acerque a su lectura pueda encontrar, de manera sencilla, semejanzas y diferencias entre unos y otros para extraer conclusiones. Pues en eso consiste precisamente el estudio del Derecho Comparado.

Finalmente, este libro es el resultado del trabajo realizado por quince profesores e investigadores de distintas universidades españolas y extranjeras, que aceptaron el ofrecimiento del área de Derecho Constitucional de la Universidad Pablo de Olavide de participar en el proyecto de proporcionar una herramienta docente para el análisis de los sistemas constitucionales comparados, que pudiera ser útil y manejable, tanto para estudiantes como para profesorado. A todas ellas les agradezco sinceramente su labor y su generosa disponibilidad para llevarlo a término, confiando en habernos acercado a alcanzar ese propósito.

MARÍA HOLGADO GONZÁLEZ

Capítulo I

El derecho constitucional comparado y su método

PEDRO TENORIO SÁNCHEZ
Catedrático de Derecho Constitucional. UNED. Madrid.

SUMARIO: I. Concepto de Constitución como presupuesto del método del Derecho Constitucional comparado. II. Concepto de derecho como presupuesto del derecho constitucional comparado. III. Método, objeto y finalidad de la comparación en derecho constitucional. IV. Modelos de referencia en el Derecho constitucional comparado y convergencia. V. Derecho constitucional comparado y Tribunales Constitucionales. Bibliografía.

I. CONCEPTO DE CONSTITUCIÓN COMO PRESUPUESTO DEL MÉTODO DEL DERECHO CONSTITUCIONAL COMPARADO

1. La primera cuestión que hay que plantearse a la vista de los estudios existentes de Derecho Constitucional Comparado es la de si esta disciplina, como ciencia[1], debe estar abierta al estudio de todos los Estados o si solamente deben estudiarse aquellos que son considerados modelos de Estados democráticoliberales. Para algunos, el Derecho Constitucional Comparado debe comprender el estudio de todos los Estados, ya que el objeto de la ciencia del Derecho Constitucional es el conocimiento. En este sentido, después de algunos primeros tratados que incluían como objeto de la disciplina solo las democracias occidentales, otros dieron entrada al estudio de las llamadas democracias populares o también a los estados surgidos del proceso de descolonización.

Ciertamente, esta última perspectiva permite tener una visión de conjunto que haga posible la clasificación de las formas de Estado y formas de gobierno. La inclusión de una amplia variedad de sistemas constitucionales en el estudio comparado enriquece el análisis y proporciona una comprensión más completa de las diferentes soluciones adoptadas en contextos diversos. Además, facilita la identificación de patrones y tendencias globales, contribuyendo al

---

1 Aunque nos apartamos en algunos puntos, el presente trabajo se basa ampliamente en los escritos del profesor De Vergottini que citamos en la bibliografía. Dicho profesor fue el director de la tesis del autor de esta contribución y por tanto su maestro italiano.

desarrollo de un conocimiento más profundo del Derecho Constitucional a nivel internacional.

2. Ahora bien, tiene pleno sentido para el Derecho Constitucional Comparado partir del *concepto de Constitución propio de las democracias occidentales,* básicamente las europeas y América del Norte. Este enfoque[2] nos exige partir de un sucinto concepto de Constitución democrática o democrático liberal. Este concepto debe descansar en tres ideas fundamentales.

a) Aprobación por el pueblo y reconocimiento de la soberanía nacional. En primer lugar, la Constitución democrática debe ser aprobada por el pueblo y ha de reconocer la soberanía nacional. Este principio se alinea con la definición de democracia de Abraham Lincoln como "gobierno del pueblo, por el pueblo y para el pueblo". La participación popular en la aprobación de la Constitución pretende garantizar que el poder emana del pueblo y que la legitimidad del orden constitucional se basa en la voluntad popular.

b) Reconocimiento de derechos fundamentales y división de poderes. En segundo lugar, solo merece la denominación de Constitución aquella que reconoce los derechos fundamentales y establece como garantía la división de poderes. Este principio fue reconocido por la Declaración de Derechos del Hombre y del Ciudadano francesa de 1789 en su artículo 16, que establece que una sociedad en la que no esté asegurada la garantía de los derechos ni determinada la división de poderes, carece de Constitución. La protección de los derechos fundamentales y la división de poderes son pilares esenciales para evitar abusos de poder y garantizar la libertad y la justicia.

c) Dignidad de la persona como centro de la organización política. Por último, una buena síntesis de la idea de democracia ha de orbitar en torno al reconocimiento de la dignidad de la persona como centro de la organización política. La Ley Fundamental de Bonn, que condensó los principios constitucionales de las democracias liberales vencedoras de la Segunda Guerra Mundial, establece en su artículo 1 que "la dignidad humana es inviolable". Este principio coloca a la persona y su dignidad en el centro del orden constitucional, asegurando que todas las acciones del Estado respeten y protejan los derechos humanos.

En resumen, el concepto de Constitución en el Derecho Constitucional Comparado debe basarse en la aprobación popular y la soberanía nacional, el reconocimiento de derechos fundamentales y la división de poderes, y la dignidad de la persona como centro de la organización política. Estos principios, arraigados en las democracias occidentales, proporcionan un marco sólido

---

2 Se trata de la conclusión lógica derivada del razonamiento sobre la experiencia histórica, poniendo entre paréntesis voluntades políticas.

para el análisis comparado y la comprensión de los sistemas constitucionales a nivel global.

3. El Derecho Constitucional Comparado debe partir de una clara distinción entre las *formas de Estado y las formas de gobierno.* Esta diferenciación es esencial para un análisis profundo y preciso de los sistemas constitucionales a nivel global.

En primer lugar, es fundamental distinguir entre formas de Estado democráticas y autoritarias. Las formas de Estado democráticas se caracterizan por la participación activa de los ciudadanos en la toma de decisiones políticas, el respeto a los derechos fundamentales y la existencia de mecanismos de control y equilibrio del poder. Por otro lado, las formas de Estado autoritarias se definen por la concentración del poder en manos de un líder o un grupo reducido, la limitación de las libertades individuales y la ausencia de mecanismos efectivos de control del poder.

Dentro de las formas de Estado democráticas, es necesario realizar una subclasificación de las diferentes formas de gobierno. Esta subclasificación incluye:

a) Forma de gobierno presidencial: caracterizada por la separación estricta de poderes, donde el presidente es tanto el jefe de Estado como el jefe de gobierno, elegido por sufragio directo o indirecto; el ejecutivo no precisa de la confianza de las cámaras legislativas y no hay derecho de disolución anticipada de las cámaras.

b) Forma de gobierno parlamentaria: en este sistema, el gobierno ha de contar con la confianza del poder legislativo. El jefe de gobierno (primer ministro) ha de contar con la confianza del parlamento y puede ser destituido por el mismo mediante una moción de censura.

c) Forma de gobierno asamblearia: también conocida como sistema de gobierno de asamblea, donde el poder legislativo tiene una preeminencia absoluta sobre el ejecutivo, y el jefe de Estado tiene un papel más ceremonial.

d) Forma de gobierno semi-presidencial: combina elementos del sistema presidencial y parlamentario. En este modelo, el presidente y el primer ministro comparten responsabilidades ejecutivas, y el segundo es responsable ante el parlamento.

En conclusión, la distinción entre formas de Estado y formas de gobierno, así como la subclasificación de las formas de Estado democráticas, es crucial para el Derecho Constitucional Comparado. Esta metodología permite un análisis más detallado y comprensivo de los diferentes sistemas constitucionales, facilitando la identificación de patrones y tendencias que pueden contribuir al desarrollo de un conocimiento más profundo y global del Derecho Constitucional.

Por otra, en principio, esta clasificación es útil para considerar la traslación de normas e instituciones. La traslación de un ordenamiento a otro solo tendrá éxito si existe una verdadera comunidad de valores fundamentales entre el ordenamiento imitado y el imitador. Por ejemplo, desde el punto de vista de la efectividad de la garantía constitucional, parece irrelevante la recepción formal del principio de garantía de los derechos fundamentales recogido en el art. 19.2 de la Ley Fundamental de Bonn por constituciones como la de Kazajistán de 1995 (art. 12) o la de Kirgyzistán de 2010 (art. 20). En cambio, consideramos que la recepción de dicha norma en la Constitución de Polonia de 1997 (art. 31) tiene un significado pleno.

4. Coherentemente con lo que llevamos dicho sobre el objeto, presupuestos y características del Derecho Constitucional Comparado, estimamos que dicha disciplina debe incluir el estudio de los Estados que se han constituido en *modelos* de Estados democráticos liberales. Estos modelos son fundamentales para entender las diversas manifestaciones de los sistemas de gobierno y su evolución a lo largo del tiempo.

En primer lugar, es esencial considerar a Gran Bretaña, la República Federal Alemana, Italia y Francia como manifestaciones del sistema parlamentario. Estos países han desarrollado sistemas parlamentarios robustos que han influido significativamente en la configuración de otros sistemas democráticos del mundo. Gran Bretaña, con su monarquía parlamentaria, es un ejemplo clásico de estabilidad y tradición democrática. La República Federal Alemana, por su parte, ha demostrado la eficacia de un sistema parlamentario federal, mientras que Italia y Francia han aportado sus propias particularidades y evoluciones dentro del parlamentarismo.

Por otro lado, Estados Unidos representa la forma presidencial, caracterizada por una clara separación de poderes y un sistema de "controles y contrapesos" que ha sido modelo para muchas otras democracias. La figura del presidente como jefe de Estado y de gobierno, elegido de manera independiente del poder legislativo, es una característica distintiva de este sistema.

Suiza, con su peculiar forma asamblearia, ofrece una derivación conservadora atemperada por su democracia directa y su sistema de referendos y consultas populares. Este modelo permite una participación ciudadana más directa en la toma de decisiones, lo que lo convierte en un caso único y digno de estudio en el Derecho Constitucional Comparado.

Finalmente, la Francia actual se presenta como un modelo semi presidencial, combinando elementos del parlamentarismo y del presidencialismo. Este sistema permite una dualidad en el poder ejecutivo, con un presidente y un primer ministro que comparten responsabilidades, lo que ofrece una interesante dinámica de poder y gobernabilidad.

En conclusión, el estudio del Derecho Constitucional Comparado debe incluir estos modelos de Estados democráticos liberales para proporcionar una visión completa y enriquecedora de las diferentes formas de gobierno. Analizar estos casos permite identificar patrones, tendencias y soluciones adoptadas en contextos diversos, contribuyendo al desarrollo de un conocimiento más profundo y global del Derecho Constitucional.

II. CONCEPTO DE DERECHO COMO PRESUPUESTO DEL DERECHO CONSTITUCIONAL COMPARADO

1. El Derecho Constitucional Comparado se fundamenta en la noción y método del Derecho del que se parte. Este concepto de Derecho es esencial, ya que determina el enfoque y las herramientas metodológicas utilizadas en el análisis comparado. Si se parte de una concepción positivista del Derecho, el estudio se centrará en las normas escritas y su aplicación. En cambio, una visión más sociológica o crítica del Derecho incluirá también factores históricos, culturales y sociales que influyen en la interpretación y aplicación de las constituciones. Por tanto, el concepto de Derecho del que se parte condiciona la forma en que se identifican y analizan las similitudes y diferencias entre los sistemas constitucionales, así como las conclusiones que se extraen de dicho análisis.

2. Incluso las posiciones metodológicas más positivistas y normativistas, que tradicionalmente se centran en el análisis de normas y principios jurídicos de manera estricta, se ven obligadas a dar entrada a consideraciones fácticas o sociológicas. Esto se debe a que el Derecho no opera en un vacío, sino en un contexto social y cultural específico que influye en su interpretación y aplicación.

Las normas jurídicas, aunque formuladas de manera abstracta, deben ser entendidas y aplicadas en situaciones concretas que reflejan la realidad social. Por ello, los positivistas y normativistas reconocen la necesidad de considerar factores como las prácticas sociales, las costumbres y las condiciones económicas y políticas. Estos elementos fácticos y sociológicos proporcionan un marco de referencia esencial para comprender cómo las normas jurídicas funcionan en la práctica y cómo son percibidas y aceptadas por la sociedad.

Además, la inclusión de estas consideraciones permite un análisis más completo y realista del Derecho, facilitando la identificación de posibles discrepancias entre la norma y su aplicación efectiva. En resumen, incluso las metodologías más rígidas deben adaptarse a la complejidad de la realidad social para ofrecer un análisis jurídico más preciso.

3. El Derecho Constitucional Comparado se centra principalmente en el estudio de las constituciones que, siguiendo la clásica clasificación de **Loewenstein**, llamaremos "normativas", aquellas que, reflejan y regulan efectivamente la realidad política y social de un Estado. Estas constituciones son consideradas como el objeto principal de análisis debido a su capacidad para establecer un marco jurídico efectivo y operativo que guía el funcionamiento del poder político y garantiza los derechos fundamentales de los ciudadanos.

Sin embargo, no se puede negar el valor científico de los estudios que incluyen constituciones que, de nuevo siguiendo la clasificación de Loewenstein, llamaremos nominales o semánticas. Las constituciones "nominales", aunque no se aplican plenamente en la práctica, representan un ideal normativo que puede influir en la evolución futura del sistema político y jurídico de un país. Estas constituciones, aunque no reflejan la realidad actual, pueden servir como un punto de referencia para reformas y cambios futuros, proporcionando un marco teórico que puede ser activado en momentos de transformación política.

Por otro lado, las constituciones "semánticas", esto es, carentes de eficacia, que son utilizadas principalmente como herramientas de legitimación por regímenes autoritarios, también tienen un valor significativo en el análisis comparado. Estudiar estas constituciones permite entender cómo los regímenes no democráticos utilizan el lenguaje constitucional para justificar su poder y cómo estas prácticas afectan la percepción y la legitimidad del derecho constitucional en diferentes contextos. Además, el análisis de las constituciones semánticas puede revelar las estrategias de control y manipulación del poder, ofreciendo una visión crítica y profunda de las dinámicas políticas y jurídicas en contextos autoritarios.

En conclusión, aunque el Derecho Constitucional Comparado se centra principalmente en las constituciones normativas, los estudios que incluyen constituciones nominales y semánticas aportan valor. Estos estudios amplían la comprensión de las diversas formas en que las constituciones pueden ser utilizadas y manipuladas, proporcionando una visión más completa y matizada del Derecho constitucional a nivel global.

4. En el ámbito del Derecho Constitucional Comparado, es fundamental integrar tanto consideraciones sociológicas como jurídicas para obtener un análisis completo y realista. Sin embargo, esta integración *debe realizarse de manera clara, consciente y coherente*, respetando la operación lógica que se desarrolla y los materiales que se están utilizando. La claridad en el estudio permite

que los resultados sean comprensibles y útiles. La claridad implica que los conceptos y métodos utilizados sean definidos y aplicados de manera precisa.

Es importante destacar que la constatación de que una norma ha sido incumplida no permite, sin más, excluirla como norma jurídica. Las normas jurídicas mantienen su validez y obligatoriedad, incluso cuando no son eficaces, esto es, cuando no son observadas en la práctica. Este principio es esencial para mantener la integridad del sistema jurídico y asegurar que las normas continúen siendo una referencia para la conducta social y política.

En un sistema de constitución codificada y rígida, la mera repetición de hechos no constituye una norma jurídica. Las normas jurídicas deben ser formalmente reconocidas y codificadas para tener validez. La repetición de hechos puede influir en la interpretación y aplicación de las normas, pero no las convierte en normas jurídicas por sí mismas. Este principio asegura que el sistema jurídico se mantenga ordenado y predecible, basado en normas claras y establecidas.

El estudio comparado del Derecho debe integrar consideraciones sociológicas y jurídicas de manera clara, consciente y coherente. La constatación de incumplimiento de una norma no la excluye de su consideración como norma jurídica, y la mera repetición de hechos no constituye una norma jurídica en un sistema de constitución codificada y rígida. Estos principios son fundamentales para mantener la integridad y validez del análisis jurídico comparado.

En el análisis del Derecho Constitucional Comparado, es fundamental distinguir entre el estudio de las normas jurídicas y la realidad política o juridicopolítica. Ambas esferas deben ser tratadas con claridad y precisión, evitando confusiones que puedan afectar la interpretación y los resultados del análisis. Las normas jurídicas representan el marco normativo formal, mientras que la realidad política refleja cómo estas normas se aplican y operan en la práctica. Es crucial ser consciente de cuándo se está analizando una norma jurídica y cuándo se está evaluando la realidad política, reconociendo las diferencias y particularidades de cada dimensión. Esta distinción permite un análisis riguroso y coherente, abordando cada aspecto de manera separada y consciente de sus implicaciones.

III. MÉTODO, OBJETO Y FINALIDAD DE LA COMPARACIÓN EN DERECHO CONSTITUCIONAL

1. Como hemos visto, en el contexto del régimen político de origen liberal, la doctrina constitucional tradicionalmente clasifica las formas de gobierno en parlamentaria, presidencial, semi presidencial y de asamblea, cada una con

sus variantes. Estos modelos pueden identificarse observando su tipo inicial o extrayendo las características comunes de sus diferentes variantes.

Por ejemplo, cuando la doctrina se refiere a la forma de gobierno semi presidencial, puede aludir al modelo considerado como el arquetipo de esta forma de gobierno, que es el caso de la Constitución francesa de 1958. Pero, alternativamente, puede realizar un análisis comparado de otras constituciones, como las de Alemania de 1919, Finlandia de 1919, Austria de 1929, Irlanda de 1937, Islandia de 1944 y Portugal de 1976. A partir de este análisis, se pueden deducir los elementos comunes que identifican un gobierno semi presidencial: un presidente de la República elegido por sufragio universal directo con funciones significativas y, simultáneamente, un gobierno responsable ante un parlamento electivo. Estos elementos tienden a definir un tipo abstracto de gobierno semi presidencial.

La modalidad de gobierno establecida en la Constitución rusa de 1993, conocida como "presidencialismo dominante", introdujo una variante novedosa en las formas de gobierno, alejándose de los esquemas presidenciales tradicionales y semi presidenciales. Este enfoque, inicialmente considerado como un modelo potencial, ha sido adoptado posteriormente en varias constituciones de la región postsoviética de Asia.

2. En ocasiones, la forma de gobierno se encuentra explícitamente regulada en el texto constitucional. Por ejemplo, la Constitución griega de 1975 establece que Grecia es una República parlamentaria (art. 1); mientras que la Constitución española de 1978 define la monarquía parlamentaria como la forma política del Estado español (art. 1). En estos casos, la referencia a dicha forma de gobierno implica la aceptación implícita por parte del constituyente de una serie de instituciones comúnmente reconocidas en el lenguaje de los expertos y en la praxis histórica política e institucional como características distintivas de la forma de gobierno parlamentaria. Por lo tanto, no sería posible remitir estos ordenamientos a otras formas de gobierno.

3. La comparación puede abarcar sistemas jurídicos en su totalidad (*macro comparación*) o centrarse en sectores específicos o instituciones concretas (*micro comparación*). Aunque es posible comparar dos sistemas jurídicos en su conjunto, esta tarea puede resultar problemática debido a su amplitud y riesgo de ser demasiado general.

Por otro lado, es importante considerar que la micro comparación, en cierto modo, presupone la macro comparación. Es decir, la micro comparación necesita situarse dentro de un contexto más amplio. Comparar formalmente instituciones similares basándose únicamente en las apariencias que ofrecen los textos puede llevar a errores de perspectiva. Es esencial tener claros los valores y la cultura constitucional que caracterizan a los sistemas jurídicos en su conjunto.

En principio, se considera comparable únicamente aquello que es homogéneo desde una perspectiva valorativa o ideológica en lo que respecta a los ordenamientos (macrocomparación) y homogéneo desde un punto de vista funcional en lo que se refiere a las instituciones específicas (microcomparación). Se comparan instituciones que pertenecen a la misma área cultural y tradición constitucional, y que cumplen la misma función, sin importar su cualificación formal.

4. Para realizar una comparación, es esencial tener clara la finalidad de la misma. No es lo mismo una comparación con fines prácticos, es decir, cuando se pretende desarrollar actividad normativa o jurisdiccional, que una comparación con fines meramente científicos.

La comparación en el ejercicio de funciones normativas y jurisdiccionales no es útil cuando se refiere a un ordenamiento tan distinto del propio que resulta inservible. La comparación entre ordenamientos estatales con diferentes formas de Estado o regímenes políticos es científicamente legítima, pero normalmente no será funcional a efectos normativos o jurisdiccionales.

5. La referencia al derecho externo y a la comparación debe ser pertinente. Esto significa que debe existir comparabilidad entre los precedentes judiciales de los tribunales en cuestión, como ocurre, por ejemplo, entre Estados Unidos, Canadá, Australia, Nueva Zelanda y Sudáfrica, ya que todos estos países comparten raíces culturales comunes propias del área del "common law". De manera similar, en el espacio jurídico europeo se dan los presupuestos sistemáticos para argumentaciones jurídicas de naturaleza comparada, entre los ordenamientos en que rige el Convenio Europeo de Derechos Humanos Más aún, dentro de los sistemas de derecho occidental, la comparación es más procedente entre los sistemas europeos continentales, que pertenecen al área del "civil law", y los ordenamientos angloamericanos, que se enmarcan en el "common law". A pesar de sus diferencias, ambos sistemas pueden ser reconducidos a una misma tradición fundada en los principios cristianos y en los propios de la democracia liberal. Hoy en día, se puede hablar de un modelo occidental unificado. Un ejemplo de esta convergencia se encuentra en la jurisprudencia del Tribunal Europeo de Derechos Humanos, que ha emitido sentencias que asimilan a los países del área jurídica del CEDH con Estados Unidos y Canadá, como se evidencia en las sentencias del 15 de enero de 2013 y del 17 de diciembre de 201III.

6. Es interesante señalar una característica de la jurisprudencia constitucional de los tribunales del este de Europa. A pesar de la larga proximidad cultural, política y constitucional con la Unión Soviética, estos tribunales no

recurren al derecho ruso vigente. Esto se debe a que dicho derecho podría resultar antitético respecto de los valores democráticos del constitucionalismo de las tradiciones occidentales que estos países han acogido.

7. En cuanto a la comparabilidad de una institución, es esencial determinar la función que cumple dentro del conjunto de su sistema. Esta función es clave para entender cómo se articula la institución en el contexto jurídico y social en el que opera, lo que permite realizar un análisis más profundo y significativo en el estudio comparativo del derecho.

IV. MODELOS DE REFERENCIA EN EL DERECHO CONSTITUCIONAL COMPARADO Y CONVERGENCIA.

1. Existen estados, ordenamientos o instituciones que se han propuesto y se proponen como modelo de referencia para otros. Las causas de ello pueden ser variadas y complejas. Una de las razones más evidentes es la imposición por parte de una potencia hegemónica de sus propias soluciones organizativas. Este fenómeno se observa, por ejemplo, en el caso de los instrumentos constitucionales dejados por las potencias coloniales en el momento de la concesión de la independencia a sus colonias. Estas soluciones, muchas veces, no se adaptaban a las realidades locales, pero se impusieron como modelos a seguir.

Otra causa que explica la adopción de ciertos modelos constitucionales es el prestigio adquirido por una Constitución en particular. Un claro ejemplo de esto es la influencia de la Constitución presidencial de Estados Unidos, que tuvo un impacto significativo en las repúblicas iberoamericanas durante el proceso de emancipación de España y Portugal. Este prestigio se tradujo en la adopción de principios y estructuras que se consideraban exitosos y deseables.

Además, la concepción de la Constitución también juega un papel crucial en la elección de modelos. En este sentido, se puede mencionar la fidelidad atribuida a determinadas constituciones en distintos continentes, especialmente en el contexto del abandono de los principios del socialismo real. En este caso, las nuevas democracias buscaron alinearse con los principios constitucionales del Estado liberal, que se consideraban más acordes con los valores democráticos y los derechos humanos.

Una mezcla de imposición y aparente prestigio se observa en la opción por los principios constitucionales socialistas adoptados en su día por las democracias populares del Este de Europa. Estas naciones, influenciadas por la Constitución estaliniana de 1936, optaron por un modelo que, aunque impuesto, también ofrecía una cierta legitimidad en el contexto de la Guerra Fría. La opción por instituciones fundadas en principios democráticos y en las garantías de los derechos del hombre se ha convertido en un requisito fundamental para los países del este europeo que buscan su incorporación a la Unión Europea.

2. En la elaboración de textos constitucionales, es común que se haga referencia, de manera más o menos sistemática, a la comparación con soluciones constitucionales ya experimentadas. Este proceso de comparación es esencial para entender cómo se han desarrollado las constituciones en diferentes contextos. Por ejemplo, se puede observar la influencia del modelo norteamericano sobre los constituyentes iberoamericanos, así como la incidencia de los modelos de Estado liberal y de los socialistas en los estados de reciente independencia. También es notable el impacto del modelo soviético sobre los constituyentes de las democracias populares.

3. Muchas constituciones modernas han sido precedidas por un análisis comparado. Este es el caso de la Constitución italiana de 1948, de la Ley Fundamental de Bonn de 1949, y de las constituciones francesas de 1946 y de 1958. Asimismo, la Constitución portuguesa de 1976 y la española de 1978 también se beneficiaron de estudios comparativos que informaron su redacción. Incluso la Constitución de la federación rusa de 1993 fue precedida de un estudio de las experiencias occidentales, lo que demuestra la importancia de la comparación en la elaboración de textos constitucionales.

Estos estudios comparados se reflejan luego en los textos constitucionales. Por ejemplo, el análisis del constitucionalismo occidental que ha precedido a la elaboración de las constituciones de los países del Este de Europa ha dado lugar a la implantación de la elección popular directa del presidente de la República. Además, se han establecido instituciones como la confianza parlamentaria y la disolución anticipada del parlamento en las constituciones de Polonia (1997), Rumanía (1991), Bulgaria (1991), Croacia (1990), Eslovenia (1991), Serbia (2006) y Montenegro (2007). Estos ejemplos ilustran cómo la comparación y el estudio de modelos previos han influido en la configuración de los sistemas constitucionales contemporáneos en diversas naciones.

4. La comparación empuja y permite advertir procesos de convergencia. Así ocurre por ejemplo entre los sistemas jurídicos de "common law" y "civil law". Históricamente, se ha diferenciado entre los ordenamientos que regulan las relaciones entre el poder público y los ciudadanos a través del derecho común, como en los sistemas anglosajones, y aquellos que se rigen por el Derecho Administrativo, que otorgan una posición privilegiada a la Administración pública, como el modelo francés o europeo continental. En los sistemas de "common law", se observa una tendencia hacia la aplicación de reglas comunes que son válidas tanto para operadores públicos como privados, permitiendo excepciones a favor de los poderes públicos. En los sistemas de "civil

law", predominan reglas especiales que subrayan la posición privilegiada de la Administración, limitando la aplicación de normas de derecho privado a esta.

Sin embargo, la práctica reciente indica que la distancia entre estos dos grupos de ordenamientos está disminuyendo. En los sistemas de "common law", se han multiplicado las normativas que favorecen a los poderes públicos, derogando el derecho común. Por otro lado, en los países de "civil law", se ha reducido el ámbito de privilegio de la Administración y se ha incrementado el uso del derecho privado. Este fenómeno se presenta como un caso significativo de convergencia entre los dos modelos tradicionales, aunque algunos expertos advierten que no se debe exagerar esta tendencia.

En resumen, la convergencia entre ambos sistemas refleja un proceso de acercamiento y adaptación que está redefiniendo los marcos legales en un contexto globalizado.

5. Entre los países que conforman la Unión Europea, la convergencia normativa se ve favorecida por las propias disposiciones de la Unión, particularmente a través de los Reglamentos y Directivas, así como por el reconocimiento de los principios constitucionales comunes a los Estados miembros. Esto facilita la adopción de normativas uniformes o similares, como es el caso de las elecciones por sufragio universal directo al Parlamento Europeo.

Por otro lado, esta convergencia también se explica por el uso que hace el Tribunal de Justicia de la Unión Europea de la jurisprudencia del Tribunal Europeo de Derechos Humanos (TEDH), basado en el artículo 52, párrafo tercero, de la Carta de Derechos Fundamentales de la Unión Europea. Según este artículo, cuando los derechos contenidos en la Carta sean equivalentes a los garantizados por el Convenio Europeo de Derechos Humanos, su significado y alcance deben ser iguales a los establecidos por el Convenio, aunque esto no impide que el derecho de la Unión otorgue una protección más amplia. Como resultado, el Tribunal de Justicia de la Unión Europea suele hacer referencia a la jurisprudencia del Tribunal Europeo de Derechos Humanos en sus decisiones.

En cuanto a la relación entre el Tribunal Europeo de Derechos Humanos y la Corte Interamericana de Derechos Humanos, cuando esta última inició su trabajo en 1969, encontró útil aprovechar la experiencia acumulada por el TEDH en la protección de los derechos humanos. De manera más reciente, la influencia ha comenzado a fluir en sentido contrario, con el Tribunal Europeo haciendo cada vez más uso de la jurisprudencia de la Corte Interamericana en casos de graves violaciones de derechos humanos, en los cuales esta ya se había pronunciado. De hecho, algunas sentencias del Tribunal Europeo de Derechos Humanos incluyen referencias explícitas a las decisiones de la Corte Interamericana, reservando secciones específicas para citar dicha jurisprudencia, lo que muestra un creciente intercambio de influencias entre ambos tribunales.

6. Es relevante destacar la influencia que ha tenido la jurisprudencia del Tribunal Constitucional Federal alemán en los tribunales constitucionales del este de Europa. Desde 1990, el Tribunal Constitucional húngaro ha recurrido frecuentemente a la jurisprudencia alemana, utilizando sentencias relacionadas con el art. 1, apdo. 1, de la Ley Fundamental de Bonn para interpretar su propia cláusula sobre el derecho a la dignidad humana, recogida en el art. 54, apdo. 1, de la Constitución húngara. De manera similar, el Tribunal Constitucional croata también ha hecho uso de la jurisprudencia alemana en varias de sus decisiones. Esta influencia ha sido unidireccional, ya que los tribunales alemanes no han citado la jurisprudencia húngara o croata.

Otro ejemplo parecido lo ofrece el Tribunal Constitucional chileno, que ha hecho referencia a sentencias alemanas, francesas, españolas e italianas, pero sin generar una influencia recíproca en estos tribunales. Esto sugiere que, más que un diálogo entre diferentes tribunales constitucionales, algunos jueces parecen ejercer una influencia dominante en la interpretación del Derecho constitucional.

7. En temas como la protección ambiental y cuestiones éticamente sensibles, como los símbolos religiosos, el aborto, el final de la vida, o los derechos de las parejas homosexuales, se observa una convergencia en las decisiones de distintos tribunales constitucionales.

8. En el ámbito de la metodología del razonamiento jurídico, se observa una notable convergencia, ejemplificada por la creciente adopción del principio de proporcionalidad en la jurisprudencia constitucional e internacional. Este principio se originó en la jurisprudencia del Tribunal Constitucional federal alemán en la década de 1970. Posteriormente, fue incorporado por el Tribunal Europeo de Derechos Humanos en la sentencia de 1976, *Handyside v. Reino Unido*. En 1986, el Tribunal de Justicia de la Unión Europea también lo adoptó en el caso *Marguerite Johnston*. A partir de entonces, tribunales de países como Canadá (1986), Sudáfrica (1995), Israel (1995), Australia (1992) e Irlanda (1998) lo han reconocido. Además, en 2008, el Tribunal Supremo de Estados Unidos hizo referencia a este principio en alguna de sus sentencias. En el contexto nacional, el Tribunal Constitucional aplica el principio de proporcionalidad en el ejercicio de todas sus competencias, consolidando su relevancia en el razonamiento jurídico contemporáneo.

V. DERECHO CONSTITUCIONAL COMPARADO Y TRIBUNALES CONSTITUCIONALES.

1. La comparación es solo uno de los métodos que los tribunales constitucionales emplean al interpretar disposiciones relativas a los derechos fundamentales. Junto con los métodos literal, sistemático, histórico y teleológico, que provienen del enfoque clásico de Savigny, Peter Häberle ha propuesto el método comparado como un quinto enfoque de interpretación. Según Häberle, este método es esencial para la exégesis de las cláusulas constitucionales sobre derechos fundamentales. En la actualidad, este enfoque ha ganado relevancia debido a la creciente referencia que hacen las constituciones nacionales a las normativas internacionales sobre derechos humanos. Por ejemplo, la Constitución española de 1978, en su art. 10.2, dispone que las normas sobre derechos fundamentales deben interpretarse de conformidad con la Declaración Universal de Derechos Humanos y los tratados internacionales ratificados por España. De manera similar, la Constitución portuguesa de 1976 establece en su art. 16 una disposición comparable.

A nivel supranacional, el Tribunal de Justicia de la Unión Europea recurre a los principios sobre derechos fundamentales que existen en los diferentes sistemas jurídicos de los Estados miembros, integrando así los distintos enfoques nacionales en sus decisiones.

2. En cuanto a la práctica interpretativa de los tribunales constitucionales, los especialistas (dice el maestro De Vergottini, a quien seguimos muy de cerca en todo este trabajo) señalan que el uso del Derecho extranjero o internacional puede tener diferentes propósitos. Puede emplearse de manera erudita o decorativa para respaldar el razonamiento del juez; también puede servir para reforzar o desmentir una tesis interpretativa, influyendo en la *ratio decidendi*, o aparecer como un *obiter dictum*. En ocasiones, este recurso resulta esencial cuando el juez enfrenta un vacío normativo debido a la ausencia de normas explícitas, lo que requiere llenar la laguna jurídica a través de la comparación con otros sistemas legales que ya hayan abordado cuestiones similares.

3. Existen tribunales y jueces que se aferran exclusivamente al Derecho interno y su jurisprudencia, rechazando la posibilidad de recurrir al derecho externo y a la comparación. Un ejemplo destacado es la jurisprudencia del Tribunal Supremo de Estados Unidos. La apertura de este Tribunal en la sentencia *Lawrence v. Texas*, emitida en 2004, donde se declaró inconstitucional una ley del Estado de Texas, generó un intenso debate tanto dentro del Tribunal como en el ámbito doctrinal y político. Por primera vez, el Tribunal Supremo citó explícitamente Derecho extranjero, incluyendo legislación inglesa y jurisprudencia del Tribunal Europeo de Derechos Humanos. La opinión mayoritaria, redactada por el juez Kennedy, se opuso a la disidencia del

juez Scalia, quien argumentó que no era admisible ampliar el examen judicial a fuentes ajenas a la Constitución estadounidense.

Una situación similar ocurrió con la sentencia *Roper v. Simmons* en 2005, cuando el Tribunal Supremo declaró inconstitucional una ley que permitía la ejecución de menores. En este caso, el Tribunal también recurrió a la legislación de otros países y a convenios internacionales, lo que provocó nuevamente una fuerte oposición de quienes sostenían que el Tribunal Supremo solo debía aplicar la Constitución de Estados Unidos. Se argumentó que cualquier forma de creatividad o ampliación, especialmente la referencia a derecho y jurisprudencia ajenos al orden constitucional original, sería inaceptable, ya que solo los órganos elegidos democráticamente deberían tener atribuciones creativas.

Este encendido debate evidenció la confrontación entre quienes apoyan y quienes se oponen al enfoque aislacionista del Tribunal Supremo. En conclusión, el originalismo sigue alimentando un cierto aislamiento del ordenamiento jurídico estadounidense, limitando las argumentaciones del Tribunal Supremo a los confines del Derecho nacional. La controversia refleja la tensión entre la conveniencia de adaptarse a estándares internacionales y la defensa de una interpretación estricta de la Constitución, lo que plantea interrogantes sobre la evolución del derecho en un contexto global.

4. Algunos tribunales son sensibles a las soluciones o argumentaciones del Derecho extranjero sin mencionarlo explícitamente. El Tribunal Constitucional español lo aplica más de lo que reflejan sus sentencias. El Consejo Constitucional francés también muestra permeabilidad a precedentes de otros tribunales, especialmente alemanes, italianos y españoles, aunque de manera indirecta y sin citarlos explícitamente.

5. Examinando la utilización del derecho constitucional comparado por parte del Tribunal Constitucional italiano, es fundamental distinguir entre dos tipos de invocaciones. Por un lado, están las afirmaciones generales de principios que son comúnmente aceptados en los estados democráticos liberales, tales como el principio democrático y el principio del Estado de derecho. Por otro lado, se encuentra la invocación más concreta y puntual de normas o sentencias de otros ordenamientos, así como la comparación entre ellos. Solo en este segundo caso se puede hablar de un verdadero recurso al derecho constitucional comparado. Sin embargo, es importante señalar que estas citas suelen ser utilizadas para reforzar decisiones que ya están orientadas y, en la mayoría de los casos, no parecen ser determinantes en el proceso de formación de la decisión final. Un ejemplo de esto se puede observar en una sentencia de 1988, donde el Tribunal Constitucional italiano hace referencia a los códigos penales de varios países, como Alemania occidental, Austria, Suiza, Grecia, Polonia, Yugoslavia y Japón, para fundamentar una de-

cisión relacionada con la ignorancia del derecho. Asimismo, en una sentencia de 2003, se mencionan aspectos de la legislación alemana que instrumenta un Estado federal y la cláusula de supremacía del Tribunal Supremo estadounidense para explicar ciertos mecanismos del Estado regional.

De manera similar, el Tribunal Constitucional húngaro, en un pronunciamiento sobre la constitucionalidad de la tutela de datos personales, citó legislaciones análogas de países como Bélgica, Dinamarca, Islandia, Noruega y Suiza, así como referencias a Portugal, Francia y Alemania. En otro caso, relativo a las garantías de la expropiación, se mencionaron las constituciones de Francia, Portugal, Irlanda e Italia, lo que evidencia la práctica de recurrir al Derecho comparado en la fundamentación de decisiones constitucionales.

6. El Tribunal Supremo canadiense utiliza sistemáticamente el recurso a la comparación como instrumento útil e incluso necesario para la interpretación de la Carta de Derechos y Libertades canadiense. Este enfoque se manifiesta en diversas sentencias, siendo uno de los ejemplos más destacados una decisión de 1990 en materia de lenguaje del odio. En esta sentencia, el Tribunal evaluó la constitucionalidad de los límites establecidos por la ley a las manifestaciones del pensamiento racista, haciendo referencia a varios ordenamientos jurídicos, entre ellos la jurisprudencia del Tribunal Europeo de Derechos Humanos. Este uso del Derecho comparado no implica que el Tribunal canadiense acepte ciegamente las soluciones de otros Estados; por el contrario, el estudio del derecho comparado puede llevar al Tribunal a formular conclusiones propias y diferenciadas que reflejan las particularidades del contexto canadiense.

7. Por su parte, el Tribunal Constitucional federal alemán también ha recurrido a la comparación, haciendo referencia a la regulación prevista en los ordenamientos de Estados que se basan en principios liberales y democráticos, como Italia, Francia, Suiza y Estados Unidos. En este sentido, el Tribunal ha considerado limitaciones a la actividad de partidos políticos que persiguen finalidades incompatibles con la forma de Estado. Un caso emblemático es la famosa sentencia de 17 de agosto de 1956, en la que se interpretó el artículo 2I.2 de la Ley Fundamental de Bonn, lo que llevó a la disolución del Partido Comunista en Alemania. Este caso ilustra cómo el derecho comparado puede influir en decisiones significativas, aunque el Tribunal alemán también mantiene su autonomía interpretativa.

8. En definitiva, los tribunales constitucionales, por regla general, resuelven los casos de constitucionalidad sin recurrir al derecho extranjero o a la comparación. Un ejemplo claro de esto se encuentra en nuestro Tribunal Constitucional, que, al examinar la constitucionalidad de normativas en materia de paridad de oportunidades, consideró el régimen previsto por la normativa italiana y francesa. A pesar de ello, el Tribunal afirmó con rotundidad

que el único canon constitucional que debe seguir es la Constitución estatal. No obstante, tanto antes como después de esta sentencia, nuestro Tribunal Constitucional ha recurrido al derecho comparado, no solo de manera indirecta o implícita, sino también citándolo explícitamente en sus decisiones. Esto evidencia una apertura hacia el análisis comparativo en la construcción de su jurisprudencia, lo que sugiere que, aunque el derecho comparado no sea determinante, sí puede desempeñar un papel *complementario* en el razonamiento jurídico del Tribunal Constitucional español. Esta dinámica refleja la complejidad del diálogo entre el Derecho nacional y el Derecho comparado en el ámbito constitucional, permitiendo una interpretación más rica y matizada de las normas constitucionales.

BIBLIOGRAFÍA.

-Blanco Valdés, Roberto y otros, *Derecho Constitucional Comparado.* Valencia, 2017.

-Burgoa, I., *Derecho Constitucional Comparado.* Porrúa, Méjico, 201V.

-Chávarri Sidera, P. y Delgado Sotillos, I., *Sistemas Políticos Contemporáneos.* Madrid, 201II.

-Figuerola, L. y Vázquez Alonso, V.J., *Derecho Político Comparado.* Sevilla, 201V.

-García-Pelayo, Manuel, *Derecho Constitucional Comparado.* Madrid, 2010.

-Jiménez Ojeda, O.D., *Perspectivas actuales de Derecho Comparado.* Méjico, 202I.

-López Garrido, Diego y otros, *Derecho Constitucional Comparado.* Valencia, 2017.

-Mateos y de Caro, O., *Presente y futuro de los sistemas políticos y los modelos constitucionales: un estudio comparado.* Madrid, 201IV.

-Soto Flores, A., *Sistemas Constitucionales y Políticos Contemporáneos.* Porrúa, Méjico, 2018.

-Tenorio Sánchez, Pedro, *Introducción al Derecho Constitucional Comparado.* Servicio de Publicaciones de la Facultad de Derecho de la Universidad Complutense de Madrid, Madrid, 1998.

- "El Derecho Comparado como argumento de las decisiones del Tribunal Constitucional español ". *Revista Española de Derecho Constitucional,* nº 108, septiembre/diciembre 2016, pp. 275 y ss.

-Vergottini, Giuseppe de, *"Una riflessione su comparazione costituzionale e manualistica". Revista AIC,* 1/2017.

Diritto costituzionale comparato. Undicesima edicione, Wolters Kluwer – CEDAC, Milán, 202II.

Capítulo II

El sistema constitucional de España

FRANCISCO GUTIÉRREZ RODRÍGUEZ

I. INTRODUCCIÓN

El sistema constitucional español actual se convertirá pronto en el más longevo de nuestra historia, pero no por ello debe pensarse que está obsoleto o que no se adecúa a la realidad de los tiempos. Desde 1978, España cuenta con una norma básica de convivencia que ha permitido décadas de prosperidad, crecimiento y modernización, situándola en el contexto internacional como una de las naciones más desarrolladas. No obstante, como todo sistema, ha sufrido y seguirá sufriendo una tensión continua, provocada por las propias dinámicas de poder, que podría tal vez en algún momento acabar ocasionando una ruptura constitucional y la quiebra de lo alcanzado durante esta etapa.

El régimen del 78 se fundó sobre tres pilares fundamentales: el consenso, la Corona y las Comunidades Autónomas. De la salud de estos pilares, medida en términos de respaldo popular, depende el resto del sistema constitucional, por lo que conviene prestar especial atención a su posición en el escenario político actual.

El consenso de la transición de la dictadura a la democracia permitió no cometer errores del pasado y elaborar una constitución en la que tuvieran cabida todos los españoles, posibilitando la alternancia política y un sistema de partidos plural, pero no atomizado, que ha dado como resultado, por lo general, gobiernos estables y legislaturas largas. Sin embargo, este sistema ha estado desde el origen sujeto a numerosas tensiones, especialmente territoriales, que, lejos de desaparecer o mitigarse, han ido en aumento con el paso de los años, favorecidos por la dinámica perversa de conseguir la estabilidad del Gobierno de la Nación a cambio de cesiones a fuerzas políticas micronacionalistas que reclaman, no ya mayor autonomía, sino, una vez conseguida ésta, incluso la independencia.

Por otra parte, el transcurrir del tiempo ha dado como resultado que la Corona, habitual en la tradición constitucional española, haya logrado una *consolidación democrática,* gracias al buen hacer de quienes han ocupado desde 1978 la Jefatura del Estado, los Reyes Juan Carlos I y Felipe VI. El protagonismo asumido en momentos clave para nuestra democracia ha reafirmado su compromiso con el Estado de Derecho y con los valores plasmados en nuestra Carta Magna, cumpliendo fielmente el papel que a esta Institución está reservado.

Por último, tras la Constitución de 1978 España ha sufrido un profundo proceso de descentralización territorial, sumando a las tres administraciones ya existentes -la estatal, la provincial y la municipal- la administración autonómica. Esto ha elevado considerablemente el número de entidades y empleados públicos, la complejidad regulatoria y el surgimiento de desigualdades entre quienes viven en distintos territorios. Aunque para esto último el texto constitucional ya preveía mecanismos de solidaridad y compensación interterritorial, lo cierto es que el egoísmo micro-nacionalista lo pone cada día más en duda, impidiendo la convergencia e imposibilitando la cohesión entre españoles.

Este es nuestro presente. Pero el presente nunca se comprende sin conocer el pasado. Comencemos, pues, por este antes de adentrarnos en el sistema constitucional de la España actual.

II. HISTORIA CONSTITUCIONAL

La historia constitucional española se inicia con la Constitución de 1812, si obviamos el denominado Estatuto de Bayona de 1808 impuesto por las tropas napoleónicas. La de 1812, también conocida como *Constitución de Cádiz* o *"la Pepa"*, dado que su aprobación tuvo lugar en la citada ciudad el 19 de marzo, fue un intento de recuperar, según se sostenía, "*las más antiguas leyes fundamentales de la Monarquía*" española. Sin embargo, pese a los intentos por presentarla así, cuando el Monarca, Fernando VII, pudo regresar a España tras lograrse la expulsión del ejército francés, no se mostró dispuesto a someter su poder a constitución alguna y la de Cádiz acabó teniendo apenas vigencia durante unos pocos años (además de entre 1812 y 1814, más de derecho que de facto, durante el conocido como Trienio Liberal, entre 1820 y 1823, y unos meses entre 1836 y 1837). Pese a todo, la Constitución de 1812 ha sido el único texto constitucional español que ha tenido vigencia en varios continentes, al ser redactada por y para los españoles de ambos hemisferios: desde la península ibérica hasta América Latina e incluso Filipinas.

Entre las características principales de esta Constitución cabe citar que es monárquica, monocameral, profundamente confesional y de una rigidez extrema en lo que se refiere a su reforma (incluso establecía la prohibición de ser reformada en sus primeros ocho años de vigencia). Está basada en una soberanía nacional, estableciéndose un sufragio universal indirecto masculino, aunque para ser elegido diputado se exigiera tener una considerable renta anual procedente de bienes propios. Además, es la de mayor extensión (384 artículos) de nuestra historia constitucional, y la que más influencia ha tenido fuera de nuestras fronteras, dado que tras la independencia de los territorios de ultramar los nuevos Estados optaron en muchos casos por tenerla como modelo en alguno de sus aspectos.

Tras este primer texto constitucional, notablemente extenso, se sucedieron constituciones más breves, en las que apenas se regulaban las instituciones de gobierno, y que fueron alternando unas de corte más conservador y con otras más liberales.

Así, a la muerte de Fernando VII, superado el periodo de vuelta al antiguo régimen -década ominosa (1823-1833)- e instaurada una regencia como consecuencia de la minoría de edad de Isabel II, rigió como norma fundamental del Estado el Estatuto Real de 1834, si bien se trataba más de una Carta Otorgada que de una constitución, en la que es la Monarquía la que la elabora y la otorga a la Nación conservando de manera compartida la soberanía. Este texto, pese a su brevedad, introdujo las características propias del parlamentarismo, así como el bicameralismo en las Cortes Generales, que luego ha sido tradicional en España, aunque en este caso con una cámara electiva y otra conformada por miembros por derecho propio o por designación real.

Sin embargo, apenas tres años después, la Constitución de 1837, de corte progresista y que pretendía ser una actualización y síntesis de los postulados sentados en la Constitución de Cádiz con algunas concesiones a los moderados (bicameralismo, mayores poderes para la Corona con respecto a 1812, posibilidad de que los miembros del Gobierno pertenecieran a las Cortes en lugar de una rígida separación de poderes), instauró definitivamente una monarquía parlamentaria, al estilo de otras constituciones europeas de la época, e incorporó por primera vez una declaración sistemática y homogénea de derechos. No obstante, el derecho de sufragio era aún de carácter censitario, tanto en el Congreso de los Diputados como en el Senado (que lo componían también algunos miembros por derecho propio) y, por supuesto, sólo masculino.

En 1845 se puso fin a la vigencia de la de 1837 con la aprobación de una nueva Constitución, en este caso de tendencia política moderada, aunque sobre el mismo esquema liberal-burgués implantado por su predecesora. Se vuelve con este texto constitucional -pese a respetarse de la anterior, tanto la división en trece títulos, como su extensión- a la soberanía compartida entre las Cortes y el Rey (en realidad la Reina), y al dominio de la Corona sobre el resto de las instituciones. Junto a ello, se eliminan elementos netamente progresistas como el juicio por jurado o la milicia nacional, y se conforma una Cámara Alta que, aun perdiendo el componente hereditario de la nobleza, resulta claramente conservadora, al obtener los senadores un nombramiento regio de carácter vitalicio y resultar muy reducido el elenco de personalidades que podían recibirlo.

La Constitución de 1845 estuvo vigente hasta 1869, a pesar de sufrir algún periodo convulso que daría como resultado la elaboración de un texto constitucional que no llegó a ser aprobado: la conocida como *Constitución nonnata* de 1856. Pero los aires revolucionarios de Europa llegaron finalmente a España en 1868, con la revolución llamada *la Gloriosa*, que supuso el destronamiento y exilio de la Reina Isabel II. Fruto de ello, las Cortes Constituyentes aprobaron la Constitución de 1869, y en 1870 otorgaron la corona de España a Amadeo I de Saboya.

El texto de 1869 traería a España la democracia, con la implantación del sufragio universal (todavía solo masculino); recuperaría la soberanía nacional, limitando en gran medida los poderes del Monarca; y ampliaría de manera muy considerable la declaración de derechos: aparecen por primera vez el derecho de asociación, la libertad de enseñanza o la de culto. Por otra parte, se recupera el juicio por jurado, como seña de identidad de las constituciones progresistas, y, pese a que se mantiene el bicameralismo, el Senado pierde su posición determinante y su carácter vitalicio, si bien continúa siendo accesible sólo a las élites políticas y económicas.

Sin embargo, el reinado de la Casa de Saboya en España apenas duró dos años, dando paso en 1873 a la proclamación de la I República y a la elaboración de un texto, además de republicano, netamente federal, que, aunque quedó en mero proyecto sin llegar a aprobarse, ponía de manifiesto las enormes tensiones nacionalistas que empezaban a actuar en la política española.

Un nuevo levantamiento militar, tan habitual en nuestro convulso siglo XIX, daría al traste con la República y paso a la Restauración de la Monarquía, de la mano de Alfonso XII, con la consiguiente redacción de una nueva Constitución, aprobada en 1876, que permaneció vigente hasta 1923. Este de 1876 es un texto breve, apenas 89 artículos, que retorna a la soberanía compartida entre Rey y Cortes, exigiendo la formación del Gobierno la confianza de ambos, y a un bicameralismo perfecto de dos cuerpos colegisladores, que compartían el poder legislativo con el Monarca, y en el que el Senado sigue siendo el lugar en el que encuentran su sitio las élites del país.

Por lo que se refiere al catálogo de derechos, se respetan algunos de los postulados incorporados al constitucionalismo español por la Constitución de 1869, como los derechos de asociación y reunión, de manera más limitada la libertad de imprenta y la de culto, y se prescinde, tanto de la libertad de enseñanza, como del derecho de sufragio universal, volviendo a ser restringido. Por supuesto, también desaparece el juicio por jurado popular.

No obstante, la Constitución de 1876 consiguió contentar durante un largo periodo de tiempo a conservadores y progresistas, proporcionando una etapa de estabilidad y alternancia política (turnismo) que no se rompería hasta el golpe de Estado del General Primo de Rivera. Con él, aunque formalmente siguió reinando Alfonso XIII, quedó suspendida la Constitución.

En abril de 1931, la proclamación de la II República supuso un cambio de régimen radical, que plasmaría sus rasgos esenciales en la Constitución de diciembre de ese mismo año, definiéndose como "*República democrática de trabajadores de toda clase*". Por primera vez en la historia constitucional española, la Jefatura del Estado va a ser de carácter electivo. Y, también por primera vez, el derecho de sufragio va a ser universal, tanto masculino como femenino.

En línea con lo anterior, se declara la soberanía popular; vuelve -cómo no- la institución del jurado popular; y se amplía notablemente la declaración de derechos y libertades, con la incorporación, entre otros, del derecho a la educación o a la protección del trabajo. Además, se dedica un título a dotar de garantías a la Constitución, y por ende a los derechos constitucionales, con la previsión de un Tribunal de Garantías Constitucionales, que conocerá, entre otros, de los recursos de inconstitucionalidad y de amparo, así como de un mecanismo para llevar a cabo cualquier reforma constitucional.

Pero quizás sea lo que se refiere a la organización territorial del poder la mayor aportación de este texto al constitucionalismo comparado, al establecer, partiendo de un Estado profundamente centralista, uno con vocación descentralizadora, al menos para determinadas regiones, definido como "*Estado integral*". Aun así, las tesis democráticas se impusieron a las federalistas, por lo que se configuró un poder legislativo monocameral, prescindiendo del Senado, a diferencia de lo que suele ser habitual en los estados descentralizados.

En cualquier caso, la Constitución de 1931, que una vez más en la historia constitucional española era una constitución de partido, defendida por quienes habían alcanzado el poder y denostada por la oposición, no llegó por su corta vigencia a desplegar plenamente sus efectos territoriales, más allá de posibilitar la celebración de algunos plebiscitos autonomistas. Fue tal la división en la que sumió al país por su radicalismo ideológico que provocó el estallido de una guerra civil entre españoles y, tras ella, España pasaría a ser una dictadura durante varias décadas.

III. RASGOS PROPIOS DE LA CONSTITUCIÓN ESPAÑOLA

La Constitución de 1978, la actualmente vigente, es una constitución escrita, elaborada en un momento y en unas circunstancias que influyeron de manera determinante en su redacción: un claro ejemplo de constitución racional-normativa, con una voluntad indiscutible de ser la cúspide del ordenamiento jurídico español.

Es una constitución de consenso, a diferencia de sus predecesoras. Si lo habitual, como hemos visto, había sido que el bando vencedor, tras un proceso electoral o un alzamiento militar, plasmara en el texto constitucional sus principios ideológicos fundamentales, en esta ocasión las fuerzas políticas del periodo de transición de la dictadura a la democracia consiguieron encontrar puntos de encuentro, ceder de posiciones maximalistas y pactar cuestiones que, de partida, se antojaban de muy difícil solución. Se logró así, no solo un altísimo respaldo político, sino un apoyo popular en el referéndum de 6 de diciembre de 1978 de casi el 88% de los votantes.

Se fue consciente, además, de que ese consenso debía ser preservado, pues si el marco de convivencia creado iba a permitir gobiernos de distinto signo político -como luego se ha demostrado-, carecería de sentido posibilitar que cualquiera de ellos pudiera fácilmente romper los pactos alcanzados. Por tal motivo, la de 1978 se configuró como una constitución rígida -quizás excesivamente-, al establecer un procedimiento de reforma -en realidad dos, como se verá- y exigir que toda reforma de la Constitución lo fuera de manera expresa, y no mediante cualquier ley que la contradiga (pero si el control de constitucionalidad no funciona correctamente se producirán reformas implícitas).

El texto de 1978 restaura la monarquía parlamentaria -no obstante, Juan Carlos de Borbón asumió ya la Jefatura del Estado tras la muerte del dictador Francisco Franco en noviembre de 1975-, aunque partiendo de la proclamación de la soberanía popular y obligando a que los actos del Rey sean sometidos al refrendo del poder político.

Por otra parte, se adopta el clásico sistema parlamentario europeo como régimen de gobierno, de tal modo que el Presidente no obtiene su legitimación directamente del pueblo, sino de la confianza que le otorga el apoyo de la mayoría de los representantes de los ciudadanos reunidos en el Congreso de los Diputados. En esta línea, se establece un procedimiento de investidura, la posibilidad de someter al Presidente a una moción de censura para retirarle la confianza, si en ese mismo acto se le otorga a un nuevo candidato, y se le faculta para disolver las Cortes Generales.

Estas Cortes, recuperando la tradición española, vuelven a estar compuestas por dos Cámaras -Congreso y Senado-, pero renunciando al bicameralismo perfecto o cuasi perfecto, propio de otras épocas, por uno claramente imperfecto, con preponderancia absoluta de la Cámara Baja, que solo se corrige en muy concretos asuntos. Ello pese a que la articulación territorial del poder es similar (al menos así ha evolucionado ante la falta de concreción constitucional) a la que cabría esperar de un estado federal.

Esta particular articulación territorial del poder, el Estado de las Autonomías, es otra de las características esenciales de la Constitución de 1978, aunque casi más que por lo que se recoge en el texto, por lo que no se recoge en él y ha habido que acabar definiendo extraconstitucionalmente.

En lo que se refiere a la parte dogmática de la Constitución, largo ha sido el camino recorrido desde 1812 a 1978, y especialmente significativo el de la libertad religiosa. El catálogo de derechos incorporados al texto constitucional, ya sea como reconocidos derechos fundamentales o como pretendidos principios rectores de la política social y económica, es ahora de una enorme amplitud, y el conjunto de garantías previstas más que suficiente para corregir las vulneraciones que pudieran cometerse.

Por último, cabe destacar que la Constitución de 1978, como la de 1931, apuesta por el modelo europeo de justicia constitucional, atribuyendo esta función a un órgano *ad hoc*, el Tribunal Constitucional, en lugar de hacerlo al Poder Judicial.

IV. FUENTES DEL DERECHO

Podemos afirmar, de partida, que el sistema de fuentes español responde a la clásica pirámide kelseniana: la Constitución en la cúspide, por debajo de ella, las normas con rango de ley y, a continuación, las normas reglamentarias. Así, cuando el art. 1.1 del Código Civil señala que las fuentes del ordenamiento jurídico español son la ley, la costumbre y los principios generales del derecho, debemos entender por ley toda norma escrita emanada de los poderes del Estado (Constitución, leyes, reales decretos, etc.).

No obstante, el art. 93 CE establece que "*Mediante ley orgánica se podrá autorizar la celebración de tratados por los que se atribuya a una organización o institución internacional el ejercicio de competencias derivadas de la Constitución. Corresponde a las Cortes Generales o al Gobierno, según los casos, la garantía del cumplimiento de estos tratados y de las resoluciones emanadas de los organismos internacionales o supranacionales titulares de la cesión*". Y ello ha dado como resultado que, en virtud del principio de primacía del derecho de la Unión Europea, el derecho emanado de las instituciones europeas, en aquellas materias en las que se le ha atribuido a esta organización supranacional competencias derivadas de la Constitución, prevalezca sobre el derecho interno, sea cual sea su rango. Aunque tampoco hay que olvidar que las normas jurídicas contenidas en los tratados internacionales no serán de aplicación directa en España en tanto no hayan pasado a formar parte del ordenamiento interno mediante su publicación íntegra en el Boletín Oficial del Estado.

Por otra parte, la jurisprudencia de los distintos tribunales no constituye fuente del derecho, si bien complementará el ordenamiento jurídico la doctrina que, de modo reiterado, establezca el Tribunal Supremo al interpretar y aplicar la ley, la costumbre y los principios generales del derecho.

Por lo que hace a las normas con rango de ley, en nuestro ordenamiento jurídico, además de las leyes ordinarias, la Constitución prevé la existencia de: 1) leyes orgánicas, que exigen una mayoría absoluta del Congreso de los Diputados para su aprobación y están previstas para determinadas materias -las de desarrollo de los derechos fundamentales, las que aprueben los estatutos de autonomía, el régimen electoral general y las demás previstas en la Constitución- (art. 81 CE); 2) decretos legislativos, que son normas emanadas del Gobierno previa delegación de las Cortes Generales, ya sea mediante una ley de bases, cuando se trate de la formación de textos articulados, o mediante un ley ordinaria, cuando se trate de refundir varios textos legales en uno solo (art. 82.1 y 2 CE); 3) decretos-leyes, que puede dictar provisionalmente el Gobierno en casos de extraordinaria y urgente necesidad, pero que precisarán la posterior aprobación del Congreso de los Diputados en el plazo máximo de 30 días y no podrán afectar al ordenamiento de las instituciones básicas del Estado, a los derechos, deberes y libertades de los ciudadanos regulados en el Título I, al régimen de las Comunidades Autónomas ni al Derecho electoral general (art. 86 CE); 4) tratados internacionales, con la particularidad antes comentada (art. 96 CE); y 5) los reglamentos de las Cámaras que integran las Cortes Generales (art. 72.1 CE).

Finalmente, las normas de carácter reglamentario emanan del Poder Ejecutivo, y revisten la forma de reales decretos, si las aprueba el Consejo de Gobierno; ordenes ministeriales, aprobadas por los Ministros; y resoluciones de los Directores Generales.

V. INSTITUCIONES CONSTITUCIONALES

V.1. La Corona

La forma política del Estado español, como proclama el art. 1.3 CE, es la Monarquía parlamentaria. De este modo, el Rey ostenta la Jefatura del Estado, es símbolo de su unidad y permanencia, arbitra y modera el funcionamiento regular de las instituciones, asume la más alta representación del Estado español en las relaciones internacionales, especialmente con las naciones de su comunidad histórica, y ejerce las funciones que le atribuyen expresamente la Constitución y las leyes (art. 56.1 CE).

Por tanto, desde 1978 nuestro sistema constitucional vuelve a ser monárquico, al igual que establecieron todas las constituciones anteriores, a excepción de las republicanas de 1873 y 1931, y dedica el Título II a la Corona, con la particularidad de que es una de las partes de la Constitución, como luego veremos, que resulta más difícil de reformar. Sin embargo, una Monarquía en un Estado Democrático de finales del siglo XX dista mucho en su configuración de nuestros modelos decimonónicos. No solo por tratarse de una monarquía parlamentaria, sino porque incluso se le obliga, al ser proclamado ante las Cortes Generales, a prestar juramento de desempeñar fielmente sus funciones, guardar y hacer guardar la Constitución y las leyes y respetar los derechos de los ciudadanos y de las Comunidades Autónomas (art. 61.1 CE).

No obstante, en lo que sí se observa una continuidad con constituciones anteriores es en las cuestiones a las que se presta atención: distintos aspectos relacionados con un Rey menor de edad; el papel de la Reina consorte o del consorte de la Reina (nótese la diferencia de trato); la Regencia; los títulos del Príncipe heredero; y la línea sucesoria. En este sentido, no debemos olvidar que durante la II República y la Dictadura del General Franco era a la Casa de Borbón, a los herederos del Rey Alfonso XIII, a la que correspondía los derechos dinásticos, y en concreto, a la muerte del dictador, a Juan de Borbón y Braganza. Pero ya en 1969, con la Ley de Sucesión en la Jefatura del Estado, Franco designó como sucesor suyo al hijo de éste, de tal modo que en 1975 Juan Carlos de Borbón y Borbón es proclamado Jefe del Estado.

Esto explica que la Constitución de 1978, una vez resueltas las disputas familiares con la cesión de los derechos dinásticos de Juan de Borbón a su hijo, proclamara que "*la Corona de España es hereditaria en los sucesores de S. M. Don Juan Carlos I de Borbón, legítimo heredero de la dinastía histórica*" (art. 57.1 CE), para a continuación indicar las reglas de sucesión en el trono. Estas reglas, que son las tradicionales de la monarquía española, excepción hecha del periodo 1713-1830, señalan que "*la sucesión en el trono seguirá el orden regular de primogenitura y representación, siendo preferida siempre la línea anterior a las posteriores; en la misma línea, el grado más próximo al más remoto; en el mismo grado, el varón a la mujer, y en el mismo sexo, la persona de más edad a la de menos*" (art. 57.1 CE).

Si en 1978 podía resultar socialmente asumible esa preferencia del varón sobre la mujer, en la actualidad una reforma constitucional para eliminarla alcanzaría un amplísimo respaldo. Pero, si no se ha materializado ya, es solo debido a que habría que proceder según la complicada vía del art. 168 CE, y hacerlo alentaría otras propuestas de reforma de igual complejidad, incluida la propia abolición de la Monarquía, por lo que no parece razonable abordarla salvo en el momento en el que las circunstancias fácticas la puedan hacer estrictamente necesaria.

En lo que respecta a las facultades del Monarca, como es común en las monarquías parlamentarias "el Rey reina, pero no gobierna". Es cierto que los arts. 62 y 63 CE enumeran un conjunto de ellas que demuestran que estamos ante el Jefe del Estado. Sin embargo, todos los actos del Rey han de ser refrendados, según el caso, por el Presidente del Gobierno, por sus Ministros, o por el Presidente del Congreso, siendo éstos los responsables de los actos (la persona del Rey es inviolable y no está sujeta a responsabilidad -art. 56.3 CE-) y careciendo de validez sin dicho refrendo. Solo en el caso de los nombramientos y relevos de los miembros civiles y militares de su Casa, tiene el Rey capacidad propia de decisión y de actuación (art. 65.2 CE).

V.2. Las Cortes Generales

Según dispone el art. 66 CE, las Cortes Generales representan al pueblo español y están formadas por el Congreso y el Senado, correspondiéndoles el ejercicio de la potestad legislativa del Estado, la aprobación de los Presupuestos, el control de la acción del Gobierno y cuantas otras competencias que le atribuye la Constitución.

Nuestro sistema constitucional tiene, por tanto, un Poder Legislativo bicameral. Pero, a diferencia de lo que ha sucedido en otros momentos históricos, se trata de un bicameralismo imperfecto, en el que el peso del Congreso de los Diputados es significativamente superior al del Senado.

Veremos en los apartados dedicados a cada una de las Cámaras qué papel les reserva la Constitución en las distintas funciones que les encomienda. Sin embargo, el texto constitucional también ha previsto que ambas actúen conjuntamente cuando se trate del ejercicio de las competencias no legislativas contempladas en el Título II.

Por lo demás, ambas Cámaras cuentan con órganos parlamentarios idénticos (Pleno, Comisiones, Diputación Permanente, Junta de Portavoces) y tienen un régimen de funcionamiento (previsto en sus respectivos Reglamentos) muy similar. Tanto Diputados los Senadores gozan de inmunidad, inviolabilidad y fuero jurisdiccional ante el Tribunal Supremo, y están sujetos a las causas de inelegibilidad e incompatibilidad previsto en la Constitución y en la ley orgánica del régimen electoral general.

El mandato en ambos casos es de 4 años, si bien suele ser habitual una menor duración de las legislaturas como consecuencia de la posibilidad de disolución anticipada que se reconoce al Presidente del Gobierno.

V.2.1. El Congreso de los Diputados

El Congreso de los Diputados es el centro del debate político en nuestro sistema constitucional. Compuesto por 350 Diputados (el art. 68 CE posibilita entre 300 y 400), elegidos por sufragio universal, directo, mediante un sistema proporcional -se ha optado por la regla D´Hondt como criterio de reparto y por establecer una barrera electoral del 3%-, que toma como circunscripción a la provincia y que distribuye los escaños en proporción a la población (aunque con un mínimo de dos), el Congreso tiene una posición preponderante en el procedimiento legislativo, por ser la Cámara en la que suele iniciarse la tramitación de la mayor parte de las iniciativas y, sobre todo, porque es su voluntad la que acaba imperando, más tarde o más temprano, en la elaboración de las disposiciones con rango de ley.

Como veremos en el siguiente apartado, en el ejercicio de la potestad legislativa, el Senado da una "segunda lectura" a los proyectos de ley, pero, en caso de discrepancia entre ambas Cámara, prevalece siempre lo que apruebe el Congreso de los Diputados. Además, en los casos de extraordinaria y urgente necesidad en los que el Gobierno dicta decretos-leyes, se exige la convalidación, en el plazo de 30 días, exclusivamente del Congreso, sin que el Senado tenga la más mínima participación en la decisión.

Acaba también prevaleciendo su voluntad en la aprobación de los Presupuestos, dado que se tramitan como proyecto de ley, y es la Cámara ante la que debe presentarlos el Gobierno (art. 134.3 CE), si bien, desde la aprobación en 2012 de la Ley Orgánica de Estabilidad Presupuestaria, se exige una mayoría absoluta tanto en el Congreso como en el Senado para la aprobación del llamado "techo de gasto", que marca los límites económicos en los que el Ejecutivo debe moverse obligatoriamente para elaborar los Presupuestos Generales del Estado.

Por lo que se refiere a la función del control de la acción del Gobierno, el Congreso es la Cámara en la que suelen celebrarse los debates de mayor repercusión mediática, puesto que, aun teniendo en este sentido las mismas facultades ordinarias que el Senado, la habitual presencia en ella del líder de la oposición (y del resto de líderes de los partidos con representación parlamentaria, si exceptuamos los nacionalistas que prefieren actuar políticamente desde sus respectivos territorios) hace que la confrontación con el líder del Ejecutivo suscite una mayor expectación.

A ello hay que añadir que es en la Cámara Baja donde se sustancia la confianza política del Presidente del Gobierno, tanto al inicio de la legislatura, mediante la investidura, como a lo largo de la misma, ya sea como consecuencia de una moción de censura o de una cuestión de confianza.

Para ser investido Presidente, según el art. 99 CE, el candidato propuesto debe obtener la mayoría absoluta del Congreso en primera votación, y, de no obtenerla, al menos la mayoría simple en una segunda votación que se celebrará 48 horas más tarde. Es en estos debates en los que quien pretende ser investido debe desgranar su programa de gobierno, siendo nombrado por el Rey en caso de lograr los apoyos necesarios. De lo contrario, se tramitarán sucesivas propuestas, durante un plazo máximo de dos meses, contados desde el rechazo al primer candidato, transcurrido el cual el Rey disolverá ambas Cámaras -pese a que el Senado no ha tenido participación alguna en este proceso- y convocará nuevas elecciones con el refrendo del Presidente del Congreso.

Por lo que se refiere a la moción de censura (arts. 113 y 114.2 CE), que se sustancia, asimismo, exclusivamente en el Congreso, el sistema constitucional español ha optado por el modelo constructivo, de tal forma que la exigencia de responsabilidad política al Presidente deberá incorporar el nombre del candidato que obtendría la confianza para gobernar. La mayoría necesaria para la propuesta no es muy alta, al menos la décima parte de los Diputados, pero es preciso obtener, como en la investidura, la mayoría absoluta de la Cámara para lograr desbancar al Presidente del Gobierno e investir a uno nuevo; sin que en esta ocasión sean posibles segundas votaciones con menores apoyos. Aprobada la censura, el Gobierno debe presentar su dimisión al Rey, y el candidato incluido en aquella quedará investido y será nombrado Presidente.

También es el Congreso de los Diputados el órgano ante el que el Presidente del Gobierno puede plantear una cuestión de confianza sobre el conjunto de su gestión o sobre un asunto concreto (arts. 112 y 114.1 CE). Será suficiente con una mayoría simple para entender otorgada la confianza, pero en el caso de no obtenerla, deberá presentar su dimisión al Rey y se procederá según lo previsto en el art. 99 CE para la investidura.

V.2.2. El Senado

El Senado es la Cámara de representación territorial, según reza el art. 69.1 CE. Sin embargo, la configuración que le acaba dando la composición prevista en los restantes apartados de ese mismo artículo hace que dicha proclamación sea muy matizable. Desde este punto de vista, el Senado no deja de ser una Cámara que representa a los ciudadanos casi de la misma forma que el Congreso de los Diputados. Es cierto que la configuración de su sistema electoral hace que no atienda a criterios poblacionales de las distintas circunscripciones (que, al igual que en el Congreso, son básicamente las provincias -con alguna particularidad en el caso de las insulares, Ceuta y Melilla-), y que una parte de los senadores no son elegidos por sufragio universal directo, sino designados por los distintos parlamentos autonómicos, en proporción al número de habitantes de cada Comunidad. Pero más del 80% de sus miembros obtienen su escaño en unas elecciones simultáneas con las de los diputados, y se agrupan mediante la conformación de grupos parlamentarios con base en la lista electoral con la que han concurrido a las elecciones o en el partido político al que pertenecen, al igual que sucede en el Congreso, en lugar de hacerlo con un criterio propiamente territorial.

El sistema electoral del Senado es de los considerados mayoritario limitado, de tal forma que siendo el tamaño de la circunscripción de cuatro escaños -salvo, como hemos mencionado, en el caso de las provincias insulares y de Ceuta y Melilla- los electores pueden votar a un máximo de tres (plurinominal) en listas abiertas. De esta forma se eligen 208 senadores en las elecciones generales. A ellos hay que añadir los 57 senadores que en la actualidad son designados por los respectivos parlamentos autonómicos en los términos que dispone el art. 69.5 CE.

En cuanto a sus funciones, el Senado replica buena parte de las que tiene el Congreso, aunque, como ya se ha adelantado, con un peso notablemente inferior.

Así, por lo que hace a la función legislativa, el Senado cuenta con un plazo de 2 meses (15 días cuando se ha declarado la urgencia) para debatir, vetar, enmendar o aprobar los proyectos de ley procedentes del Congreso. Sin son vetados o enmendados, el asunto volverá a la Cámara Baja, que podrá superar el veto y rechazar las enmiendas introducidas por la Cámara Alta contando con determinadas mayorías (art. 90 CE).

Otro tanto sucede con la aprobación de los Presupuestos del Estado, en la medida en que se tramitan como Proyecto de Ley.

En cuanto a la función de control al Gobierno, el Senado tiene el mismo peso que el Congreso en lo que podemos llamar el control ordinario, que se ejerce en las Cámaras mediante preguntas, interpelaciones y mociones. Sin embargo, en la exigencia de responsabilidad política al Presidente (control extraordinario) mediante una moción de censura, el Senado no interviene en modo alguno. Lo mismo sucede con la investidura o con la cuestión de confianza.

Es cierto que hay funciones en la que se posibilita, al menos, que el Senado lleve la iniciativa (autorización de acuerdos de cooperación entre Comunidades Autónomas -art. 145.2 CE-; reparto del fondo de compensación interterritorial -art. 158.2 CE-) y que en el caso de los nombramientos de los miembros de otras instituciones goza de igual posición que el Congreso. Pero lo habitual es que siempre acabe primando la voluntad de la primera Cámara.

Existe, no obstante, una función que corresponde en exclusiva al Senado, sin la intervención del Congreso: la autorización al Gobierno para la adopción de las medidas necesarias para forzar a una Comunidad Autónoma al cumplimiento de sus obligaciones constitucionales o legales recogida en el art. 155 CE. Y, aunque se exige para ello la aprobación por mayoría absoluta y se trata de una facultad tan extraordinaria que solo ha sido puesta en práctica en una ocasión (tras la declaración unilateral de independencia por parte de la Generalitat de Cataluña), su atribución a la Cámara de representación territorial, en sintonía con lo que ocurre en Alemania con el Bundesrat, está más que justificada.

V.3. El Gobierno

El sistema constitucional español responde a la clásica configuración del modelo parlamentario europeo, pese a que la dinámica político-mediática transmita habitualmente esquemas propios del presidencialismo. Así pues, aunque desde esa dinámica dé la impresión de que las elecciones generales son elecciones presidenciales y que el Presidente obtiene su legitimación directamente de los ciudadanos, lo cierto es que quien da y retira la confianza al Gobierno, al Poder Ejecutivo, es el Poder Legislativo, como ocurre en cualquier sistema parlamentario.

Como contrapartida, el Presidente del Gobierno tiene la facultad de disolver las Cortes Generales -o bien separadamente cada una de las dos Cámaras-, debiendo el decreto de disolución fijar la fecha de las elecciones (art. 115.1 CE).

El Gobierno dirige la política interior y exterior, la Administración civil y militar y la defensa del Estado, además de ejercer la función ejecutiva y la potestad reglamentaria (art. 98.1 CE). Dentro de ese Gobierno el Presidente tiene un papel clave, tanto jurídico, como político: a título de ejemplo, podemos apuntar que el Presidente del Gobierno está legitimado para interponer recursos de inconstitucionalidad contra normas con rango de ley y que es el único que con su interposición puede provocar la suspensión inmediata de la disposición recurrida si ésta es de origen autonómico. Además, es habitualmente -aunque al tratarse de un sistema parlamentario no siempre es así- el líder del partido que más apoyo ha recibido en las elecciones generales, y, desde luego, el que ha concitado un mayor respaldo del Congreso de los Diputados en la investidura, lo que le otorga un peso político muy relevante.

Para completar lo señalado, basta añadir que el Presidente del Gobierno es quien propone al Rey nombrar y separar a los Ministros (art. 62.e) CE) y quien preside el Consejo de Ministros. A éstos les corresponde, en definitiva, dirigir los distintos Ministerios: es decir, ejercer la función ejecutiva y la potestad reglamentaria con arreglo a la estructura diseñada por el Presidente y, según los equilibrios de poder, con mayor o menor influencia, autonomía o disciplina con respecto a él.

Finalmente, debemos tener presente que la prevalencia del Poder Ejecutivo como centro de decisión política en el sistema constitucional español se produce cuando el partido en el Gobierno cuenta con el respaldo de una mayoría absoluta en el Congreso de los Diputados. De lo contrario, cuanto más débil y fragmentado sea dicho respaldo, mayor dificultad encontrará el Presidente para imponer su voluntad. Ello sin perjuicio de la posibilidad de "gobernar sin legislar", que, no obstante, dada la importancia de la Ley de Presupuestos para ejercer la acción de gobierno, se antoja un ejercicio de supervivencia de corto recorrido, si no fuera por el riesgo para quien pretende mantenerse en el poder de convocar elecciones en esas circunstancias.

V.4. El Poder Judicial – Consejo General del Poder Judicial

A diferencia de los otros dos poderes clásicos, el Legislativo y el Ejecutivo, el Poder Judicial es un poder difuso, ya que reside en el conjunto de órganos judiciales que existen en todo el territorio del Estado. Como señala el art. 117.1 CE, "*La justicia emana del pueblo y se administra en nombre del Rey por Jueces y Magistrados integrantes del poder judicial, independientes, inamovibles, responsables y sometidos únicamente al imperio de la ley*". Y también, a diferencia de los otros dos poderes clásicos, en el sistema constitucional español existe un único Poder Judicial, sin que tengan cabida poderes judiciales autonómicos.

De esta forma, el Tribunal Supremo, con jurisdicción en toda España, es el órgano jurisdiccional superior en todos los órdenes, salvo lo dispuesto en materia de garantías constitucionales (art. 123.1 CE). El resto de la organización jurisdiccional se ha establecido mediante ley orgánica: Audiencia Nacional, Tribunales Superiores de Justicia de cada Comunidad Autónoma, Audiencias Provinciales, etc.

Conviene destacar la exclusividad, en un doble sentido, con la que actúan los Jueces y Tribunales, puesto que, si, de un lado, solo a ellos les corresponde el ejercicio de la potestad jurisdiccional en todo tipo de procesos, juzgando y haciendo ejecutar lo juzgado, de otro, a ellos solo les corresponde esas funciones y las que expresamente les sean atribuidas mediante ley en garantía de cualquier derecho (art. 117.3 y 4 CE). Por tal motivo, la Constitución trata de garantizar la total independencia de los miembros del Poder Judicial y del Ministerio Fiscal (arts. 124 y 127 CE), si bien el hecho de que en este último caso la propuesta de nombramiento del Fiscal General del Estado provenga del Presidente del Gobierno, y que la actuación de los fiscales deba ser conforme a los principios de unidad de actuación y dependencia jerárquica, hace dudar en casos de gran repercusión política de que lo sea a los de legalidad e imparcialidad.

En el caso de los Jueces y Magistrados, la preocupación del texto constitucional por su independencia es lo que motiva la previsión de un órgano de gobierno al margen del Gobierno (que sí se ocupa, en cambio, del personal al servicio de la Administración de Justicia). A este órgano de gobierno, denominado Consejo General del Poder Judicial, le corresponde, según el art. 122.2 CE, los nombramientos, ascensos, inspección y régimen disciplinario de los miembros del tercer poder del Estado, a lo que hay que sumar la trascendente facultad de proponer al Rey el nombramiento de dos de los doce Magistrados del Tribunal Constitucional (art. 159.1 CE), por lo que desde la entrada en vigor de la Constitución se han venido produciendo intentos más o menos velados por parte de los partidos políticos, que ya dominan el Legislativo y el Ejecutivo, para controlar su composición.

Dispone el art. 122.3 CE que "*El Consejo General del Poder Judicial estará integrado por el Presidente del Tribunal Supremo, que lo presidirá, y por veinte miembros nombrados por el Rey por un período de cinco años. De éstos, doce entre Jueces y Magistrados de todas las categorías judiciales, en los términos que establezca la ley orgánica; cuatro a propuesta del Congreso de los Diputados, y cuatro a propuesta del Senado, elegidos en ambos casos por mayoría de tres quintos de sus miembros, entre abogados y otros juristas, todos ellos de reconocida competencia y con más de quince años de ejercicio en su profesión*". Pues bien, estando claro que ocho de los veinte miembros del Consejo General Poder Judicial van a provenir de propuestas formuladas por los partidos políticos en el Congreso y en el Senado, queda por determinar lo que establezca la ley orgánica que se cita sobre la procedencia de las propuestas de los doce restantes.

Para unos, si se quiere garantizar la independencia del Poder Judicial, esas propuestas deben proceder necesariamente de los propios Jueces y Magistrados, y así se recogió en la primera Ley Orgánica del Consejo General del Poder Judicial aprobada en 1980. Para otros, en cambio, y ha sido el sistema preponderante con variadas matizaciones desde 1985, deben ser también el Congreso y el Senado, es decir, los partidos políticos que los conforman, quienes hagan las propuestas de nombramiento de esos doce miembros: así, los veinte miembros que, junto con el Presidente del Tribunal Supremo, componen el órgano de gobierno del Poder Judicial accederán al cargo tras recibir el apoyo o beneplácito de las formaciones parlamentarias. Se comprenderá entonces la habitual situación de bloqueo a la hora de conseguir las mayorías de 3/5 que resultan necesaria, ya que tomar decisiones sobre el Poder Judicial y determinar la composición del Tribunal Constitucional no son cuestiones baladíes.

V.5. Otros órganos constitucionales

Junto a las instituciones que encarnan los tres poderes clásicos del Estado, también se dio relevancia constitucional a otros órganos que cumplen en nuestro sistema funciones que no cabría considerar de accesorias: el Tribunal Constitucional, el Consejo de Estado, el Defensor del Pueblo o el Tribunal de Cuentas. Al Tribunal Constitucional, que constituye la clave de bóveda de nuestro sistema constitucional, pues de él depende la normatividad de la Constitución, dedicaremos, como es lógico, un apartado propio, por lo que en éste nos limitaremos a reseñar los tres restantes.

El Consejo de Estado, que cuenta con precedentes en nuestro constitucionalismo desde 1812, es el supremo órgano consultivo del Gobierno (art. 107 CE). La ley orgánica que regula su composición y funciones ha previsto que sus miembros sean de distinta naturaleza (permanentes, natos y electivos) y que sus dictámenes no sean vinculantes, aunque estén rigurosamente fundados en Derecho.

El Defensor del Pueblo es el comisionado de las Cortes Generales para defender los derechos comprendidos en el Título I del texto constitucional y, para ello, supervisa la actividad de las distintas administraciones (art. 54 CE). El Defensor es elegido por una mayoría de 3/5 de Congreso y Senado y está legitimado para interponer recursos de inconstitucionalidad.

El Tribunal de Cuentas tiene una doble función: como órgano fiscalizador de las cuentas y de los fondos públicos y como órgano jurisdiccional, en cuanto le corresponde el enjuiciamiento por responsabilidad contable derivada de la gestión de dichos fondos (art. 136 CE). Depende de las Cortes Generales y actúa por delegación de ellas, siendo sus doce Consejeros designados por el Congreso (seis) y por el Senado (seis) por una mayoría de 3/5 de cada una de las Cámaras.

A nivel autonómico, se han acabado generalizando instituciones con funciones análogas a las del Consejo de Estado, Defensor del Pueblo y Tribunal de Cuentas, aunque circunscritas al ámbito de la respectiva Comunidad Autónoma.

VI. LA ORGANIZACIÓN TERRITORIAL

La organización territorial del poder es, sin lugar a duda, lo más peculiar del sistema constitucional español. Pese a tener inspiración en la Constitución republicana de 1931, en el Estado regional diseñado por la Constitución italiana de 1947 y, sobre todo, en el Estado federal que se configura en la Ley Fundamental de Bonn de 1949, el “modelo español” de 1978 se caracteriza, en primer lugar, por la desconstitucionalización de la organización territorial, como muy gráficamente describiría a principios de los ochenta el "jurista persa" de Cruz Villalón.

Nuestra Constitución consagra en el art. 2 el derecho a la autonomía de nacionalidades y regiones. Pero, a partir de ahí -o incluso ahí-, todo es un mar de incertidumbres. En 1978 nuestros constituyentes sabían lo que no querían: un estado centralista como el imperante durante el régimen franquista. Sin embargo, a la hora de saber exactamente qué se quería, los desacuerdos eran notables y las incógnitas sobre la manera de conseguirlo, viniendo de donde veníamos, era aún mayores.

Por lo anterior, lo que acabó reflejado en el texto constitucional fue tan solo un abanico de posibilidades, unas más probables que otras, que el tiempo ha demostrado insuficientes y peligrosamente indeterminadas para solucionar lo que no se consiguió resolver en 1978. Partamos del hecho de que la Constitución no señala ni cuáles ni cuántas son las Comunidades Autónomas y, a partir de ahí, se comprenderá mejor que el resultado obtenido, ni era el previsto, ni tampoco el más favorable para los intereses generales.

El Título VIII de la Constitución permitía a aquellas provincias que manifestaran su voluntad de conformar una Comunidad Autónoma, cumpliendo ciertos requisitos (art. 143 CE), redactar un Estatuto de Autonomía, recoger en él sus instituciones de autogobierno -entre las que no habría de encontrarse necesariamente una asamblea legislativa- y atribuirse las competencias que estimaran conveniente de las enumeradas en el art. 148 CE. Incluso, si el fervor autonomista de dichas provincias fuese sumamente elevado, podrían atribuirse algunas otras, fuera del anterior listado, siempre que no chocaran con las reservadas al Estado en el art. 149.1 CE; para lo cual los requisitos exigidos eran casi imposibles de alcanzar e incluían un referéndum popular en el que se habría de lograr la mayoría absoluta en cada una de ellas. Tanto es así, que en determinados casos -aquellos en los que ya se hubiese plebiscitado el acceso a la autonomía durante la II República-, dicho fervor se presuponía (DT 2ª CE), pudiendo lograr un mayor volumen competencial por la vía rápida (art. 151 CE). Además, el art. 144 CE contemplaba ciertos supuestos en los que el interés nacional permitiría constituir una Comunidad Autónoma sin que existiera precisamente una clara voluntad autonomista.

Si esto era lo que preveía la Constitución en 1978, a muy grandes rasgos, pronto se vio que la puerta abierta conducía inexorablemente a una división completa del territorio nacional en Comunidades Autónomas dotadas de potestad legislativa, que demandarían con urgencia cuantas más competencias mejor (las que obtuvieron la autonomía por la vía rápida del art. 151 o DT 2ª desde un primer momento; las que la lograron por la vía del art. 143 apenas transcurridos 5 años), y que la igualación de las más rezagadas con las primeras solo provocaba mayores demandas de estas últimas con la finalidad de diferenciarse del resto.

A este escenario de continua y creciente tensión centro-periferia ha contribuido desgraciadamente nuestro sistema electoral, que al primar la entrada en el Congreso de los Diputados -más incluso que en el Senado- de partidos nacionalistas, ha dado como resultado que actuaran durante varias legislaturas como bisagras entre izquierda y derecha, obteniendo así importantes réditos en términos de competencias y autonomía. A lo que se debe añadir, para acabar de dibujar el cuadro, la falta de previsión en el texto constitucional de mecanismos de coordinación entre Estado y Comunidades Autónomas -la Cámara Alta no cumple ese papel-, que han debido ser suplidos de manera improvisada por conferencias sectoriales multilaterales, por la esporádica Conferencia de Presidentes, por el Consejo de Política Fiscal y Financiera, y cada vez más, en los últimos tiempo, por la bilateralidad, que pone en entredicho de manera significativa el principio de solidaridad interterritorial proclamado en el art. 2 CE.

VII. LOS DERECHOS FUNDAMENTALES

Aunque las primeras constituciones se limitaban a regular el ejercicio del poder, pero sin incorporar una declaración de derechos, o lo incorporaban, a partir de la de 1837, de una manera meramente enunciativa, constituciones posteriores dedican a esta declaración un título específico y comienzan a establecer medidas específicas para su salvaguarda.

Así, se ha ido evolucionando, acumulativamente, desde la mera previsión en el texto constitucional, hasta un elenco de garantías normativas, orgánicas y jurisdiccionales que otorgan a estos derechos una fuerte protección frente a posibles vulneraciones. Ahora bien, el Título I de la Constitución de 1978, que incorpora derechos que ya estaban en constituciones anteriores, pero también algunos otros que por primera vez van a tener reflejo en la Norma Suprema, no dota a todos los derechos constitucionales de igual nivel de protección, pues, dependiendo de la concreta ubicación en el Título, las garantías serán unas u otras.

Esta ubicación viene marcada por una estructura que, junto a un artículo inicial -el art. 10 CE-, divide el Título I en cinco Capítulos (y el segundo de estos en dos Secciones), de tal forma que los Capítulos II y III constituyen el catálogo de derechos constitucionales, aunque a los ubicados en este último los denomine "principios rectores de la política social y económica".

Como garantías normativas, nos encontramos, en primer lugar, con la exigencia de utilizar el procedimiento agravado de revisión constitucional previsto en el art. 168 CE para cualquier modificación de los derechos comprendidos en la Sección primera del Capítulo II del Título I (arts. 15 a 29 CE). En segundo lugar, la vinculación para todos los poderes públicos de los derechos y libertades reconocidos en el Capítulo II del Título I (arts. 15 a 38 CE), cuyo ejercicio solo podrá regularse mediante ley (reserva de ley), la cual deberá respetar, en todo caso, su *contenido esencial*. En tercer lugar, con la obligación de que el desarrollo de los derechos fundamentales y de las libertades públicas, que coincide con el enunciado de esa misma Sección primera del Capítulo II del Título I (nuevamente los arts. 15 a 29 CE), deba hacerse mediante ley orgánica (reserva de ley orgánica). Y, por último, con la prohibición de que mediante decreto-ley se pueda afectar a los derechos, deberes y libertades de los ciudadanos regulados en el Título I.

Como garantía orgánica, contamos en el sistema constitucional español con la institución del Defensor del Pueblo, a quien corresponde, según el art. 54 CE, la defensa de todos los derechos comprendidos en el Título I.

Y, como garantías jurisdiccionales, con el procedimiento preferente y sumario de protección de los derechos comprendidos en el art. 14 CE y en la Sección primera del Capítulo II del Título I (arts. 15 a 29 CE), y con el recurso de amparo ante el Tribunal Constitucional, que suma a los anteriores la objeción de conciencia reconocida en el art. 30.2 CE.

En definitiva, ni todos los derechos constitucionales son derechos fundamentales, pues doctrinalmente se reserva esta categoría para aquellos a los que se ha dotado de la garantía de reserva de ley y de la indisponibilidad por parte del legislador sobre su contenido esencial (entendido éste como aquel conjunto de facultades o posibilidades de actuación necesarias para que el derecho sea reconocible como perteneciente al tipo descrito y sin las cuales deja de ser concebido socialmente como tal, perdiendo su naturaleza), ni todos tienen el mismo nivel de protección en la Constitución.

En un primer nivel de protección, nos encontramos con los derechos de la Sección primera del Capítulo II del Título I: derecho a la vida y a la integridad física y moral (art. 15 CE); la libertad ideológica y la libertad religiosa y de culto (art. 16 CE); libertad personal y seguridad (art. 17 CE); derecho al honor, a la intimidad personal y familiar y a la propia imagen, inviolabilidad del domicilio y secreto de las comunicaciones (art. 18); libertad de residencia y circulación (art. 19 CE); libertad de expresión, libertad creativa, libertad de cátedra y derecho a la información (art. 20 CE); derechos de reunión y de manifestación (art. 21 CE); derecho de asociación (art. 22 CE); derechos electorales y de ejercicio de cargo público (art. 23 CE); derecho a la tutela judicial efectiva (art. 24 CE); derecho a no ser condenación o sancionado sin previsión legal previa (art. 25 CE); derecho a la educación y libertad de enseñanza (art. 27 CE); derecho a sindicarse y derecho a la huelga (art. 28 CE); y derecho de petición (art. 29 CE).

En un segundo y tercer nivel de protección, se encuentran el principio de igualdad (art. 14 CE) y con la objeción de conciencia (art. 30.2 CE).

En un cuarto nivel, los derechos de la Sección segunda del Capítulo II del Título I: entre otros, el derecho de propiedad privada y a la herencia (art. 33 CE); el derecho al trabajo (art. 35 CE); la libertad de empresa (art. 38 CE).

Y, finalmente, en un quinto nivel de protección, los principios rectores de la política social y económica: entre otros, el derecho a la protección de la salud (art. 43 CE); el derecho a la cultura (art. 44 CE); el derecho al medio ambiente (art. 45 CE); el derecho a la vivienda digna y adecuada (art. 47 CE).

Resta por señalar que, junto con los derechos, la Constitución también establece deberes para los ciudadanos, como el deber de defender a España (art. 30.1 CE), el deber de contribuir al sostenimiento de los gastos públicos, de donde deriva la obligación del pago de tributos (art. 31 CE) o el deber de trabajar (art. 35 CE).

VIII. LA JURISDICCIÓN CONSTITUCIONAL

La Constitución española de 1978 optó por seguir, como ya hemos comentado, el modelo de justicia constitucional europeo, mediante la creación de un órgano con la función principal de controlar la constitucionalidad de las leyes: el Tribunal Constitucional. Este órgano con funciones jurisdiccionales, pero no integrado en el Poder Judicial, tiene la finalidad fundamental de asegurar la primacía de la Constitución, defendiéndola frente a posibles vulneraciones cometidas por normas con rango de ley y actuando como intérprete supremo de su texto.

Por tanto, el papel y la configuración del Tribunal Constitucional en nuestro sistema resultan cruciales para garantizar que las reglas básicas de la convivencia política, que se sitúan en la cúspide de nuestro ordenamiento jurídico, perduran frente a las mayorías parlamentarias de turno. En este sentido, quien está llamado a ser el guardián de la Constitución ha sido configurado para tratar de otorgarle el mayor consenso posible, la mayor independencia de criterio y la mayor credibilidad a sus pronunciamientos. Aunque el resultado, casi medio siglo después, empieza a no ser tan positivo como hubiese sido deseable.

Señala la Constitución en su art. 159 que el Tribunal Constitucional estará compuesto por doce magistrados, nombrados todos ellos por el Rey, elegidos entre juristas de reconocida competencia y con más de quince años de ejercicio profesional. En su elección se implica a los tres grandes poderes del Estado, de tal forma que el Poder Legislativo elige a ocho de los doce magistrados (cuatro el Congreso de los Diputados y cuatro el Senado), y los cuatro restantes son elegidos, dos por el Gobierno y dos por el Consejo General del Poder Judicial.

El mandato de los magistrados del Tribunal Constitucional tiene una duración de nueve años, no pudiendo ser reelegidos, para tratar de evitar así, tanto la dependencia de las mayorías políticas que los eligieron, como la condescendencia ante posibles renovaciones.

En cuanto a sus funciones, la Constitución le atribuye (arts. 161 y 163) las de conocer: a) de los recursos de inconstitucionalidad frente a normas con rango de ley, tanto estatales como autonómicas; b) de las cuestiones de inconstitucionalidad planteadas por jueces y tribunales; c) de los recursos de amparo por vulneración de derechos fundamentales cometidas por cualquiera de los tres poderes (legislativo, ejecutivo y judicial); d) de los conflictos de competencia entre el Estado y las Comunidades Autónomas o de éstas entre sí; y e) cualquiera otra que se le atribuya mediante ley orgánica. Por esta última vía, la Ley Orgánica, 2/1979, de 3 de octubre, del Tribunal Constitucional, ha acabado otorgándoles, entre otras funciones, el control de constitucionalidad de los tratados internacionales, los conflictos de atribuciones entre órganos constitucionales del Estado y los conflictos en defensa de la autonomía local.

A la vista de lo anterior, se comprenderá la enorme trascendencia de cualquier actuación de este Tribunal para nuestro sistema democrático. Por lo que parece lógico establecer, aunque resulte contraproducente en determinadas circunstancias, que solo pueda ejercer sus funciones a instancia de parte y que se haya sido especialmente cuidadoso a la hora de indicar quiénes son, en cada caso, los legitimados para instar su pronunciamiento.

Contra las sentencias del Tribunal Constitucional, según el art. 164.1 CE, no cabe recurso alguno, si bien cuando estamos en la esfera de protección de los derechos fundamentales esta afirmación queda matizada por la posible intervención de tribunales internacionales como el Tribunal Europeo de Derechos Humanos.

IX. LA REFORMA CONSTITUCIONAL

Como ya se adelantó en el apartado dedicado a los rasgos propios de la Constitución española, ésta se caracteriza por ser una constitución de las llamadas rígidas, e incluso en sus aspectos esenciales extremadamente rígida. Como toda constitución rígida, la de 1978 establece el procedimiento a seguir para cualquier modificación del texto constitucional; pero, además, cuando se trate de una revisión profunda o se pretendan modificar determinados preceptos -como veremos a continuación- el procedimiento habitual se ve agravado con la exigencia de mayores requisitos.

A la reforma dedica la Constitución de 1978 el Título X (arts. 166 a 169), y comienza estableciendo quiénes son los legitimados para proponer cualquier modificación. A este respecto, el art. 166 CE señala que estarán legitimados quienes lo están en los apartados 1 y 2 del art. 87 CE, lo que supone atribuir dicha legitimación al Gobierno, a cualquiera de las dos Cámaras, y a las asambleas legislativas de las Comunidades Autónomas (en este último caso por la vía indirecta de solicitar al Gobierno o al Congreso que lo haga).

A continuación, se fija en el art. 167 el procedimiento a seguir y las mayorías necesarias para entender aprobada la reforma. De esta forma, la modificación del texto constitucional requiere, en primer término, la aprobación por una mayoría de las tres quintas partes del Congreso y de las tres quintas partes del Senado. En el caso de no obtenerse dicha mayoría en alguna de las Cámaras, será necesario crear una comisión, compuesta a partes iguales por diputados y senadores, para buscar un texto de consenso. Pero, si éste no se alcanzara, podrá entenderse aprobada la reforma siempre que logre el apoyo de la mayoría absoluta del Senado y de los dos tercios del Congreso de los Diputados.

Afortunadamente, las tres propuestas de reforma que se han planteado hasta ahora (la del art. 13.2 CE en 1992; la del art. 135 CE en 2011; y la del art. 49 CE en 2024) han contado con el suficiente y previo consenso entre las dos fuerzas políticas mayoritarias, por lo que todas ellas han recibido el voto favorable de las tres quintas partes del Congreso y del Senado en primera votación, evitando así las dudas interpretativas que podrían surgir en el caso de tener que aplicar las reglas subsidiarias del art. 167 CE.

Por otra parte, este mismo artículo, en su apartado 3, dispone que, una vez aprobada la reforma, deberá ser sometida a referéndum popular siempre que así lo solicite una décima parte del Congreso o del Senado. Pero, en ninguna de las tres ocasiones en las que se han aprobado reformas de la Constitución han existido fuerzas políticas, al margen de las que las han apoyado, que contaran con el número suficiente de diputados o senadores para instar la celebración de referéndum.

Si el procedimiento de reforma previsto en el art. 167 CE resulta exigente, cuando se trate de una "revisión total" o que afecte a preceptos en los que se recoge la esencia de nuestra Constitución, el previsto por el art. 168 CE se antoja irrealizable.

Dejando a un lado la difícil interpretación del término "revisión total" de la Constitución, que tanto puede entenderse desde un punto de vista cuantitativo como cualitativo, el constituyente dispuso un procedimiento extraordinario cuando pretendiera reformarse alguna de las siguientes cuestiones: el Título preliminar, en el que se contienen los rasgos esenciales de nuestro Estado, de nuestro sistema político y de nuestro ordenamiento jurídico; el Capítulo segundo, Sección primera del Título I, es decir, determinados derechos de los ciudadanos a los que se les quiere dotar del máximo grado de protección; o el Título II, relativo a la Corona.

Cuando la propuesta de reforma afecte a alguna de estas materias, será necesario reunir el apoyo de los dos tercios del Congreso y, posteriormente, de los dos tercios del Senado. Si le lograra en ambos casos, las Cortes Generales quedarían automáticamente disueltas, debiendo celebrarse nuevas elecciones y, tras la conformación de las nuevas Cámaras, volver a someterse la propuesta a votación. En esta segunda votación se deberá obtener nuevamente el respaldo de los dos tercios del Congreso y de los dos tercios del Senado para entender aprobada por las Cortes la propuesta de revisión o reforma.

Sin embargo, no acaba ahí el procedimiento. En todos los casos en los que se haya conseguido llegar a este punto (dos tercios en ambas Cámaras; disolución y elecciones; y dos tercios de nuevo en ambas Cámara), es obligada la convocatoria de un referéndum popular en el que la propuesta de reforma deberá lograr el voto favorable de los ciudadanos.

En definitiva, lo que se buscaba es que, para "cambiar de Constitución" mediante su reforma, se concitara casi el mismo consenso que permitió su aprobación en 1978. Esto explica que quienes rechazan ahora lo pactado entonces no encuentren cauce constitucional para imponer sus deseos y pretendan hacerlo obviando los principios más elementales de nuestro ordenamiento jurídico.

Capítulo III

El régimen constitucional del Reino Unido de Gran Bretaña e Irlanda del Norte

ABDELHAMID ADNANE

SUMARIO: I. Introducción. II. Historia constitucional. III. Rasgos propios de la Constitución del Reino unido. III.1. Separación flexible de los poderes. III.2. Constitución flexible, III.3. La falta de codificación en un texto único,.IV. Fuentes del Derecho. IV.1. El Derecho estatutario o Statue Law. IV.2. El Derecho judicial o case law. IV.3. Las convenciones. V. Instituciones constitucionales. V.1. La Corona. V.2. El Parlamento. V.3. El Gobierno. V.3.1. El Consejo privado. V.3.2. El Gabinete y el Primer ministro. V.4. El Poder judicial. VI. La organización territorial. VII. Los derechos fundamentales. VIII. La jurisdicción constitucional. Bibliografía.

I. INTRODUCCIÓN

El Reino Unido (en inglés, *United Kingdom*), oficialmente Reino Unido de Gran Bretaña e Irlanda del Norte (*United Kingdom of Great Britain and Northern Ireland*), es un país soberano e insular ubicado al noroeste de la Europa continental, formado por la isla de Gran Bretaña, el noreste de la isla de Irlanda y pequeñas islas adyacentes.

Es un Estado "unitario" compuesto por cuatro naciones constitutivas: Inglaterra, Escocia, Gales e Irlanda del Norte. Su forma de gobierno es la monarquía parlamentaria, siendo el Rey Carlos III el jefe de Estado. La sede del Gobierno está en Londres, capital del Estado, aunque existen tres administraciones nacionales descentralizadas en Edimburgo, Cardiff y Belfast, las capitales de Escocia, Gales e Irlanda del Norte, respectivamente.

El régimen político británico ha ido fraguándose paulatinamente a lo largo de los siglos a través de prácticas y convenciones de índole constitucional, dando como resultado lo que hoy se denomina una Monarquía parlamentaria.

La originalidad y la particularidad de la experiencia inglesa hizo que Voltaire la calificase como una "afortunada combinación de elementos", en el sentido de haber sabido fundir en un conjunto equilibrado principios e instituciones que en otras latitudes resultaron incompatibles: autoridad y libertad, monarquía y democracia, tradición y adaptación (Jiménez de Parga).

El liberalismo del medioevo fue imponiendo paulatinamente en Inglaterra la soberanía del Parlamento sobre la de los monarcas. De esta soberanía se deduce fácilmente la originalidad de la Constitución británica. El Parlamento, soberano, ha ido dictando leyes de contenido constitucional a lo largo de los siglos, y ha conservado también aquellas costumbres y convenciones que le resultaban de poca utilidad. El equilibrio de poderes se ha mantenido siempre dentro de la hegemonía del Parlamento, que, hoy por hoy, resulta limitada *de facto* por el Gabinete de Gobierno.

Quede claro desde esta primera líneas que la historia constitucional inglesa no está exenta de guerras civiles, de revoluciones y de otros actos de violencia. Mas, el hecho de denominarse la Constitución inglesa de tradicional y no revolucionaria tiene su fundamento si el término revolución lleva a pensar en el desmantelamiento, mediante el empelo de la violencia, del orden anterior con objeto de establecer otro de signo contrario. De hecho, las revoluciones inglesas tenía como objetivo la restauración del antiguo orden quebrantado por el monarca y sus colaboradores, lo que hace visible la línea de continuidad y de permanencia. La fórmula política que se adopta, pues, es esencialmente consuetudinaria. Jenning lo formula en términos precisos afirmando que "Gran Bretaña carece de Constitución escrita. Las instituciones necesarias para el ejercicio de las funciones múltiples del Estado moderno han sido creadas... a medida que se hacía sentir su necesidad (...). De cuando en cuando, las circunstancias políticas y económicas han aconsejado reformas. Se ha dado un proceso constante de invención, cambio y mejoras en el reparto de los poderes. Sin cesar se han aportado adiciones, revestimientos, reconstrucciones parciales, de manera que el sistema ha rejuvenecido en cada siglo: pero jamás se ha demolido totalmente y vuelto a construir sobre nuevos cimientos. Si una Constitución consiste en instituciones y no está formada sólo por el papel que las escribe, diremos que la Constitución británica no ha sido formulado, sino que va creciendo, y que carece en absoluto de papel".

Como testimonio de este espíritu tanto renovador como conservador Reidlich escribe que "a lo largo de dos siglos, la Constitución inglesa fue transformándose casi sin ayuda de la legislación. No se inventa ningún mecanismo nuevo; pero se atribuyen nuevas funciones y poderes al antiguo, se dio a las viejas formas una significación nueva".

II. HISTORIA CONSTITUCIONAL

Siguiendo a Jiménez de Parga, el proceso de conformación de la Constitución Británica puede dividirse en cinco etapas:

1/ La primera caracterizada por el nacimiento del Parlamento inglés (no del régimen representativo) la resume brillantemente el historiador G.M- Trevelyan indicando que "El Parlamento inglés no fue creado por un hombre sólo (...). Fue el producto, a través de largos siglos de gestación, de buen sentido y del buen genio del pueblo inglés, que ordinariamente ha preferido las comisiones a los dictadores, las elecciones a las disputas callejeras, y las charlas de rebotica a los tribunales revolucionarios." De hecho, la *Curia Regia* que resultaba ser, de hecho, una asamblea puramente feudal formada por los funcionarios de la Corte y de los señores con feudo recibido directamente del Rey, pasa a ampliar su base representativa integrando en su seno, a partir de 1254, a dos representantes de los caballeros de cada condado. Once años más tardes, Simón de Montfort incluye en dicha asamblea a los representantes de las ciudades y de los burgos.

2/ La segunda etapa, que coincide con el régimen conciliar, marca el nacimiento del Estado moderno como Estado absoluto (Maquiavelo, Hobbes) dotando de un espíritu renovador a ciertas instituciones medievales. Además, queda desplazado el Parlamento como órgano legislador apoyándose el rey en este periodo en la burguesía y en los portavoces de ésta en el Consejo privado (*Privy Council*) que recibe con el *Act of proclamations* en 1539 facultades legislativas que seguirá condicionando de facto una vez anulada la referida norma en 1574. Además, el Consejo privado no se limitaba a legislar, sino que actuaba también como órgano judicial.

Este segundo periodo, que se extiende desde Jacobo I, primer monarca de la dinastía de los Estuardo quien fracasó en su intento de establecer un sistema más absolutista que el de los Tudors, hasta la "revolución gloriosa" de 1688, ha servido para allanar el camino al régimen parlamentario.

En este contexto, Carlos I se inclinó ante las reclamaciones recogidas en la petition *of rights* (1628) que limita notablemente las facultades regias. Durante su reinado desparece la Cámara Estrellada (subcomité del Consejo Privado que actuaba como tribunal central de justicia) y se llega a solicitar el control del Parlamento en el nombramiento de altos cargos y en los asuntos políticos importantes. También en este periodo se vota en 1679 el Acta de *habeas corpus* que constituye una garantía frente a las detenciones arbitrarias y nacen los partidos políticos: *tories* que son los futuros conservadores y los *whigs* que representan los futuros liberales.

3/ Durante la tercera etapa (1688-1832), conocida como el tercer periodo del Estado moderno y de consolidación del régimen parlamentario oligárquico, toma forma con la "Declaración de Derechos" (1689) y el "Acta de Establecimiento" (1701) la monarquía limitada por el *common law,* por los estatutos y por las convenciones. Además, en el periodo comprendido entre 1702 y 1714, durante el reinado de la Reina Ana, y bajo su presidencia, las decisiones de mayor relevancia política se toman el Gabinete, que es un antiguo subcomité del Consejo Privado. Participa en la consolidación de esta institución el hecho de que Jorge I de Hannover no asiste a las reuniones de Gabinete al no conocer la lengua inglesa, dando lugar tanto a la preconfiguración del Gabinete como consejo homogéneo como al nacimiento de la figura del primer ministro que se verá fortalecida por el desinterés de Jorge II por los asuntos del reino. Roberto Walpole, destacado líder político de aquel entonces, tras contar con un homogéneo equipo ministerial integrado por miembros del partido de los *whigs* cae en 1742 al perder la confianza de la cámara de los comunes. Durante el reinado de Jorge III la solidaridad ministerial se refuerza, y el papel del *premier va in cresciendo* obligando al jefe de Estado a actuar conforme con su papel de monarca constitucional.

En esta época el Parlamento se afianza en tanto que órgano de control político y asume facultades legislativas. En estas coordenadas, el *Bill of Rights* de 1689, acta firmada por Guillermo de Orange como condición para acceder al trono, limitaba el poder del monarca en gran medida como se puede apreciar a continuación:

Artículo 1: "Que el pretendido poder de suspender las leyes y la aplicación de las mismas, en virtud de la autoridad real y sin el consentimiento del Parlamento, es ilegal". Así, el poder ejecutivo del Rey resulta limitado.

Artículo 4: "Que toda cobranza de impuesto en beneficio de la Corona, o para su uso, so pretexto de la prerrogativa real, sin consentimiento del Parlamento, por un período de tiempo más largo o en forma distinta de la que ha sido autorizada, es ilegal". De este modo el Rey pierde una parte de su poder económico.

Artículo 5: "Que es un derecho de los súbditos presentar peticiones al Rey, siendo ilegal toda prisión o procesamiento de los peticionarios". Conforme a ello el Rey pierde una parte de su poder judicial y se autorizan las peticiones.

Artículo 6: "Que el reclutamiento o mantenimiento de un ejército, dentro de las fronteras del Reino en tiempo de paz, sin la autorización del Parlamento, son contrarios a la ley". Resultado de ello es la pérdida del Rey de una parte de su poder militar.

Artículo 8: "Que las elecciones de los miembros del Parlamento deben ser libres". Queda garantizado, pues, que cada uno vota según su voluntad.

Artículo 9: "Que las libertades de expresión, discusión y actuación en el Parlamento no pueden ser juzgadas ni investigadas por otro Tribunal que el Parlamento". Esta disposición marca el nacimiento de las conocidas prerrogativas parlamentarias: inviolabilidad e inmunidad.

Artículo 10: "Que no se deben exigir fianzas exageradas, ni imponerse multas excesivas ni aplicarse castigos crueles ni desacostumbrados". Se esboza, de esta manera, el principio de proporcionalidad.

Artículo 13: "Es necesario que el Parlamento se reúna siempre". El parlamento pasa a ocupar un lugar central en el sistema político inglés.

También cabe señalar que en esta época el poder judicial logra su independencia del poder ejecutivo. En este sentido, el *Act of Settlement* de 1701 ordena que "las comisiones de los jueces serán dadas mientras se porten bien, y sus salarios asegurados y establecidos". Añade también que no podrán ser separados de sus cargos más que "en virtud de una petición de una de las dos cámaras del Parlamento".

4/ La cuarta etapa supone la democratización del régimen. En este sentido, la *Reform Act* de 1832 supone un cambio de calado en el sistema electoral, aunque no acaba del todo con los abusos. En 1867 la anterior reforma resulta mejorada al ampliarse aún más el cuerpo electoral. En e1873 se establece el sufragio secreto y en 1883 se aprueba la *Corrupt Illegal Practices Act que* viene a proteger el sufragio contra las presiones económicas. La *Representations of the people Act* de 1918 reconoce el derecho de voto a los varones mayores hayan cumplido los veintún años y a las mujeres que mayores des treinta años. En 1928 se produce la equiparación de ambos sexos.

Este proceso democratizador supuso una notable merma en la posición de la cámara de los Lores, situación que con la *Parlamentary Act* de 1949 se formaliza al convertirse dicha cámara en órgano de enmienda y contención.

Hoy en día, y teniendo en cuenta la consumación del *Brexit*, a todo lo anterior cabe añadir el conjunto de normas aprobadas por el Parlamento británico durante el gobierno de Tony Blair (1997) y la adopción de la *Human Rights Act* de 1998 que es la Ley del Parlamento británico que pretende "*give further effect*" en el Reino Unido al Convenio Europeo de Derechos Humanos, aprobado por el Consejo de Europa. En lo atinente a la parte orgánica, ha de señalarse, en el marco de la descentralización política del Reino unido las *Devolutions Acts* para Escocia, Gales e Irlanda del Norte y, en un sentido centralizador, la *Constitutionnal Act* de 2005 que vino a centralizar el poder judicial en el muevo Tribunal Supremo.

III. RASGOS PROPIOS DE LA CONSTITUCIÓN DEL REINO UNIDO

III.1. Separación flexible de los poderes

La separación de poderes resume una idea de arquitectura institucional que se propone evitar los riesgos de abuso de poder por determinados órganos del Estado, al constituir al Parlamento, al Gobierno y al Poder Judicial como poderes relativamente independientes entre sí. Se trata, en efecto, como indicara Loewenstein, de un integrante imprescindible del bagaje estándar del constitucionalismo, del dogma más sagrado de la teoría y práctica constitucionales.

Señala Montesquieu que los poderes deben ser confiados a órganos separados y mutuamente independientes si se quiere impedir el naufragio de la libertad, pues "es una experiencia eterna que todo hombre que tiene poder tiende a abusar de él: llega hasta donde encuentra límites. Para que no se pueda abusar del poder es preciso que por la disposición de las cosas el poder frene al poder". La opresión se evita dividiendo al poder, distribuyéndolo entre órganos independientes e iguales entre sí. En este sentido escribe Montesquieu que "todo estaría perdido si el mismo hombre y el mismo cuerpo ejerciese los tres poderes: el de hacer las leyes, el de ejecutarlas y el de juzgar."

Parece cuanto menos llamativo que, a pesar de que la literatura política del siglo dieciocho abordase Inglaterra como ejemplo de la separación de poderes, ésta no tuvo aplicación alguna en estas tierras. En Inglaterra, a partir de la monarquía limitada, siempre ha predominado un poder sobre los demás. En un primer momento el predominio era del Parlamento, y hoy por hoy es del Gobierno por razón de su control de la Cámara de los Comunes y del recurso ordinario a la legislación delegada.

La actual realidad política británica destierra el mito de la existencia de una clara división de poderes, y evidencia una auténtica fusión de aquellos y la ausencia de límites constitucionales al poder decisorio del Parlamento (Jean Paul Jacqué). Jenining lo expresa magistralmente en los siguientes términos: "No hay separación de poderes, en sentido estricto, entre el legislativo y el ejecutivo. Las necesidades prácticas del gobierno parlamentario han hecho necesario que el Parlamento confíe en la política gubernamental y acepte la dirección del Gabinete en lo que respecta al programa legislativo, aunque reteniendo el derecho de enmendar, criticar, preguntar y, en último término, anular. Además, las necesidades prácticas exigen una amplia delegación al ejecutivo del poder de legislar por decreto (*rule regulations*)".

III.2. La Constitución flexible

Se entiende por Constituciones rígidas aquellas cuyas disposiciones sólo pueden ser integradas, modificadas o derogadas, a través de procedimientos agravados, con mayorías cualificadas, y claramente diferenciados del procedimiento legislativo ordinario. La "Constitución" del Reino Unido no responde a este esquema, pues sus disposiciones pueden reformarse a través del procedimiento legislativo.

Esta flexibilidad le permite adaptarse a las nuevas situaciones tanto de carácter normal como excepcional. Ello trae causa del principio constitucional de la soberanía parlamentaria en virtud del cual el Parlamento es depositario de una autoridad trascendente y absoluta, y de lo que naturalmente deriva la ausencia de un poder de control de la constitucionalidad de las leyes.

III.3. La falta de codificación en un único texto

A efectos del presente capítulo, el Reino Unido debe su configuración a un constitucionalismo principalmente no escrito debido a la inexistencia de un único texto escrito, codificado "establecido de una sola vez y en el que de una manera total, exhaustiva y sistemática se establecen las funciones fundamentales del Estado y se regulan los órganos, el ámbito de sus competencias y las relaciones entre ellos", sino que resulta de una lenta transformación histórica, en la que intervienen frecuentes motivos tanto racionales como irracionales y fortuitos irreductibles a un esquema, por consiguiente dicha Constitución no es creación de un acto único y total, sino de actos parciales reflejos de situaciones concretas y, frecuentemente de usos y costumbres formados lentamente y cuya fecha de nacimiento no es precisa. (García Pelayo).

En este marco, puede decirse que la Constitución británica incluye, por un lado, fuentes escritas denominadas Derecho Estatutario (*Statute Law*) y el conocido *Common Law* o derecho y costumbres del reino que han obtenido el reconocimiento de los jueces para enjuiciar los casos traídos ante ellos, amén de las convenciones constitucionales que vienen a ser la vía de integración de nuevas situaciones en el esquema tradicional de las instrucciones inglesas, dándoles a éstas un nuevo sentido y garantizando, de este modo una línea de continuidad entre el pasado y el presente.

IV. FUENTES DEL DERECHO

Dentro de las fuentes del Derecho constitucional británico se distingue entre el Derecho Estatutario (*Statute Law*), el Derecho judicial (*Case Law*) y las Convenciones.

IV.1. El Derecho Estatutario o Statue Law

Son leyes constitucionales en sentido material pero no formal en tanto que no diferencian de la legislación ordinaria ni por el órgano que la elabora ni por el procedimiento de su aprobación o reforma. Suele incluirse en esta fuente, entre otras, a la Carta Magna (1215), a la *Petition of Rights* (1628), al

Bill of Rights (1689), al *Habeas Corpus Amendment,* al *Act of settlement* de 1701, al *Parliament Act* (1911 y 1949), a las Actas de Unión de Escocia y de Irlanda de 1707 y 1800 respectivamente, a la Devolution Acts de 1998, a la *Human Rights Act* de 1998 y la *Constitutionnal Reform Act* de 2005.

IV.2. El Derecho judicial o Case Law

Se refiere al Derecho que deriva de las decisiones judiciales y que resulta vinculante para los tribunales subordinados aquel del que han emanado. Se manifiesta tanto en el llamado *Common Law,* Derecho y costumbres reconocidos judicialmente como en la interpretación del Derecho Estatutario en lo que se refiere a la validez de la legislación delegada.

La doctrina británica establece cinco requisitos para que una costumbre pueda transformarse en *Common Law*: que los afectados por ella la consideren obligatoria; que sea cierta; que sea razonable, que posea una antigüedad inmemorial y que haya gozado de continuidad.

Como ejemplo de la creación judicial del Derecho pueden citarse las garantías de los derechos individuales, las prerrogativas de la Corona, el refrendo ministerial de los actos del monarca, etc.

IV.3. Las Convenciones

Tal como queda indicado líneas arriba, esta fuente del Derecho constitucional británico viene a constituir una vía de integración de nuevas situaciones en el esquema tradicional de las instrucciones inglesas, dándoles a éstas un nuevo sentido y garantizando, de este modo una línea de continuidad entre el pasado y el presente. Tienen carácter normativo y son claro un ejemplo de la creación social del Derecho. Instituciones tales como el primer ministro, el Gabinete, la convocatoria anual del Parlamento, la responsabilidad política, la disolución del Parlamento a requerimiento del primer ministro, la obligación del soberano de sancionar las leyes votadas por el Parlamento, la imposibilidad de que un gobierno sea derribado por la Cámara de los Lores, no son más que el resultado de varias Convenciones.

V. INSTITUCIONES CONSTITUCIONALES

V.1. La Corona

García Pelayo distingue entre un significado general de la Corona que viene a ser la forma británica de la idea continental de Estado, y un significado particular técnico jurídico que se refiere a uno de los poderes que integran la estructura constitucional. Es este segundo significado el que nos va a ocupar en este apartado.

La Corona es una de las partes del ejecutivo cuyos poderes derivan del Derecho Estatutario o del *Common Law* denominándose en este último caso prerrogativas. Dichos poderes sólo pueden ser ejercidos por el Rey con el refrendo de un ministro que responde por ello ante el Parlamento. Bagehot afirma magistralmente que al Rey le quedan tres cosas: "el derecho a ser consultado, el derecho a animar, el derecho a prevenir". Se alude igualmente al poder reducido que tiene el monarca británica bajo el término de *auctoritas* en el sentido de reconocimiento de los demás en él de una cualidad valiosa (García Pelayo), que no se diferencia de las *potestas* de la cuales carece a falta de soporte normativo atributivo de las mismas.

La excepción a este regla la encontramos en el nombramiento del Primer ministro que, sin embargo, se ha convertido en automática en el sentido de que la jefatura del Gobierno se le confiere al jefe del partido ganador de las elecciones.

Teniendo en cuenta lo anterior, puede enumerarse algunos poderes del Monarca como sigue: ostenta la representación del Estado en las relaciones internacionales, es jefe supremo de las fuerzas armadas, reúne Parlamento y lo disuelve, sanciona las leyes, disuelve el Parlamento con el consejo del Primer ministro, ejerce el derecho de gracia.

Derivación lógica de todo ello es su irresponsabilidad que tiene fundamento en un principio del *Common Law* según el cual el Rey no puede hacer entuerto, por lo que sus actos son sujetos a refrendo ministerial que resulta traslativo de la responsabilidad (y también de competencia) al refrendante.

La sucesión, que es hereditaria en la Corona, viene regulada en el Acta de Establecimiento que establecía, además de ser protestante y no estar casado con un católico el orden de primogenitura, la preferencia del varón en la misma línea. Mas con la aprobación el año 2013 de la ley de Acceso al Trono (*Succession to the Crown Act*) se suprimió la mencionada preferencia del varón sobre la mujer y se reconocieron los derechos sucesorios de aquellos que han contraído matrimonio con católicos, manteniéndose la obligatoriedad de que el Rey o Reina, siendo jefe de la Iglesia anglicana, sea protestante.

Si la Corona quedase vacante por enfermedad, fallecimiento o abdicación, siendo menor de edad el sucesor, le corresponde la regencia al adulto de la familia real más cercano. La declaración de la incapacidad del Rey o reina, y su revocación, le corresponde al consorte, al portavoz del Parlamento y de la Cámara de los Lores (*Lord Speaker*), al portavoz de la Cámara de los Comunes, el *Lord Chief* de Inglaterra y Gales, y el *Master of the Rolls.*

En virtud de *la Regency Act* de 1937, en caso de enfermedad temporal, el Rey o Reina puede delegar temporalmente sus funciones a los Consejeros de Estado, a su consorte, y a las primeras cuatro personas siguientes en la línea de sucesión.

V.2. El Parlamento

Formalmente, el Parlamento inglés está integrado por el Rey, la Cámara de los Comunes y la Cámara de los Lores. La reunión de estas tres instituciones se le denomina "Rey en Parlamento". A la Cámara baja le corresponde desempeñar la mayor parte de las facultades parlamentarias. Ello se debe a que el Rey carece de veto, y que el asentimiento de la segunda Cámara no es condición *sine qua non* para legislar en materia financiera y que su veto en las restantes materias sólo es de un año. Esta posición mermada de la Cámara de los Lores se debe, además de lo anterior, a que el Gobierno sólo responde políticamente de sus actos ante la Cámara de los Comunes.

La Cámara de los Comunes (*House of Commons*), oficialmente Los Honorables Comunes del Reino Unido de Gran Bretaña e Irlanda del Norte reunidos en Parlamento, está conformada por 650 representantes elegidos por escrutinio uninominal mayoritario en los diferentes distritos electorales del Reino Unido por un período máximo de cinco años hasta que se disuelve el parlamento. Sin embargo, cabe la posibilidad de una disolución anticipada tanto si resulta aprobada por dos tercios de la Cámara de los Comunes una moción para convocar elecciones anticipadas como cuando si aprueba una moción de censura.

Al contrario de lo que ocurre en la Cámara de los Comunes, los miembros de la Cámara de los Lores, que hoy en día asciende a 775 lores, no se eligen mediante elecciones, dividiéndose según su derecho a formar parte de la Cámara en «lores espirituales» y «lores temporales». Los lores espirituales son 26 obispos elegidos por su prestigio y dilatada carrera eclesiástica dentro de la Iglesia anglicana. Los lores temporales conforman el resto, siendo la mayoría miembros con derecho vitalicio no hereditario, nombrados por el Rey con el asesoramiento del primer ministro. Cabe mencionar tras la entrada en funcionamiento el primero de octubre de 2009 de la nueva Corte Suprema del Reino Unido asumió la función judicial que hasta entonces ostentaba la

Cámara Alta a través del *Appellate Committee* que constituía un comité judicial de dicha Cámara.

El Parlamento británico, al que se atribuye el monopolio del poder legislativo, a pesar del crecimiento de la legislación delegada (*Statutory Instrument*), puede introducir a través del procedimiento legislativo ordinario reformas de naturaleza constitucional al no haber una diferencia formal entre las leyes ordinarias y las leyes constitucionales. La doctrina se refiere a esta posibilidad con la expresión "soberanía legal", es decir poder normativo supremo. En este sentido, se ha dicho que el Parlamento británico podía hacerlo todo, salvo convertir a un hombre en mujer o a una mujer en hombre. A ello contribuye, también, la ausencia de poder de control de la constitucionalidad de las leyes, de lo que deriva que la ley aprobada por el Parlamento ha de ser aplicada por los Tribunales de Justicia. El único control que cabe es de naturaleza política que se puede ejercer por parte del pueblo, portador de "la soberanía política", en las elecciones legislativas.

Señala García Pelayo que "dado que la vida de un Parlamento concreto depende del Gabinete, dado que éste tiene prácticamente el casi monopolio de la iniciativa parlamentaria y que dispone del orden del día, es claro que se convierte en director y conductor del Parlamento dentro de los límites marcados por la existencia de la oposición". De lo que puede deducirse que el sujeto real de la soberanía es el Gabinete. Prueba de esa desviación del poder del Parlamento hacia el Gabinete es la disciplina de partido y el control del orden del día por el Gobierno; la imposibilidad de discusión de ninguna propuesta de carácter financiero si no ha sido recomendada por el Gobierno y el hecho de que resulta algo menos que imposible la iniciativa legislativa por parte de los miembros individuales del Parlamento. Realidad que ha llevado a afirmar que el Gabinete legisla con el consejo y consentimiento del Parlamento.

En cuanto al control del Gobierno, los diputados pueden denegarle la confianza y proponer mociones de censura. También están facultados para discutir y debatir la acción del mismo entre tres ocasiones: tras la lectura del discurso del Trono que inaugura cada Parlamento; antes de la aprobación del Presupuesto y en la investigaciones realizadas por las Comisiones de encuesta.

V.3. El Gobierno

En el Gobierno británico cabe distinguir cuatro instituciones: el Ministerio, el Consejo Privado, el Gabinete y el Primer Ministro. En el presente capítulo nos vamos a centrar en los tres últimos.

V.3.1. El Consejo Privado

Hoy por hoy su composición, que asciende a unos seiscientos miembros, viene determinada por el Gabinete a pesar de que existen miembros natos (el Príncipe heredero y su consorte, las tres máximas autoridades de la Iglesia Anglicana, los altos cargos de la judicatura, el secretario personal del Rey, el Lord Chamberlain y los presidentes de las dos cámaras del Parlamento) y que el Rey podría realizar nombramientos por sí mismo con objeto de recompensar su distinción.

Entre sus funciones cabe señalar, entre otras, la aprobación del matrimonio del Rey o Reina, y en la aprobación por Real Decreto de los reglamentos elaborados por el Gobierno. Los Comités del Consejo conservan una importancia relativa. Así, el *Judicial Committee* que desde 1833 se pronunció sobre ciertos asuntos del Imperio Británico también ha ido perdiendo paulatinamente sus atribuciones sobre todo tras la entrada en vigor de la *Constitutional Reform Act* de 2005 en virtud de la cual se ha transferido las competencias derivadas de las *Devolutions Acts* al Tribunal Supremo.

V.3.2. El Gabinete y el Primer Ministro

Se ha formado históricamente en el seno del Consejo Privado y consolidado en el siglo XVIII. Constituye "la clave de la Constitución británica y la genuina aportación de ésta al Derecho Constitucional de otros países… Tiene como misión fundamental la dirección política del país... decide no sólo sobre las líneas generales de la legislación, sino también sobre todas las cuestiones particulares que en cada momento adquieran interés político nacional" (García Pelayo). Los Departamentos ejecuten su política bajo su dirección continua.

En el marco actual del bipartidismo, Parlamento y Gabinete actúan de común acuerdo. La responsabilidad política de éste ante aquél es más teórica que real. El Gabinete decide, y el Parlamento y el Pueblo Vigilan (Jiménez de Parga). Queda, así, suspendido el equilibrio entre el poder ejecutivo y el legislativo y el reparto de funciones entre ellos en favor de una indudable concentración de poderes en manos de un sólo partido (De Cueto Nogueras). De lo anterior no cabe inferir erróneamente que el Gabinete puede gobernar a su antojo, pues debe justificar de modo continuo sus acciones y está en diálogo permanente con la oposición

La mayoría de los miembros del Gabinete, que normalmente reflejan la mayoría parlamentaria, lo son también la Cámara de los Comunes, a pesar de incluirse siempre el miembro de la Cámara de los Lores responsable de mantener la disciplina de voto en dicha Cámara.

Los miembros del Gabinete se reúnen en pleno o en comités restringidos entre los cuales cabe distinguir entre los permanentes y los especiales. La coordinación entre los diferentes ministerios se realiza a través del Gabinete y bajo la dirección del Primer Ministro respecto del cual afirma Dicey que "si hay una persona en cuya sola mano está emplazado el poder del Estado, esta persona no es el Rey, sino el presidente del Comité conocido por el nombre de Primer Ministro".

Es fuerte posición del Primer Ministro se debe a que uno de los más importantes elementos para la decisión del pueblo inglés es, además del programa del partido, la personalidad del futuro Primer Ministro. Siendo, según terminología de Bagehot, "la parte eficiente del Ejecutivo", además, de ser la vía principal de comunicación con la Corona, es quien nombre nombra a los Ministros, y en el seno de ellos designa a los que integran el Gabinete, los hace dimitir y resuelve las diferencias entre ellos. Al ser normalmente el líder del partido mayoritario en la Cámara de los Comunes, controla los debates parlamentarios al tener en sus manos el orden del día.

No se olvide que el electorado también eleva al Parlamento al otro partido minoritario que se constituye en oposición oficial que presenta el llamado "Gabinete fantasma" o "en la sombra" que es una verdadera tribuna de control y en campaña electoral permanente para unas próximas elecciones (González Casanova).

V.4. El Poder Judicial

El Reino Unido cuenta con un sistema jurídico separado para Inglaterra y Gales, otro para Escocia y un tercero para Irlanda del Norte. La estructura del sistema judicial inglés puede dividirse como sigue: a) los tribunales superiores de Inglaterra y Gales que son la Corte de Apelación y la Corte Suprema, posicionándose en la mayoría de los casos por encima de todos como tribunal de última instancia; y b) los tribunales de menor jerarquía que incluyen, por ejemplo, a las Cortes del Condado y a las Cortes de los Magistrados.

Sin duda, el "precedente judicial" es una de las particularidades del Derecho inglés, un Derecho de marcado carácter jurisprudencial "*common law*". Los jueces británicos "crean", a través del conocido "*case law*", Derecho cuando resuelven los casos sometidos a su consideración. Esta concepción del Derecho obliga a los tribunales ingleses, con el fin de dotar de unidad y coherencia a todo el sistema, a actuar conforme a las decisiones que en su momento adoptaron, para casos similares, los tribunales jerárquicamente superiores del Estado.

Baste recordar que la "soberanía legal" es un concepto jurídico ideado por los juristas para poner el énfasis en la relación que debe mediar entre el Parlamento y los Tribunales, en el sentido de que toda ley del primero, cualquiera que sea su contenido, ha de ser aplicada por éstos. Lo que viene a significar que el Derecho de origen Parlamentario goza de un rango superior al *Common Law* y está por encima de los fallos judiciales. Puede, por razón de dicha superioridad, dar un *bill* de indemnidad para legalizar un acto ilegal o de librar a alguien de las consecuencias jurídicas de la comisión de un acto (García Pelayo).

Por último, cabe subrayar que tras la Ley de Reforma Constitucional de 2005 se creó el Tribunal Supremo que pasó a sumir las competencias del Comité judicial de las Cámara de los Lores y las competencias más importantes del Comité judicial del Consejo Privado, especialmente los conflictos de competencia en el marco de la *devolution Acts.* Es preciso mencionar que el Tribunal Supremo del Reino Unido se encuentra separado legalmente de los tribunales de Inglaterra y Gales, ya que también es el Tribunal Supremo de Escocia e Irlanda del Norte.

VI. LA ORGANIZACIÓN TERRITORIAL

Es un Estado unitario plurinacional, pese a la hegemonía de un fuerte centralismo inglés, formado por cuatro naciones: Inglaterra, Gales, Escocia e Irlanda del Norte. De ahí, el nombre oficial del "Reino Unido de Gran Bretaña e Irlanda del Norte". En este ordenamiento plurinacional, cabe subrayar la supremacía del Parlamento de Westminster, que se impone sobre los Parlamentos de las diferentes naciones, aun en el caso de materias que han sido objeto de "*devolution*". La articulación judicial, de carácter constitucional, entre el Derecho del Estado (Reino Unido) y el Derecho de las diferentes naciones que integran éste la lleva a cabo la Corte Suprema.

El Reino Unido es un Estado tradicionalmente unitario que, en realidad, está conformado por cuatro "entidades territoriales" distintas que se unieron en el pasado, de las cuales tres, Inglaterra, Escocia y Gales, forman Gran Bretaña, siendo la cuarta componente del sistema Irlanda del Norte. Cabe destacar, de un lado, la descentralización operada vía "*devolution of powers*" en 1998 a las asambleas regionales de Escocia (*Scotland Act*), al País de Gales (*Government of Wales Act*) y a Irlanda del Norte (*Northen Ireland Act*).

La "*devolution*" es considerada como el cauce adecuado para preservar la unidad del Estado y, a su vez, dar una solución política a las reivindicaciones galas y escocesas. Consiste en una delegación asimétrica, a Gales y Escocia, de ciertas competencias no reservadas en exclusiva al Estado, y que permanecen bajo la continua vigilancia del Estado. En teoría, por la razón de la soberanía parlamentaria, la descentralización política puede ser revocada por ley, pero en realidad resulta inconcebible debido al alto coste político que supondría.

Cabe distinguir en la "*devolution*" gala es de carácter administrativa y la de Escocia que es más amplia, pues tiene carácter político y permite la instalación de un poder legislativo autónomo y con poderes fiscales bastantes. Con relación a Irlanda del Norte, tras el restablecimiento de la paz en el Ulster, este territorio ha recuperado sus instituciones de autogobierno que fueron suspendidas a raíz del conflicto terrorista entre protestantes (unionistas) y católicos (nacionalistas).

En el plano administrativo, el Gobierno del Reino Unido se relaciona con los Gobiernos nacionales de Escocia, Gales e Irlanda del Norte a través de tres Secretarios de Estado, cada uno al frente de una estructura administrativa propia ("*Offices*").

No se integran dentro del Reino Unido, aunque están muy ligados a él por razones históricas, los países miembros de la "*Commonwealth*"(Australia, Canadá, India, Malta, Nueva Zelanda o Sudáfrica), los "territorios británicos de ultramar" (entre los que se encuentran las Islas Caimán, Gibraltar o las Islas Malvinas). En el plano local, Inglaterra se ha caracterizado por poseer una fuerte autonomía local a través del modelo condado-distrito.

VII. LOS DERECHOS FUNDAMENTALES

El Reino Unido carece de una Constitución normativa rígida. La idea misma de una Constitución no escrita impide la existencia de mecanismos agravados de reforma constitucional o la previsión de la garantía de contenido esencial de unos inexistentes derechos fundamentales ni las demás garantías clásicas que el Constitucionalismo posterior a la segunda Guerra Mundial estableció en beneficio de los derechos fundamentales.

Empero, cabe precisar que existen derechos de rango constitucional creados vía jurisprudencia "C*ommon Law Rights*", como la libertad personal, el acceso a la justicia o el no sometimiento a impuestos no establecidos por ley. Dichos derechos, sin embargo, pueden ser derogados de modo expreso por ley.

La "*Human Rights Act*" de 1998 al pretender "*give further effect*" en el Reino Unido al Convenio Europeo de Derechos Humanos de 1950 convirtió dicho Convenio en norma vinculante para los poderes estatales a pesar de que los Tribunales no pueden inaplicar una norma nacional en contraste con su contenido, limitándose en este supuesto a declarar la incompatibilidad de dicha norma y es cometido del Parlamento, en virtud de su supremacía introducir en la misma los cambios oportunos para solucionar dicha incompatibilidad.

En lo que se refiere a los llamados derechos económicos, sociales y culturales, en el Reino Unido son considerados como principios y no como derechos subjetivos.

VIII. LA JURISDICCIÓN CONSTITUCIONAL

Una vez más, el concepto de "soberanía legal" depositada en el Parlamento de Westminster niega uno de los presupuestos del control de constitucionalidad propio de las tradiciones constitucionales europeas, e imposibilita cualquier posible concepción de la Corte Suprema del Reino Unido como verdadero Tribunal Constitucional.

BIBLIOGRAFÍA

DICEY, A. V., Introduction to the study of the Law of the Constitution, 8ª ed., MacMillan, London, 1915.

FERNÁNDEZ SESGADO, F., "El régimen político británico", FERRANDO BADÍA, J., (Coord.), Regímenes políticos actuales, 3ª ed., Tecnos, Madrid, 1995.

GARCÍA PELAYO, Manuel. Derecho Constitucional Comparado. Alianza Editorial, 1999.

GONZÁLEZ CASANOVA, José Antonio. Teoría del Estado y Derecho Constitucional. Vicens-Vives, 1984.

GORDILLO PÉREZ, Luis (dir). Sistemas Constitucionales Europeos y Comparados. Athenaica, 2020.

JIMÉNEZ DE PARGA, Manuel. Los Regímenes Políticos Contemporáneos. Tecnos, 1983.

LÓPEZ GARRIDO; Diego, MASSÓ GARROTE, Marcos Francisco y PEGORARO, Lucio (dirs). Nuevo Derecho Constitucional Comparado. Tirant Lo Blanch, 2000.

VÍRGALA FORURIA, E. La Constitución británica en el siglo XXI. Soberanía parlamentaria, constitucionalismo, Common Law y leyes constitucionales, Marcial Pons, 2018.

Capítulo IV
Estados Unidos

Mª REYES PÉREZ ALBERDI
Universidad Pablo de Olavide

I. INTRODUCCIÓN

El nacimiento de los Estados Unidos de América como nación se remonta a la Declaración de Independencia de las trece colonias británicas en Norteamérica en el año 1776. Esta Declaración, inspirada en los postulados iusnaturalistas y en las tesis del contractualismo, suponía un claro ejercicio del *derecho de resistencia* de los pobladores frente a la metrópoli, por no respetar los derechos que les corresponderían como súbditos de la Corona y no permitirles la representación en el Parlamento británico. *No taxation without representation* fue el grito con el que los colonos se amotinaron ante una serie de medidas adoptadas por este Parlamento para aumentar los impuestos, especialmente las leyes de Townshend, con las que se gravaban diversos productos importados (pinturas, azúcar, té, plomo, papel y vidrio); dando origen, por ejemplo, al conocido motín del té o *tea party*, cuando se arrojó al mar el cargamento de té de tres buques británicos atracados en el puerto de Boston a modo de protesta. Tras la guerra de la independencia, las trece colonias se organizaron como una *Confederación de Estados independientes y soberanos* que acordaban acatar los mandatos de un Gobierno común, cuyo único órgano, el Congreso de los Estados Unidos, detentaba, sin embargo, muy pocas atribuciones —básicamente, declarar la guerra y las relaciones internacionales y con los nativos indios— reservándose los propios Estados para sí el derecho de cumplir y hacer cumplir las leyes de la Unión, así como el resto de materias. Puede entenderse, entonces, que esta forma de organización política no consiguiera dotar de unidad de acción al nuevo país, creando un Gobierno nacional muy debilitado que, aunque podía tomar algunas decisiones sobre las materias de su competencia e incluso fijar los fondos necesarios para ello, dependía completamente de los gobiernos y de las legislaturas de los Estados para la provisión de los recursos necesarios y para su ejecución.

De ahí que tan solo once años después, en 1787, se aprobara la Constitución de los Estados Unidos de América. Una Constitución que reúne la condición de ser a la vez la más antigua y la más longeva, ya que precedió en cuatro años a la Constitución francesa de 1791 y aún continua vigente, sometida, no obstante, a modificaciones parciales mediante la aprobación de enmiendas que han permitido su actualización a lo largo de sus más de dos siglos de vigencia. Se trata de una Constitución *originaria*, en el sentido propugnado por Löwenstein, para referirse a aquellas que realmente aportan una nueva institución o derecho al acervo del constitucionalismo. En concreto, podemos destacar su originalidad en al menos tres aspectos esenciales de su contenido.

En primer lugar, supone el primer ejemplo de lo que García Pelayo denomina *constituciones racional-normativas*; es decir, "un complejo normativo establecido de una sola vez y en el que de una manera total, exhaustiva y sistemática se establecen las funciones fundamentales del Estado y se regulan los órganos, el ámbito de sus competencias y las relaciones entre ellos". Sin embargo, añade el autor que este modelo de Constitución no parte de un concepto neutro o despolitizado, sino que se identifica con la realización del programa del Estado liberal burgués; programa que puede resumirse en la fórmula, acuñada en el artículo 16 de la Declaración francesa de Derechos del Hombre y del Ciudadano de 1789, de la separación de poderes y la garantía de derechos individuales. A ello se suman las exigencias de las teorías del contrato social y, por tanto, de legitimación democrática del poder a través del principio de soberanía popular, la distinción entre poder constituyente y poderes constituidos y, como consecuencia de la introducción de cláusulas específicas para la reforma constitucional, la distinción no meramente material sino también formal de la Constitución, como n*orma suprema del Estado.* Elementos todos que se encuentran presentes por primera vez en la Constitución norteamericana de 1787. En efecto, hasta ese momento, la única constitución existente era la británica, que respondía —y aún lo hace— al modelo de *constitución histórico-tradicional,* coherente con su sistema de *common law,* donde las leyes, las decisiones judiciales o, en definitiva, cualquier norma no son más que la declaración de principios o valores preexistentes en las costumbres o en el carácter de un pueblo, estando integrada por una serie más o menos desordenada de leyes, convenciones y costumbres, que son tenidas por fundamentales y adoptadas a medida que van surgiendo los acontecimientos o planteándose nuevas situaciones. Desde la *Carta Magna* (1215), pasando por la *Petición de Derechos* (1629), la Ley de *Habeas Corpus* (1679), la Declaración de Derechos (1689), la Ley de Libertad de Información (1998), la Ley de Derechos Humanos (1998), la Ley de Establecimiento (1701), la Ley de Representación del Pueblo (1832, 1867, 1884 y 1983), las Leyes de Unión con Escocia (1706 y 1998), con Irlanda (1800) y de Gobierno de Gales (1998 y 2005), las Leyes del Parlamento (1911 y 1949) o la ley de Reforma Constitucional (2005), entre otras, unidas a ciertas convenciones o prácticas constitucionales que regulan las relaciones con otros órganos de gobierno, integrarían un complejo normativo de rango constitucional que ya han tenido ocasión de ver con mayor extensión en el capítulo dedicado al Reino Unido.

Las otras dos decisiones políticas fundamentales y originarias de la Constitución de los Estados Unidos tienen que ver con la forma en la que se articula el principio de separación de poderes. Podría decirse que la preocupación principal de los redactores de la Constitución —los *founding fathers*— era la de evitar la concentración del poder para asegurar la libertad política de las minorías *políticas* y *territoriales* mediante el establecimiento de complejos sistemas de equilibrio de poderes (*checks and balances*). A diferencia de lo que ocurrirá luego en Europa, la articulación de este principio se va a caracterizar, como veremos, por una división *rígida* de poderes entre los diversos órganos del Estado, tanto desde el punto de vista funcional o político (legislativo, ejecutivo y judicial) como territorial (Federación y estados). Se trata, en el primer caso, de su *sistema de gobierno*, de tipo *presidencial* que, a su vez, se encuentra particularmente condicionado, de otro lado, por el *modelo de articulación territorial* del país: el *federalismo*. Modelo federal que impregna todas las instituciones públicas norteamericanas: el sistema de fuentes del Derecho, los derechos fundamentales, el propio sistema de gobierno, etc. Por eso, vamos a variar el orden de exposición seguida normalmente en los capítulos de esta obra, pasando a ocuparnos en primer lugar de la organización territorial de los Estados Unidos americanos.

II. LA ORGANIZACIÓN TERRITORIAL: UNA SOLA NACIÓN, BAJO UN GOBIERNO FEDERAL

Permítasenos reproducir en el rótulo de este epígrafe el título de un trabajo de Roberto Blanco que expresa el objetivo principal de los redactores de la Constitución: conseguir una única nación. No en vano, la Constitución estadounidense comienza con la tan repetida fórmula: *We the people...* (nosotros, el pueblo) de los Estados Unidos de América. Recuérdese que, anteriormente, los *Artículos de la Confederación* habían construido una mera unión de Estados que conservaban su soberanía y que, como ya vimos, terminó por convertirse en un gobierno inmanejable debido a las resistencias de algunos de esos Estados a la hora de ejecutar las decisiones del Congreso de la Unión, por ejemplo, las cláusulas del tratado de paz con Gran Bretaña, o de enviar o recaudar los fondos necesarios para implementar las políticas federales. De la experiencia de ese fracaso, nace en la Constitución de 1787 este nuevo modelo federal, destinado a posibilitar una "unión más perfecta" (tal y como se indica en su Preámbulo) así como a instrumentar unos órganos comunes, encargados de cumplir esos objetivos de interés común para todos los estados; en definitiva, a crear un poder nacional fuerte, que englobase a los trece Estados en una unión política. Antes de analizar la evolución actual del federalismo americano, debemos comprender cuáles han sido sus rasgos principales durante los más de dos siglos transcurridos desde la entrada en vigor de la Constitución norteamericana.

II.1. Las notas definitorias del federalismo americano

Podríamos decir que el federalismo de los Estados Unidos se caracteriza por las notas siguientes:

a) En primer lugar, se trata de una *unión de Estados autónomos*. No en vano, «sólo hay federalismo si unas comunidades políticas coexisten e interactúan como entidades autónomas, unidas en un orden común que posee su propia autonomía» (Friedrich). El principio estructural básico del Estado federal es la existencia de sendos espacios de autonomía del orden común (Federación) y de cada una de las unidades territoriales (entidades federativas) mediante la atribución a cada uno de estos espacios de un ámbito competencial propio consagrado en la Constitución, al ser ésta la única norma que va a regir la existencia política de todos ellos. Por eso, la Constitución federal debe cumplir precisamente la función de consagrar cada una de estas identidades particulares e integrarlas en la organización del Estado, disponiendo a su favor de espacios más o menos amplios de autonomía.

   El establecimiento del *federalismo* en la Constitución norteamericana implicó restar a los trece estados originales parte del poder político del que disfrutaban anteriormente bajo los *Artículos de la Confederación*, para cedérselos a la Federación. Ahora bien, todos los estados existentes fueron incorporados al nuevo régimen constitucional sin que se alterasen sus nombres, fronteras y gobiernos. Además, la Constitución autorizó a que el Congreso pudiera admitir nuevos estados; poder que ejerció a partir de 1791, sobre territorios obtenidos a través de la guerra o la compra por parte del gobierno, hasta el año 1959 en que, tras la anexión de Alaska y Hawai, ha quedado cifrado en cincuenta el número de estados integrantes. Esta construcción federal, basada en el acuerdo de estados y en la cesión voluntaria de parte de su soberanía para conseguir objetivos comunes ha sido calificada por la doctrina como federalismo *de integración* o *coming-together*, para diferenciarla de otras construcciones surgidas a partir del reconocimiento de autonomía a partes de un Estado unitario preexistente, por ejemplo, Brasil (1891), Austria (1920) o Bélgica (1994), lo que se conoce como federalismo de *devolución* o *holding together.*

b) La *división de poderes* entre el Gobierno central y los estados componentes se encuentra prevista en la Constitución federal y *se rige por el principio de que el primero es un Gobierno nacional con competencias tasadas* (*enumerated powers*), mientras *que los estados son gobiernos con poderes residuales*, es decir, retienen todas las competencias que no han sido otorgadas al Gobierno de Washington. En este sentido, las competencias atribuidas por la Constitución al Gobierno central son esencialmente de carácter militar y económico, dirigiéndose a salvaguardar la soberanía frente a violaciones de potencias extranjeras y a proteger los intereses del pueblo. Las más importantes se refieren a las relaciones exteriores, el ejército y la defensa, la emisión de moneda y la política monetaria, la regulación del comercio *interestatal* y exterior, el sistema postal, el sistema de pesos y medidas o la legislación sobre nacionalidad e inmigración, lo cual suponía una victoria para los partidarios de formar un Gobierno nacional fuerte, con capacidad para lograr una estabilidad política y favorecer el desarrollo económico. Y este principio de los *enumerated powers* o competencias federales tasadas, forma parte del propio principio de separación de poderes y del sistema de *check and balances* fijado por la norma fundamental.

Las previsiones sobre el reparto competencial entre la Federación y los estados se encuentran contenidas en las secciones 8ª, 9ª y 10ª del artículo I de la Constitución de los Estados Unidos, referidas respectivamente a los poderes del nuevo *Congreso* (que es el Parlamento federal, como veremos), a limitar los poderes del Congreso mediante la fijación de ciertas garantías o derechos que debe respetar (por ejemplo, no dictar leyes retroactivas) y, por último, a limitar la actividad de los estados mediante determinadas prohibiciones concretas (privándoles del poder de acuñar moneda, reclutar o mantener tropas en tiempos de paz, así como de celebrar tratados internacionales o, incluso, de establecer impuestos libremente para el comercio interestatal, exigiéndose en los dos últimos casos una autorización previa del Congreso).

En virtud de este sistema de reparto de competencias, y tal y como se estableció expresamente en la X enmienda, todas las materias que la Constitución no atribuye expresamente a los Estados Unidos y que no se encuentran prohibidas a los estados, serán de competencia estatal. Los estados desarrollan así buena parte de las funciones gubernamentales más esenciales y que concentran la mayoría del gasto público. Entre ellas, son los estados los que administran casi en su totalidad la educación pública o áreas tales como la prevención de incendios, protección policial, sanidad y salud pública, parques públicos, etc. Además, como les corresponde la competencia sobre el comercio *intraestatal*, pueden regular sus propios sistemas económicos, disponiendo la mayoría de leyes de banca, seguros, transporte interior, así como sobre determinados oficios o profesiones.

c) Cada una de estas esferas de gobierno *tiene capacidad para ejercer directamente sus competencias* sobre las personas y los bienes que se encuentran en sus límites territoriales, *contando para ello de un aparato legal completo con sus tres ramas (legislativa, ejecutiva y judicial)* para exigir el cumplimiento de las leyes. La consecuencia de todo ello es la conocida doctrina del *Federalismo dual* en virtud de la cual, tanto el Gobierno general como los estados tienen un ámbito de autoridad propio y exclusivo y actúan de manera separada e independiente, sin que ninguno pueda inmiscuirse en el ámbito de los poderes del otro. Veremos que este principio general, que sigue aún vigente, ha experimentado épocas de mayor o menor intensidad, según la amplitud con la que han sido interpretados los títulos competenciales delegados por la Constitución al Gobierno central por parte de los actores políticos y los tribunales, respondiendo en sus diferentes fases a los impulsos *centrípetos* o *centrífugos* presentes en todo Estado compuesto (González Encinar).

En cuanto a la organización institucional de los estados, es decir, ese aparato legal para exigir el cumplimento de las normas, debe destacarse que no constituye objeto de regulación por parte de la Constitución de 1787, pues únicamente exige a los estados la obligación de establecer una «forma republicana de gobierno» (Sección 4ª del artículo IV). Son las Constituciones de cada uno de los estados, algunas de las cuales incluso preceden a la propia Constitución federal — New Hampshire, Carolina del Sur (I), Virginia, Nueva Jersey, Delaware, Pensilvania, Maryland y Carolina del Norte (1776); Georgia y Nueva York (1777); Carolina del Sur (1778, II) y Massachusetts (1780)— las que regulan la composición, estructura y funciones de las instituciones de autogobierno. Sin embargo, por exigencias del principio de homogeneidad institucional entre centro y periferia habitual en los Estados compuestos, existe una gran uniformidad entre todos los estados, sin perjuicio algunas particularidades significativas. Cada uno de ellos dispone de una *asamblea* elegida por sufragio universal y de estructura *bicameral*; la única excepción es Nebraska, cuyo Parlamento solo tiene una cámara. En la mayoría, la cámara alta recibe el nombre de Senado, aunque no difiere en funciones de la cámara baja (denominada de diferentes formas ya sea cámara de representantes, cámara de delegados o asamblea del estado), puesto que el Tribunal Supremo declaró inconstitucional que las cámaras altas estuviesen basadas en un principio de representación territorial [*Reynolds vs. Sins* (1964)]. Al frente del ejecutivo se encuentra el *gobernador del Estado,* elegido por sufragio universal directo para un mandato de cuatro años, excepto en Vermont y New Hampshire donde es de dos años. Finalmente, la rama judicial está integrada por un sistema de tribunales que atiende los conflictos generados por la aplicación de la normativa estatal (los problemas relacionados con la Constitución estatal, la mayoría de los juicios civiles entre partes del mismo estado, los juicios penales en los que los cargos son competencia estatal, etc.), pues, como veremos, de las controversias relacionadas con el Derecho federal y los problemas con la Constitución federal se ocupan los tribunales federales. El más alto tribunal de cada estado es la Corte Suprema o Tribunal de apelaciones estatal, cuyos jueces suelen ser elegidos para periodos largos, pero su servicio no es vitalicio.

d) Otro elemento clave de los sistemas federales y que, por consiguiente, se encuentra presente por primera vez en el federalismo norteamericano es la existencia de mecanismos de *participación de las entidades territoriales* —los estados, en este caso— *en la formación de la voluntad unitaria del Gobierno nacional,* ya sea *i)* de manera ordinaria, interviniendo en el procedimiento legislativo a través de la segunda cámara, el Senado, configurada como cámara de representación territorial como veremos, y en el procedimiento de designación del presidente de los Estados Unidos; ya sea *ii)* excepcionalmente, en la reforma constitucional. Siempre participan los estados en los cuatro posibles procedimientos de reforma de la Constitución federal previstos en el Artículo V; cuatro procedimientos que resultan de combinar dos posibles iniciativas de reforma —la primera, por parte del *Congreso* siempre que sea aprobada por los dos tercios de ambas cámaras y la segunda, por medio de una Convención convocada a solicitud de los Parlamentos de las dos terceras partes de los estados— y de dos sistemas diferentes de aprobación, mediante la ratificación bien de los legislativos de las tres cuartas partes de los Estados bien por medio de convenciones reunidas en tres cuartas partes de los estados. Puede deducirse fácilmente que la naturaleza *federal* de la reforma proviene no solo del hecho de que pueda proponerse por los estados sino, fundamentalmente, de que no puede ser aprobada sin contar con la voluntad de una mayoría muy cualificada de los estados.

Nos situamos en el terreno de las problemáticas relaciones jurídicas de *inordinación,* con las que se pretenden fortalecer los elementos de integración en la Federación mediante una participación efectiva en el poder federal (García Pelayo). En el caso de la participación en la reforma constitucional se cumple, además, un papel de *garantía de la federalización*, es decir, de defensa de la propia subsistencia de las colectividades territoriales, evitando que el ámbito de autonomía constitucionalmente garantizado a los estados, especialmente la distribución de competencias, sea modificado unilateralmente por la instancia central (Blanco Valdés).

e) La *atribución al poder judicial de la Federación de la facultad de resolver los conflictos competenciales entre el Gobierno central y los estados* constituye uno de los rasgos más destacados del federalismo estadounidense (Schwartz). Ya hemos puesto de relieve que en un sistema como el americano coexisten dos maquinarias legales distintas dentro de un mismo espacio territorial. Este hecho hace inevitable que surjan los conflictos entre los diferentes niveles de poder federal y estatal, bien cuando en el ejercicio de sus diversas competencias chocan instituciones federales e instituciones de los estados federados, bien cuando el conflicto se produce entre las instituciones de diferentes estados. El sistema constitucional de los Estados Unidos ha afrontado este problema con la doctrina de la *supremacía del Gobierno nacional* dentro de su esfera asignada; doctrina consagrada en el apartado 2º del artículo VI de la Constitución federal cuando se señala que «(e)sta Constitución, las leyes de los Estados Unidos que se promulguen en virtud de ella, y todos los tratados celebrados o que se celebren bajo la autoridad de los Estados Unidos, *serán la suprema ley del país y los jueces de cada Estado estarán obligados a observarla, aun cuando hubiere alguna disposición contraria en la Constitución o las leyes de cualquier Estado*» así como mediante la atribución al poder judicial de la facultad de resolver todas las controversias que surgiesen como consecuencia de la Constitución y, entre otros, de los conflictos en que fuesen parte los Estados Unidos y de los que surgiesen entre dos o más estados (Sección 2ª del Artículo III); doctrina que supone la atribución al Tribunal Supremo de los Estados Unidos del papel de árbitro final del sistema federal. De este mismo precepto se ha hecho derivar también, como veremos, la atribución al poder judicial de control de constitucionalidad de las leyes.

II.2. Evolución del federalismo en los Estados Unidos: Tendencias centrífugas y centrípetas de la autoridad federal

Como hemos señalado anteriormente, el federalismo norteamericano se basa en la concepción de dos áreas de poder mutuamente excluyentes, que se limitan recíprocamente y cuyos titulares —cada uno en su esfera de competencias rígidamente definida— se encuentran en pie de igualdad y actúan incluso como rivales. A ello contribuye, que no se consagren en el texto constitucional competencias compartidas típicas de otros estados federales o compuestos —las técnicas de legislación nacional-ejecución por el ente territorial o bases nacionales-desarrollo (y ejecución, claro) por el ente territorial. Sin embargo, sobre todo el último siglo ha venido caracterizado por una expansión de la autoridad federal que no ha obedecido a una reforma del sistema de competencias, sino a la manera en la que se han interpretado por los actores políticos y los tribunales determinadas competencias transversales o genéricas a cargo del Gobierno central. El punto de partida de esta nueva interpretación es la cláusula de los *poderes implícitos*, por la que se arroga al Congreso la competencia para aprobar todas las leyes necesarias para la ejecución de los poderes conferidos a la Federación por la Constitución y que hasta entonces había sido normalmente interpretada de manera restrictiva.

El verdadero punto de inflexión fueron los problemas derivados de la *gran depresión económica de 1929*, que logró suscitar —pese una oposición inicial del Tribunal Supremo de la Federación—el acuerdo general entre los operadores jurídicos y políticos acerca de la necesidad de una regulación nacional del sistema económico. Siguiendo este proceder, la cláusula competencial sobre el *comercio interestatal* permitió al Congreso federal aprobar una abundante legislación sobre asuntos que solo de manera tangencial afectan a los intercambios comerciales entre los distintos estados de la Unión, como la aprobación de un Código penal federal o la legislación federal sobre protección de los derechos civiles, especialmente los relacionados con los derechos de la clase trabajadora: salarios, jornada laboral, etc. [*NLRB v. Jones & Laughlin Steel Corp* (1937)]; la discriminación, poniendo fin a la doctrina del *separated by equal*, vigente en los estados sureños a pesar de la aprobación en 1868 de la enmienda XIV garantizando la *igual protección de las leyes* [*Brown vs. Board of Education* (1954)] o, incluso, el aborto como parte del derecho a la privacidad de la mujer [*Roe vs. Wade* (1973) y *Planned Parenthood vs. Casey* (1992)], etc. También se ha podido incidir de manera indirecta sobre las competencias estatales mediante la utilización de los *poderes impositivos y de gasto* de la Federación; se trata de establecer impuestos federales o condicionar la obtención de determinadas ayudas federales al cumplimiento de ciertos objetivos políticos trazados por la política federal [*Helvering vs. Davis* (1937)].

No obstante, desde finales de los años ochenta, parece que asistimos a un debilitamiento de estas tendencias centrípetas del federalismo norteamericano dirigidas a uniformar las condiciones de vida de los diferentes estados, anulándose desde entonces numerosas leyes federales, especialmente en materia de derechos civiles, por no apreciarse esa conexión directa con las competencias federales, por ejemplo, en *United States vs. Lopez* (1995), el Tribunal Supremo consideró inconstitucional el *Gun-Free School Zones Act*, que tipificaba como crimen federal la posesión de armas de fuego en las cercanías de las escuelas o más recientemente, declaró en *Dobbs vs. Jackson Women's Health Organization* (2022) que el aborto no era un derecho constitucional, correspondiendo a los estados el poder para prohibirlo o regularlo.

III. SISTEMA PRESIDENCIAL Y EQUILIBRIO ENTRE PODERES: *CHECKS AND BALANCES*

Como ya es sabido, cuando hablamos del sistema de gobierno, estamos haciendo referencia a cómo se articula el principio de separación de los tres poderes clásicos: legislativo, ejecutivo y judicial, en un sistema político. Desde este punto de vista, el sistema constitucional norteamericano es el que más fielmente sigue el modelo de una *división rígida* de poderes propugnado por Montesquieu, aunque con algunas variaciones; variaciones que vienen provocadas por una realidad social y política muy distinta a la existente en el continente europeo descrita por el autor francés. Los Estados Unidos nacen como una república sin una sociedad dividida en estamentos privilegiados y sin una monarquía que viniera ejerciendo un poder unipersonal de manera hereditaria, por lo que la configuración de su organización institucional va a ser muy diferente. Si en el sistema parlamentario el objetivo principal era fortalecer al poder legislativo para debilitar el poder monárquico, en los Estados Unidos, no existe ese condicionamiento, aunque sí la necesidad, como vimos, de proteger a las minorías frente a la posible tiranía de la mayoría. Para ello, se establece todo un sistema de equilibrios entre los poderes, de *frenos y contrapesos*, en definitiva, de interacciones mutuas de manera que ninguno de ellos pueda prevalecer sobre los demás, que se conoce como *checks and balances*. A ello debe añadirse, como ya hemos señalado, el impacto federal en la propia configuración del sistema orgánico nacional.

III.1. El sistema orgánico: las tres ramas del gobierno federal

La *rama legislativa* de Gobierno federal se confiere al *Congreso*, un Parlamento de estructura bicameral conformado por la *Cámara de Representantes de la Nación* y el *Senado*, cuya composición está inspirada en principios muy diferentes. Por el contrario, ambas cámaras tienen igual peso en el procedimiento legislativo, siendo necesario que las leyes sean aprobadas en idénticos términos por cada una de ellas.

La *Cámara de Representantes* se define como cámara de representación popular. Desde 1911, se ha fijado su tamaño en 435 miembros, correspondiendo un diputado como mínimo a cada uno de los estados y repartiéndose el resto en función de la población de cada estado. Estos 435 representantes son elegidos mediante sufragio directo para un periodo de dos años, lo cual implica el establecimiento de una legislatura de muy corta duración. El *Senado*, por su parte, es la cámara de representación territorial; se encuentra, integrada por 100 miembros, correspondiendo dos senadores a cada uno de los cincuenta estados federados, sin tener en cuenta criterios de población. Este *principio de igual representación de los estados* en la cámara alta constituye lo que la doctrina constitucionalista denomina como *cláusulas de intangibilidad*, es decir, preceptos o partes de la Constitución que la propia norma fundamental declara como irreformables. Podría alterarse el número de senadores que representen a cada estado, pero no el hecho de la igual capacidad de influencia o decisión de los Estados de la Unión (artículo V de la Constitución). Antes de que se aprobara la Enmienda XVII en1913, los senadores eran elegidos por las asambleas legislativas de los estados; sin embargo, desde entonces son elegidos por sufragio universal directo en cada estado. El mandato de los senadores es de seis años, pero la cámara no se renueva en su totalidad. Cada dos años se producen elecciones parciales de un tercio de los senadores, haciéndese coincidir con la renovación total de la Cámara de Representantes y, en su caso, con la elección presidencial.

El Presidente de los Estados Unidos encabeza la *rama ejecutiva* del Gobierno Federal. Como ocurre en todos los sistemas presidenciales, reúne en su figura la doble condición de jefe de Estado y jefe del ejecutivo. Como jefe de Estado, ostenta la más alta representación del país y sanciona las leyes aprobadas por el Congreso, mientras que como jefe de Gobierno ejerce la potestad reglamentaria, dirige la administración mediante el nombramiento de los altos cargos, así como la política interior, exterior y militar. Veremos que se elige a través de un sistema electoral formalmente indirecto junto con el Vicepresidente para un mandato de cuatro años y, a raíz de la Enmienda XXII (1952), solo puede ser reelegido para un segundo mandato. Únicamente puede ser destituido en caso de exigencia de responsabilidad penal por parte del Congreso (*impeachment*); un procedimiento, establecido en la Constitución para el supuesto en que el presidente haya cometido determinados delitos, en el que corresponde al Congreso, y no a los tribunales, acusar y enjuiciar al jefe del ejecutivo. Para ello, la Cámara de Representantes es la encargada de formular la acusación, indicando los cargos que se imputan al Presidente; mientras que el Senado, presidido durante la tramitación del *impeachment* por el Presidente del Tribunal Supremo, debe aprobar su veredicto de culpabilidad por una mayoría de dos tercios. Sólo se ha puesto en marcha en cuatro ocasiones — Andrew Johnson (1868), Bill Clinton (1998) y Donald Trump (2019 y 2021)— siendo absueltos todos ellos por el Senado. En 1974, Richard Nixon dimitió antes de que se iniciara formalmente el *impeachment* por el caso *Watergate.*

Además de por el Presidente y el Vicepresidente, el Gabinete se encuentra conformado por los jefes de los diferentes Departamentos de la Administración (equiparables a los ministros), nombrados y cesados discrecionalmente por el Presidente. Como regla general reciben el título de *secretarios,* a excepción del jefe del Departamento de Justicia, cuyo cargo se denomina *fiscal general.* La Constitución no otorga al Gobierno en su conjunto un estatuto propio, equiparable al de los ministros de un gobierno parlamentario en dónde la mayoría de las decisiones son adoptadas por el Consejo de ministros.

La capacidad decisoria se atribuye al Presidente, configurándose el Gabinete formalmente por el texto constitucional como un mero *órgano consultivo* y los secretarios como simples asesores del Presidente. A pesar de este bajo perfil político, desde la Enmienda XXV (1967), se atribuyó al vicepresidente y a una mayoría del Gabinete la importante función de apreciar la incapacidad del Presidente para el ejercicio de su cargo; en caso de ser impugnada tal declaración por parte del Presidente, corresponde al Congreso la decisión de la controversia por mayoría de dos tercios. Como es lógico, será el vicepresidente quien sustituya al Presidente en el cargo mientras dure la situación de incapacidad.

Junto con los Departamentos, la Administración federal se compone también de agencias y comisiones independientes: el Banco Central (FED), el Servicio Postal (USPS), la Agencia de Protección medioambiental (EPA), la Agencia Central de Inteligencia (CIA), la Administración Nacional de Aeronáutica y del Espacio (NASA), la Comisión de Valores y Bolsa (SEC), la Administración de Alimentos y Fármacos (FDA), etc. Todos estos organismos de la Administración federal están encargados, como sabemos, de ejecutar las leyes y políticas federales. Por el contrario, es preciso recordar que ni los estados ni las administraciones y agencias estatales pueden ejecutar las políticas federales. Pues, como vimos, cada nivel de gobierno dispone del aparato legal completo para ejercer sus competencias.

Por último, la *rama judicial* del Gobierno federal se encuentra integrada por los jueces y tribunales federales, incluidos los del Tribunal Supremo; todos ellos son nombrados por el Presidente de los Estados Unidos si bien tienen que ser confirmados por el Senado. Su mandato es vitalicio y solo pueden ser destituidos por el Congreso mediante *impeachment*. En la cúspide del poder judicial se encuentra el Tribunal Supremo de los Estados Unidos, conformado por un Presidente (*Chief Justice*) y ocho magistrados, en cuya composición se intenta trasladar la morfología de la propia sociedad norteamericana, respetando entre sus miembros un adecuado equilibrio de ideologías, géneros, territorios y razas.

El poder judicial posee una indudable relevancia en la organización institucional de los Estados Unidos que deriva, por un lado, de su pertenencia a la tradición jurídica del *common law*, donde los tribunales se rigen por el valor vinculante del precedente judicial a la luz de la regla del *stare decisis*, adquiriendo la jurisprudencia el papel de *fuente primaria del Derecho* y, por otro lado, de la asunción de la función de controlar la constitucionalidad de las leyes (*judicial review*) que estudiaremos más adelante. Todo ello ha contribuido a un gran activismo judicial, siendo los litigios la forma habitual de solucionar cualquier controversia política.

La estructura federal también afecta al poder judicial, pues como vimos, y a diferencia de lo que ocurre en la mayoría de Estados compuestos —en Alemania y España por ejemplo, solo existe un único poder judicial central que aplica también las normas de los *länder* o de las comunidades autónomas, respectivamente, mientras que en Suiza todos los cantones tienen su poder judicial que aplica las leyes federales y cantonales—, los Estados Unidos poseen un poder judicial doblemente descentralizado, correspondiendo a los tribunales federales aplicar la Constitución y las leyes federales y a los tribunales estatales, la aplicación de la Constitución del estado y de su legislación propia.

III.2. Los rasgos principales del presidencialismo estadounidense

Una vez que hemos expuesto las características esenciales de las principales instituciones del Gobierno federal, estamos en condiciones de enumerar los rasgos esenciales del presidencialismo en los Estados Unidos, precursor de este tipo de sistemas de gobierno:

a) A diferencia de lo que ocurre en el sistema parlamentario, el poder ejecutivo no procede del Parlamento y, por tanto, no existe una relación de confianza que deba mantenerse durante todo su mandato. *El Presidente es elegido por el cuerpo electoral a través de un proceso electoral autónomo* y, por consiguiente, puede —y con frecuencia lo es— ser expresión política de una mayoría distinta de la existente en el Congreso.

b) Los *periodos de mandato* del Congreso y del Presidente de los Estados Unidos *son fijos y no pueden verse afectados por la acción del otro poder*, esto es, el Presidente no puede disolver el Congreso y ninguna de las Cámaras puede destituir al Presidente por motivos políticos. Es decir, no cabe la exigencia de responsabilidad política del Congreso al Presidente de los Estados Unidos mediante la presentación de una moción de censura o la pérdida de una cuestión de confianza, ni la contrapartida de la disolución parlamentaria por parte del ejecutivo. En definitiva, al margen de un proceso electoral, no podrá destituirse al Presidente de los Estados Unidos, salvo en caso de declaración de incapacidad para el ejercicio del cargo o la condena del Congreso tras la activación del *impeachment* por la comisión de hechos delictivos; situaciones que nada tienen que ver con la pérdida del apoyo político del Congreso. Un apoyo que, si no fue necesario para su investidura, tampoco es necesario para continuar en el cargo.

c) Existe una *incompatibilidad radical entre el desempeño de funciones en una de las ramas del Gobierno federal y la pertenencia a otra*; es decir, ningún cargo perteneciente al poder ejecutivo (Presidente, secretarios de Departamento, altos cargos de la Administración e, incluso funcionarios) puede formar parte de la Cámara de Representantes o del Senado. Como sabemos, lo contrario es habitual en los sistemas parlamentarios, donde tanto el presidente como los ministros suelen ser miembros de la asamblea legislativa.

d) *No existe una colaboración entre poderes, siendo cada uno de ellos no sólo orgánica sino también funcionalmente independientes.* Por eso, a diferencia de lo que ocurre en los sistemas parlamentarios, el poder ejecutivo carece de iniciativa legislativa, no pudiendo presentar proyectos de ley para que los tramite el Congreso, a excepción del proyecto de ley de presupuestos. Tampoco comparece el Presidente ante las cámaras de manera habitual para responder a las preguntas o solicitudes de información a las cámaras de la actividad de gobierno. El único control político posible por parte del Congreso es de carácter excepcional mediante la creación de comisiones de investigación.

III.3. Mecanismos de coordinación entre poderes: checks and balances

Estos rasgos definitorios del sistema de gobierno presidencial norteamericano reflejan como venimos diciendo una rígida división de poderes. Sin embargo, los constituyentes norteamericanos consideraron necesario establecer algunos mecanismos de equilibrio entre las diferentes ramas del Gobierno federal, siempre sobre la base de esa previa separación. Se trata del denominado sistema de *checks and balances* (frenos y contrapesos) para referirse a la capacidad que tiene cada rama del gobierno federal de reaccionar a las decisiones adoptadas por otra. Estos mecanismos de coordinación funcional se encuentran en su mayoría previstos en la Constitución federal. Para una mejor sistemática, vamos a enunciarlos según el poder que tiene la facultad de corregir o confirmar la actuación de otro poder. Serían los siguientes:

a) *Poder ejecutivo*: en relación con los actos de la rama legislativa del Gobierno federal, el *Presidente* de los Estados Unidos dispone de un *poder de veto* de las leyes aprobadas por el Congreso; veto que no es absoluto, porque puede ser superado por el voto de una mayoría de dos tercios de cada una de las cámaras. Además, el *Vicepresidente* ostenta la presidencia del Senado; sin embargo, se trata de una presidencia simbólica en la práctica, debido a que el Senado elige lo que se denomina un presidente *pro tempore* (tradicionalmente el senador de mayor antigüedad en el cargo perteneciente al partido que cuente con la mayoría en dicha cámara); no obstante, el vicepresidente puede asumir la presidencia de la cámara alta en cualquier momento, al atribuirle la Constitución la facultad de votar únicamente para deshacer un empate. Respecto a la acción del poder judicial, ya hemos visto que corresponde al *Presidente* el nombramiento de los jueces y magistrados federales, que además deberán ser confirmados por el Senado; además, puede emitir indultos a los condenados por cualquier delito, salvo en los casos de *impeachment.*

b) *Poder legislativo*: en relación con los actos del poder ejecutivo, el Senado dispone de un poder de *ratificación de los tratados internacionales* firmados por el Presidente. También confirma los nombramientos presidenciales de los miembros de las ramas ejecutiva (secretarios de Departamento, directores de las agencias federales, embajadores, etc) y judicial (jueces y magistrados federales). Por último, el Congreso puede someter a *impeachment* al Presidente y otros altos cargos de la rama ejecutiva y de la Administración. En cuanto a las relaciones con el poder judicial, la Constitución atribuye al Congreso la facultad de determinar el número de miembros del Tribunal Supremo —que desde 1869 se ha fijado en nueve jueces, incluido su Presidente— y de someter a *impeachment* a los jueces y magistrados federales.

c) *Poder judicial:* el Presidente del Tribunal Supremo presidirá, como vimos, el juicio por *impeachment* contra el Presidente en el Senado.

Junto a estos mecanismos, se han desarrollado otra serie de instrumentos *en la práctica constitucional*, a veces, a partir de ciertas previsiones del texto fundamental; otras, como resultado de una costumbre constitucional. Podemos destacar los siguientes, también en función de la rama del Gobierno Federal que puede impulsarlos:

a) *Poder ejecutivo:* el *discurso anual sobre el estado de la Unión* es la única vez que el Presidente de los Estados Unidos comparece ante el Congreso para presentar el estado general de su gestión. El Presidente suele utilizar este debate para presentar sus propuestas legislativas. No se trata de proyectos de ley (*bills*), porque no ponen en marcha el procedimiento legislativo, pero pueden cumplir esta función si los miembros del Congreso deciden tomarlas en cuenta y presentar el *bill* correspondiente.

b) *Poder legislativo:* el Congreso puede supervisar la actuación del ejecutivo y de la Administración mediante la creación de comisiones de investigación.

c) *Poder judicial*: cualquier tribunal federal puede declarar la inconstitucionalidad de las leyes del Congreso (y la de los estados, como hemos visto).

IV. SISTEMA ELECTORAL Y SISTEMA DE PARTIDOS

Uno de los aspectos más relevantes del sistema presidencial es, como hemos visto, la legitimación democrática directa de los órganos de gobierno, no solo del poder legislativo —como ocurre en el sistema parlamentario— sino también del poder ejecutivo, a través de procesos electorales autónomos y en los que ningún poder tiene la facultad de decidir el momento de su convocatoria, porque, como también hemos señalado, los periodos de mandato son fijos: dos años, para la Cámara de Representantes; seis años, aunque se renueva por terceras partes también cada dos años, para el Senado y cuatro años, para el Presidente de los Estados Unidos (y su vicepresidente). Para los constituyentes de 1787, las elecciones legislativas forman parte de ese engranaje institucional de reparto y equilibrio de poderes (*checks and balances*), permitiendo que las distintas alternativas partidistas e ideológicas presentes en cada estamento de la representación política logren que la acción de gobierno no se vea capitalizada unilateralmente por ninguno de los órganos del poder. En este sentido, las elecciones legislativas de medio mandato de la Cámara de Representantes, equilibraría la elección presidencial que tiene lugar periódicamente dos años antes y dos años después; lo mismo sucede con la elección de un tercio del Senado cada dos años y por un periodo de seis años, lo que propiciaría una mayor estabilidad de ese cuerpo representativo.

Todos estos comicios se celebran el mismo día: el martes siguiente al primer lunes del mes de noviembre, aunque el proceso electoral comienza mucho antes. Y es que, además de las elecciones en sentido estricto, también hay que incluir una fase previa que se produce en el interior de cada partido para la designación de los candidatos a todos los cargos electos federales (y también estatales, aunque solo vamos a ocuparnos de los primeros). Se trata de las llamadas *elecciones primarias*, un proceso muy largo que se desarrolla a nivel estatal y culmina en la Convención nacional del partido, cuya regulación viene dada por la legislación estatal y las normas internas de cada partido. Por tanto, no se trata de una normativa homogénea, ni siquiera dentro de cada partido; de hecho, puede incluso diferir la forma de elección en cada estado. Suele distinguirse entre tres tipos:

a) Los *caucus*, que son asambleas de militantes donde todos sus miembros deciden a qué candidato nominar. Se realizan normalmente en pabellones de deporte, colegios, plazas, iglesias, o incluso, domicilios particulares, pudiendo dar lugar a intensos debates en los que los candidatos intentan convencer a los indecisos, tras las cuales la elección del candidato suele realizarse a mano alzada.

b) Las *elecciones primarias cerradas*: se trata de un proceso electoral para la designación de los candidatos en el que únicamente pueden participar los ciudadanos que previamente se hayan registrado como afiliados al respectivo partido.

c) Las *elecciones primarias abiertas*, en las que no se exige la afiliación al partido para poder participar en la nominación del candidato de un partido, de manera que los ciudadanos pueden votar en la *primaria* de la formación política que desee, pero solo en la de uno de los partidos.

Lo más habitual es que el *Partido Republicano* siga un proceso de *primarias cerradas* en la mayoría de los estados; mientras que, en el Partido Demócrata, son más habituales los *caucus* y las *elecciones primarias abiertas*. Pero como decimos, ello dependerá no solo de la normativa interna de cada partido, sino también de la regulación de cada estado. Debe tenerse en cuenta también que este proceso de selección de los candidatos mediante primarias no aparece regulado en la Constitución norteamericana de 1787, siendo resultado de la práctica partidaria que desde finales del siglo XX se vio afectada por un proceso democratizador parejo al de la proliferación de las instituciones de democracia directa; de esta manera, se fue sustituyendo paulatinamente la designación de los candidatos por las élites del partido por un proceso de primarias, hasta que en los años setenta del siglo XX se generalizaron las primarias abiertas en los estados más poblados.

En el nivel federal, las elecciones más relevantes del país son las *elecciones presidenciales*. El Presidente de los Estados Unidos es elegido por el pueblo de los Estados Unidos a través de un sistema de elección *indirecto* de notable complejidad. La carrera hacia la elección presidencial comienza normalmente a principios de año con los *caucus* de Iowa y New Hampshire para la designación de los candidatos presidenciales por los partidos; y a partir de ahí, se van desarrollando en fechas distintas las primarias en cada uno de los estados. A medida que se van celebrando estos procesos, suelen retirarse los candidatos que tienen menos apoyo, mientras que los favoritos desarrollan costosas campañas electorales con fuerte presencia en los medios de comunicación y las redes sociales. Un día clave, porque es donde ya se van afianzando los liderazgos, es el llamado «supermartes», que es el día en que un mayor número de estados celebran simultáneamente sus primarias; así, normalmente a mediados de la primavera el posible candidato suele ser ya evidente. Si cuando se llega a la convención nacional del partido, entre junio y septiembre del año electoral, hay un candidato claro, como regla general será este el elegido; si no, corresponderá a la propia convención determinar el *ticket* o papeleta electoral, con los nombres de los candidatos a presidente y vicepresidente; lo cual exigirá un notable esfuerzo negociador entre los delegados que apoyan a cada uno de los candidatos, pudiendo entrar todo en juego: desde los programas hasta la propia vicepresidencia *(convención disputada*, como ocurrió con Donald Trump y Ted Cruz, en el año 2016). Tras lo cual, todo el partido se movilizará en favor del candidato proclamado. Pues, a partir de ahora, comienzan el proceso electoral en sentido estricto, que tiene como primer paso la *designación de los electores presidenciales* porque, como sabemos, se trata de una elección por voto indirecto: los ciudadanos de cada estado votan a los integrantes del *Colegio Electoral*, quienes, a su vez, eligen al Presidente.

La opción por el Colegio Electoral, en vez de la elección directa por los ciudadanos, fue un compromiso alcanzado en la Convención Constitucional de Filadelfia de 1787 entre los estados grandes y pequeños; pues a estos últimos les preocupaba que los más poblados condicionaran la Presidencia. Dicho colegio se compone de 538 miembros, correspondiendo a cada estado la designación de un número de electores igual a su representación en el Congreso; lo que supone otorgar a los estados menos poblados un peso mayor del que les correspondería demográficamente. Como sabemos, cada estado tiene una representación igual de dos senadores y un mínimo de un diputado en la Cámara de Representantes, que se va incrementando en función de la población (100 senadores, 435 representantes y 3 electores por el Distrito federal de Columbia). Así, en las elecciones de 2020, Wyoming, el estado menos poblado, con poco más de 575.000 habitantes (0,17% de la población) tiene tres electores (0,56% del total), mientras que California, el más poblado, con casi 40 millones de habitantes (11,95% de la población) le corresponden 55 electores (10,22% del total). El sistema electoral se encuentra, por tanto, estructurado en torno a los estados, constituyendo este hecho una manifestación clara de la base federal de la elección presidencial (Blanco Valdés). Base federal que también afecta a la regulación de la elección. En este sentido, corresponde a cada estado determinar quiénes serán los electores y el procedimiento para su registro (ya que a diferencia de lo que ocurre en nuestro país, la inscripción electoral es voluntaria y no se produce *de oficio*, por las autoridades) y fijar la fórmula electoral (es decir, el procedimiento matemático por el que los votos se transforman en escaños). La mayoría de los estados han optado por una fórmula mayoritaria de tipo *winner takes all*; lo que quiere decir que el candidato con mayor número de votos en el estado, consigue todos los electores de su partido, excepto en Nebraska (5 electores) y Maine (4 electores), que utilizan una fórmula de tipo proporcional.

Para ser elegido Presidente, un candidato tiene que obtener el apoyo de la mayoría absoluta del Colegio electoral, es decir, el voto de al menos 270 electores. Esta votación tiene lugar el lunes siguiente al segundo miércoles de diciembre, pero para ello los electores no se reúnen para votar en un lugar concreto, sino que lo hacen de manera separada; cada uno en el estado por el que ha sido elegido. Cada elector dispone de dos votos, uno para decidir el presidente y otro para el vicepresidente, obligando la Constitución de 1787, como otro mecanismo más de garantía de la federalización de la elección presidencial, a que ningún miembro del Colegio Electoral pueda escoger a un vicepresidente del mismo estado que el presidente; cosa que tendrán en cuenta las convenciones nacionales de los partidos a la hora de elaborar su *ticket*. No obstante, lo cierto es que antes de que se pronuncie el Colegio Electoral, ya se tiene claro quiénes van a ser el presidente y su vicepresidente porque se ha consolidado una práctica constitucional de lealtad al partido por parte de los electores presidenciales. De hecho, se ha convertido en una regla que se ha incorporado a la normativa de la mayoría de los estados. Actualmente, treinta y tres estados más el Distrito de Columbia les exigen que voten por el candidato al que se han comprometido. Si, a pesar de todo, ninguna candidatura gana la mayoría de los votos del Colegio Electoral, la elección presidencial se envía al Congreso, donde la Cámara de Representantes elegirá al presidente y el Senado al vicepresidente. Como mecanismo de salvaguarda de la opción federal, la votación en la Cámara de Representantes no se produce de la manera habitual, sino que a cada estado le corresponde un único voto. Esa situación solo ha ocurrido dos veces en la historia de los Estados Unidos, en la elección de Johnson, en 1801, y de John Quincy Adams, en 1825.

Un problema que viene unido a todas estas garantías de federalización de la elección presidencial es que puede ocurrir que pierda la elección presidencial el candidato que haya obtenido el mayor apoyo popular, con el derivado quebranto de su legitimidad democrática. Así ha sucedido en cinco ocasiones, la última en 2016, cuando Hillary Clinton obtuvo casi tres millones de votos más que Trump, pero este obtuvo 304 electores.

En lo que hace al sistema electoral de la Cámara de Representantes ya hemos visto que esta Cámara se compone de 435 miembros, que se distribuyen entre los cincuenta estados, eligiéndose como mínimo uno en cada uno de ellos y repartiéndose el resto en función de la población total de cada estado. Ahora bien, los estados no constituyen la circunscripción electoral, pues la legislación federal ha establecido que los distritos electorales de los estados que tengan más de un representante sean también *uninominales*. Por tanto, la fórmula electoral será necesariamente de tipo mayoritario y sólo alcanzará el escaño aquel candidato que obtenga el mayor número de votos (*first pass the post*). Ahora bien, corresponde a los estados la distribución de los distritos electorales dentro de cada estado, para que cada uno de ellos tenga un número similar de ciudadanos; algo que el Tribunal Supremo ha considerado inherente al principio de igualdad de voto (*one man, one vote, one value*). Merece la pena recordar las palabras del *Chief justice* Warren señalando que en las elecciones «*people, not land or trees or pastures vote*» en una serie de pronunciamientos con los que se obligó a poner fin a las desigualdades de representación entre las zonas rurales y urbanas provocadas por el crecimiento demográfico de estas últimas sin la correlativa modificación del número de representantes que les correspondía [*Baker vs. Carr* (1962)]. Para propiciar esa adaptación a los cambios demográficos, cada diez años se modifican los distritos (*redistricting*). Un proceso que las autoridades estatales no siempre han realizado ni realizan de manera limpia, dando lugar a operaciones de *geometría electoral activa*, es decir, desviaciones en la representación intencionadas o no derivadas únicamente del transcurso del tiempo, sino del propio diseño de las autoridades electorales con objeto de favorecer determinadas opciones políticas.

Problema que no es nuevo y que se conoce con el nombre de *gerrymandering* debido a que, en 1812, Elbridge Gerry, a la sazón gobernador de Massachusetts, distribuyó los distritos electorales del área de Boston para beneficiar a su propio partido político, llegando a darse la circunstancia de que uno de ellos adquirió la peculiar forma de una salamandra (*salamander*), y desde entonces ha quedado unidos el apellido del senador con las dos últimas sílabas del reptil para denominar este fenómeno (*guerry-mander*). Adicionalmente, se eligen seis representantes —uno por el Distrito federal de Columbia, más otro por cada uno de los territorios asociados de Puerto Rico, Samoa Americana, Guam, Islas Marianas del Norte e Islas Vírgenes— con voz, pero sin derecho a voto en la cámara.

En la actualidad, los cien senadores son también elegidos popularmente en una elección (XVII enmienda, 1913) en la que, a diferencia de lo que ocurre en la Cámara de Representantes, la circunscripción es el estado. No en vano, hemos dicho que el Senado es la cámara de representación territorial. Sin embargo, originariamente, la designación de los senadores se efectuaba por los Parlamentos estatales. Como el Senado se renueva parcialmente cada dos años, nunca se eligen a la vez los dos senadores del mismo estado. Por eso, la fórmula electoral es necesariamente de tipo mayoritario, habiendo optado la generalidad de los estados por la mayoritaria simple (*first pass the post*), siendo excepcionales los estados que realizan una segunda vuelta (*ballotage*) entre los dos candidatos más votados.

La existencia de sistemas electorales de tipo mayoritario en los procesos electorales de todos los órganos electivos federales (y también estatales), que además otorgan victorias en bloque con una mayoría simple del voto popular, ha favorecido siempre la existencia de un modelo *bipartidista*. A ello se suma la renuncia del electorado norteamericano a respaldar con sus votos a candidatos sin posibilidades de ganar. Factores que, en su conjunto, reducen significativamente las oportunidades de candidatos independientes o pertenecientes a terceros partidos (Rodríguez, P.). Por eso, desde su fundación, con excepciones muy transitorias vinculadas al cambio de modelo partidista, dos grandes partidos han dominado siempre la vida de la democracia norteamericana: *federalistas* (defensores de un gobierno federal fuerte) y *antifederalistas* (partidarios de aumentar la autoridad de los estados); *demócratas-republicanos* (protectores de las zonas rurales y del *laissez-faire* en la economía) y *whighs* (partidarios de un mayor control gubernamental de la economía y de la expansión económica)y, desde mediados del siglo XIX, *demócratas* (originariamente, herederos de los demócratas republicanos y alistados con la causa de los estados del Sur, aunque desde el *desastre económico del 29*, progresistas y partidarios de proteger los derechos civiles y de otorgar ayudas y subvenciones públicas para mejorar las condiciones de vida de los ciudadanos menos favorecidos) y *republicanos* (cuyo nacimiento se encuentra vinculado a la causa antiesclavista de los estados del Norte, actualmente conservador, defensor de un Estado mínimo, que desmantele las reformas sociales implantadas y de una política económica proteccionista). Nada hace presagiar que la situación vaya a modificarse en el futuro, porque los dos grandes partidos estadounidenses son los primeros interesados en marginar y minimizar la competencia de nuevas formaciones políticas.

Por otro lado, el proceso competitivo de primarias, entre otras cuestiones, ha incidido en la propia debilidad de los partidos políticos, cuyos aparatos centrales son muy pequeños y tienen escasa relevancia frente a los cargos electorales, que son quienes realmente mantienen el control del partido. De hecho, su funcionamiento se asemeja más al propio de las coaliciones electorales que al de la imagen que tenemos de nuestros grandes partidos políticos.

V. EL SISTEMA DE FUENTES DEL DERECHO

Una de las cuestiones que tenemos que tener presente a la hora de analizar el sistema de fuentes del Derecho de los Estados Unidos es que se adscribe al modelo jurídico de *common law*, lo cual significa la pervivencia de la tradición del Derecho anglosajón y la vinculación al precedente judicial (*stare decisis*). No obstante, la existencia de una Constitución escrita rígida, que es norma suprema del ordenamiento jurídico y que actúa como fuente primaria de la producción jurídica, supone una radical diferencia respecto al sistema jurídico inglés, dotando al *Derecho legislado* de una posición preferente, similar a la de los sistemas de *civil law* (Pegoraro), aunque eso no suponga eliminar el valor de las decisiones judiciales, como veremos. Por otro lado, tampoco puede olvidársenos la estructura federal del país, lo que significa que en los Estados Unidos conviven cincuenta y un ordenamientos jurídicos: el federal y el de cada uno de los estados, resolviéndose los conflictos entre ordenamientos, como vimos, con la cláusula de la *supremacía federal,* en virtud de la cual la Constitución federal y, en la medida que no la contradigan, las leyes federales en todo aquello que sea competencia de la Federación son normas prevalentes en todo el territorio nacional.

El sistema de fuentes del ordenamiento federal se encuentra, por tanto, integrado, en primer lugar, por la *Constitución federal.* Junto a ella, deben añadirse las decisiones judiciales que aplican e interpretan la Constitución; reglas que a lo largo de los años de vigencia de la norma fundamental han cambiado profundamente el significado de algunos de sus preceptos. A ellas habría que incorporar los principios generales del *common law* generalmente reconocidos en los Estados Unidos que son necesarios para la interpretación de la Constitución. Las l*eyes federales,* entendidas en sentido amplio como el texto aprobado por el Congreso —lo que incluye los *statutes, acts* o los códigos como, por ejemplo, las Reglas Federales para el Procedimiento Civil (1938), así como los tratados internacionales que necesitan de una ley especial para ser incorporados por el ordenamiento jurídico— vienen inmediatamente después, es decir, en la segunda posición jerárquica del sistema de fuentes. En el mismo plano que la ley, tenemos que situar los tratados internacionales *self-executing*, pues en caso de contradicción con alguna ley, prevalecería la norma posterior. Por debajo de las leyes nos encontramos con las *normas de rango reglamentario*; primero, las órdenes ejecutivas del presidente, después, las reglas establecidas por la Administración y por las agencias federales en el ejercicio de sus funciones. Pero al igual que sucede que la Constitución junto con las leyes y las normas reglamentarias, deben integrarse las decisiones judiciales que las interpretan y los principios generales del *common law* que les dan sentido. Por último, tenemos que referirnos al «*common law* federal», es decir, al derecho de naturaleza *judicial* o *consuetudinaria* que un tribunal federal crea o descubre para responder a una situación jurídica nueva o para resolver un litigio que se ha sometido a su consideración y para el que no existe Derecho legislado. De manera que, si no hay una norma legislativa aplicable los jueces están autorizados bien a crear una regla nueva o bien a aplicar una regla creada por otro tribunal de mayor o igual jerarquía para ese mismo supuesto.

Los ordenamientos jurídicos estatales vienen a reproducir el sistema federal de fuentes del Derecho. En la cúspide de su ordenamiento se sitúa la Constitución de cada estado, seguida inmediatamente por las leyes estatales. Inmediatamente nos encontramos con las ordenanzas de los gobernadores y las reglas dictadas por la Administración y las agencias estatales. En el mismo plano que cada una de estas fuentes, tenemos que situar también, como ocurre en el Derecho federal, las decisiones judiciales que las interpretan y los principios generales del *comon law* que contienen. Y, en último lugar, estaría el «*common law* estatal». Dentro de los ordenamientos estatales, existen otras fuentes del Derecho de ámbito local: las *cartas municipales* y las *ordenanzas locales*, cuya eficacia queda restringida a los límites de cada municipio.

VI. EL SISTEMA DE DERECHOS FUNDAMENTALES

La Constitución federal de los Estados Unidos nace en 1787 sin lo que conocemos como *parte dogmática*, es decir, sin una declaración de derechos. Responde inicialmente al modelo de constituciones revolucionarias, de inspiración iusnaturalista, cuando se consideraba que hay derechos de la persona que no dependen de su reconocimiento en normas jurídicas, sino que son consustanciales a la naturaleza humana, y, por ello, previos o anteriores a cualquier pacto o creación de una comunidad política. Ese pacto social o Constitución nace para garantizar esos derechos, mediante un determinado diseño institucional, de un gobierno bien construido que no tenga la oportunidad de violar los derechos. La *división de poderes* entre nación y estados (*federalismo*) así como la separación de poderes dentro de cada nivel de gobierno (ramas legislativa, ejecutiva y judicial) se considera la mejor garantía de los derechos, al asegurar una competencia política que contribuye a su protección. Para los constituyentes, en sintonía con estos postulados, incorporar una Carta de Derechos dentro de la Constitución federal era innecesario y podía llegar a ser peligroso. Argumentaba Hamilton que la prohibición constitucional de infringir la libertad de expresión u otro derecho podría ser interpretada *sensu contrario*, es decir, entendiendo que sin esta restricción el Congreso podría precisamente infligirlos y, como ninguna Constitución puede contener una lista omnicomprensiva de todos los derechos que merecen protección, la omisión de un derecho podría dar lugar a considerar que el Congreso no tenía prohibido vulnerarlo (*Federalista*, núm. 84). Por eso, lo único que se permitieron los revolucionarios fue incluir, normalmente a modo de preámbulo de sus constituciones estatales, *Declaraciones de derechos*, como las de Virginia, Pennsylvania, Maryland, Carolina del Norte y Delaware (1776); Vermont (1777), Massachusetts (1780) y New Hampshire (1783), en las que se exponía, a modo de mero recordatorio para el legislador, un listado de derechos, que se decía no era incompatible con la existencia de otros derechos inalienables.

Sin embargo, pronto triunfaron las tesis de los que defendían la necesidad de incorporar una tabla de derechos a la Constitución federal, de la misma forma que ya hacían la mayoría de las Constituciones estatales. Así, en 1791 se ratificaron las diez primeras enmiendas que se consideran tanto garantías de los derechos individuales como un baluarte del propio federalismo, porque en ellas también se intentan proteger a los estados de las interferencias federales; por ejemplo, la c*láusula de establecimiento* de la Enmienda I, que prohíbe al Congreso el establecimiento de una religión oficial, fue creada sobre todo para asegurar a los estados el control sobre ese aspecto vital tan esencial como es la práctica religiosa.

En su conjunto, la *Carta de Derechos federal* protege veinticuatro derechos. Fruto de su origen en las postrimerías del siglo XVIII, se centra en derechos individuales de tipo «negativo», en concreto, más de dos terceras partes de dichas enmiendas protegen a los sospechosos y acusados en causas penales, lo cual se completa con otras libertades negativas como la ya mencionada libertad religiosa, los derechos a la vida, la propiedad y las libertades de expresión o de prensa (Tarr). No se contemplan derechos de ejercicio colectivo, salvo el derecho de reunión pacífica, ni, sobre todo, derechos sociales, esto es, de tipo «positivo». Durante más de un centenar de años, la Carta de Derechos solo vinculaba a las instituciones federales. Por eso, quienes buscaban satisfacción frente a vulneraciones de derechos efectuadas por los estados debían confiar en las *Declaraciones de derechos estatales* y en las instituciones estatales, singularmente la rama judicial, para la reparación. Sin embargo, después de la *Guerra Civil* (1861-1865) se aprobaron tres enmiendas—XIII (1865), XIV (1868) y XV (1870)— cuya finalidad era precisamente imponer a los estados una serie de obligaciones, entre ellas, el respeto de los derechos de ciudadanía a todas las personas una vez conseguida la abolición de la esclavitud de las personas de raza negra (enmienda XIII). El principal instrumento para ello fue, como hemos visto, la enmienda XIV, en la que, sin nombrar específicamente la raza se establece que ningún estado puede: *i)* dictar ni aplicar cualquier ley que limite los privilegios o inmunidades de los ciudadanos de los Estados Unidos; *ii)* privar a cualquier persona de la vida, la libertad o la propiedad sin el debido proceso legal; ni *iii)* negar a cualquier persona que se encuentre dentro de sus límites jurisdiccionales la igual protección de las leyes. Precepto que ha sido utilizado por el Tribunal Supremo desde entonces—aunque fue un lento proceso en el que los derechos se fueron incorporando poco a poco— para aplicar la Carta de Derechos federal a las actuaciones de las instituciones estatales y locales, de manera que los gobiernos de los estados se encuentran ahora sujetos a dos órdenes de garantía de los derechos: el de la Constitución federal y los de sus propias constituciones.

No existe un procedimiento jurisdiccional específico para supervisar el cumplimiento de la Carta de Derechos federal y, en definitiva, para la protección de los derechos fundamentales establecidos en la Constitución de 1787. Simplemente basta con la invocación de la vulneración de un derecho recogido en la misma para, con ello, introducir una «cuestión federal» y trasladar, en su caso, el litigio del ámbito estatal a los tribunales federales. La vía más frecuente es el llamado *certiorari,* un auto de avocación que tiene su origen en la petición de una de las partes al Tribunal Supremo federal para que acceda a revisar un asunto con trascendencia constitucional decido por cualquier tribunal del país. La aceptación de la petición es una decisión discrecional del Tribunal; de hecho, de las casi 7,500 solicitudes de órdenes de revisión judicial presentadas cada año, la Corte Suprema normalmente otorga «cert» a menos de 150. No obstante, por esta vía, se ha dictado la jurisprudencia más relevante sobre libertades fundamentales, por ejemplo, la célebre *Miranda vs. Arizona* (1966) que estableció la obligación de informar a un acusado de sus derechos, conocida como *advertencia Miranda,* o las ya mencionadas *Brown vs. Board of Education* (1954) y *Roe vs. Wade* (1973) que pusieron fin a la segregación racial en las escuelas y reconocieron el derecho al aborto, respectivamente.

En cuanto a las *Declaraciones de Derechos* estatales, hemos visto como algunas de ellas precedieron a la propia Carta de Derechos de la Constitución federal. Además, la mayor facilidad para reformar las Constituciones estatales ha favorecido su actualización de forma regular. Por eso, a diferencia de la Constitución federal, reflejan una evolución en la concepción de los derechos de manera que no sólo recogen derechos y libertades de tipo «negativo», sino que muchos estados han incorporado, desde la *gran depresión de los años treinta,* derechos sociales, como prestaciones económicas en caso de vejez, jubilación, pérdida del empleo o de otras situaciones de necesidad, ayudas para viviendas, etc.; también se han introducido desde los años setenta, *derechos de tercera generación,* por ejemplo, derechos de defensa del medio ambiente o de protección de determinados colectivos. Entre estos últimos pueden mencionares el reconocimiento de derechos educativos o culturales a la población hispana, de habla francesa o nativos americanos (Nuevo México, Luisiana y Montana, respectivamente). También creemos importante destacar que todos los estados han incorporado, a diferencia de lo que ocurre en la Constitución federal, d*erechos de participación política directa.* Desde finales del siglo XIX, se han ido introduciendo sucesivamente en las constituciones estatales mecanismos de democracia directa que tienen una tradición muy consolidada en algunos territorios, celebrándose estos procesos conjuntamente el día de las elecciones a gobernador o de las legislaturas estatales. Los más significativos son:

a) *Iniciativas populares* sobre las más diversas materias, que pueden proponer la reforma de la Constitución y provocar incluso una votación de los ciudadanos; en algunos estados simplemente al conseguirse el número de firmas necesarias para su presentación; en otros, cuando el Parlamento estatal rechaza o modifica la propuesta de los ciudadanos.

b) Los *referéndums,* que pueden ser convocados no solo a instancia las instituciones, sino también tener su origen en una propuesta ciudadana. En cuanto a su objeto, puede ser también de lo más diverso: la ratificación o derogación de leyes, o incluso, de la propia Constitución estatal, así como cuestiones políticas de especial transcendencia.

c) Las *revocatorias de mandato* (*recalls)* de cargos electos, que pueden ser obligados por los votantes a abandonar el cargo antes de que finalice su periodo de mandato.

d) Además, a nivel local, abundan los llamados *town meetings,* figura similar a nuestro concejo abierto, en las que los municipios se rigen por una asamblea vecinal.

VII. JUSTICIA CONSTITUCIONAL

La última aportación del constitucionalismo norteamericano que vamos a tratar no viene recogida de manera clara en el texto constitucional, si bien encuentra su apoyo en determinados preceptos constitucionales que definen las funciones del poder judicial. Se trata de la capacidad de los jueces de declarar la nulidad de la legislación —lo que incluye leyes, tratados o reglamentos administrativos— contraria a la Constitución (*judicial review of legislation*). De hecho, la cuestión de hasta qué punto esta puede deducirse o no de lo previsto en la Constitución federal de 1787 —especialmente de las ya mencionadas Sección 2ª del artículo III, en la que se señala que el poder judicial entenderá de las controversias que surgiesen como consecuencia de la Constitución, y el apartado 2º del Artículo VI, al disponer la supremacía de la Constitución y las leyes federales, en materias de su competencia, sobre el Derecho estatal y la obligación de los jueces de aplicarla, incluso cuando exista un precepto contradictorio en la Constitución o las leyes de cualquier estado— fue objeto de múltiples interpretaciones; aunque, el problema quedó resuelto muy pronto con la sentencia del Tribunal Supremo que dirimió el caso *Marbury vs.Madison* (1803), en la que el juez Marshal zanjó la cuestión de manera clara e indiscutible con la siguiente argumentación: *i)* el pueblo de los Estados Unidos ha fijado de manera permanente en la Constitución una organización del gobierno fundada en la *división de poderes*, donde se establece el sistema de competencias tanto entre los órganos supremos federales como entre la Federación y los estados que la integran; el fin de la Constitución es precisamente que ese juego de competencias sea respetado; lo cual sería imposible si el poder legislativo pudiera ignorar en cualquier momento las reglas establecidas por la Constitución. Por eso, por derivar de la voluntad originaria y suprema del pueblo, la Constitución se encuentra por encima de cualesquiera de los poderes, incluido el propio poder legislativo; *ii*) la misión de los tribunales consiste en decir qué es derecho. Aquellos que aplican la norma a los casos concretos tienen, necesariamente, que explicar e interpretar esa norma. Si dos leyes entran en conflicto, el tribunal tendrá que decidirse por la aplicación de una de ellas; *iii)* ahora bien, si una de esas normas es la Constitución, entonces solo podrá elegir esta última, dejando sin aplicación cualquier ley que sea contraria a la Constitución. Con esta sentencia se ponen las bases del sistema americano de control de constitucionalidad caracterizado por las notas siguientes:

a) Se trata de un control *judicial*, es decir, efectuado por los jueces y magistrados integrados en el poder judicial. A diferencia de lo que ocurre en el sistema europeo de control de constitucionalidad, creado más de un siglo después por Kelsen para la Constitución austriaca de 1920, donde esa misión se atribuye a un órgano especializado de naturaleza política y función jurisdiccional, que no forma parte del poder judicial: el Tribunal Constitucional.

b) Es un control *difuso*, en la medida en que el control es una atribución de todos los jueces, según las reglas de distribución de competencias establecidas por la Constitución federal y las leyes. Eso significa que, como hemos visto, cuando se discute la contradicción de cualquier ley, federal o estatal, con la Constitución federal sean competentes los tribunales federales. Ahora bien, los tribunales estatales tienen también la facultad de supervisar la constitucionalidad de las leyes estatales cuando contradicen la Constitución del estado. Se produce también aquí una diferencia con el modelo europeo de control de constitucionalidad, que tiene carácter *concentrado*, al corresponder en exclusiva al Tribunal Constitucional.

c) También por tratarse de un control judicial, es un control de carácter *incidental*, es decir, los tribunales solo pueden pronunciarse sobre la constitucionalidad de las normas con ocasión de un litigio, una controversia real en el que se pone en cuestión la constitucionalidad de la norma que debe aplicarse a ese caso concreto. No cabe, a diferencia de lo que ocurre en el modelo europeo de control de constitucionalidad, el recurso directo de inconstitucionalidad que juzga en abstracto la adecuación de la norma a la constitución.

d) Por lo que respecta a los efectos de la sentencia que aprecia la inconstitucionalidad de una norma, solo tiene eficacia *ad casum*, es decir, únicamente sirve para resolver ese supuesto concreto, limitándose el juez a inaplicar la norma que considera inconstitucional sin derogarla o declararla inexistente. Eso únicamente puede hacerlo el legislador. Lo contrario sucede en el sistema europeo de control de constitucionalidad, donde el fallo declara la nulidad de la ley con efectos *erga omnes*. No obstante, una declaración de inconstitucionalidad de una norma por el Tribunal Supremo de los Estados Unidos, por la vinculación al precedente judicial (*stare decisis*), supone su inaplicación general en el futuro por el resto de jueces y tribunales. En la práctica, el Tribunal Supremo federal ha utilizado con mucha prudencia esta potestad; de hecho, tardó más de medio siglo en declarar inconstitucional otra ley federal [caso *Dredd Scott vs. Sandford* (1857)] y, aunque su actividad ha aumentado gradualmente, sigue actuando conforme al principio de autocontención o *self restraint*.

BIBLIOGRAFÍA

Blanco Valdés, R. (2014). "Estados Unidos: una sola nación, bajo una forma federal", *La reforma federal. España y sus siete espejos*, Biblioteca Nueva, Madrid.

Crespo Palomares, C. (2022, ed.). *Vote for America. Cómo entender las elecciones en los Estados Unidos*, Catarata, Madrid.

Friedrich, C. J. (1968). *Trends of Federalism in theory and practice*, Frederick A. Praeger Publishers, Nueva York.

García Pelayo, M. (1999). *Derecho Constitucional comparado*, Alianza, Madrid.

González Encinar, J. J. (1985). *El Estado unitario-federal*, Tecnos, Madrid.

Hamilton, A.; Madison, J. y Jay, J. (2015). *El federalista* (Estudio preliminar a cargo de Ramón Maíz), Ediciones Akal, Madrid.

La Pérgola, A. (2016). *Vestigios «contractualistas» y estructura federal en la Constitución de los Estados Unidos,* Tecnos, Madrid.

Loewenstein, K. (1976). *Teoría de la Constitución,* Ariel, Barcelona.

Tribe, L. (2000). *American Constitutional Law,* Foundation Press, Mineola-Nueva York.

Rodríguez López, A. (2019). "Estados Unidos de América", *Sistemas constitucionales europeos y comparados,* Athenaica, Sevilla.

Rodríguez, P. (2022). "El sistema bipartidista en la política de los Estados Unidos", *Vote for America. Cómo entender las elecciones en los Estados Unidos,* Catarata, Madrid.

Schwartz, B. (1984). *El federalismo americano actual,* Civitas, Madrid.

Tarr, A. (2005). "Federalismo y la protección de los derechos en los Estados Unidos", *Derechos y libertades en los Estados compuestos,* Atelier, Barcelona.

Tunc, A. y Tunc, S. (1957): *El derecho de los Estados Unidos de América. Instituciones judiciales, fuentes y técnicas,* Instituto de Derecho Comparado, UNAM, México.

Tushnet, M. (2015). *The Constitution of The United States of America: a contextual analysis,* Hart Publishing, Oxford.

Capítulo V

República de Francia

MARÍA HOLGADO GONZÁLEZ
Universidad Pablo de Olavide

I. INTRODUCCIÓN

El régimen constitucional nacido de la Revolución francesa de 1789, que puso fin a las instituciones del Antiguo Régimen, ejerció, como es sabido, una decisiva influencia en el constitucionalismo del continente europeo, por lo que la historia política de Francia tiene una dimensión que trasciende las fronteras del país para convertirse en un elemento crucial de la historia de las instituciones políticas de la Europa occidental. El constitucionalismo europeo nace en Francia, a diferencia del anglosajón, no como una respuesta a las tradiciones, sino desde el racionalismo político de finales del siglo XVIII, que concibe la idea de planificar por escrito y de una vez por todas el orden político y social desde la razón humana (concepto de Constitución racional normativa). El 8 de julio de 1789 los representantes reunidos en los Estados Generales se declaran desligados del mandato imperativo de sus electores y se constituyen en Asamblea Nacional, a la vez que el pueblo toma la Bastilla en París. En la Declaración de Derechos del Hombre y del Ciudadano la Asamblea proclamaría acto seguido los derechos naturales, inalienables y sagrados del hombre -anteriores, por tanto, al Estado y que se erigen como su fin-; aboliendo todos los privilegios y afirmando la soberanía nacional, de la que resulta la primacía de la ley, que debe ser la misma para todos; a su vez, en la Constitución de 1791, segundo documento revolucionario después de la Declaración de derechos, la Asamblea Nacional constituyente vendría a consagrar la separación de poderes.

La vigente Constitución de 1958, que instaura la V República francesa, es heredera de los principios liberales que están en el origen del constitucionalismo continental (soberanía nacional, libertad, igualdad, primacía de la ley, separación de poderes...) que se completan con la dimensión social que caracterizaba a su precedente histórico más inmediato, la Constitución de 1946 (IV República). Su origen se sitúa en la decisión de la Asamblea Nacional francesa, el 1 de junio de 1958, de investir al general De Gaulle como Jefe del Gobierno, otorgándole plenos poderes para gobernar Francia hasta el 31 de diciembre de 1958. Se trataba de esta forma de hacer frente a la crisis de las instituciones de la IV República y a la difícil situación creada por el ejército francés en Argel. De esta forma, una Ley constitucional de 3 de junio derogaba transitoriamente el procedimiento de revisión recogido en la Constitución de 1946 y encomendaba a De Gaulle la preparación de un proyecto de Constitución, que redactaría con un Comité constituyente integrado por dos tercios de parlamentarios y que sería sometido a referéndum del pueblo francés el 28 de septiembre –con una participación del 85 % del censo electoral y más del 79% de votos a favor- siendo promulgado el 4 de octubre de 1958. Cuatro años más tarde, la reforma constitucional de 6 de noviembre de 1962 establecería la elección de la Presidencia de la República por sufragio universal. A esta le sucederían más de una veintena de reformas constitucionales, aunque no han afectado sustancialmente a la continuidad del régimen francés.

Podemos destacar una serie de principios que se encuentran en la base de la Constitución de la V República: la definición de la Jefatura del Estado como un poder moderador; la separación orgánica de los poderes del Parlamento y del Gobierno, a los que atribuye un distinto origen estableciendo la incompatibilidad de la función de miembro del gobierno y el mandato parlamentario; la definición de la función de gobierno como un poder de dirección política y su predominio sobre el Parlamento; la definición de las funciones de la Asamblea, referidas a la acción legislativa y al control del gobierno, con una regulación restrictiva de la exigencia de responsabilidad política (parlamentarismo racionalizado); y, por último, la definición de una nueva fórmula flexible de relaciones entre Francia y las antiguas colonias. Asimismo, puede afirmarse que el texto constitucional recoge la tradición liberal, en cuanto proclama los derechos del hombre y del ciudadano tal y como fueron definidos en la Declaración de 1789; la tradición socialista, por cuanto se remite al catálogo de derechos políticos, económicos y sociales contenidos en el Preámbulo de la Constitución de 1946; y, por último, la tradición democrática, proclamando el principio de soberanía nacional, soberanía que puede ejercerse a través de la democracia directa, mediante referéndum, o a través de la democracia indirecta, por vía de la representación; con un diseño institucional que es una suerte de compromiso entre el parlamentarismo y el régimen presidencial.

II. FUENTES DEL DERECHO

El sistema de fuentes francés está presidido por la Constitución de 1958, como norma suprema del ordenamiento, con todas sus reformas. A su vez, junto a ella, una serie de normas ocupan esa misma posición privilegiada formando parte del bloque de la constitucionalidad: la Declaración de Derechos del Hombre y del Ciudadano (1789), el Preámbulo de la Constitución de 1946, la Carta del Medio Ambiente (integrada en el texto constitucional tras la reforma de 2005) y los principios generales reconocidos por las leyes de la República (referidos a los derechos y libertades fundamentales, a la soberanía nacional y a la organización de los poderes públicos).

En cuanto al Derecho Internacional, Francia acoge un sistema monista, en el que los Tratados internacionales forman parte de su Derecho y surten efectos directamente tras su ratificación y publicación oficial, sin necesidad de ser transpuestos al ordenamiento jurídico nacional por normas de derecho interno. La Constitución de 1958 afirma, por otra parte, la superioridad jerárquica de los Tratados Internacionales con respecto a las leyes (art. 55).

En lo que se refiere al Derecho nacional cabe destacar, por un lado, la diversa tipología de leyes, y, por otro, la existencia de una doble reserva de ley y de reglamento.

Leyes orgánicas son aquellas que regulan las materias reservadas a la misma a lo largo del articulado de la Constitución. No existe, a diferencia de lo que ocurre en la Constitución española, un ámbito definido y delimitado de materias reservadas a Ley Orgánica, sino que el artículo 46 de la Constitución francesa se refiere genéricamente a esta categoría de fuente como "las leyes a las que la Constitución confiere el carácter de leyes orgánicas" para regular el procedimiento de aprobación y modificación. La doctrina coincide en señalar como objeto de Ley Orgánica el establecimiento, composición y competencias de los poderes públicos, como se establecía en la Constitución de 1946. A lo largo del articulado de la Constitución de 1958 el constituyente remite a la Ley Orgánica la regulación de aspectos relativos a la organización territorial (arts. 72, 74 y 77), el proceso de elección del Presidente de la República (art. 6, 7) así como su destitución (art. 68), el régimen de incompatibilidades de los miembros del Gobierno (art. 23), materias fiscales (arts. 34 y 39) o la regulación del Consejo Constitucional (art. 63), por señalar algunos ejemplos.

El procedimiento de aprobación de las Leyes Orgánicas implica a ambas Cámaras, remitiéndose el artículo 46 al procedimiento legislativo común. La diferencia estriba en que en el supuesto de no haber acuerdo entre la Asamblea Nacional y el Senado, la Ley Orgánica puede ser aprobada finalmente por mayoría absoluta de la Asamblea. Otra característica propia de la Ley Orgánica es su sometimiento al preceptivo control previo de constitucionalidad:

"Las leyes orgánicas solo pueden promulgarse una vez que el Consejo Constitucional haya declarado su conformidad" (art. 46 *in fine*).

Una peculiaridad del sistema de fuentes francés es la existencia de una doble reserva: reserva de ley y reserva de reglamento. El artículo 34 de la Constitución establece un listado de materias que han de ser reguladas por ley, entre las que se encuentran, por señalar algunos ejemplos, los derechos civiles y sus garantías, la nacionalidad, la capacidad de las personas, el régimen matrimonial, los delitos y las penas, los tributos, los sistemas electorales, la regulación de la propiedad, la Defensa Nacional, la enseñanza, la protección del medioambiente, etc. Este ámbito material reservado a la ley puede ser completado y concretado por Ley Orgánica, que, por tanto, puede ampliar el listado recogido en la Constitución (art. 34). No hay, en cambio, un precepto que establezca las materias reservadas al reglamento, sino que la Constitución considera que todo lo que no está reservado a la ley es materia propia de reglamento. Así de tajantemente lo dispone el artículo 37: "Tendrán carácter reglamentario todas las materias distintas de las pertenecientes al ámbito de la ley".

El Gobierno puede igualmente dictar normas con fuerza de ley, sobre materias reservadas a la ley, aunque con un plazo limitado, y tras solicitar al Parlamento dicha delegación. Esta legislación delegada requiere, por tanto, una autorización del Parlamento mediante una "ley de habilitación" y, posteriormente, una suerte de convalidación para poder tener carácter definitivo, que el Parlamento realiza mediante una "ley de ratificación". La ordenanza, que es la denominación que recibe la norma con fuerza de ley aprobada en Consejo de Ministros, previo dictamen del Consejo de Estado, entra en vigor en el momento de su publicación, pero caduca si el proyecto de ley de ratificación no se presenta ante el Parlamento antes de la fecha fijada por la ley de habilitación (art. 38).

Mención especial merecen las llamadas leyes referendarias que son aquellas que, versando sobre la organización de los poderes públicos, reformas relativas a la política económica, social y medioambiental de la Nación y a los servicios públicos que concurren en ella, o que propongan la ratificación de un tratado con incidencia en el funcionamiento de las instituciones, son sometidas a referéndum por el Presidente de la República, ya sea a propuesta del Gobierno o a propuesta conjunta de las dos Cámaras. Si el resultado del referéndum es afirmativo, la ley es promulgada dentro de los quince días. Si, por el contrario, el proyecto de ley es rechazado por la ciudadanía, no cabrá presentar otro sobre el mismo tema en un plazo de dos años (art. 11).

Finalmente, como en el sistema de fuentes español, junto a la ley y el reglamento, se encuentran los principios generales del derecho, desarrollados por la jurisdicción ordinaria.

III. INSTITUCIONES CONSTITUCIONALES

El sistema semipresidencial francés cuenta con una Presidencia de la República, una Presidencia del Gobierno y un Parlamento compuesto por dos Cámaras. De esta forma, el Poder Ejecutivo presenta una estructura bicéfala, integrada por el Presidente de la República y el Presidente del Gobierno; y el Poder Legislativo una estructura bicameral, formada por la Asamblea Nacional y el Senado.

Podría parecer que la configuración de las instituciones constitucionales en Francia es similar a la de los regímenes parlamentarios; sin embargo, los poderes que se otorgan a la Presidencia de la República son muy superiores a los que suelen corresponder a las Jefaturas de Estado en los sistemas parlamentarios, definiéndose como un poder moderador, clave de bóveda de las instituciones de gobierno. Destaca, por otra parte, la separación orgánica de los poderes del Gobierno y del Parlamento, que cuentan con un origen distinto siendo incompatibles las funciones de miembro del gobierno y el mandato parlamentario, aunque es una separación orgánica y no funcional, porque ambos poderes colaboran en sus funciones respectivas.

III.1. El Poder Ejecutivo

III.1.1. La Presidencia de la República

Ni que decir tiene que como Jefe del Estado el Presidente de la República ostenta la representación externa e interna del Estado francés. La Constitución de 1958 otorga a la Jefatura del Estado un papel preponderante al atribuirle un poder de arbitraje, que va más allá de lo meramente formal puesto que está dotado de un verdadero contenido decisorio. De acuerdo con lo dispuesto en el artículo 5 del texto constitucional, "el Presidente de la República vela por el respeto de la Constitución [y] asegura, mediante su arbitraje, el funcionamiento regular de las autoridades públicas, así como la continuidad del Estado". La característica esencial del Jefe del Estado como poder moderador es su facultad de incitar la actuación de los demás poderes y su función de arbitraje entre los restantes poderes públicos. Así, en relación con el poder ejecutivo, además de designar al Primer Ministro y, a propuesta de este, a los demás miembros del Gobierno, entre sus funciones está la de presidir los Consejos de Ministros, firmando sus ordenanzas y decretos, y asumir la jefatura de las Fuerzas Armadas. En el plano internacional, acredita a embajadores y representantes ante las potencias extranjeras y recibe a embajadores y presidentes extranjeros, además de negociar y ratificar los tratados internacionales (salvo los reservados a la ley). Tiene, a su vez, competencias en materia de nombramientos (funcionarios civiles y militares, miembros de Consejo de Estado, Consejos de Cuentas, rectores, etc.). En relación con el poder legislativo, el Presidente de la República participa en elaboración de los proyectos de ley (al presidir el Consejo de Ministros), tiene la facultad de instar al Parlamento a una nueva deliberación de una ley o de algunos de sus artículos (sin que pueda serle negada) y promulga las leyes. Puede también someter a referéndum cualquier proyecto de ley que se refiera a la organización de los poderes públicos, reformas de política económica, social o medioambiental y o la ratificación de un tratado que pueda tener incidencia sobre el funcionamiento de las instituciones (leyes referendarias). El Presidente de la República es igualmente garante de la independencia judicial y puede conceder el derecho de gracia individual.

El mandato del Presidente de la República tiene una duración de cinco años pudiendo ser reelegido de forma consecutiva por una sola vez. Ha de señalarse que dos reformas constitucionales produjeron una reducción de la duración del mandato presidencial (antes del año 2000 era de siete años) y una limitación de las veces en que puede ser reelegido (antes de 2008 sin límite alguno).

El Presidente de la República se elige directamente por el pueblo mediante sufragio universal, a través de un proceso electoral general y autónomo. Para ello se utiliza un sistema mayoritario uninominal, a dos vueltas si no se obtiene mayoría absoluta en la primera. Desde luego, el elevado número de candidaturas que suelen concurrir a este proceso electoral hace verdaderamente difícil lograr esa mayoría absoluta en la primera vuelta –de hecho, no se ha conseguido nunca–, siendo necesario celebrar una segunda vuelta que tiene lugar dos semanas más tarde, y a la que solo concurren las dos candidaturas que hubiesen alcanzado más votos en la primera votación. Este sistema de elección a dos vueltas promueve que las formaciones políticas entablen negociaciones, reagrupando el voto en torno a cada una de las dos candidaturas que optan finalmente a la Presidencia de la República. Se pasa, de este modo, de un sistema pluripartidista en la primera vuelta a la simplificación del mismo a través de la formación de dos bloques ideológicos en la segunda vuelta.

El Presidente de la República, además de ostentar la jefatura del Estado, tiene atribuidas importantes competencias: vela por el respeto a la Constitución y mediante su arbitraje asegura el funcionamiento regular de los poderes constitucionales y la continuidad del Estado, a la vez que garantiza la integridad del territorio y el respeto de los acuerdos y tratados. En este sentido, se constituye como una magistratura extraordinaria para la defensa de las instituciones o la independencia de la Nación en circunstancias de excepción en que se interrumpe el funcionamiento regular de los poderes públicos constitucionales (art. 16).

Como es propio de las Jefaturas de Estado, la Constitución francesa establece también la irresponsabilidad del Presidente de la República, que supone la exoneración de responsabilidad por los actos que como tal lleva a cabo, siendo necesario el refrendo de los mismos por parte del Primer Ministro o, en su caso, de los Ministros responsables en cada materia. No obstante, junto a los poderes compartidos necesitados de refrendo, el Presidente de la República posee unos poderes propios, que ejerce sin necesidad de refrendo ministerial y que entrañan una decisión y una responsabilidad plena en su ejercicio, solo matizada por la propuesta del Gobierno o la exigida consulta a otros órganos en ciertos casos.

Entre estas facultades propias del Presidente de la República que no precisan de refrendo ministerial encontramos las siguientes: a) nombramiento del Primer Ministro; b) convocatoria de referéndum legislativo a propuesta del Gobierno o del Parlamento; c) disolución de la Asamblea Nacional, previa consulta (preceptiva pero no vinculante) del Primer Ministro y de los Presidentes de las Cámaras; d) asunción de poderes excepcionales en caso de graves crisis; e) nombramiento del Presidente del Consejo Constitucional y de tres de sus miembros; f) instancia al Consejo Constitucional para que se pronuncie sobre la constitucionalidad de una Ley o Tratado; y g) mensajes dirigidos a las Cámaras.

Como puede comprobarse, el Presidente de la República francesa cuenta con importantes poderes, que ejerce con autonomía. Comparados con los que corresponden al Jefe del Estado en un régimen parlamentario, sea éste Presidente de la República o Monarca, el modelo francés cabría situarlo como próximo a los regímenes presidenciales. Salvo en los casos de cohabitación, que analizaremos a continuación, la política del país se dirige desde la Presidencia de la República con la colaboración del Primer Ministro en la realización del programa de gobierno presidencial.

Para asegurar su autonomía y el correcto ejercicio de sus funciones, la Presidencia de la República es incompatible con cualquier otra función pública o privada. La Constitución establece la responsabilidad penal del Presidente o Presidenta de la República solo por incumplimiento de deberes manifiestamente incompatible con el ejercicio de su mandato. En este caso, su destitución solo puede acordarla el Parlamento constituido en Alto Tribunal, de acuerdo con lo dispuesto en el artículo 68 de la Constitución. En caso de vacante de la Presidencia de la República por cualquier motivo o del impedimento observado por el Consejo Constitucional, las funciones serían ejercidas provisionalmente por el Presidente o Presidenta del Senado. De tener el impedimento carácter permanente habrían de convocarse nuevas elecciones.

III.1.2. El Gobierno y el Primer Ministro

El Gobierno, que tiene atribuida constitucionalmente la función política de dirección e impulso, es un órgano complejo compuesto por el Presidente de la República, en algunos casos, por el Primer Ministro, los Ministros y los Secretarios de Estado. Hablamos de Consejo de Ministros cuando se reúnen el Primer Ministro y los demás Ministros bajo la presidencia del Presidente de la República (aunque, en ocasiones, puede delegar esta presidencia en el Primer Ministro). Mientras que las reuniones de los Ministros y Secretarios de Estado bajo la presidencia del Primer Ministro reciben el nombre de Consejo de Gabinete. El Primer Ministro, es nombrado por el Presidente de la República, que no puede, en cambio, destituirlo ya que solo pone fin a sus funciones cuando este le presente su dimisión (art. 8).

El Primer Ministro, por su parte, cuenta con una serie de poderes propios, entre los que cabría citar: la propuesta al Presidente de la República del nombramiento y cese del resto de miembros del Gobierno; el ejercicio de la potestad reglamentaria, atribuida en términos muy amplios puesto que se establece la presunción a favor del reglamento de toda materia que no esté expresamente reservada a la ley (art. 37); la dirección de la acción del Gobierno, aunque la mayoría de sus facultades ha de ejercerlas previa deliberación del Consejo de Ministros; la responsabilidad de la defensa nacional, aunque las grandes cuestiones, como son la declaración de guerra y la firma de la paz corresponden a la Presidencia de la República; la iniciativa legislativa; así como la elaboración de ordenanzas y leyes delegadas; la remisión al Consejo Constitucional de una ley para su control de constitucionalidad. Como Presidente de un órgano ejecutivo, como es el Gobierno, tiene la misión de asegurar el cumplimiento de las leyes, para lo que dispone, además de sus poderes reglamentarios, de la Administración y de la fuerza armada.

Si el Presidente de la República carece de responsabilidad política, no ocurre lo mismo con el Presidente del Gobierno. Esto significa que la Asamblea Nacional puede dirigir contra el Presidente del Gobierno una moción de censura en cualquier momento. No exigiéndose una manifestación expresa de la confianza parlamentaria para el nombramiento del Primer Ministro y el inicio en el ejercicio de sus funciones (investidura), en el sistema francés sí es requisito imprescindible para continuar en el cargo y en el ejercicio de tales funciones que esta confianza parlamentaria se mantenga, aunque sea tácitamente, mediante la no interposición de una moción de censura (confianza tácita).

El sistema semipresidencial francés no establece una investidura del Presidente del Gobierno por parte de la Asamblea Nacional, como sería lógico en cualquier régimen parlamentario, sino que el nombramiento del Presidente del Gobierno procede de la elección directa por el Presidente de la República. Cabría hablar de un sistema de doble confianza porque el Presidente de la República es quien lo designa (confianza presidencial) pero el Primer Ministro también precisa de la confianza de la Asamblea para poder gobernar (confianza parlamentaria). Con la peculiaridad de que siendo el Presidente de la República quien lo nombra, no puede obligarle jurídicamente a dimitir. Esto solo puede hacerlo la Asamblea Nacional mediante una moción de censura.

De este modo, cada vez que se renueva la Asamblea Nacional, el Jefe del Estado ha de nombrar a la persona que haya de presidir su Gobierno, lo cual puede dar lugar a situaciones incómodas desde el punto de vista político, porque tanto una como otra persona son habitualmente destacados líderes de los partidos, y no siempre del mismo. Es lo que se ha dado en llamar el régimen de "cohabitación". Teniendo en cuenta que la elección del Presidente de la República se celebraba anteriormente cada siete años (hasta la reforma de 2000) y las elecciones generales a la Asamblea Nacional cada cinco, era probable que el partido al que pertenecía el Presidente de la República no coincidiera con el ganador de las elecciones legislativas. Así ocurriría en 1986, cuando el Presidente socialista François Mitterrand hubo de nombrar Primer Ministro al conservador Jacques Chirac, y en 1997, cuando el Presidente Chirac hubo de nombrar Primer Ministro al socialista Lionel Jospin. Precisamente para evitar la compleja situación de la cohabitación, se produciría una reforma de la Constitución en el año 2000, que redujo el mandato de la Presidencia de la República a cinco años (quinquenato) haciéndolo coincidir con el de la Asamblea Nacional. Alineados los mandatos presidencial y legislativo, celebrándose prácticamente a la vez ambas elecciones, la situación descrita se hacía bastante improbable. No obstante, tras más de veinte años sin cohabitación, se volvería a asistir a una situación similar bajo la presidencia de Emmanuel Macron en 2024, después de que este disolviera anticipadamente la Asamblea Nacional con unos resultados electorales que no ofrecieron el respaldo esperado a su formación política. En el caso de coincidencia en los resultados de ambos procesos electorales, no se plantea problema alguno, porque el Presidente de la República nombrará como Presidente del Gobierno a una persona de su mismo partido, que, al ser mayoritario en la Asamblea, mantendrá su apoyo al Gobierno en todo momento. Pero de no coincidir (hipótesis de la cohabitación) el Presidente de la República se vería ante la siguiente tesitura (puesto que jurídicamente tiene la facultad de nombrar a quien quiera):

a) Nombrar como Primer Ministro a una persona de su mismo partido, aunque no sea el partido que haya ganado las elecciones y, por tanto, no cuente con una mayoría en el Asamblea Nacional. Aunque la situación garantice la cordialidad de las relaciones entre ambos Presidentes, el Gobierno no contaría con el apoyo de la Asamblea

Nacional, dando lugar a una previsible crisis de gobierno con la activación de la moción de censura.

b) Nombrar como Primer Ministro a una persona (normalmente el líder) del partido que ha triunfado en las elecciones generales o que cuente con el respaldo de la cámara, aunque no comparta sus siglas políticas. Es la situación denominada como cohabitación, que asegura la estabilidad del Gobierno, al contar con el apoyo de la Asamblea, aunque son previsibles las tensiones entre las dos Presidencias, la de la República y la del Gobierno, obligadas a cohabitar. En esta situación los poderes de la Presidencia de la República se ven limitados y la posición del Primer Ministro fortalecida, dado que la dirección de la política del país tomará el rumbo del programa de gobierno del Primer Ministro (no del Presidente), con la colaboración de la Asamblea Nacional.

c) Una tercera alternativa, aunque sumamente arriesgada, es la de proceder a la disolución de la Asamblea Nacional, tratando así de que unas nuevas elecciones den la mayoría en la Cámara al partido del Presidente de la República y no verse forzado a cohabitar. Sin embargo, una derrota de su partido en las urnas y una nueva mayoría parlamentaria del partido contrario debe ser interpretado como un deseo de la ciudadanía de que abandone su puesto, obligándole políticamente a dimitir.

Como se ha señalado anteriormente, la Constitución francesa no prevé una investidura parlamentaria del Presidente del Gobierno, sino que este es elegido directamente por el Presidente de la República. Sin embargo, dado que precisa de la confianza de la Asamblea Nacional, el Primer Ministro, una vez nombrado por el Presidente de la República y con el Gobierno ya constituido, viene sometiendo ante la Cámara baja su programa de gobierno, comprometiendo su responsabilidad, en lo que se ha convertido en una costumbre constitucional, dando lugar así a una especie de investidura de facto. Esta investidura de facto se lleva a cabo a través de la aplicación del artículo 49.1 de la Constitución que dice que "el Primer Ministro podrá, previa deliberación del Consejo de Ministros, comprometer ante la Asamblea Nacional la responsabilidad del Gobierno sobre su programa o eventualmente sobre una declaración de política general". La Constitución francesa no establece una mayoría determinada para entender otorgada la confianza, por lo que ha de entenderse que es suficiente con la mayoría simple. De no alcanzarse, el Primer Ministro estaría obligado a dimitir, al igual que sucedería el caso de perder una moción de censura. No obstante, en las escasas aunque más recientes situaciones en las que el Primer Ministro solo ha contado con una mayoría relativa en Asamblea Nacional, este ha optado por exponer su programa sin someterlo a votación, en aplicación del artículo 50.1 de la Constitución que le permite decidir si compromete o no su responsabilidad sobre una declaración política. Junto a esta cuestión de confianza sobre su programa o sobre una declaración de política general que se plantea al inicio del mandato (investidura de facto) como costumbre constitucional y que puede activarse después en cualquier otro momento a lo largo de la legislatura, la Constitución francesa prevé la cuestión de confianza sobre la votación de un texto (art. 49.3). En este caso, el Primer Ministro, previa deliberación del Consejo de Ministros, puede comprometer la responsabilidad del Gobierno ante la Asamblea Nacional sobre la votación de un texto, que se considerará aprobado salvo que se apruebe una moción de censura planteada dentro de las veinticuatro horas siguientes.

Los miembros del Gobierno son nombrados por el Presidente de la República, a propuesta del Primer Ministro, sin que quepa compatibilidad con el ejercicio de mandato parlamentario. De esta forma, los Ministros, responsables ante el Parlamento y con participación en sus funciones, no proceden, sin embargo, ni por su investidura ni por un mandato parlamentario, de la Asamblea con la que colaboran.

III.2. El Poder Legislativo

El Poder Legislativo en el sistema político francés es muy similar a cualquier modelo parlamentario, contando con una estructura bicameral: Asamblea Nacional y Senado.

La Asamblea Nacional, o Cámara baja, está compuesta por un máximo de 577 diputados elegidos por sufragio universal directo, para un mandato de cinco años (art. 24), salvo que se produzca la disolución de la Cámara por el Presidente de la República (art. 12). Para presentar candidatura a la Asamblea Nacional es necesario tener cumplidos los dieciocho años, gozar de la nacionalidad francesa y del pleno ejercicio de los derechos civiles y políticos. Actualmente la Asamblea alcanza ese número máximo de 577 diputados, que son elegidos siguiendo un sistema electoral mayoritario, a dos vueltas, con circunscripciones uninominales, que se determinan en función de su población. En la primera vuelta resulta elegida la candidatura que haya obtenido la mayoría absoluta y un número de votos igual a la cuarta parte de los electores inscritos. En el supuesto de que ninguno de los candidatos lo hubiese logrado, tiene lugar una segunda vuelta en la que participan las candidaturas que hubiesen obtenido al menos el 12,5% de votos de los electores inscritos, o, en su defecto, las dos con mayor número de votos. En esta segunda vuelta, resulta elegido el candidato más votado. Dado que se trata de circunscripciones uninominales no cabe aplicar exigencia de listas de composición equilibrada de mujeres y hombres o “listas cremallera”, pero, desde la aprobación de la Ley de transparencia financiera de la vida pública (1988), se penaliza económicamente a los partidos que no presenten, en cifras totales, un número similar de candidaturas de hombres y mujeres, de forma que en los casos en los que la distancia entre candidatos de uno y otro sexo supere el 2%, tales formaciones políticas se ven privadas de financiación pública en un porcentaje que varía en función de dicha distancia.

Por su parte, el Senado o Cámara alta pretende actuar como Cámara conservadora de representación de los intereses de las colectividades territoriales, contra los posibles excesos de la Cámara elegida por sufragio universal directo. En este sentido ha quedado como un reducto de la preocupación por evitar la hegemonía parlamentaria. Para ser presentar la candidatura al Senado se requiere haber cumplido veinticuatro años, además de la nacionalidad francesa. Los Senadores son elegidos por sufragio indirecto por un “colegio de grandes electores” conformado por los miembros de la Asamblea Nacional, los consejeros regionales elegidos en su departamento, los consejeros departamentales, los consejeros elegidos por los franceses en el extranjero y especialmente por los representantes de los Consejos Municipales (que suponen el 95%), sumando todos ellos 162.000 “grandes electores”. El número de miembros que integran el Senado es variable en función de la población –sin que pueda superar los 348 senadores (art. 24) que actualmente alcanza–. El sistema electoral es mixto, aplicándose un sistema mayoritario a dos vueltas en los departamentos en los que se elige a uno o dos senadores (siendo necesario obtener la mayoría absoluta de los votos y el equivalente a la cuarta parte de los electores inscritos en primera vuelta, o la mayoría absoluta en la segunda) y un sistema proporcional en los departamentos en los que se elige a tres senadores o más, debiendo presentarse las candidaturas en forma de “listas cremallera” (alternando candidatos de uno y otro sexo) y aplicándose la fórmula electoral de la media más alta. El mandato de los Senadores dura seis años (se ha reducido de los nueve años que duraba hasta la reforma de 2003), renovándose la mitad de la cámara alta cada tres años. Esta forma de renovación pretende asegurar su continuidad, funcionando como una cámara permanente, que actúe como garante de la estabilidad de las instituciones. Por esta razón, a diferencia de lo que sucede con la Asamblea Nacional, el Presidente de la República no puede ejercer la facultad de disolución en el Senado.

Las relaciones entre ambas Cámaras están presididas por la preeminencia de la Asamblea Nacional sobre el Senado, por lo que se trata de un bicameralismo desequilibrado o imperfecto, de manera similar a lo que sucede en el régimen parlamentario español. Así, por ejemplo, la moción de censura para hacer dimitir al Primer Ministro solo puede ser aprobada por la Asamblea Nacional (art. 50) y el desacuerdo entre las dos Cámaras sobre la aprobación de un proyecto de ley se resuelve en última instancia por la decisión de la mayoría de la Asamblea Nacional.

Los diputados y senadores se organizan en grupos parlamentarios (siendo preciso un mínimo de 15 diputados en la Asamblea Nacional y 10 senadores en la Cámara Alta para constituir un grupo). Unos y otros están sujetos al mandato representativo (el artículo 27 de la Constitución prohíbe expresamente el mandato imperativo) y gozan de las prerrogativas parlamentarias de la inviolabilidad e inmunidad (art. 26), debiendo atenerse a un régimen de incompatibilidades que prohíbe ostentar al mismo tiempo la condición de miembro del Gobierno, así como el ejercicio de otras funciones, cargos y determinadas profesiones.

Las cámaras desempeñan la función legislativa, participando ambas en el proceso de elaboración de las leyes, que han de versar sobre materias tasadas en la Constitución al existir en Francia, como se ha visto, también una "reserva de reglamento". Esta reserva de ley se concreta en el artículo 34 de la Constitución, como se ha analizado en el apartado correspondiente a las fuentes del Derecho. Junto a la función legislativa, como es propio de los regímenes parlamentarios, el Parlamento lleva a cabo una labor de control de la acción del gobierno, actividad de control que el artículo 24 de la Constitución establece que comprende también la evaluación de las políticas públicas. A tal fin, los diputados y senadores disponen de instrumentos de control como preguntas (orales y escritas), sesiones de control, resoluciones, comisiones de investigación, etc. La exigencia de responsabilidad política con el resultado de la dimisión del Primer Ministro, a través de la moción de censura, es competencia exclusiva de la Asamblea Nacional (art. 49), sin que participe el Senado. La moción de censura tiene que ser propuesta por al menos una décima parte de la Asamblea Nacional, no pudiendo ser votada hasta transcurridas cuarenta y ocho horas desde su presentación (período de reflexión) y siendo necesaria la mayoría absoluta para provocar la dimisión del Presidente del Gobierno. A diferencia del sistema español, la racionalización del parlamentarismo no llega al extremo de exigir el carácter constructivo a la moción, por lo que su votación no conlleva la de proponer un candidato alternativo. Lo que resulta por otra parte lógico dado que el nombramiento del Primer Ministro corresponde, de acuerdo con la Constitución (art. 8) a la Presidencia de la República y no a la Asamblea Nacional. De otro lado, el sistema de votación de la moción de censura, característico de la regulación francesa, juega a favor del Primer Ministro, por cuanto los diputados solo tienen la opción de votar a favor o de abstenerse, sin que puedan votar en contra de la moción. De esta forma, los diputados que se abstienen o que no participan en la votación apoyan implícitamente al Primer Ministro.

La única ocasión en la historia de la Quinta República en la que se activó este mecanismo con éxito, fue en 1962, contra el Primer Ministro Georges Pompidou, que se vio obligado a dimitir. Aunque el Presidente de la República De Gaulle disolvería acto seguido la Asamblea, convocando elecciones que darían la victoria a su partido, por lo que Pompidou fue nombrado nuevamente Primer Ministro. Ello supone que, en el caso de que la moción de censura resulte aprobada, provocando la dimisión del Primer Ministro, el Presidente de la República habrá de proceder al nombramiento de uno nuevo.

La Asamblea Nacional también puede provocar la dimisión del Primer Ministro votando en contra de una cuestión de confianza planteada por este último, en aplicación del artículo 49 de la Constitución. En efecto, como se ha visto anteriormente, este precepto permite al Primer Ministro comprometer su responsabilidad sobre una declaración de política general o sobre su programa (de hecho, es lo que hace al inicio de su mandato, en una especie de investidura convencional). De no lograr la aprobación de la Cámara por mayoría simple, se verá obligado a presentar la dimisión al Presidente de la República. Finalmente, el Primer Ministro, como hemos visto anteriormente, también puede comprometer su responsabilidad ante la Asamblea sobre un texto legislativo, que resultará aprobado (sin tramitación parlamentaria, debate ni participación del Senado) si la Cámara Baja no aprueba una moción de censura planteada en las veinticuatro horas siguientes. Esta suerte de híbrido entre cuestión de confianza y moción legislatura, a la que se ha hecho referencia anteriormente, es una peculiaridad del sistema francés que solo debe operar en supuestos excepcionales y nunca para la aprobación de reformas constitucionales o leyes orgánicas. El Primer Ministro ha hecho uso de esta facultad en numerosas ocasiones para sacar adelante los presupuestos y leyes de financiación de la seguridad social, habiendo logrado su objetivo. En unos casos porque no se ha presentado en tan breve tiempo una moción de censura, en otros porque la votación de la moción no ha arrojado los votos necesarios para alcanzar la mayoría absoluta. Sin embargo, en 2024 asistimos a la primera vez en la historia de la Quinta República francesa en la que una moción de censura provocada por la activación del mecanismo previsto en el artículo 49.3 de la Constitución resultaba aprobada, provocando consecuentemente la dimisión del Primer Ministro Michel Barnier, bajo la presidencia de Macron.

Entre las funciones del Parlamento está igualmente la aprobación de los presupuestos; la ratificación de los tratados internacionales; la elección de miembros del Tribunal Supremo; la destitución del Presidente de la República, constituyéndose como Tribunal Supremo de Justicia para los supuestos de incumplimiento manifiesto de sus deberes constitucionales (art. 68) así como otras previstas en el texto constitucional de 1958.

III.3. El Poder Judicial

El Poder Judicial se encuentra regulado en el título VIII de la Constitución bajo la denominación "De la autoridad judicial". Cabe señalar, como principal característica del sistema judicial francés la distinción de dos órdenes jurisdiccionales: el orden administrativo, encabezado por el Consejo de Estado, y el orden judicial, cuyo órgano superior es el Tribunal o Corte de Casación.

El orden administrativo tiene por objeto resolver los procesos de carácter administrativo (sobre la administración y las relaciones con los administrados), lo que sería el equivalente al contencioso-administrativo en el sistema español. El orden judicial (que abarca tanto el civil como el penal) conoce los procesos en los que se enfrentan particulares.

La Constitución francesa establece, a su vez, en el artículo 65 el órgano de gobierno del poder judicial, denominado Consejo Superior de la Magistratura, que está formado por miembros de la judicatura, fiscalía, abogacía, Consejo de Estado, así como por seis personalidades no pertenecientes al Parlamento ni a las anteriores categorías. Ejerce funciones de carácter consultivo, así como funciones disciplinarias en relación con jueces y fiscales.

IV. ORGANIZACIÓN TERRITORIAL

El principio de indivisibilidad de la República, proclamado en el artículo 1 de la Constitución –"Francia es una República indivisible, laica, democrática y social"-, ha de conjugarse con el de organización descentralizada que se recoge en el mismo precepto, desde la reforma de 2003.

En Francia, las entidades territoriales reconocidas por la Constitución (art. 72) son: los municipios, los departamentos, las regiones, las colectividades con estatuto particular y las entidades de Ultramar regidas por el artículo 74. Entre las colectividades de Ultramar destaca, a su vez, Nueva Caledonia, con un estatus propio regulado en los artículos 76 y 77 de la Constitución. Finalmente, la Metropole de Lyon y la Ville de Paris, como principales núcleos urbanos de Francia, tienen un estatus también específico.

Francia ha evolucionado, por tanto, del Estado fuertemente centralizado de la época de la revolución o del Imperio de Napoleón hasta el Estado que actualmente se declara descentralizado y que practica la técnica administrativa de desconcentración del poder. Esta evolución ha tenido lugar, fundamentalmente a partir de una serie de reformas constitucionales y de leyes de descentralización, que se han visto acompañadas por la jurisprudencia del Consejo Constitucional. De esta forma, la indivisibilidad de la República no es incompatible con la atribución de competencias a las colectividades territoriales, que se administran libremente por consejos elegidos y a las que se reconoce también cierto poder normativo y capacidad financiera para llevarlas a cabo.

En todo caso, estamos ante una descentralización eminentemente administrativa, no equiparable a la descentralización política del Estado de las Autonomías español. Ha de señalarse que la técnica de la desconcentración permite al Estado delegar poderes de decisión de las autoridades centrales en las autoridades locales nombradas al efecto (prefectos).

V. DERECHOS FUNDAMENTALES

Una de las peculiaridades de la Constitución de 1958 es la ausencia de un título dedicado al reconocimiento y garantía de los derechos fundamentales en el propio texto constitucional, tal y como es habitual en las Constituciones de la mayoría de los países. Desde un punto de vista formal, la Constitución es solo una ley constitucional de organización de poderes (parte orgánica). Sin embargo, eso no significa que los derechos fundamentales no estén garantizados constitucionalmente. La referencia a los mismos la encontramos en el Preámbulo de la Constitución de 1958, que se remite a dos textos cruciales en la historia constitucional francesa: la Declaración de los Derechos del Hombre y del Ciudadano (1789) y el Preámbulo de la Constitución de 1946. Referencia que se amplía, tras la reforma constitucional de 2005, a la Carta del Medio Ambiente. En efecto, el Preámbulo de la Constitución francesa dice así: "El pueblo francés proclama solemnemente su adhesión a los derechos humanos y a los principios de la soberanía nacional tal y como fueron definidos por la Declaración de 1789, confirmada y completada por el Preámbulo de la Constitución de 1946, así como a los derechos y deberes definidos en la Carta del Medio Ambiente de 2003". Por lo tanto, la Constitución de 1946 queda vigente en esta especialísima parte de su texto que constituía el Preámbulo.

La parte dogmática de la Constitución de 1958 quedaría, por tanto, integrada, de un lado, por los derechos individuales o también llamados derechos de libertad, reconocidos en la Declaración Francesa de 1789; por los derechos socioeconómicos o derechos de carácter prestacional, que se recogen en el Preámbulo de la Constitución de 1946; y, finalmente, por los derechos de tercera generación, de carácter ambiental, de la Carta del Medio Ambiente de 2003.

La Declaración Francesa, que comienza con la afirmación de que "Los hombres nacen y permanecen libres e iguales en derechos", derechos que son calificados como "naturales e imprescriptibles", reconoce a lo largo de sus diecisiete artículos diferentes derechos de carácter individual. En primer lugar, la libertad, que se define como "poder hacer todo lo que no perjudique a los demás" y no esté prohibido por la ley, es garantizada en sus diferentes dimensiones: libertad personal (no ser arrestado o detenido salvo en los casos y formas determinados por la ley), libertad de opinión ("incluso religiosa"), libertad de comunicación. Junto la libertad, se reconoce también la seguridad y la propiedad. Además, se garantiza el principio de legalidad penal ("no pudiendo ser nadie acusado sino en los casos determinados por la ley, que establecerá solo las penas necesarias") y el derecho a la presunción de inocencia. Como su propio nombre indica, la Declaración de Derechos del Hombre y del Ciudadano no se limita a la esfera estrictamente individual que garantiza derechos frente al Estado, sino que también contempla la dimensión de la ciudadanía que participa en la vida política, consagrando el derecho de concurrir a la formación de la voluntad popular directa y personalmente o por medio de representantes.

En los dieciocho párrafos del Preámbulo de la Constitución de 1946 se proclaman, asimismo, derechos económicos y sociales como la igualdad de derechos entre hombres y mujeres, el derecho de asilo, el derecho al trabajo (configurado también como deber), el derecho a sindicarse y a la huelga, el derecho a la negociación colectiva de los trabajadores, la función social de la propiedad, el derecho a la educación (pública, gratuita y laica), la protección integral de la familia, de la infancia, de las madres, de las personas jubiladas y de quienes sufran alguna discapacidad, particularmente en el ámbito de la salud, la seguridad material, el descanso y el ocio.

En los diez artículos de la Carta del Medio Ambiente (2003) se reconoce, a su vez, el derecho a disfrutar de un medio ambiente equilibrado y respetuoso con la salud, a acceder a la información de los poderes públicos sobre el medio ambiente y a participar en la toma de decisiones con incidencia en el mismo, así como el deber de preservarlo, tanto por los particulares como por los poderes públicos y de que la educación, formación e investigación se orienten a la protección del mismo.

Finalmente, a lo largo del texto constitucional también encontramos dispersos algunos derechos fundamentales: igualdad ante la ley sin distinción de origen, raza o religión y respeto de las creencias (art. 1), así como la paridad de hombres y mujeres en el ámbito político, profesional y social (art. 1, segundo párrafo), el derecho al sufragio (art. 3), así como la prohibición de detención arbitraria (art. 66). A ello hay que añadir la concreción realizada por el Consejo Constitucional de "los principios fundamentales reconocidos por las leyes de la República", que se ha traducido en el reconocimiento de derechos como: la libertad de asociación, los derechos de defensa, la libertad individual, la libertad de enseñanza, la libertad de conciencia, la autonomía de los profesores de universidad, etc.

Tal y como reza el artículo 16 de la Declaración de Derechos del Hombre y del Ciudadano -"una sociedad en la que no esté establecida la garantía de los Derechos, ni determinada la separación de los Poderes, carece de Constitución"-, no basta la mera proclamación o reconocimiento de derechos fundamentales, sino que el texto constitucional debe contemplar igualmente mecanismos que garanticen su efectividad y cumplimiento. En este sentido, entre las garantías de los derechos y libertades fundamentales, encontramos, en primer lugar, el control previo de constitucionalidad de las leyes que realiza el Consejo Constitucional. Un control que, como se analizará más adelante, resulta preceptivo cuando se trata de proyectos de Leyes Orgánicas. En segundo lugar, los jueces se erigen como los garantes naturales de los derechos y libertades fundamentales, caracterizándose Francia por una distribución de las competencias entre el juez administrativo y el judicial. A estas garantías hay que añadir otras que se incorporaron tras la reforma constitucional de 2008. Así, la posibilidad de recurrir al Consejo Superior de la Magistratura ante el posible incumplimiento de las garantías que deben darse en un proceso. De otro lado, la institución del Defensor de los Derechos, regulado en el Título XI bis de la Constitución, que no deja de ser un Ombudsman que supervisa el respeto de los derechos y libertades por parte de las administraciones públicas, aunque con facultades algo más limitadas que las del Defensor del Pueblo en España o en otros países de tradición en esta figura. Finalmente, la cuestión prioritaria de constitucionalidad (art. 61.1) permite a los ciudadanos que sean parte en un proceso recurrir indirectamente al Consejo Constitucional para controlar la constitucionalidad de una ley aplicable al caso que pueda vulnerar sus derechos y libertades fundamentales, siempre que medie la intervención del Consejo de Estado o del Tribunal de Casación.

VI. JUSTICIA CONSTITUCIONAL

Siguiendo la tónica de los países europeos, Francia adoptó un modelo concentrado de justicia constitucional, otorgando sus funciones a un órgano al margen de los tres poderes del Estado: el Consejo Constitucional.

El Consejo Constitucional, regulado en el título VII de la Constitución, está compuesto por nueve miembros, de los cuales, tres son designados por el Presidente de la República (previo dictamen de las Comisiones permanentes de cada Cámara), tres por el Presidente de la Asamblea Nacional y tres por el Presidente del Senado. Su mandato dura nueve años, no siendo renovable. El Consejo se renueva cada tres años, por terceras partes, nombrando el Presidente de la República y los de las cámaras a un miembro cada uno, cada tres años. Además de estos nueve miembros, los ex Presidentes de la República también pasan a integrar el Consejo Constitucional como miembros natos, vitalicios de pleno derecho.

El Presidente del Consejo Constitucional, que tiene voto de calidad en caso de empate, es elegido de entre todos los miembros por el Presidente de la República.

La principal función del Consejo Constitucional es el control de constitucionalidad de las leyes, así como de los Reglamentos de las Cámaras y los tratados internacionales. Se trata, en todo caso, de un control de las leyes abstracto y previo a su promulgación (control a priori). En el caso de Leyes Orgánicas, de proposiciones de ley sometidas a referéndum y de los Reglamentos parlamentarios el control es preceptivo, siendo por tanto obligatorio el pronunciamiento previo del Consejo Constitucional sobre la constitucionalidad de los mismos antes de su entrada en vigor. Cuando se trata de Leyes ordinarias y tratados internacionales el control es facultativo, teniendo lugar únicamente cuando lo solicitan una serie de órganos y personas legitimadas: el Presidente de la República, el Presidente de la Asamblea Nacional, el Presidente del Senado o sesenta diputados o sesenta senadores. La legitimación de los diputados y senadores se incorporó en la reforma constitucional de 2008, para dar de este modo entrada a las minorías parlamentarias en la importante función del control de constitucionalidad. Además, a partir de esta reforma, se introdujo un control posterior, dado que el Consejo Constitucional se va a pronunciar también sobre las cuestiones de constitucionalidad planteadas por los jueces ordinarios contra las leyes que ya estén en vigor (control a posteriori) con dos condicionantes: solo puede plantearse contra leyes que puedan vulnerar derechos y libertades fundamentales, y resulta necesario que la interposición de la cuestión prioritaria de constitucionalidad la realice el Consejo de Estado o el Tribunal de Casación (debiendo los jueces plantear, por tanto, la solicitud a estos órganos, que son los legitimados para dirigirse al Consejo Constitucional). A través de la cuestión prioritaria de constitucionalidad el Consejo Constitucional actúa, por tanto, como garante de los derechos fundamentales en este híbrido de control de constitucionalidad y, salvando las distancias, amparo constitucional.

Las decisiones adoptadas por el Consejo constitucional vinculan a todos los poderes públicos, administrativos y jurisdiccionales, sin que sea posible plantear recurso alguno contra ellas. La declaración de inconstitucionalidad de una ley por parte del Consejo Constitucional supone la imposibilidad de su entrada en vigor (en el caso del control previo) y la anulación de la misma (en el caso de la cuestión prioritaria de inconstitucionalidad).

En el ejercicio de su función de guardián de la constitucionalidad, el Consejo Constitucional atribuye valor constitucional a un conjunto de normas que forman lo que se ha venido en denominar el bloque de la constitucionalilidad. Este bloque estaría conformado por el texto íntegro de la Constitución de 1958, por la Declaración de Derechos del Hombre y del Ciudadano de 1789 (derechos clásicos de libertad), por los párrafos que van del tercero al décimo octavo del Preámbulo de la Constitución de 1946 (derechos sociales de prestación), así como los "principios fundamentales reconocidos por las leyes de la República" entre los que el Consejo Constitucional ha incluido, por ejemplo, la libertad individual, la libertad de enseñanza y de conciencia, la libertad de cátedra, etc.

Además del control de constitucionalidad de las leyes y de la protección de los derechos y libertades fundamentales, el Consejo Constitucional tiene atribuidas otras importantes funciones, como la de velar por la distribución de competencias entre el Parlamento y el Gobierno (conflicto de atribuciones) y la de ejercer de juez de los procesos electorales, asegurando la regularidad de las elecciones a la Presidencia de la República, así como las legislativas (diputados de la Asamblea Nacional y senadores), además de las consultas mediante referéndum. Finalmente, como juez electoral, el Consejo Constitucional proclama los resultados de las elecciones.

BIBLIOGRAFÍA:

BURDEAU, G., Derecho Constitucional e instituciones políticas, Ed. Nacional, Madrid, 1981.

CARRE DE MALBERG, R., Contribution à la théorie générale de l'État, Sirey, París, 1922.

COLLIARD, J. C., Los regímenes parlamentarios contemporáneos, Blume, 1981.

DE VERGOTTINI, G., Derecho Constitucional Comparado, Espasa Calpe, Madrid, 1985.

ESMEIN, A., Élements de Droit Constitutionnel français et comparé, Librairie de la societé du Recueil Sirey, París, 1914.

FAVOREU, L. y otros, Droit Constitutionnel, Dalloz, París, 2019.

GORDILLO PÉREZ, L. I. y otros, Sistemas constitucionales europeos y comparados, Athenaica, Sevilla,2019.

HAURIOU, M., Derecho Constitucional e Instituciones políticas, Barcelona, Ariel, 1975.

HAURIOU, M., Précis de Droit Constitucionnel, Paris, 1923.

JIMÉNEZ DE PARGA, M., Los regímenes políticos contemporáneos, Tecnos, 1971.

PRELOT, M., Institutions Politiques et Droit Constitutionnnel, Dalloz, Paris, 1975.

SÁNCHEZ AGESTA, L., Derecho constitucional comparado, Ed. Nacional, Madrid, 1968.

SÁNCHEZ NAVARRO, A. J., "La revitalización de la V República Francesa: la reforma constitucional de 2008", Revista general de derecho público comparado, 4, 2009.

Capítulo VI

El sistema constitucional italiano[1]

CARLO ALBERTO CIARALLI
Universidad "G. d'Annunzio" de Chieti-Pescara

SUMARIO: I. Las raíces constitucionales italianas y la Constitución republicana; II. Parlamento: composición, funciones, sistema electoral; III. Presidente de la República: papel institucional y funciones; IV. Gobierno: formación, composición y funciones; V. Magistratura: principios constitucionales y funciones del CSM; VI. Organización territorial del poder: Regiones y Entidades Locales; VII. La Corte constitucional italiana: composición y competencias. Bibliografía.

I. LAS RAÍCES CONSTITUCIONALES ITALIANAS Y LA CONSTITUCIÓN REPUBLICANA

A lo largo de la historia italiana hay que destacar dos "momentos constitucionales" fundamentales, que marcan de forma indeleble el camino constitucional de la península italiana: la otorgación del Estatuto Albertino de 1848, que se refería al antiguo Reino de Cerdeña[2], por parte del Rey Carlo Alberto y, en el siglo XX, la promulgación de la Constitución de la República italiana

1 Deseo expresar mi agradecimiento al profesor Héctor Álvarez García, de la Universidad Pablo de Olavide, de Sevilla, por su ayuda en la revisión idiomática del capítulo.

2 El Reino de Cerdeña, con capital Turín, ha sido el núcleo fundamental a partir del cual principió el proceso de unificación italiana, mediante la incorporación de los demás territorios italianos al Reino de Cerdeña y que se materializó el día 17 de marzo de 1861 con la proclamación del Reino de Italia. De hecho, para subrayar la "continuidad institucional" entre el Reino de Cerdeña y el nuevo Reino de Italia, el primer soberano del nuevo Estado unitario fue el Rey Vittorio Emanuele II de la dinastía Savoia. El nuevo Rey de Italia no cambió su numeración dinástica, debido a la voluntad de poner de manifiesto dicha continuidad institucional, a través de la incorporación de los demás territorios italianos al antiguo Reino de Cerdeña. Además, el proceso de unificación italiana se perfeccionó mediante la incorporación, en el año 1866, de la Región del Véneto al nuevo Reino de Italia (tercera guerra de independencia italiana), así como a través de la conquista, el día 20 de septiembre de 1870, de la ciudad de Roma (con el consecuente cese del Estado Pontificio y del poder temporal de la Iglesia católica) y el traslado definitivo de la capital italiana (Turín, 1861-1865; Florencia, 1865-1871; Roma, 1871-hoy en día).

de 1948 (actualmente en vigor)[3], surgida tras el fin de la dictadura fascista[4] y la instauración de un nuevo ordenamiento jurídico, auténticamente constitucional, democrático y pluralista.

Principiando el análisis con la primera Carta constitucional de la historia "italiana", el Estatuto Albertino[5] del Reino de Cerdeña (y, tras la unificación, del Reino de Italia), hay que poner de manifiesto el hecho de que estamos en presencia de una Carta constitucional de inspiración liberal prototípica del siglo XIX europeo. El Estatuto Albertino fue una Constitución escrita, otorgada por el Rey sin consulta democrática alguna; fue un texto constitucional flexible, es decir, habría podido ser reformado a través de una ley ordinaria, sin necesidad de ningún procedimiento de reforma especial. Se trataba de un documento constitucional breve, formado por 84 artículos, los cuales se limitaban a regular la figura del rey, garantizando su centralidad institucional, así como las relaciones entre el Estado y los ciudadanos y la organización de las institucionales del Estado. Además, a través del Estatuto Albertino se reconocieron las libertades fundamentales del ciudadano (igualdad frente a la ley, libertad de prensa y de opinión, propiedad privada). De hecho, se trataba de garantizar las libertades negativas, representativas de la época liberal, sin aquellas disposiciones y principios sociales que caracterizan a las Constituciones del siglo XX. Dichas libertades, sin embargo, tenían algunas limitaciones, incluso por el hecho de que el derecho de voto estaba reconocido al 2% de la población, debido a las restricciones de género (tenían derecho de voto exclusivamente los varones) y de carácter censitario (tenían derecho de voto exclusivamente los varones con un determinado patrimonio personal).

Como se ha señalado anteriormente, la institución fundamental del Estado era la Corona; el soberano era el jefe del Estado, coparticipaba a la función legislativa (junto con el Parlamento), ejercía el mando supremo de las

---

3 El día 1 de enero de 1948 entró en vigor la Constitución Italiana, cuya elaboración había sido perfeccionada por la Asamblea Constituyente, formada por 556 miembros, elegidos por sufragio universal el 2 de junio de 1946. En el mismo día 2 de junio de 1946, los ciudadanos italianos eligieron, a través de un Referéndum Institucional, la forma republicana para el nuevo Estado democrático postfascista, en lugar del precedente régimen monárquico.

4 Como es sabido, el fascismo ha sido el movimiento político de extrema derecha, fundado por Benito Mussolini, que tomó el poder en Italia y gobernó el País como un régimen totalitario desde el 1922 hasta el 1943. Desde el 1943 (caída del fascismo a nivel nacional) hasta la completa liberación de Italia por las fuerzas aliadas y los partisanos italianos, el régimen fascista sobrevivió en el norte del País, conocido como República Social Italiana, bajo el control de las tropas nazis presentes en Italia, hasta el 25 de abril de 1945 (Día nacional de la liberación).

5 Estatuto y Ley fundamental, perpetua e irrevocable de la Monarquía del Reino de Cerdeña.

fuerzas armadas y se veía reconocida la exclusividad del poder ejecutivo (poder exclusivo de nombramiento y destitución de los ministros). De hecho, el Parlamento tenía una función relevante, pero no tan esencial como en las democracias parlamentarias de hoy en día. A lo largo de la época de vigencia del Estatuto Albertino[6], esta primera forma constitucional italiana se fue evolucionando: formalmente, el modelo adoptado por el Estatuto Albertino fue la monarquía parlamentaria, con el Rey en una posición dominante en el marco institucional nacional; sustancialmente, se instauró progresivamente una relación "implícita" de confianza entre Gobierno y Parlamento y, por otro lado, la posición del soberano se hizo menos dominante de lo que establecía la Carta, acercándose a una posición institucional más respetuosa de la dinámica política nacional.

A diferencia del Estatuto Albertino, la Constitución republicana no ha sido concedida por la voluntad del soberano; más bien, ha surgido por la voluntad popular (elección de una Asamblea) y expresada en la misma Asamblea Constituyente a través del diálogo y del compromiso entre las culturas políticas mayoritariamente representadas (liberal, católica, socialista-comunista) y los partidos políticos elegidos por los ciudadanos[7]. La Constitución republicana constituye un clásico ejemplo de Carta constitucional del siglo XX, que garantiza los derechos individuales y colectivos, las libertades de los ciudadanos y, además, prevé un papel activo del Estado en la promoción de la igualdad y del bienestar común.

Bajo el perfil estructural, la Constitución italiana está formada por 139 artículos y 18 disposiciones transitorias y finales, entre las cuales se destacan, en particular, la disposición XII que prohíbe perentoriamente la reorganización del disuelto partido fascista; la disposición XIII que prevé la temporánea prohibición para los miembros de la casa real Savoia de acceder en el territorio nacional[8] y el pasaje de sus bienes materiales al Estado; la disposición XIV sobre el desconocimiento de los títulos nobiliarios en la República italiana.

La Constitución de la República italiana se organiza en tres segmentos principales: *a)* principios fundamentales; *b)* derechos y deberes de los ciudadanos; *c)* ordenamiento de la República. Los primeros doce artículos de la

---

6 En particular, desde su otorgamiento (1848 en el Reino de Cerdeña, extendido en el 1861 a todo el Reino de Italia) hasta la llegada al poder del régimen fascista, donde el Estatuto, siguiendo en vigor, no pudo garantizar las libertades y derechos de los ciudadanos, que fueron comprimidos y, en algunos casos, anulados por las leyes fascistas.

7 Entre todos, se destacan la Democracia Cristiana, el Partido Comunista Italiano, el Partido Socialista de Unidad Proletaria, el Partido Liberal Italiano, el Partido Republicano Italiano, el Partido de Acción, el Frente del Hombre Común.

8 La prohibición del ingreso en el territorio nacional para los herederos de la dinastía Savoia ha sido abrogada por la Ley constitucional de 23 de octubre de 2002, n. 1.

Constitución italiana tratan de determinar los principios fundamentales de la República, entre los cuales se destacan: *a)* Estado democrático; *b)* derecho al trabajo; *c)* garantía de los derechos individuales y colectivos; *d)* principios de dignidad e igualdad formal; *e)* papel activo de la República en el impulso de la igualdad sustancial entre los ciudadanos; *f)* unidad e indivisibilidad de la República; *g)* reconocimiento de las autonomías locales; *h)* tutela de las minorías lingüísticas; *i)* garantía del pluralismo religioso; *j)* aceptación de las normas del derecho internacional generalmente reconocidas; *k)* rechazo de la guerra como método para solucionar las controversias. Los principios fundamentales se destacan como pilares cardinales del Estado republicano italiano, la "carta de presentación" de lo que el Estado democrático y pluralista italiano quiere ser y garantizar.

Tras los principios fundamentales del Estado republicano, la Constitución prevé una primera parte sobre los derechos y deberes de los ciudadanos (artt. 13-54): en particular, esta parte de la Constitución italiana (dividida en cuatro secciones) trata de garantizar, en primer lugar, los derechos y libertades proverbialmente reconocidos en la tradición liberal (libertad personal, inviolabilidad del domicilio, libertad y secreto de la correspondencia, libertad de circulación, libertad de reunión y asociación, libre manifestación del pensamiento, libertad religiosa y de culto, derecho a no ser privado del nombre, garantías patrimoniales, penales y procesales, responsabilidad de los funcionarios públicos) y, por otro lado, las relaciones ético-sociales entre los miembros de la comunidad política (tutela de la familia, de los hijos, garantía de la libertad de arte y ciencia, derecho a la educación y reconocimiento de los institutos escolares privados). Además, las otras dos secciones se centran, por un lado, en las relaciones económicas (garantía de los derechos de las trabajadores, reconocimiento de la libertad de iniciativa económica privada y de la propiedad privada, derecho a la salud, derecho a la justa retribución y a la huelga, libertad sindical) y, por otro lado, en las relaciones políticas (derecho-deber cívico de participar a las elecciones, derecho de asociación en partidos políticos, promoción de la paridad efectiva en el acceso a cargos públicos, deber de defensa de la patria y fieldad a la República, el principio de progresividad del sistema tributario). En particular, la libre iniciativa privada en la vida social y económica nacional no puede entrar en conflicto con las finalidades de interés general y de utilidad social, ni puede causar daños a la salud, al medioambiente, a la seguridad, libertad o la dignidad humana.

Paralelamente, la segunda parte de la Constitución trata de regular el ordenamiento de la República (artt. 55-139), donde se prevén y disciplinan las principales instituciones y entidades del Estado: Parlamento, Presidente de la República, Gobierno, Magistratura, Regiones y Entidades Locales, Corte constitucional.

Esencialmente, la República italiana es un Estado democrático, fundado en la centralidad del derecho al trabajo como factor de libertad y emancipación del ser humano, que ve en el Parlamento nacional la representación suprema de la soberanía popular. La República italiana representa un ejemplo clásico de forma de gobierno parlamentaria: la centralidad del Parlamento (Cámara y Senado), representativo de la voluntad de los ciudadanos, su punto de referencia institucional; el Gobierno es la institución que dirige la política general del Estado, vinculado a la confianza de las Cámaras; el Presidente de la República es la institución constitucional que garantiza el equilibrio político e institucional; la Corte constitucional es la institución de garantía del respeto y de la compatibilidad de las leyes y de los actos con fuerza de ley (decretos-leyes y decretos legislativos) con la Constitución.

En tesis general (y con especial referencia a la República italiana), la forma de gobierno parlamentaria se destaca por la imprescindible relación de confianza entre Parlamento y Gobierno. Esencialmente, la forma de gobierno parlamentaria "requiere" un control parlamentario sobre las actividades y las políticas desarrolladas por parte del Gobierno y la relación de confianza, en este ámbito, representa el mayor nivel de control democrático, siendo la misma esencial para que el Presidente del Consejo de los ministros y los ministros puedan permanecer en sus cargos institucionales.

Una característica relevante de la Constitución italiana es su rigidez, debido al hecho de que pueda ser únicamente modificada a través de un procedimiento parlamentario especial (reforma constitucional). Este procedimiento de revisión constitucional se centra en la aprobación, por parte de cada Cámara, de la propuesta de revisión constitucional, a través de dos votaciones con un intervalo no menor de tres meses, y aprobadas por mayoría absoluta de los miembros de cada Cámara en segunda votación (art. 138). Las propuestas de reforma constitucional se someten a referéndum popular cuando, dentro de los tres meses siguientes a su publicación, lo soliciten una quinta parte de los miembros de una Cámara, quinientos mil electores o cinco consejos regionales. La ley de reforma de la Constitución sometida a referéndum no se promulga si no es aprobada por la mayoría de los votos válidos. El referéndum no se celebra si la ley de reforma de la Constitución ha sido aprobada en segunda votación por cada Cámara con una mayoría de los dos tercios de sus miembros.

La forma republicana del Estado no puede ser en ninguna forma sujeta a revisión constitucional, incluso a través de consulta popular directa (art. 139). Además, se suelen considerar por la doctrina no modificables los derechos inviolables del ser humano reconocidos en la Constitución, así como los principios supremos (art. 1-12), donde se prevén los derechos y principios fundamentales que forman parte esencial del perfil "genético" del Estado democrático y de derecho italiano.

II. PARLAMENTO: COMPOSICIÓN, FUNCIONES, SISTEMA ELECTORAL

El Parlamento es la institución más importante del país, representativa de la voluntad y de la soberanía popular, formado por miembros elegidos, por parte de los ciudadanos italianos mediante sufragio universal y directo. El Parlamento italiano se compone de dos Cámaras: la Cámara de los Diputados (*Camera dei Deputati*) y el Senado de la República (*Senato della Repubblica*). La duración natural del mandato de cada Cámara está establecida en 5 años, sin posibilidad de prórroga, con la única excepción del caso en que el País esté involucrado en un conflicto militar y previa aprobación de una ley de prórroga de las Cámaras. Las dos Cámaras desempeñan el mismo papel, especialmente en tema de aprobación de las leyes y concesión de la confianza al Gobierno. De hecho, en el caso italiano, se suele hablar de "bicameralismo perfecto", en el sentido de que las dos Cámaras desempeñan las mismas funciones, ejercitando, de forma paritaria, la iniciativa legislativa y aprobando, cada una en su ámbito institucional, las mociones de confianza o de censura al Gobierno.

Los miembros del Parlamento representan la nación y desempeñan sus funciones sin estar sujetos a mandato imperativo alguno, es decir, pueden desempeñar sus funciones y expresar sus opiniones sin obligación de conformarse a las indicaciones del grupo parlamentario. Además, tienen otras garantías funcionales: a) no son responsables por las opiniones expresadas en el ejercicio de sus funciones; b) requiere la autorización de la Cámara a la que pertenecen para ser procesados penalmente y c) ningún miembro del Parlamento puede ser detenido salvo en caso de flagrante delito (art. 67 y 68).

Las Cámaras suelen desempeñar sus actividades de forma separada y contemporáneamente. En los casos expresamente establecidos por la Constitución republicana, las Cámaras se reúnen en sesión conjunta para *a)* la elección del Presidente de la República; *b)* la votación sobre los cargos presentados en contra del Presidente de la República (alta traición y atentado a la Constitución); *c)* el juramento de lealtad a la República y respeto de la Constitución por parte del nuevo Presidente de la República; *d)* la elección de un tercio de los miembros del Consejo Superior de la Magistratura; *e)* la elección de un tercio de los miembros de la Corte constitucional. Cada Cámara cuenta con su propio reglamento, que regula la vida política de la institución. Las dos Cámaras se organizan a través de los grupos parlamentarios, que reúnen a los diputados y senadores elegidos en la misma lista electoral. En el caso de que haya diputados y senadores que no quieran unirse a un grupo, se ven asignados de oficio al grupo mixto. Cada miembro del Parlamento participa en las actividades de su propia Cámara en las sesiones plenarias y en las comisiones parlamentarias. Las Comisiones parlamentarias se dividen en comisiones permanentes y eventuales (que pueden ser instituidas en situaciones de particular necesidad institucional o sobre temáticas de relevante interés nacional). Las comisiones permanentes se reparten el examen de los proyectos legislativos por área temática (asuntos constitucionales, defensa, medioambiente, etc.).

Más allá de la aprobación de los actos normativos y de la elección del Presidente de la República, los papeles esenciales del Parlamento están relacionados con la función de control de las políticas del Gobierno, la aprobación del presupuesto general del Estado, las investigaciones parlamentarias sobre temas de interés general.

Las diferencias sustanciales entre las dos Cámaras se centran en la composición numérica de cada Cámara (400 diputados la *Camera dei Deputati*, 200 senadores el *Senato della Repubblica*)[9] y en el ámbito territorial de elección de los miembros del Parlamento (ámbito nacional por la *Camera dei Deputati*, área regional por el *Senato della Repubblica*). Además, hay una relevante diferencia etaria en el ejercicio del sufragio pasivo en el Parlamento. En el caso de la Cámara de los Diputados (art. 56), puede ser elegido cualquier ciudadano mayor de los 25 años mientras que se exigen 40 años para el Senado de la República. Para lo que se refiere al sufragio activo, hoy en día, el requisito para participar a las elecciones de ambas cámaras es haber cumplido los 18 años.

Como se ha mencionado anteriormente, la Constitución italiana prevé que las Cámaras elegidas tengan un mandato de 5 años y pertenezcan a dos distintos colegios electorales (nacional y regional). A lo largo de la historia electoral del Parlamento de la República italiana, se han alternado sistemas electorales proporcionales y mayoritarios. Hoy en día, el sistema electoral italiano está disciplinado por la Ley 3 de noviembre de 2017, n. 165, y prevé un sistema mixto entre método proporcional (dos tercios de los miembros) y método mayoritario (un tercio de los miembros), intentando garantizar el principio constitucional de representación de la voluntad del cuerpo electoral con la exigencia de que de las elecciones pueda surgir una mayoría parlamentaria estable que apoye al Gobierno. La ley electoral establece que cada lista presente su propio programa y declare su propio líder político, así como, eventualmente, la afiliación a una o más listas electorales para la creación de coa-

---

[9] La formulación originaria del texto constitucional (artt. 56-57) establecía la elección popular de 630 diputados y 315 senadores. La ley constitucional de 19 de octubre de 2020, n. 1, ha modificado la composición de ambas Cámaras, reduciendo el número de parlamentarios. La ley constitucional ha sido confirmada por parte de los votantes a través del referéndum constitucional del 20 y 21 de septiembre de 2020.

liciones. La ley prevé una división del territorio nacional en circunscripciones electorales: 20 para el Senado de la República (coincidentes con las Regiones italianas), 28 para la Cámara de los Diputados y 4 para la circunscripción extranjero, para garantizar el derecho de voto a los italianos no residentes en el territorio nacional. Cada una de las circunscripciones está repartida en varios colegios electorales, según la población de cada ámbito territorial. La división del País en colegios electorales ha sido completada por el Decreto Legislativo 23 de diciembre de 2020, n. 177, adoptado, entre otras cosas, en función de la reducción del número de los miembros del Parlamento (de los 945 a los actuales 600). Para el Senado, se prevé la presencia de 74 colegios electorales uninominales y 26 colegios electorales plurinominales. Para la Cámara de los Diputados, se prevé la presencia de 147 colegios electorales uninominales y 49 colegios electorales plurinominales.

Esencialmente, el sistema mayoritario prevé que cada lista o coaliciones electorales presenten un único candidato en cada colegio y resultará elegido el candidato que obtenga el mayor número de votos entre los candidatos de cada colegio electoral. Los partidos políticos agregados en una coalición tienen que presentar candidatos unitarios en las circunscripciones uninominales (mayoritario). En el caso de los dos tercios de los miembros del Parlamento elegidos a través de la formula proporcional, cada lista electoral propone en cada colegio una lista de candidatos y, proporcionalmente a los votos recibidos, elegirá un numero variable de parlamentarios. En las circunscripciones plurinominales (proporcional), cada lista electoral presenta una lista de candidatos en un orden numérico determinado: el número de candidatos de la lista no puede ser inferior a la mitad de los escaños asignados en el colegio plurinominal. La ley electoral establece un sistema de listas cerradas y bloqueadas en las circunscripciones plurinominales por lo que una vez determinado el número de electos por cada lista, los candidatos resultarán elegidos según el orden establecido en el momento de presentación de la lista.

Sobre la distribución de escaños en circunscripciones plurinominales, hay que poner de manifiesto que la asignación para la Cámara de los Diputados se realiza a nivel nacional entre las listas y coaliciones que han superado los umbrales y luego, para cada coalición, entre las listas por encima del umbral que forman parte de ella. Una vez establecido a nivel nacional el número de escaños atribuidos a cada lista y coalición, los escaños se dividen proporcionalmente a nivel de circunscripciones. De esta forma se determina el número de escaños que corresponde a cada lista en cada circunscripción. En el caso del Senado, la asignación de escaños en circunscripciones plurinominales se realiza a la misma manera, pero a nivel íntegramente regional.

Para acceder al reparto de escaños, las coaliciones deben alcanzar al menos el 10% de los votos, mientras que las listas individuales, estén en coalición o no, el 3%. Una lista que forma parte de una coalición, si no alcanza el umbral del 3%, no obtiene escaños en el partido plurinominal. Sin embargo, si la lista ha recibido al menos el 1% de los votos válidos, estos no se dispersan, sino que se distribuyen entre los demás miembros de la coalición que han superado el umbral.

Para favorecer la igualdad de género, en las circunscripciones plurinominales las listas de candidatos deben prever la alternancia de género y, además, se establece que en las circunscripciones uninominales cada género tenga que ser representado entre el 40% y el 60% del total de los candidatos. Igualmente, la misma proporción se aplica a los candidatos que encabecen la lista en las circunscripciones plurinominales.

III. PRESIDENTE DE LA REPÚBLICA: PAPEL INSTITUCIONAL Y FUNCIONES

El Presidente de la República italiana es el jefe del Estado y representa la unidad nacional (art. 87). El Presidente de la República ha sido configurado como una institución *super partes* respecto a los partidos políticos, en el sentido de que su función esencial es la defensa de la unidad del Estado y la garantía de la observancia de la Constitución y del correcto desarrollo de la vida institucional y política republicana.

Las funciones más relevantes del Presidente de la República italiana se refieren a la facultad de designar candidato a la presidencia del gobierno, precedido del trámite de consultas con los representantes de los grupos parlamentarios, los senadores vitalicios y los Presidentes de las Cámaras, para verificar la existencia de una mayoría parlamentaria que pueda apoyar un nuevo Gobierno. Posteriormente, el candidato se presentará ante las Cámaras para pedir su confianza; en caso de que no haya una mayoría parlamentaria que pueda apoyar la formación de un Gobierno, el Presidente de la República disuelve el Parlamento (previa consulta con los Presidentes de la dos Cámaras) y convoca las nuevas elecciones nacionales.

Las otras funciones constitucionales del Presidente de la República se centran esencialmente en: *a)* el envío de mensajes a las Cámaras sobre temas de relevancia nacional; *b)* la convocatoria de las elecciones nacionales y de la primera sesión de las nuevas Cámaras; *c)* la autorización formal de la presentación de proyectos de leyes de iniciativa gubernativa; *d)* la promulgación de las leyes, los decretos con fuerza de ley y los reglamentos; *e)* la convocatoria del referéndum popular; *f)* el nombramiento formal de los funcionarios del Estado, donde establecido por parte de la ley; *g)* el nombramiento efectivo de un tercio de los jueces de la Corte constitucional; *h)* la acreditación de los representantes diplomáticos, la ratificación de los tratados internacionales, sujetos, cuando sea necesario, a la autorización de las Cámaras; *i)* el supremo mando de las fuerzas armadas (en función de garantía y equilibrio institucional), la presidencia del Consejo supremo de defensa, la declaración del estado de guerra tras la deliberación de las Cámaras; *k)* la presidencia del Consejo Superior de la Magistratura; *m)* la concesión de indultos y la conmutación de las penas; *l)* el otorgamiento de los galardones de la República.

Debido a su posición de garantía institucional y *super partes* respecto al debate político, el Presidente de la República es irresponsable de los actos realizados en el ejercicio de sus funciones, salvo en los casos de alta traición o atentado a la Constitución. En este sentido, la Constitución prevé que cada acto presidencial sea refrendado con la firma del ministro proponente, que asume la responsabilidad del acto presidencial. Sin embargo, hay que destacar la existencia de tres tipologías de actos presidenciales: *a) actos sustancialmente gubernamentales,* que se refieren a los actos formalmente adoptados por el Presidente, donde el poder efectivo de determinación del acto corresponde al Gobierno (entre otros, el nombramiento de los ministros propuestos por el Presidente del Consejo de los ministros); *b) actos sustancialmente presidenciales,* donde el poder decisional corresponde al Presidente y el papel del Gobierno es esencialmente de carácter formal (entre otros, el nombramiento de los cinco senadores vitalicios y un tercio de los magistrados de la Corte constitucional); *c) actos sustancialmente complejos,* donde el ejercicio de la voluntad expresada en el acto es compartida entre el Presidente de la República y el Gobierno (entre otros, la disolución de las Cámaras).

Puede ser elegido Presidente de la República cualquier ciudadano que haya cumplido los cincuenta años y goce de los derechos civiles y políticos. El cargo de Presidente de la República es incompatible con cualquier otro cargo público. El mandato de Presidente de la República tiene una duración de 7 años, con posibilidad de ser reelegido[10]. El Parlamento elige el Presidente de la República a través de un procedimiento especial: las Cámaras se reúnen en sesión conjunta, integradas en su composición por 3 delegados por cada Región, elegidos por los Consejos regionales (salvo la Región Valle de Aosta que tiene derecho a ser representada por un delegado por su reducida extensión). La "integración" de la composición de la Asamblea, a través de la involucración de los delegados regionales, constituye un perfil de indudable interés, en cuanto garantiza que la elección del jefe del Estado vea la participación de las Regiones a través de sus delegados territoriales.

---

10 En este sentido, los últimos dos Presidentes de la República italiana, Giorgio Napolitano y Sergio Mattarella, han sido reelegidos por una segundo mandato como Presidente de la República.

La elección del Presidente de la República se realiza mediante votación secreta: en las primeras tres votaciones, se requiere una mayoría de dos tercios de los miembros del colegio electoral presidencial. Tras la tercera votación, para ser válidamente elegido como Presidente es suficiente la mayoría absoluta (art. 83).

La Constitución italiana (art. 59) prevé que el Presidente de la República, al cesar de su cargo, se conviertan en senadores vitalicios. Además, se prevé la posibilidad por el Presidente de la República de nombrar senadores vitalicios a ciudadanos que hayan honrado a la patria (en Italia o en el extranjero) por méritos sociales, científicos, artísticos o literarios. El número total de senadores vitalicios nombrados por los Presidentes de la República no puede ser, en su conjunto, superior a cinco.

IV. GOBIERNO: FORMACIÓN, COMPOSICIÓN Y FUNCIONES

El Gobierno representa la máxima expresión, a nivel nacional, de la administración pública. El órgano más relevante es el Consejo de los ministros. El Consejo de los ministros es una institución colegiada, formada por los ministros, cada uno responsable por su ámbito competencial (asuntos exteriores, universidad e investigación, economía, transportes, agricultura, políticas del trabajo, etc.) y liderado por el Presidente del Consejo de los ministros, *primus inter pares* entre los ministros. El Consejo de los ministros determina la política general del Gobierno y el Presidente del Consejo de los ministros es el responsable de la dirección política general del Gobierno. En este sentido, la determinación de la política nacional es una función del Consejo de los ministros y el Presidente del Consejo de los ministros es el responsable de la actuación de la política general del Gobierno, coordinando las varias actividades desarrolladas por los ministros.

El Consejo de los ministros tiene algunas funciones de relevante importancia, entre las cuales se destacan: *a)* la determinación de la política general del Gobierno; *b)* la dirección general de la acción administrativa; *c)* la resolución de los conflictos eventuales entre los ministros; *d)* la aprobación de proyectos legislativos que deben ser sometidos al voto de las Cámaras.

El Presidente del Consejo de los ministros recibe el mandato por parte del jefe del Estado y presenta la lista ministerial para su aprobación[11]. El Presidente del Consejo de los ministros y los ministros, antes de poder tomar posesión

---

[11] En la praxis institucional italiana, no han sido frecuentes los casos en que el Presidente de la Republica haya planteado observaciones críticas al Presidente del Consejo de los ministros encargado sobre algunos "aspirantes" ministros de la República.

de sus cargos, tienen que jurar lealtad a la Constitución y a las leyes de la República frente al Presidente de la República. El Gobierno, una vez recibido el mandato por el Presidente de la República, necesita del voto favorable de cada Cámara (confianza parlamentaria "inicial") sobre las líneas programáticas que quiera desarrollar durante su acción gubernamental. En el caso de concesión de la confianza, el Gobierno puede asumir plenamente el cargo y empezar concretamente a desarrollar su programa político. En el caso de rechazo de la confianza parlamentaria, el Gobierno no puede permanecer en el cargo y, de forma inmediata, debe dimitir[12].

En el sistema constitucional italiano, el Gobierno está vinculado a la confianza del Parlamento. Cada Cámara, separadamente, puede pronunciarse sobre mociones de confianza o de censura. No está admitido el voto de las Cámaras en sesión conjunta sobre una moción de censura o de confianza al Gobierno. Todo el Gobierno, incluso el Presidente del Consejo de los ministros, no puede desempeñar su papel de dirección y administración del Estado sin el apoyo del Parlamento, que puede solicitar una moción de censura (*mozione di sfiducia*) al Gobierno (sin proponer un candidato alternativo), cuando se encuentren condiciones de particular tensión entre Parlamento y Gobierno o dificultades internas a la estructura gubernamental y en la acción del poder ejecutivo. La moción de censura debe estar firmada (como mínimo) por una décima parte de los miembros de la Cámara que la pida y no puede ser debatida y votada antes de los tres días siguientes a su presentación. Al mismo tiempo, el Gobierno, en el caso de disposiciones legislativas de particular relevancia para la realización de su programa político, o para fortalecer la mayoría parlamentaria que apoya al ejecutivo, puede pedir la confianza (*questione di fiducia*) de las Cámaras. En ambas situaciones, en el caso de que una de las dos Cámara niegue el voto favorable al Gobierno, este último tiene que dimitir.

Bajo el perfil de la producción normativa, el Gobierno puede participar en la aprobación de los actos normativos con rango y valor de ley en dos específicos casos (art. 76-77): *a) decretos-leyes,* que pueden ser promulgados por parte del Gobierno, en situaciones extraordinarias y de urgencia (es., desastres naturales u otras situaciones que pongan en peligro, de forma imprevisible y repentina, la seguridad del Estado o de los ciudadanos), siendo necesaria la conversión en ley del decreto-ley por parte de las Cámaras, en el plazo máximo de 60 días a partir de la fecha de presentación del decreto-ley al Parlamento. En el caso de que el Parlamento no convierta el decreto-ley en ley, el decreto pierde su efectividad *ex tunc,* es decir desde cuando ha sido aprobado

12 Durante la época republicana, el rechazo de la confianza inicial al Gobierno se produjo en cinco ocasiones: Gobiernos *De Gasperi VIII* (1953), *Fanfani I* (1954), *Andreotti I* (1972), *Andreotti V* (1979), *Fanfani VI* (1987).

por parte del Gobierno, sin perjuicio de las relaciones concluidas antes de la falta de conversión en ley del decreto; *b) decretos legislativos*, que constituyen una delegación del Parlamento al Gobierno, con el fin de regular normativamente determinados ámbitos materiales que la Constitución no reserve a la exclusiva competencia parlamentaria. Sin embargo, la delegación del Parlamento al Gobierno no puede ser, en ningún caso, de carácter "absoluto", siendo necesarias las previsiones, en la ley de delegación del Parlamento, de los criterios directivos, los principios generales referidos al ámbito competencial que el Gobierno pueda regular y, además, un límite temporal dentro del cual producir el acto normativo.

Bajo el perfil de la estructura del poder ejecutivo, la Ley 23 de agosto de 1988, n. 400, regula la organización del Gobierno, actúa sus funciones constitucionales y desarrolla los poderes del Presidente del Consejo de los ministros. El Gobierno está formado por el Presidente del Consejo de los ministros, los Vicepresidentes del Consejo de los ministros (nombrados entre los miembros del Gobierno), los ministros con atribuciones propias, los ministros "sin cartera" (que tienen competencias delegadas por el Presidente del Consejo de los ministros y forman parte del Consejo de los ministros), los viceministros y secretarios de Estado, que tienen competencia en sectores específicos involucrados en la competencia general propia de los ministros (ej., ministro de la cultura: secretario de Estado en tema de servicios audiovisuales). Además, se pueden nombrar Comisarios extraordinarios del Gobierno, sin perjuicio de las competencias del Ministerios, para la consecución de objetivos concretos, relacionados con los programas o políticas aprobadas por el Parlamento o el Consejo de los ministros, o para necesidades particulares y temporales de coordinación operativa entre administraciones estatales (ej. Comisario extraordinario del Gobierno para la coordinación de iniciativas contra el fraude y la usura).

V. MAGISTRATURA: PRINCIPIOS CONSTITUCIONALES Y FUNCIONES DEL CSM

En cada ordenamiento jurídico democrático, la Magistratura representa una institución esencial en el ámbito del correcto funcionamiento del Estado; en el sistema constitucional italiano, la Magistratura es una institución autónoma e independiente de cualquier otro poder (art. 104). El art. 101 de la Constitución italiana establece que la justicia está administrada "en nombre del pueblo" y los jueces están sujetos solo a la ley. En este sentido, el principio de independencia del juez y la autonomía de la magistratura constituyen la expresión evidente de la tradición constitucional europea, de los principios del Estado de derecho y de la separación entre los poderes del Estado. Tras la experiencia de la dictadura fascista, donde se preveía la creación de "tribunales especiales" para procesar y condenar a los opositores del régimen, la Constitución republicana prohíbe expresamente la institución de jueces extraordinarios o especiales (art. 102). Esta prohibición prevé una "excepción parcial" en el caso de las secciones especializadas, competentes sobre algunas especificas materias y que requieren, por su naturaleza, ámbitos jurisdiccionales especializados.

Para enfocar eficazmente el papel de la Magistratura, hay que destacar algunos relevantes principios establecidos en la Constitución: *a)* el derecho de acudir a los tribunales para la defensa de derechos e intereses legítimos; *b)* el derecho inviolable a la defensa (art. 24); *c)* la garantía del debido proceso y del contradictorio frente a un juez tercero e imparcial, en un procedimiento que tenga una duración razonable (art. 111); *d)* el deber de motivación de las resoluciones judiciales; *e)* la garantía del juez natural preconstituido por la ley (la individuación del juez competente para juzgar en cada proceso está establecida según criterios legales predefinidos y de carácter general).

Con especial referencia a la estructura del poder judicial, hay que diferenciar entre la jurisdicción "ordinaria" y la jurisdicción "especializada". La jurisdicción ordinaria incluye a los jueces "civiles" (jueces de paz, tribunales de primera instancia, tribunal de apelación, Casación civil) y a los jueces "penales" (jueces de paz, tribunales de primera instancia, tribunal de apelación, Casación penal). La jurisdicción especializada, por otro lado, incluye a los jueces administrativos (Tribunales administrativos regionales, Consejo de Estado), el Tribunal de Cuentas y el Tribunal Militar en tiempo de paz.

Debido a la autonomía reconocida a la Magistratura, su institución de autogobierno es el Consejo Superior de la Magistratura (de aquí en adelante, CSM), cuya presidencia pertenece al Presidente de la República. Esencialmente, pertenecen al CSM la contratación, asignación y traslado, ascenso y medidas disciplinarias en contra de los magistrados. En este sentido, la Constitución (art. 107) establece que los magistrados sean inamovibles y no pueden ser ni dispensados ni suspendidos del servicio, ni destinados a otros cargos o funciones, salvo una decisión previa del CSM, adoptada por las razones y con las garantías de defensa establecidas por el sistema judicial o con el consentimiento del magistrado mismo.

De hecho, el CSM garantiza la autonomía e independencia de los magistrados, especialmente frente al Gobierno, evitando que el ministro de justicia o el mismo Gobierno pueda condicionar su autonomía, especialmente en el ejercicio de sus poderes administrativos. El CSM está formado por el Presidente de la República (que lo preside), del Primer Presidente de la Casación y del Procurador general de la Casación. Los demás miembros del CSM son elegidos, por un lado, por parte de todos los magistrados ordinarios, entre los miembros de la Magistratura (dos tercios, 20 miembros), y, por otro lado, por el Parlamento en sesión conjunta (por un tercio, 10 miembros); los miembros votados por el Parlamento son elegidos entre catedráticos de universidad en materias jurídicas y abogados que tengan por lo menos quince años de actividad y estén inscritos en los registros especiales de las jurisdicciones superiores. El Vicepresidente del CSM es nombrado entre los miembros elegidos por el Parlamento (miembros "laicos"). De hecho, en la praxis institucional, la presidencia del Presidente de la República tiene un carácter esencialmente "formal", así que las funciones efectivas (delegadas) de presidencia van a ser desarrolladas por el Vicepresidente del CSM. Los miembros del CSM tienen un mandato de 4 años y son inviolables por las manifestaciones y votos realizados en el ejercicio de sus funciones.

VI. ORGANIZACIÓN TERRITORIAL DEL PODER: REGIONES Y ENTIDADES LOCALES

La importancia del principio de la autonomía regional refleja el cambio de paradigma ocurrido a lo largo de la historia del Estado italiano. En el momento de la unificación nacional, lo Estados preexistentes se extinguieron en función de la creación del nuevo Estado italiano y el planteamiento cultural italiano era esencialmente relacionado con la centralización del poder político y la presencia en el territorio nacional, al lado de los alcaldes, de los delegados gubernamentales (los prefectos). En la época republicana, el desarrollo de las autonomías locales representa un pilar fundamental en el marco de los valores de la República. En esta perspectiva, más allá del texto constitucional, el nivel regional y local ha sido imaginado, por parte de los constituyentes, como garantía del pluralismo político e institucional, de la participación de los ciudadanos a la vida política del país y de la democracia de las instituciones republicanas, debido en particular al férreo control político-militar de la dictadura fascista sobre el territorio, a través de sus emisarios locales, tanto de nivel político (secretario y notables locales del partido fascista) como de carácter administrativo (*podestà*, institución similar al "alcalde" y de designación gubernamental, así como, a nivel provincial, los prefectos).

La República italiana, de hecho, es un Estado regional, reconociéndose constitucionalmente la autonomía política de las Regiones y Entidades Locales. En primer lugar, el articulo 114 de la Constitución diseña la organización territorial del poder: municipios, provincias, ciudades metropolitanas, regiones y Estado forman parte de la República. La disposición constitucional debe ser interpretada en el sentido de que todas las entidades que forman parte de la República (desde las comunidades municipales hasta el nivel estatal) tienen la misma dignidad constitucional.

En el caso de las regiones, la Constitución prevé la presencia de veinte Regiones: quince Regiones "ordinarias" y cinco Regiones que gozan de un "Estatuto especial"[13]. La especialidad de las cinco Regiones es debida a varios factores, entre los cuales se destacan, en algunos casos, la insularidad y, en otros, la presencia de minorías lingüísticas y su situación de frontera con otras naciones. Además, la Región Trentino Alto Adigio prevé la presencia de dos provincias autónomas (Trento y Bolzano), con competencias más amplias respecto a las tradicionales provincias de las demás regiones italianas. La especialidad de las cinco Regiones se refleja en una mayor autonomía competencial y financiera, según los Estatutos de autonomía de cada Región.

En el ordenamiento jurídico italiano, cada región (ordinaria o con Estatuto especial) debe dotarse de un Estatuto de autonomía; el Estatuto tiene la función de regular y organizar la vida institucional y política de cada realidad regional y determina la forma de gobierno regional y los principios fundamentales de organización y funcionamiento de la región, respetando los principios constitucionales y, en particular, la división competencial entre Estado y Regiones. El Estatuto de las Regiones ordinarias es aprobado y modificado por el Consejo Regional mediante una ley aprobada por mayoría absoluta de sus miembros, con dos resoluciones adoptadas con un intervalo no inferior a dos meses. El Estatuto de las Regiones especiales tiene que ser aprobado a través de una ley constitucional, que tiene que ser aprobada con el "procedimiento especial" previsto en el art. 138 de la Constitución (dos deliberaciones sucesivas con un intervalo no menor de tres meses, y aprobadas por mayoría absoluta de los miembros de cada Cámara en segunda votación).

Todas la Regiones se organizan a través de un ejecutivo regional (*Giunta regionale*), formado por el Presidente de la *Giunta* y los consejeros regionales (*Assessori regionali*), y de una Asamblea regional (*Consiglio regionale*), a la cual corresponde la función legislativa a nivel regional. El Presidente del ejecutivo regional representa la Región, dirige las actividades del ejecutivo, es el responsable de las políticas implementadas por la *Giunta*, es el titular del poder de promulgación de las leyes y emanación de los reglamentos regionales.

A diferencia de la forma de gobierno de la República, la forma de gobierno regional es "tendencialmente presidencial" ya que todos los Presidentes de los ejecutivos regionales (diferentemente del Presidente del Consejo de los ministros) es directamente elegido por los ciudadanos de la región. Esta condición, sin embargo, no está en conflicto con la relación de necesaria confianza entre Gobierno y Consejo regional. Ahora bien, las regiones italianas prevén la presencia simultanea de la relación de confianza entre poderes ejecutivo y

13 Sicilia, Cerdeña, Trentino Alto Adigio, Friul-Venecia Julia y Valle de Aosta.

legislativo y la elección directa, por parte de los ciudadanos, del Presidente de la *Giunta regionale.*

Bajo el perfil de las fuentes del derecho regional, según lo establecido en la Constitución, no hay una relación de subordinación jerárquica entre las leyes estatales y regionales; más bien, hay que hablar de una relación de nivel competencial entre las dos fuentes primarias. De hecho, las leyes estatales y regionales pertenecen al mismo nivel jurídico (fuente del derecho de primer nivel) y se diferencian exclusivamente por el ámbito competencial y geográfico donde se actúen. De hecho, en los ámbitos competenciales reservados a las regiones, el Estado no puede ejercitar su función legislativa y las leyes regionales, en el caso de competencias exclusivas de las Regiones, pueden ser aplicadas solo dentro del ámbito geográfico regional. Ambas tipologías de leyes (estatales y regionales) deben respetar los principios establecidos en la Constitución republicana.

En este sentido, la Constitución reconoce a las entidades regionales la autonomía legislativa, reglamentaria y financiera. La necesidad de repartir los ámbitos de intervención se evidencia a través de una separación competencial entre Estado y Regiones (aunque, en varios casos, la distinción entre competencias no es tan estricta, pudiendo existir ámbitos competenciales compartidas, es decir, materias que cruzan competencias estatales y regionales). Antes de la reforma constitucional del año 2001[14], la Constitución preveía la enumeración explícita de las competencias de las Regiones, dejando las demás competencias al Estado. De hecho, el articulo 117 de la Constitución, tras la reforma constitucional del año 2001, que ha producido una "inversión" en la enumeración constitucional de las competencias, prevé tres diferentes tipologías de competencias legislativas entre el Estado y las Regiones: *a)* competencias exclusivas del Estado[15]: el legislador nacional es el único titular de la función legislativa en las materias de exclusiva competencia estatal; *b)* competencias "compartidas" entre el Estado y las Regiones[16]: el Estado tiene el poder de establecer La legislación básica de la materia, dejando a las Re-

---

14 Ley constitucional de 18 de octubre de 2001, n. 3.

15 Entre las cuales se destacan: política exterior y relaciones internacionales del Estado, defensa nacional, inmigración, aduanas, protección de las fronteras, ciudadanía, determinación de los niveles esenciales de las prestaciones en tema de derechos civiles y sociales en el territorio nacional, seguridad social, orden público, fuerzas armadas, protección del medioambiente.

16 Entre las cuales se destacan: comercio internacional, gobierno del territorio, puertos y aeropuertos civiles, seguridad y protección laboral, protección de la salud, ordenamiento deportivo, protección civil, grandes redes de transporte y navegación, producción, transporte y distribución de la energía, gobierno del territorio, valorización del patrimonio cultural y medioambiental.

giones la normación de desarrollo, que tendrá validez dentro de cada territorio regional; *c)* competencias "residuales" de las Regiones: son titulares de la competencia legislativa en cualquier ámbito competencial no expresamente reservado a la competencia exclusiva del Estado o compartida entre el Estado y las Regiones (ámbitos competenciales "innominados", es decir no expresamente enumerados en la Constitución).

Frente a esta división competencial, el Estado puede ejercitar la potestad reglamentaria exclusivamente en los ámbitos de su exclusiva competencia, dejando a las Regiones el ejercicio de esta potestad en los ámbitos de competencia compartida y de competencia residual regional, debido al carácter más de detalle del reglamento. La Corte constitucional es la institución competente para juzgar sobre los conflictos competenciales.

Por otra parte, en el ordenamiento jurídico italiano forman parte del concepto de entidades locales: los municipios, las provincias y las ciudades metropolitanas. Las normas jurídicas más relevantes en tema de regulación de las actividades, competencias y la organización de las Entidades Locales son el Texto único de las leyes sobre el ordenamiento de las Entidades Locales (TUEL)[17] y la Ley n. 56/2014, cuya ley ha tenido la finalidad, entre otras, de implementar a las Ciudades Metropolitanas[18].

Los Municipios representan el núcleo esencial de las comunidades de ciudadanos, promoviendo los intereses de la comunidad municipal[19]; la Provincia, por otro lado, es la entidad intermedia entre Municipios y Regiones. Los Municipios y las Provincias gozan de autonomía estatutaria, reglamentaria, organizativa y administrativa, así como de autonomía fiscal y financiera en el ámbito de sus estatutos y reglamentos y de las leyes de coordinación de las finanzas públicas. Los órganos necesarios de los Municipios son el alcalde

---

17 Decreto Legislativo de 18 de agosto de 2000, n. 267.

18 Ley de 7 de abril de 2014, n. 56, "Disposiciones sobre ciudades metropolitanas, provincias, agrupaciones y fusiones de municipios". En la Ley n. 56/2014 se prevé la implementación de las Ciudades Metropolitanas y la redefinición del sistema de las Provincias, debido al intento de reforma constitucional de 2016 que había previsto la abolición de las mismas provincias (reforma constitucional rechazada por parte de los electores).

19 Las funciones fundamentales de los Municipios son: *a)* la organización general de la administración; *b)* la gestión financiera local; *c)* la organización de los servicios públicos de interés general (entre otros, el servicio de transporte público municipal); *d)* la planificación urbanística y de protección civil; *e)* el servicio de recogida y gestión de residuos; *f)* la gestión de los servicios sociales de nivel local; *g)* la recaudación de impuestos locales; *h)* la policía municipal; *i)* la gestión del registro civil; *j)* la organización y gestión de los servicios escolares.

(*sindaco*)[20], la junta de gobierno y el consejo municipal (*consiglio comunale*)[21], este último representativo de los ciudadanos. Los alcaldes son elegidos directamente por los ciudadanos, junto al consejo municipal. El alcalde necesita de la confianza del consejo municipal para permanecer en el cargo y puede nombrar y revocar los miembros de la junta de gobierno municipal.

Las Ciudades Metropolitanas sustituyen a las Provincias en el ámbito de las ciudades italianas más relevantes cuanto a dimensión y población y, en general, a nivel de las más relevantes capitales de provincia[22].

Las instituciones de las Ciudades Metropolitanas son el alcalde metropolitano, el consejo y la conferencia metropolitana. El alcalde metropolitano es el alcalde de la ciudad capital de la provincia, representa la institución, convoca y preside el consejo y la conferencia metropolitana, supervisa el funcionamiento de los servicios y oficinas, ejerce las demás funciones que le asigna el Estatuto. El consejo metropolitano permanece en cargo por una duración de 5 años y es la institución de dirección y control sobre las actividades de la institución metropolitana[23]. Forman parte del consejo el alcalde metropolitano y, en relación con los habitantes, algunos miembros de los consejos municipales del ámbito metropolitano. La conferencia metropolitana está formada por el

---

20 Las principales atribuciones del alcalde se centran esencialmente en el ejercicio de la responsabilidad en la administración del municipio y su representación; la convocación de la junta de gobierno; la supervisión del funcionamiento de los servicios y oficinas

21 Los consejos municipales son órganos de dirección y control sobre la actividad política y administrativa y, en particular, tienen competencia sobre el estatuto y reglamento; los programas, las previsiones e informes programáticos; los planes financieros; los programas de obras públicas; los presupuestos anuales y plurianuales; los planes urbanísticos territoriales; los convenios con los Municipios; la organización de las oficinas y servicios y su concesión; la participación de la autoridad local en sociedades de capitales, el establecimiento y regulación de impuestos.

22 Bari, Bolonia, Cagliari, Catania, Florencia, Génova, Messina, Milán, Nápoles, Palermo, Reggio Calabria, Roma, Turín, Venecia.

23 El consejo metropolitano tiene competencia sobre los reglamentos, planes y programas; propone el Estatuto y sus modificaciones a la Conferencia Metropolitana; aprueba los actos de organización de los servicios públicos en el área metropolitana; adopta, a propuesta del alcalde metropolitano, los planes presupuestarios que serán sometidos a la Conferencia Metropolitana; aprueba la participación en institutos, asociaciones y otras organizaciones públicas y privadas, así como la respectiva baja; decide sobre los criterios para la concesión de subvenciones, aportaciones y ayudas financieras y la atribución de ventajas económicas a personas y organismos públicos y privados.

alcalde metropolitano, que la convoca y preside, y por los alcaldes de los municipios pertenecientes al ámbito territorial[24].

Anteriormente a la reforma aprobada a través de la Ley n. 56/2014, el ordenamiento jurídico preveía la elección directa del Presidente de la Provincia y de los miembros del Consejo provincial. Tras la reforma de 2014, las Provincias se hallan en aquellos territorios donde no se constituido una Ciudad Metropolitana y, de hecho, tienen una estructura parecida a la de las Ciudades Metropolitanas. Las instituciones necesarias de las Provincias son el Presidente de la Provincia[25], el Consejo provincial[26] y la Asamblea de alcaldes[27].

Finalmente, para garantizar la unidad del Estado, la Constitución (art. 120) prevé la suspensión de la autonomía (poder sustitutivo) de los entes territoriales y la consecuente asunción de sus competencias por parte del poder central, en el caso de incumplimiento de las normas y tratados internacionales o de la legislación europea, cuando esté en peligro la seguridad pública o la protección de la unidad jurídica o económica y, en particular, la protección de los niveles esenciales de los servicios en materia de derechos civiles y sociales.

---

24 La conferencia metropolitana aprueba el Estatuto de la Ciudad Metropolitana y sus modificaciones; aprueba el Reglamento para su funcionamiento y sus modificaciones; presenta el dictamen obligatorio y vinculante sobre el presupuesto de la Ciudad Metropolitana propuesto por el Consejo Metropolitano; presenta el dictamen obligatorio y no vinculante sobre el plan estratégico metropolitano.

25 El cargo de Presidente de la Provincia se atribuye a uno de los alcaldes de los municipios del territorio provincial, elegido por los alcaldes y miembros de los consejos municipales de la Provincia. El Presidente de la Provincia representa la institución, convoca y preside el Consejo Provincial y la Asamblea de alcaldes, supervisa el funcionamiento de los servicios y oficinas y la ejecución de los documentos, y ejerce las demás funciones que le asigna el Estatuto.

26 El consejo provincial, formado por el presidente y un número de miembros que varía según la población provincial, es elegido por los alcaldes y miembros de los consejos municipales de la Provincia entre los alcaldes y miembros de los consejos municipales de la Provincia en funciones. El Consejo provincial es el órgano de dirección y control, propone el estatuto a la Asamblea de alcaldes, aprueba reglamentos, planes, programas y cualquier otro acto que le someta el Presidente. A propuesta del Presidente, el Consejo adopta los planes presupuestarios que se someterán a la opinión de la Asamblea.

27 La asamblea de alcaldes está formada por los alcaldes de los municipios pertenecientes a la provincia. La Asamblea de alcaldes adopta o rechaza el Estatuto propuesto por el consejo provincial y sus modificaciones posteriores con votos que representen por lo menos un tercio de los municipios incluidos en la provincia y la mayoría de la población residente total.

VII. LA CORTE CONSTITUCIONAL ITALIANA: COMPOSICIÓN Y COMPETENCIAS

La Corte constitucional italiana es la institución que garantiza el principio de jerarquía normativa de la Constitución republicana y, en particular, la conformidad de las normas jurídicas con rango y valor de ley a la Constitución. Está formada por quince jueces, un tercio designado por el Presidente de la República, un tercio por el Parlamento en sesión conjunta y un tercio por los supremos magistrados ordinarios y administrativos. El mandato de los jueces constitucionales es de nueve años y no puede ser renovado. El Presidente de la Corte constitucional es elegido entre los miembros de la Corte, su mandato tiene duración de tres años, pudiendo ser reelegido como Presidente. El cargo de juez constitucional es incompatible con el de miembro del Parlamento, de un consejo regional, con el ejercicio de la profesión de abogado y con cualquier otro cargo indicado por la ley.

La competencia más relevante de la Corte constitucional se centra, esencialmente, en el control de constitucionalidad sobre las leyes y los actos con fuerza de ley del Estado y de las Regiones. La Corte constitucional dirime además *a)* los conflictos de atribución de competencias entre los poderes del Estado, el Estado y las Regiones, y entre las Regiones; *b)* los cargos presentados en contra del Presidente de la República (alta traición y atentado a la Constitución); c) la convocatoria del referéndum de abrogación de las leyes o parte de ellas.

Con especial referencia al proceso constitucional, hay dos modalidades para obtener el pronunciamiento de la Corte constitucional: el juicio con carácter “incidental” y el juicio con carácter “principal”. El primero tiene lugar en el seno de un procedimiento jurisdiccional, cuando el juez considere, de oficio o a instancia de parte, que la norma legal aplicable al caso pudiera estar afectada por un vicio de inconstitucionalidad: en este caso elevará una exposición razonada con los motivos en los que sustenta la presunta inconstitucionalidad de la norma y procederá a suspender el procedimiento y remitirá el asunto a la Corte constitucional. Por otro lado, en el juicio con carácter principal, el acceso a la Corte constitucional se produce a través de un recurso promovido por el Estado, las Regiones o las Provincias Autónomas de Trento y Bolzano. De hecho, en el caso de que el Estado considere que una ley regional pueda ser inconstitucional o, por el contrario, una Región considere que una ley estatal pueda afectar la división competencial de nivel constitucional, se puede promover un recurso (dentro de los 60 días de la promulgación de la ley o del acto con fuerza de ley) donde se pida una decisión sobre la supuesta inconstitucionalidad de la norma jurídica. En los casos de los recursos estatales, el parámetro constitucional puede centrarse en la violación de la división competencial y en la violación de cualquier otra disposición constitucional.

En los casos de los recursos por parte de las Regiones, el parámetro constitucional debe centrarse en la presunta la violación de una disposición constitucional sobre la división competencial entre el Estado y las Regiones. En el momento en que la Corte constitucional declare la ilegitimidad constitucional de una ley, de un acto con fuerza de ley o de una parte de ellos, la norma deja legalmente de producir efectos a partir del día siguiente de la publicación de la decisión, siendo la misma declarada inconstitucional, es decir, inválida.

El recurso directo a la Corte constitucional está previsto también en los casos de conflictos de atribuciones entre los poderes del Estado u otros órganos constitucionales, entre el Estado y las Regiones y entre las Regiones; es decir, el conflicto de atribuciones se produce cuando se considere que otro órgano constitucional haya afectado sus atribuciones constitucionales. En este caso, el objeto del juicio no puede ser una ley o un acto con fuerza de ley, ni tampoco la división competencial de nivel legislativo entre Estado y Regiones, sino una atribución constitucional referida a Estados, Regiones o a órganos constitucionales (Presidente de la República, Tribunal de Cuentas, CSM, Gobierno, cada Cámara, etc.). En este caso, el papel de la Corte constitucional se centra en la evaluación de los actos producidos y en la decisión sobre la efectiva titularidad del poder decisional.

Con especial referencia al juicio político (*impeachment*) sobre los cargos presentados en contra del Presidente de la República (alta traición y atentado a la Constitución), una vez que el Parlamento, en sesión conjunta, se haya pronunciado a favor de la incriminación del Presidente, con votación a mayoría absoluta de los miembros del Parlamento, la Corte constitucional se reúne en composición mixta, añadiendo a los jueces constitucionales otros dieciséis miembros, sorteados de una lista de ciudadanos que cumplan los requisitos para ser elegidos senadores, que el Parlamento elabora cada nueve años mediante elección. En cualquier caso, el número de los miembros "agregados" tiene que ser mayor de los jueces constitucionales, en función del juicio político a cargo del Presidente de la República. En el caso en que la Corte constitucional confirme el voto parlamentario y declare la responsabilidad presidencial, el Presidente cesa en sus funciones.

Finalmente, en el caso del referéndum de abrogación de una ley, el papel de la Corte constitucional está relacionado con la evaluación de la estructura de la propuesta de referéndum (claridad y univocidad de la cuestión), así como el hecho de que la propuesta de referéndum no se refiera a ámbitos que la Constitución prevé que no puedan ser sometidos a referéndum popular[28].

---

28 Leyes tributarias, presupuesto, amnistía e indulto, autorización a la ratificación de los tratados internacionales, así como cualquier disposición constitucional, que prevé un procedimiento específico para la modificación del texto constitucional.

BIBLIOGRAFÍA

BILANCIA, F., CIVITARESE MATTEUCCI, S.: *Il diritto pubblico nella società contemporanea*, Turín, Giappichelli, 2023.

CARAVITA, B., FABRIZZI, F., STERPA, A.: *Lineamenti di diritto costituzionale delle regioni e degli enti locali*, Turín, Giappichelli, 2019.

FERRARI, G.F., CUOCOLO, L., POLLICINO, O., VEDASCHI A. (cur.): *Diritto pubblico*, Milán, Egea, 2019.

GARDINI, G., TUBERTINI, C.: *L'Amministrazione regionale*, Turín, Giappichelli, 2022.

GROPPI, T., SIMONCINI, A.: *Introduzione allo studio del diritto pubblico e delle sue fonti*, Turín, Giappichelli, 2020.

MEZZETTI, L. (cur.): *Manuale breve diritto costituzionale*, Milán, Giuffrè, 2023.

NICOTRA, I.A.: *Diritto pubblico e costituzionale*, Turín, Giappichelli, 2017.

PINELLI, C.: *Diritto pubblico*, Bolonia, il Mulino, 2018.

POLITI, F.: *Diritto pubblico*, Turín, Giappichelli, 2020.

VANDELLI, L.: *Il sistema delle autonomie locali*, Bolonia, il Mulino, 2015.

Capítulo VII

La Constitución de Canadá

ALICIA RIVAS VAÑÓ
Universidad Pablo de Olavide de Sevilla[1]

SUMARIO: I. Introducción. II. Historia constitucional. III. La Constitución Canadiense: entre la codificación y la costumbre. IV. La organización del poder en la Constitución Canadiense. IV.1. La Monarquía. IV.2. El poder legislativo. IV.3. El poder ejecutivo. IV.4. El poder judicial. V. La organización territorial. VI. La protección de derechos fundamentales. VII. Supremacía de la Constitución. VII.1. Reforma constitucional. VII.2. Control de constitucionalidad. Bibliografía.

I. INTRODUCCIÓN.

Canadá es la octava economía mundial, una nación con un alto grado de prosperidad económica y bienestar social. Se trata del segundo país más grande del mundo en extensión territorial, y tiene en torno a cuarenta millones de habitantes, constituyéndose así en uno de los Estados con menor densidad de población. Se compone, además, de una población multirracial y multilingüe, de modo que ha adquirido creciente importancia el mantenimiento de la diversidad cultural y el respeto de las lenguas y tradiciones de las comunidades. Los idiomas oficiales son el inglés y el francés, dando así buena cuenta de su pasado colonial en el plano federal, variando esta oficialidad lingüística en las provincias en que se distribuye el poder territorial, e incluso, incorporando uno de los territorios la cooficialidad del inuktitut. La religión mayoritaria es la católica, seguida de otros credos cristianos, y muy por detrás, musulmanes, budistas y judíos, aun cuando el grupo poblacional mayor es el que se define como carente de religión.

En su condición de miembro de la Commonwealth, Canadá es formalmente una monarquía constitucional, con la Jefatura de Estado recayendo en el Rey de Inglaterra. Además, se constituye como un Estado federal bajo un modelo de parlamentarismo.

---

1 Este trabajo es un resultado científico del Proyecto de Investigación "La huida del mercado de trabajo y la legislación social en España (TRABEXIT), PID2022-141201OB-I00", de la Convocatoria 2022 - «Proyectos de Generación de Conocimiento», en el marco del Plan Estatal de Investigación Científica, Técnica y de Innovación 2021-2023.

Canadá es un Estado con un sistema constitucional complejo, marcado por una evolución histórica no rupturista, de modo que ha ido adaptando su ordenamiento jurídico, manteniendo sus documentos fundacionales, y llevando a cabo reformas sucesivas que han culminado en la realidad jurídica actual. Y así, hablamos de un sistema que combina la tradición consuetudinaria británica con importantes elementos de codificación del constitucionalismo decimonónico, todo ello marcado por algunos elementos estructurales sobre los que aún, en buena medida, siguen surgiendo controversias. De hecho, la pluralidad étnica y cultural del país, junto con su descentralización territorial, siguen siendo algunas de las cuestiones que marcan la realidad política y jurídica canadiense: tanto las reivindicaciones de la población originaria, como los conflictos territoriales atravesados por la pluralidad lingüística y las diferencias económicas son una constante fuente de dificultades.

Todos estos elementos confluyen en un sistema jurídico que, como indica Warren Newman, combina la tradición británica de monarquía limitada, soberanía parlamentaria, principios y convenciones constitucionales no escritas y estado de derecho, junto con la tradición estadounidense y europea de una constitución escrita suprema, una carta de derechos individuales, la regulación de la autoridad legislativa y la separación de los poderes ejecutivo, legislativo y judicial.

II. HISTORIA CONSTITUCIONAL.

La historia constitucional canadiense viene marcada por su condición de colonias británicas y francesas, primero, y después por su paso, en un proceso de federalización, a territorio con capacidad de autogobierno dentro del Imperio Británico. Así, la primera norma a la que debemos hacer referencia es la *British North America Act* de 1867, en la que se establece el Dominio de Canadá, y que conformará una parte de la Constitución de Canadá, como veremos en el siguiente epígrafe. Se trata de un Acta que une a las provincias de Upper y Lower Canada, Nova Scotia y New Brunswick en una confederación a la que se confiere poder de legislar en todos aquellos asuntos no expresamente asignados a los parlamentos provinciales. Más tarde se irán uniendo más provincias, conformando una federación con un poder central fuerte, y sometido en cualquier caso al Parlamento británico, puesto que la modificación de esta estructura política solo podía llevarse a cabo con la aprobación del mismo. Conviene resaltar este extremo, por cuanto va a marcar la historia constitucional canadiense, de modo que asistiremos a sucesivas reformas tendentes a desligar a las instituciones canadienses de la tutela del Reino Unido, algo que solo culminará plenamente a finales del siglo XX.

En efecto, las sucesivas reformas del Acta originaria llevadas a cabo entre 1867 y 1975 (conocidas, junto con el Acta ya citada, como la *British North America Acts* -BNAA-) han sido fruto de la iniciativa del Parlamento canadiense, pero han necesitado siempre de la aprobación del Parlamento británico. Lo cierto es que este último ha ratificado en todas las ocasiones la decisión del primero, convirtiéndose por tanto este trámite casi en un formalismo sin más trascendencia. Aun así, se trataba de una vinculación jurídica formal que no terminará hasta 1982.

Ya se había producido un intento de desligar el poder legislativo canadiense de cualquier intervención del Parlamento británico en 1931, cuando se aprobó el *Statute of Westminster* que, sin embargo, solo fue exitoso en parte. En efecto, este instrumento supone una importante modificación de las relaciones entre el Reino Unido y las Colonias (los Dominios) que a partir de este momento dejan de serlo, situándose en igualdad de condiciones con la metrópolis, consolidando así la independencia legislativa de estos territorios. En el caso de Canadá, sin embargo, algunas dificultades hacen que este proceso solo se desarrolle parcialmente. Fundamentalmente, la complicación viene de la incapacidad de los propios canadienses de acordar un procedimiento de reforma constitucional autónomo, ajeno e independiente del Parlamento británico, por lo que solicitan mantener la intervención del mismo hasta tanto se llegue a un acuerdo interno (que solo se producirá en 1982). Por otro lado, también se mantendrá como último tribunal de apelación al *Judicial Committee of the Privy Council,* un órgano judicial británico, hasta 1949, año en que estos poderes pasarán al Tribunal Supremo de Canadá.

Como acabamos de decir, el año 1982 marcará una importante transformación del sistema constitucional canadiense, a través del *Canada Act 1982,* último producto legislativo del Parlamento británico con consecuencias para la Constitución de Canadá, que veremos en el siguiente apartado.

III. LA CONSTITUCIÓN CANADIENSE: ENTRE LA CODIFICACIÓN Y LA COSTUMBRE.

La Constitución de Canadá, norma suprema de su ordenamiento jurídico, es una amalgama de normas codificadas, derecho escrito denominado *Acts,* y que traduciremos por Actas, y tradiciones y convenciones no escritas. Se trata en realidad de un modelo híbrido que se nutre de los sistemas constitucionales del Reino Unido y de Estados Unidos de América, conformando una serie de características, todas ellas producto de una complicada evolución histórica en la que se combinan las necesidades de una cada vez más compleja y controvertida estructura federal, con la vocación de separación total del Imperio Británico y asunción de todos los poderes constitucionales, a través del proceso de *patriation* o *patriating the Constitution.* Esta terminología, propia del particular sistema constitucional canadiense, viene básicamente a significar la asunción como propias de normas constitucionales aprobadas por el Parlamento británico, y su intangibilidad por parte de éste a partir del momento en que se incorporan plenamente. De este modo, aunque su origen es británico, la *patriation* naturaliza este entramado constitucional, que solo puede ser modificado, a partir de ese momento, por las instituciones canadienses siguiendo el procedimiento de reforma previsto.

Este proceso se ha llevado a cabo a través de la aprobación, por parte del Parlamento del Reino Unido, de la *Canada Act* en 1982, que incorpora como anexo la *Constitution Act* de 1982. Se declara así, por parte del Reino Unido, que éste ya no tiene capacidad de legislar sobre Canadá, de manera que se lleva a cabo, a través de una norma consensuada de naturaleza constitucional, la separación formal de los poderes de Canadá, que ya no requerirá de la intervención de las instituciones británicas en ninguno de sus procedimientos, consolidándose, también en términos puramente formales o simbólicos, la soberanía legislativa canadiense.

La Constitución de Canadá está compuesta por un total de 31 documentos, sujetos todos ellos a la rigidez propia de los sistemas constitucionales federales, de modo que solo pueden ser reformados de la forma previamente establecida en la regulación constitucional. De ellos, 19 son *statutes* (ley escrita, aprobada siguiendo el procedimiento legislativo en el Parlamento) aprobados por el Parlamento británico, 4 son *Orders in Council* británicas (se trata de normas o decisiones del Poder Ejecutivo británico, formalmente adoptadas por el Rey), y 8 son *statutes* canadienses. Importante es señalar que la *Constitution Act* incorpora el *Canadian Charter of Rights and Freedoms,* que reconoce y protege una serie de derechos fundamentales, desde una perspectiva muy innovadora y garantista, como veremos en su epígrafe correspondiente. Para ordenar y sistematizar todo este entramado normativo, el Tribunal Supremo de Canadá ha establecido tres categorías de normas constitucionales:

1. La *Canada Act* 1982, que incorpora, como hemos visto, a la *Constitution Act,* que a su vez contiene la *Canadian Charter of Rights and Freedoms,* otras modificaciones de las normas constitucionales canadienses, y además de manera muy destacada, los mecanismos de reforma constitucional, que tienen un carácter complejo y variado pero, en cualquier caso, liberados ya de la intervención del Parlamento británico.

2. Un listado de 30 instrumentos de naturaleza constitucional, que comprende la *British North America Act* de 1867 (y sus reformas), que pasa a denominarse *Constitution Act 1867,* las Ordenes del Consejo (*Orders in Council*), los *Statutes* territoriales (creando nuevos territorios, alterando

fronteras o incorporando nuevas provincias) y el *Statute of Westminster 1931.*

3. Las posibles futuras reformas, siguiendo el nuevo procedimiento creado en la *Constitution Act 1982.*

Además de todo esto, y como resultado precisamente del origen británico de este ordenamiento jurídico, la Constitución de Canadá contiene una serie de fuentes no escritas, o consuetudinarias, que conforman una buena parte del entramado constitucional, en asuntos especialmente importantes, como puede ser la estructuración del sistema de separación de poderes. Sería un error pensar que se trata de fuentes secundarias, por su carácter de derecho no escrito, por cuanto lo cierto es que aspectos fundamentales del sistema político y constitucional, vienen regulados de esta manera, particularmente, aunque no solo, lo relativo a la confianza parlamentaria, el gobierno de legislatura y la posición políticamente neutra del Gobernador General (o en el caso de las provincias, del Vicegobernador), elementos del sistema que estudiaremos seguidamente.

IV. LA ORGANIZACIÓN DEL PODER EN LA CONSTITUCIÓN CANADIENSE.

La historia constitucional canadiense marca fuertemente la construcción de un sistema de separación de poderes peculiar, en el que se ha debido combinar el mantenimiento de los lazos simbólicos con el Reino Unido, con un curioso poder ejecutivo dual, junto con la necesidad de coordinación de un sistema federal que precisa de un legislativo bicameral. Por otro lado, y en buena medida precisamente por esta condición federal, el poder judicial también desarrolla labores de control de constitucionalidad de la ley, incidiendo particularmente en el reparto competencial entre las provincias y la federación, y en la protección de derechos.

Así, asistimos a un sistema de separación de poderes que muchos autores han definido como inexistente, debido fundamentalmente a que carece de rigidez. En efecto, si comparamos cómo se regulan los tres poderes del Estado en Canadá con la realidad de Estados Unidos de América, observamos que mientras en éste son muy pocas y excepcionales las posibilidades de intromisión de un poder en el ámbito de otro, configurando así un sistema rígido de separación de poderes, en el caso canadiense las líneas de separación están mucho menos marcadas, necesitando cada poder de la intervención de los otros para cumplir con su cometido constitucional. Desde la perspectiva del parlamentarismo europeo, Canadá establece un sistema de separación de poderes muy flexible en el que el control de los espacios de acción de cada poder viene dado precisamente por la intervención de unos sobre otros y no, como en el caso de EEUU, por su rígida separación. Esto es especialmente significativo en la relación entre los poderes legislativo y ejecutivo, configurándose Canadá como un sistema de *responsible Government* (confianza parlamentaria), y alejándose por tanto del presidencialismo estadounidense.

IV.1. La Monarquía.

Canadá se define como una monarquía constitucional, en la que la figura de la Corona británica ha sido relegada a un plano puramente simbólico. Este elemento formal despliega sus efectos en todos los poderes del Estado, y así, el Rey forma parte del poder legislativo, junto con un Parlamento bicameral; forma parte del poder ejecutivo, representado en la figura del *Governor-General* (Gobernador General) en el caso del poder federal y del *Lieutenant Governor* (Vicegobernador) en el caso de las provincias; y el poder judicial funciona con referencias simbólicas constantes a la Corona.

Esta posición viene sustentada en los *Royal Prerogatives* (prerrogativas reales), esto es, poderes y privilegios reconocidos a la Corona a través del derecho consuetudinario, que en algunas circunstancias se han explicitado en los llamados *Prerogative Instruments* (o instrumentos de prerrogativas). Aun cuando en un principio se trató de una posición política y jurídica marcada y con contenido propio, lo cierto es que en la actualidad en la mayoría de los casos se trata de reminiscencias históricas con un valor puramente simbólico y formal. Quizás una de las excepciones a esta afirmación sea la organización de la oficina del Gobernador General, que sigue rigiéndose por la *Letters Patent*, instrumento de prerrogativa por el que se constituyó el cargo de Gobernador General de Canadá en 1947.

IV.2. El poder legislativo.

El poder legislativo canadiense se compone de la Corona, y dos cámaras parlamentarias, la *House of Commons* (Cámara de los Comunes) y el *Senate* (Senado), que configuran un sistema bicameral imperfecto bastante agudizado, en el que una de las cámaras (la Cámara de los Comunes) tiene mucho más peso político que la otra. Y ello a pesar de que formalmente podría parecer que nos encontramos ante un bicameralismo simétrico, puesto que es necesaria la concurrencia de voluntades de ambas cámaras para la mayor parte de la acción legislativa y parlamentaria. Así, siempre desde el punto de vista formal, el Senado tiene iniciativa legislativa, salvo si afecta a materia presupuestaria o tributaria y puede vetar o modificar los proyectos de ley.

Sin embargo, esta aparente igualdad entre ambas cámaras no se corresponde con la realidad convencional, de modo que rara vez el Senado ejerce alguna de estas atribuciones, limitándose en la mayoría de los casos a aprobar las iniciativas que provienen de la Cámara de los Comunes. Este desequilibrio es patente incluso en el modelo de elección de los miembros de cada cámara, un sistema muy peculiar en el constitucionalismo comparado, de modo que mientras la Cámara de los Comunes es fruto de un proceso de elección democrática, el Senado es elegido por el Primer Ministro (que ejerce, como veremos, gran parte del poder ejecutivo), y los senadores lo son hasta que cumplen 75 años. Además, la función del Senado es la de segunda vuelta parlamentaria, y no la de cámara de representación territorial, como cabría esperar en un estado federal.

Por otro lado, no hay que olvidar que esta estructura territorial implica que las provincias cuentan también con asambleas parlamentarias, en este caso unicamerales.

– La Corona.

Las funciones parlamentarias de la Corona (que en nuestro sistema atribuiríamos a la Jefatura del Estado, sin incorporarlo al poder legislativo) tienen que ver con la *Royal Assent,* esto es, la sanción y promulgación de las leyes. Estas funciones se realizan en la práctica a través del Gobernador General (o en el caso de las provincias, del Vicegobernador). La Corona puede conceder la aprobación, negarla o reservar el acto para que lo lleve a cabo directamente el Rey. En la práctica, nunca en la historia constitucional canadiense una ley ha sido vetada por la Corona.

– La Cámara de los Comunes.

La Cámara de los Comunes es la cámara preeminente en el sistema bicameral canadiense. Sus miembros son elegidos por sufragio universal por un periodo de cinco años, aunque en raras ocasiones se agota, siendo lo habitual la convocatoria de elecciones anticipadas. La circunscripción electoral es el *electoral district* (distrito electoral), cada uno de los cuales elige a un representante. La conformación de estos distritos electorales tiene que ser revisada cada diez años para ajustarlos a los cambios poblacionales, de modo que los contornos de estos distritos pueden ser cambiados, e incluso se pueden crear nuevos distritos electorales para adecuar la representación a la población real. De esta manera, también el número de miembros de esta Cámara varía, pero siempre con las siguientes limitaciones: ninguna provincia puede tener menos representantes en la Cámara de los Comunes que senadores en el Senado, y tampoco pueden tener menos que los que tenían en 1985, año en el que se hizo la última reforma en esta materia. Así, se incorpora un cierto grado de representación territorial basado en la provincia, como consecuencia de la estructura federal canadiense. Por último, la fórmula electoral es puramente mayoritaria, obteniendo la representación quien más votos tiene en el distrito electoral. En la actualidad, desde 2022, la Cámara de los Comunes cuenta con 338 representantes.

La Cámara de los Comunes ejerce las funciones propias de un sistema de confianza parlamentaria, otorgando la misma a un *Prime Minister* (Primer Ministro) que deberá formar su *Cabinet* (Gobierno). Del mismo modo puede retirar la confianza en cualquier momento. Por otro lado, tiene un papel preeminente en la función legislativa, aunque formalmente no sea así, pues es en esta Cámara en la que se presentan la mayoría de las iniciativas legislativas, las relativas a presupuestos y tributos además solo se pueden presentar aquí. Tanto en la Cámara de los Comunes como en el Senado se crean comités parlamentarios para facilitar el trabajo legislativo, y en ambas cámaras se elige a la figura del *Speaker* (Presidente de la cámara correspondiente), que hace labores de representación y de ordenación de la actividad parlamentaria.

– El Senado.

La forma de elección del Senado no obedece a un sistema de representación directa del pueblo, sino que es una función del Primer Ministro (el jefe del Gobierno en la práctica) la elección de los miembros del mismo. Estos serán senadores hasta cumplir los 75 años, de modo que la composición del Senado responde a una acumulación de miembros elegidos por distintos Primeros Ministros a lo largo del tiempo. En la actualidad, se compone de 105 senadores.

El Senado canadiense no es una cámara de representación territorial, como cabría esperar en un sistema federal, sino una segunda cámara legislativa. Formalmente se encuentra en una posición de igualdad con la Cámara de los Comunes, por cuanto puede iniciar el procedimiento legislativo y reenviarlo a ésta para la segunda lectura. En efecto, tanto una como la otra cámara pueden iniciar y aprobar los proyectos de ley y mandarlos a la otra cámara para que se pronuncie, siendo necesario el concurso de voluntades de ambas para la aprobación definitiva de la ley. Una de las excepciones tiene que ver con la materia presupuestaria y tributaria, en la que la Cámara de los Comunes tiene la iniciativa en exclusiva. Además, la práctica legislativa es que la mayoría de las iniciativas surgen en la Cámara de los Comunes de manos de algún miembro del Gobierno. Por otra parte, lo cierto es que el Senado no rechaza las iniciativas que provienen de la Cámara de los Comunes, y en muy pocos casos ha mantenido una enmienda en contra de la voluntad de ésta. Sí ocurre, sin embargo, que en ocasiones el Senado retrasa la entrada en vigor de alguna ley a través de negarse a discutirla antes de la finalización de la legislatura. Todo esto no hace sino confirmar tanto el desequilibrio de facto del sistema parlamentario canadiense, como la importancia del ejecutivo en el impulso legislativo.

En los últimos años se ha debatido mucho acerca de la pertinencia de reformar la organización del Senado, para empezar, para otorgarle legitimidad democrática directa a través de un proceso de elección ciudadana, y también para constituirla en una cámara de mayor representación territorial. Un intento de reforma fue el Acuerdo del Charlottetown de 1992, que sin embargo fue rechazado en referéndum, de modo que importantes deficiencias estructurales persisten ante la imposibilidad de encontrar un consenso sobre la materia.

IV.3. El poder ejecutivo.

El poder ejecutivo en Canadá se denomina *Monarch-in-Council* y se trata en la práctica de un ejecutivo dual, compuesto por el Rey, representado por el Gobernador General (o por el Vicegobernador en las provincias), y el Gobierno. Es un sistema de gobierno de legislatura, basado en la confianza parlamentaria, en el que el Primer Ministro, miembro preeminente del Gobierno, es elegido por la Cámara de los Comunes y éste a su vez elige a su *Cabinet*, su Gobierno, conformado por ministros. La imbricación de los poderes legislativo y ejecutivo es tal en el sistema canadiense, que tanto el Primer Ministro como su Gobierno normalmente son parlamentarios, en general de la Cámara de los Comunes. Se trata de una convención que facilita la responsabilidad y la rendición de cuentas ante el Parlamento. La idea del Gobierno de confianza parlamentaria, o *responsible government*, implica también tanto la posibilidad de hacer decaer al Gobierno a través de una cuestión de confianza, como el continuo control de la acción de gobierno a través de preguntas parlamentarias y la obligación de todos los miembros del mismo de acudir a las sesiones de control.

Lo cierto es que el sistema canadiense se asienta en la potenciación de la figura del Primer Ministro. Los partidos políticos funcionan como estructuras organizativas de las que emergen las figuras de los candidatos a primer ministro, que normalmente gozan de la doble condición de jefes de sus partidos y que ejercen un férreo control interno, en partidos configurados como organizaciones verticales y centralizadas. A esto se une un sistema electoral que no potencia la pluralidad y otorga importantes mayorías al partido vencedor, de modo que la capacidad del Parlamento para controlar la acción de gobierno está muy mediatizada por el partido político, hasta tal punto que la exigencia de disciplina de voto puede llevar incluso a la expulsión del partido del parlamentario que desobedece.

Como ocurre en la mayoría de sistemas parlamentarios, el Primer Ministro tiene además la potestad de decidir la disolución del Parlamento y la correspondiente convocatoria de elecciones anticipadas. Otras de sus prerrogativas son la elección de los miembros del Senado, la elección del Gobernador

General y la elección de los miembros del Tribunal Supremo y otros altos tribunales, tanto federales como provinciales, configurándose, así, como una figura muy central en el sistema.

IV.4. El poder judicial.

La organización del sistema judicial canadiense implica que éste está dividido en base a la configuración federal, de modo que se reparte entre la federación y las provincias. De esta manera, las provincias tienen competencias sobre la creación, organización y mantenimiento de los tribunales de justicia, tanto penales como civiles (no hay jurisdicción laboral ni contencioso-administrativa), así como sobre la regulación de proceso civil. La federación, por otra parte, tiene competencia exclusiva sobre la regulación de los procedimientos penales. Sin embargo, el nombramiento de los jueces de los tribunales superiores de la estructura provincial corresponde a la federación, al igual que su remuneración y la capacidad de expulsarlos de la carrera judicial, una potestad que en la práctica nunca ejercita. Por otro lado, la provincia nombra y remunera a los tribunales inferiores en su ámbito territorial. La federación tiene también competencia para la creación y regulación de tribunales, y la ha utilizado para crear el Tribunal Supremo de Canadá, así como el Tribunal Federal de Apelaciones y otros altos tribunales.

Sin embargo, el funcionamiento de los tribunales no se corresponde con una lógica territorial, teniendo los mismos la obligación de aplicación del derecho, sea éste producido por la provincia o por la federación, en su ámbito jurisdiccional.

De todo ello podemos concluir que la organización del sistema judicial en Canadá requiere de la colaboración entre la federación y las provincias, por cuanto en muchos casos se trata de una competencia compartimentada entre los territorios.

El Tribunal Supremo es el último tribunal de apelación en materia civil y penal, además de ser el máximo intérprete de la Constitución canadiense, ejerciendo una labor de control de constitucionalidad, especialmente, aunque no solo, en la ordenación de la descentralización territorial. Está compuesto por nueve magistrados que se mantienen en el cargo hasta los 75 años, y que son nombrados por el Gobernador General a propuesta del Primer Ministro. Se trata del tribunal general de apelación en el sistema canadiense, tiene jurisdicción en todas las áreas, independientemente de la proveniencia territorial de las normas a aplicar, de modo que se configura no como un tribunal federal, sino como un tribunal nacional.

La independencia de la justicia en Canadá se encuentra garantizada en la propia Constitución, expresamente o por vía interpretativa. Esta independencia está intrínsecamente ligada a la inamovilidad, el aseguramiento de la remuneración de sus miembros y la gestión administrativa independiente, cuestiones todas ellas especialmente protegidas.

V. LA ORGANIZACIÓN TERRITORIAL.

Una de las grandes cuestiones en la creación del Estado canadiense y en la posterior convivencia dentro del mismo, tiene que ver con la organización territorial del Estado. Hemos visto ya cómo la historia constitucional de Canadá es en buena medida la historia de la ampliación y transformación de su territorio. Históricamente, además, se configurará inicialmente como una estructura descentralizada, en la que la federación tiene un enorme poder, para ir poco a poco transitando hacia una potenciación del papel constitucional y legal de los territorios, restando capacidad de acción al poder central, y asegurando la necesidad de un mayor concurso de voluntades territoriales en asuntos trascendentales. En esto tuvo un papel muy destacado la *Judicial Committee of the Privy Council* (el más alto tribunal de apelación de Canadá hasta 1949, dependiente de la Corona) cuyas decisiones extendieron el ámbito competencial de las provincias en detrimento de la federación. Y así, podemos hablar de una evolución no culminada, como demuestran las sucesivas crisis que este elemento de la configuración del Estado ha protagonizado.

En la actualidad, Canadá está constituida por 10 provincias y 3 territorios: las provincias de Alberta, British Columbia, Manitoba, New Brunswick, Newfoundland and Labrador, Nova Scotia, Ontario, Prince Edwards Island, Quebec y Saskatchewan, y los territorios de Yukon, Nunavut y Northwest Territories. La principal diferencia entre las provincias y los territorios radica en la fuente de su reconocimiento y legitimidad. Así, mientras que aquellas se fundamentan en el Acta Constitucional de 1867, con sus sucesivas reformas para incorporar a nuevas provincias (la confederación original estaba constituida solo por cuatro de ellas), los territorios son formalmente territorio federal al que se les ha atribuido por ley diversos grados de autonomía, en un proceso denominado *devolution*. Esta diferencia no es menor, ya que para cualquier modificación de la estructura de reparto de poder entre la federación y las provincias es necesario acometer una reforma constitucional en los términos que veremos más abajo, mientras que tan solo sería necesaria la aprobación de una nueva ley en el caso de los territorios. En definitiva, las provincias comparten soberanía, mientras que los territorios solo gozan de autonomía (hasta tal punto que no cuentan con un Vicegobernador, representante del Rey, sino con un *Commissioner*, que representa al Gobierno Federal).

Las estructuras de poder en los niveles territoriales federados son muy parecidos a los de la federación, si bien el legislativo es unicameral. Así, junto con la figura del Vicegobernador o del Comisionado, que forma parte de este poder, tienen una cámara de representación popular, encargada de legislar, otorgar y retirar la confianza al Gobierno del territorio, controlar la acción de gobierno y la función presupuestaria. Además, el Gobierno está conformado, por un lado, de nuevo, por el representante del Rey o Vicegobernador en el caso de la provincia, o un Comisionado que representa a la Federación en el caso de los territorios, y por otro, por un Presidente, fruto de la confianza parlamentaria, que nombra a su propio gabinete. Finalmente, la organización de la judicatura tiene como base territorial la unidad territorial de que se trate, estableciendo demarcaciones territoriales y tribunales de apelación, además de la posibilidad de recurrir al Tribunal Supremo. Estos tribunales aplican todo el derecho, sea éste federal o provincial, que corresponda según el fuero.

El reparto competencial en Canadá se ha establecido sobre la base de atribuir una serie de competencias tasadas a las provincias y territorios, y otras a la federación, y dejando todo lo no expresamente mencionado en manos de la federación, siguiendo la doctrina del *residuary power* (poder residual). De esta manera, la norma general en el reparto competencial es la del principio de exclusividad, de modo que cuando la competencia se atribuye a una unidad territorial, las demás no pueden intervenir. Esto, sin embargo, no es incompatible con la existencia de *concurrency powers* (poderes concurrentes), cuando en una misma materia se otorgan explícitamente por la Constitución capacidades de acción tanto a la provincia como a la federación. El posible conflicto entre normas válidas de ambos planos territoriales se resuelve por *the doctrine of federal Paramountcy* (doctrina de la supremacía federal), primando así la producción normativa federal, demostrando una vez más la importancia que para la organización territorial canadiense tiene la existencia de un poder central fuerte.

Y así, el Parlamento federal tiene capacidad de acción en transporte, comunicaciones, defensa, comercio y política exterior y el poder para aprobar leyes para la paz, el orden y el buen gobierno de Canadá, constituyendo esto último una cláusula abierta que permite incorporar todo lo no expresamente atribuido a las provincias y territorios. Por su parte, estas demarcaciones territoriales tienen competencias sobre educación, recursos naturales, hospitales, propiedad y derechos civiles, así como inmigración y agricultura, estas dos últimas materias en concurrencia con la federación, y todo lo que pueda atribuirse a las mismas en función del criterio de que se trate de una materia de naturaleza simplemente local o privada de la provincia.

En este escenario se hace imprescindible la cooperación entre las unidades territoriales, algo que se lleva a cabo tanto por vías informales como con la creación de estructuras formales como es la reunión de ministros provinciales, que se celebra una vez al año o cuando resulta necesario por la trascendencia de los asuntos a tratar.

Especial atención merece, por ser particularmente problemática, la integración de Quebec en todo este entramado territorial: se trata de un territorio con dualidad lingüística (aunque su lengua oficial es solo el francés), cuya convivencia con el resto de la federación ha sido puesta en duda en varias ocasiones. Así, se han llevado a cabo dos referéndums sobre la materia (en 1980 y en 1995), el último de los cuales no dio un resultado positivo a cambiar la situación por un exiguo uno por ciento. Dadas las dificultades de gestión de esta consulta popular, tras la votación, el Gobierno federal solicitó a través de la Cámara de los Comunes, una decisión interpretativa al Tribunal Supremo de Canadá, decisión que supone un referente en cómo abordar procesos de secesión. Y así, el Alto Tribunal hizo algunas afirmaciones especialmente relevantes: el principio del estado de derecho y la supremacía de la Constitución no son incompatibles con la idea de democracia pura, sino que, más bien al contrario, son esenciales precisamente para garantizarla. Así, una declaración unilateral de independencia por parte de una provincia iría en contra tanto de la Constitución como del derecho internacional. Ahora bien, aunque Quebec no tenga una base legal doméstica o de carácter internacional en la que sustentar sus pretensiones de independencia, siempre que haya una clara mayoría de la población a favor de la misma, el resto de Canadá estaría obligado a negociar la salida de este territorio de buena fe. Se hace tangible en esta respuesta la combinación del constitucionalismo jurídico canadiense con el constitucionalismo político enraizado en la base de su tradición legal. Como defensa por parte de la federación, se aprobó la *Clarity Act* (Acta de Claridad), que otorga la potestad al Parlamento federal para determinar si la posible pregunta en un referéndum de independencia es lo suficientemente clara, y sus posibles consecuencias.

VI. LA PROTECCIÓN DE DERECHOS FUNDAMENTALES.

La Carta de Derechos y Libertades es una de las grandes contribuciones de la Constitución de Canadá, introducida en la misma a través de la *Constitution Act 1982.* Se garantizan, a través del escudo que confiere su carácter constitucional, una serie de libertades civiles especialmente relevantes. Sin embargo, no toda la Carta obtiene los mismos niveles de protección, por cuanto se incluye en la misma la capacidad de los parlamentos (federal o provincial) de invalidar alguna de estas garantías, un *override power,* que cuando se utiliza, implica la limitación o suspensión del derecho individual de que se trate. Se incluyó esta posibilidad ante la reticencia de algunas provincias acerca de la inclusión de la Carta en el texto constitucional. Esta opción opera respecto de derechos como la libertad religiosa, de expresión y asociación, los derechos previamente reconocidos por ley, o la igualdad de derechos. Sin embargo, otros derechos, los llamados derechos democráticos, los derechos de movilidad, los derechos relativos al uso de las lenguas, la ejecución de una ley y el derecho a la igualdad sexual son intangibles en su contenido esencial para el legislador. En total, la Carta consiste en 34 secciones. La sección primera define los límites constitucionales de los derechos y libertades reconocidos, indicando que solo son legítimos desde esta perspectiva los límites razonables señalados por la ley y que pueden ser justificables en una sociedad libre y democrática. De esta manera, se reconocen las libertades de conciencia y religión, libertad de expresión y de prensa, derecho de manifestación pacífica, reunión y asociación, etc. Además, se consagran con rango constitucional derechos que ya tenían reconocimiento legal, como el derecho a la vida, la libertad y la seguridad, a las garantías de la detención y la prohibición de la detención arbitraria y derechos vinculados con la tutela judicial efectiva (conocer la acusación que se formula, tener un juicio en un periodo razonable, derecho a la no autoincriminación, a la presunción de inocencia).

Aun cuando no se encuentra en la Carta, la *Constitution Act 1982* también incluye el reconocimiento de los derechos de los pueblos indígenas, asunto éste que merece especial atención en referencia a la vulneración de derechos humanos. Se reconocen, bajo la categoría general de Pueblos aborígenes, a los indios, los inuit y los métis. Existe una ley federal, la *Indian Act* (acta india), que define quién tiene oficialmente el estatus indio. Normalmente hace referencia a la pertenencia a bandas (*tribus* en la terminología de Estados Unidos) y se ha creado la Autoridad General de Asuntos Indios y del Norte de Canadá, para afrontar las cuestiones concernientes a estas comunidades. Tienen una federación denominada Asamblea de las Primeras Naciones, aunque no es la única organización indígena de Canadá. La política de reconocimiento de los derechos de los pueblos indígenas se articula a través de las Primera Naciones, sin tener en cuenta que más de la mitad de los habitantes indígenas de Canadá viven fuera de las reservas territoriales en las que se asientas aquellas. La situación de los pueblos indígenas sigue siendo muy difícil, atenazados en buena medida por la pobreza, las dificultades de gestión de sus recursos naturales, la represión cultural y lingüística, y la invisibilidad. Un ejemplo de la situación sufrida hasta hace poco es el caso de los llamados colegios residenciales para niños indios, dirigidos por las principales iglesias canadienses (católica, anglicana y unida), con financiación federal, a los que se enviaban a los niños y niñas indios, separados de sus progenitores por largos periodos, o indefinidamente, y en donde se les obligaba a un proceso de asimilación (pérdida de sus raíces culturales, obligación de usar el inglés o el francés, adoptar el cristianismo y los modales de los colonizadores). Recientemente se ha conocido la dimensión de la vulneración de derechos humanos que se perpetró en estas instituciones, incluyendo abusos físicos y sexuales y la muerte de muchos de estos menores.

VII. SUPREMACÍA DE LA CONSTITUCIÓN.

La Constitución de Canadá se asienta sobre la base de su supremacía en el sistema de fuentes, supremacía que solo puede asegurarse a través de las garantías de los sistemas de reforma constitucional y el control de constitucionalidad de la ley.

VII.1. Reforma constitucional.

El procedimiento de reforma constitucional en Canadá ha sido la gran cuestión que ha ralentizado la plena separación, siquiera sea solo un formalismo, del Reino Unido. Finalmente, será a través de la *Constitution Act 1982* como se produzca el acuerdo acerca del procedimiento de reforma. Este varía en función de la modificación constitucional que se pretenda acometer: en algunos casos se requiere el consentimiento unánime de todas las provincias y de la federación, mientras que en la mayoría de ocasiones la regla general es que es suficiente el consentimiento de dos terceras partes de las provincias que representen al menos al cincuenta por ciento de la población. Existe también la posibilidad, muy excepcional, de que se acometa la reforma solamente por un número de provincias restringido, por las propias provincias afectadas, cuando la reforma tiene consecuencias limitadas territorialmente, o por la federación.

VII.2. Control de constitucionalidad.

El control de constitucionalidad en Canadá, denominado *constitutional judicial review*, es un tipo de control difuso, esto es, que puede ser ejercitado por cualquier tribunal de justicia; se realiza de manera incidental, o en otros términos, como consecuencia de la necesidad de aplicación de la ley controvertida a un caso concreto, aun cuando en el sistema canadiense la legitimación activa para litigar cuando se pretende desafiar la constitucionalidad de una ley es muy amplia; y es en general llevado a cabo por los Tribunales superiores provinciales, aun cuando puede ser, en determinadas circunstancias, el Tribunal Supremo de Canadá el encargado en última instancia de controlar la constitucionalidad de la ley, por vía de recurso.

Además, se articula la posibilidad de solicitar del Tribunal Supremo de Canadá una labor que no es estrictamente judicial, como es la de emitir opiniones sobre asuntos puestos a su consideración, como mecanismo de control a priori de las posibilidades legislativas sobre temas que pueden ser constitucionalmente controvertidos, actuando así el Alto Tribunal en estos casos, más como un órgano consultivo que como un tribunal de justicia.

En cualquier caso, los tribunales de justicia de Canadá ejercen este control de constitucionalidad bajo las premisas de autocontención y entendimiento profundo de su papel dentro del sistema, separando claramente el control de constitucionalidad de la ley de juicios de carácter más político.

BIBLIOGRAFÍA

Cromwell, T.A. "Aspects of Constitutional Judicial Review in Canada", *South Carolina Law Review*, vol. 46, Issue 5, 1995.

Biscaretti di Ruffia, P. *Introducción al derecho constitucional comparado*. Fondo de Cultura Económica. México, 1996.

Hogg, P. *Canadian Constitutional Law,* Carswell Canada, 2002.

Matheus Samper, L. "Introducción al estudio de la Constitución de Canadá", Revista de Derecho, Universidad del Norte, n.° 22, 2004.

VV.AA. "The Constitution of Canada: History, Evolution, Influence and Reform", *Perspectives on Federalism,* vol. 9, issue 3, 2017.

Oliver, P. , Macklen, P. y Des Rosiers, N, *The Oxford Handbook of the Canadian Constitution,* Oxford University Press, 2017.

SENTENCIAS

Re: Resolution to amend the Constitution, [1981] 1 S.C.R. 753.

Sentencia New Brunswich Broadcasting Co. versus Nova Scotia (3) [1993] 1 S.C.R. 319.

Reference re Secession of Quebec, [1998] 2 S.C.R. 217.

Capítulo VIII

El sistema constitucional y el modelo territorial portugués

CARLOS CARNERO JIMÉNEZ

I. INTRODUCCIÓN

El objetivo del presente estudio es poder acercarnos al análisis del sistema constitucional de una de las democracias occidentales europeas que superó un régimen dictatorial que vivió durante gran parte del siglo XX, hasta convertirse en una democracia completamente consolidada dentro de la actual Unión Europea, como es el caso de Portugal.

En los distintos puntos en los que hemos dividido nuestro estudio, en primer lugar, vamos a realizar un breve análisis de la historia constitucional portuguesa, desde su origen en 1822 hasta la actual Constitución de 1976. Posteriormente, realizaremos un estudio sobre las fuentes del derecho en el sistema constitucional portugués, deteniéndonos en la separación de poderes que consagró el actual texto constitucional.

El segundo objetivo de nuestro estudio será analizar el modelo territorial del Estado portugués, atendiendo principalmente a su organización política y administrativa, efectuando un breve repaso sobre los aspectos más relevantes regulados en la Constitución del país.

En nuestros últimos puntos, examinaremos los elementos principales de la justicia constitucional, en el que incluiremos también un análisis sobre la ubicación de los derechos fundamentales dentro del sistema constitucional portugués y la forma en la que se puede garantizar su aplicación.

Finalmente, dedicaremos unas líneas para realizar una serie de conclusiones y reflexiones generales sobre lo analizado a lo largo del estudio.

II. HISTORIA CONSTITUCIONAL DE PORTUGAL

Antes de analizar el actual sistema constitucional portugués y la vigente Constitución de la República Portuguesa de 1976, debemos remontarnos al siglo XIX, donde podemos encontrar el origen constitucional en la historia contemporánea de Portugal.

II.1. El origen del constitucionalismo portugués en el s.XIX

En este siglo, es donde podemos situar la aprobación del primer texto constitucional para Portugal, consecuencia de la Revolución de 1820 iniciada en Oporto, que puso fin a la monarquía absoluta, dando paso a las Cortes Constituyentes, elegidas mediante sufragio (González Hernández, 2012).

El 23 de septiembre de 1822, fue aprobada la denominada Constitución Política de la Monarquía Portuguesa[1], con cierta inspiración en el modelo de la Constitución Española de Cádiz, aprobada por España justo una década antes, como a continuación abordaremos.

En este texto constitucional portugués de 1822, podemos destacar algunas cuestiones progresistas para la época como el sufragio directo, la separación de poderes (legislativo, ejecutivo o del Rey y judicial)[2], una única asamblea o cámara legislativa, o también el reconocimiento a la libertad de expresión y de asociación, como algunas de las materias más destacadas dentro de su articulado (García, 1983a).

Uno de los rasgos principales de este texto, y que comparte con la Constitución Española de Cádiz de 1812, es que la Constitución Portuguesa de 1822 intentó limitar los poderes del rey, para aumentar los de los diputados que fueran elegidos en nombre de la nación (Veríssimo Serrão, 1983).

Un texto constitucional, elaborado por las Cortes Constituyentes de 1820, que puede ser encuadrado como un texto liberal, ya que, muchos de sus ar-

---

1 Es el nombre que aparece en la portada del texto originario aprobado en 1822. Consúltese el contenido íntegro del texto constitucional en el enlace de la página oficial del Parlamento Portugués .https://www.parlamento.pt/Parlamento/Documents/CRP-1822.pdf

2 La Constitución Portuguesa de 1822 dedicó el Título III, Título IV y Título V, a desarrollar las competencias de estos tres poderes.

tículos tuvieron como base los principios que inspiraron la Revolución Francesa de finales del siglo XVIII. Este hecho, podría haber propiciado que este texto constitucional de 1822, quisiera desmarcarse del absolutismo monárquico reinante hasta la época en Portugal.

Fiel reflejo del carácter liberal de la mayor parte del texto, podemos encontrarlo en una definición de igualdad que consideramos bastante avanzada en la época. Concretamente, en el texto se dice que "la libertad consiste en no ser obligados a hacer lo que la ley no manda, ni dejar de hacer lo que ella no prohíbe" (Constitución Portuguesa, 1822, Artículo 2).

En cuanto a la relación entre el poder político y poder religioso, podemos afirmar que siguió en buena medida, las directrices del modelo confesional doctrinal establecido por la Constitución Española de 1812, donde la religión católica era la religión oficial de la nación[3] y, por tanto, la única oficial del Estado.[4]

Otro dato que consideramos destacable es que, en la Constitución Portuguesa de 1822, se consideraba ciudadanos portugueses a los que vivían en "ambos hemisferios"[5], debido a las posesiones coloniales que estaban bajo soberanía portuguesa en diferentes continentes.

En el artículo 21 de la Constitución de Portugal de 1822, no se hablaba de un modelo territorial concreto ni de la organización política del país, aunque sí enumeraba todas las partes que componían el país, citando a todos los continentes donde se encontrase algún territorio cuya soberanía sea portuguesa.

---

3 El artículo 25 de la Constitución Portuguesa de 1822, decía textualmente que "la religión de la nación portuguesa es la católica apostólica romana". A semejanza de la Constitución Española de 1812, que establecía que "la religión de la Nación española es y será perpetuamente la católica, apostólica, romana, única verdadera" (Constitución Española de 1812, Preámbulo).

4 Otro rasgo que nos parece inspirador del articulado de la Constitución Española de 1812, es el Preámbulo de la Constitución Portuguesa de 1822 que comienza su redacción apelando a la religión católica de la siguiente manera: "En nombre de la Santísima e indivisible Trinidad". En el caso del texto constitucional español, en el contenido de su Preámbulo se hace referencia a la religión del siguiente modo: "En el nombre de Dios Todopoderoso, Padre, Hijo y Espíritu Santo, autor y supremo legislador de la sociedad (...)" (Constitución Española de 1812, Preámbulo).

5 Otro término que probablemente podría estar basado o inspirado en la Constitución Española de 1812. Tanto el artículo 18 del texto constitucional español, como el artículo 20 de la Constitución de la República Portuguesa de 1822, utilizan la expresión "ambos hemisferios", para referirse a los ciudadanos que vivían en los territorios bajo soberanía portuguesa y española respectivamente, situados fuera del continente europeo.

Tanto España como Portugal, tenían numerosos territorios bajo su dominio en la primera mitad del siglo XIX, por lo que la referencia a los ciudadanos que residían en los territorios fuera del continente europeo, eran dos cuestiones que abordaron ambos textos constitucionales. Es por ello por lo que, en este texto constitucional portugués de 1822, se hablaba del "Reino Unido de Portugal, Brasil y Algarves"[6].

Con respecto a la soberanía portuguesa sobre Brasil, a pesar de que fuera creada una delegación del poder ejecutivo en su territorio, compuesto por cinco personas, los diputados brasileños exigieron también una asamblea propia que, al ser rechazada por las autoridades portuguesas, pudo acelerar lo que sería el proceso de independencia de Brasil (Varela Suanzes-Carpegna, 2012).

En cuanto a la vigencia de la Constitución de 1822, podemos afirmar que fue muy escasa, ya que, en 1823 fue derogada por el absolutismo. En 1826, murió el rey D. Joao VI, valedor del primer texto constitucional, y fue el rey D. Pedro IV, quien otorgase a la nación portuguesa, la Carta Constitucional de 1826, segundo texto constitucional del país.

A diferencia de la Constitución de 1822, el nombre de Carta Constitucional de 1826 tuvo su origen en el modelo francés, ya que, al ser un texto otorgado por un monarca, al igual que Luis XVIII, este texto eludió hablar de Constitución para nombrarla Carta Constitucional, puesto que su origen no fue consecuencia de ningún proceso electoral ni de unas cortes constituyentes (Sardica, 2012).

Entre algunos de los aspectos más relevantes del articulado de la Carta Constitucional de 1826, podemos señalar algunas variaciones o diferencias, con respecto a la Constitución de 1822. Entre las principales novedades que trajo este texto constitucional destacamos la bicameralidad del poder legislativo, donde convivían dos cámaras: una elegida por sufragio indirecto por los ciudadanos y otra compuesta por miembros del clero y la gran nobleza[7] (García, 1983b).

Por otro lado, pese a que el texto, hablaba de la separación de los tres poderes, el monarca se situaba como moderador de esos poderes y a su vez, también tenía la capacidad de controlar el poder ejecutivo pudiendo nom-

---

6 En el Preámbulo de la Constitución de 1822, D. João VI, es definido como Rey de estos territorios, junto al artículo 20º donde se dice que el territorio de la nación portuguesa lo forma "el Reino Unido de Portugal, Brasil y Algarves".

7 La denominada *Câmara dos Deputados*, era la asamblea elegida mediante el sufragio indirecto, mientras que la denominada *Câmara dos Pares*, era la cámara donde sus miembros eran nombrados por la alta nobleza y el clero (García, 1983c).

brar o destituir al gobierno del país[8], por lo que podemos observar cómo se establecía una separación de poderes, pero en cierto modo, a su vez con algún control por parte del monarca.

Otro elemento que nos parece interesante de destacar, dentro de este texto constitucional, es que, en el Preámbulo de la Carta Constitucional de 1826, el rey Don Pedro IV, es nombrado" Rey de Portugal y de los Algarves", omitiendo ya a Brasil como parte integrante del Reino, ya que, su proceso de independencia había comenzado en 1822[9].

Además de ello, en el Preámbulo se hacía referencia a la "gracia de Dios"[10], dejando claro el marcado carácter confesional del texto, consolidando un modelo de unión entre el poder político y el poder religioso, para el país.

El siguiente texto constitucional aprobado en el siglo XIX, fue en 1838[11] con una efímera vigencia, siendo considerado como el tercer texto de la historia contemporánea de Portugal.

La Revolución de septiembre de 1836, trajo consigo la aprobación de la Constitución de 1838, que tan solo tuvo cuatro años de vigencia, ya que, en 1842 tuvo lugar el golpe de estado de António Bernardo da Costa Cabral, se retornaría a la Carta Constitucional de 1826 (Rodrigues da Silva, 2012).

Entre las características principales del texto constitucional de 1838, observamos de nuevo esa consagración de la separación de los tres poderes, donde el rey asumiría en su totalidad el poder ejecutivo, al igual que el poder legislativo seguiría siendo configurado como bicameral[12].

---

8 Dentro del Título V de la Carta Constitucional de 1826, se dedica el Capítulo I al Poder Moderador. Un cuarto poder que establece este texto constitucional, y que será competencia exclusiva del Rey, como Jefe Supremo de la Nación, tal y como queda regulado en el artículo 71. Para obtener una mayor información sobre el articulado de la Constitución de 1826, puede consultarse el siguiente enlace: https://www.fd.unl.pt/Anexos/Investigacao/1533.pdf

9 En 1824, es aprobada la Primera Constitución de Brasil (Mendible Zurita, 2017).

10 La redacción del Preámbulo de la Carta Constitucional de 1826 comenzaba con la siguiente frase: "Don Pedro por Gracia de Dios, Rey de Portugal y de los Algarves, etc (...)"

11 La Constitución de 1838, denominada Constitución política de la Monarquía Portuguesa, puede ser consultada en el siguiente enlace: https://www.fd.unl.pt/Anexos/Investigacao/1058.pdf

12 Las dos Cámaras serían denominadas *Câmara de Deputados* y *Câmara de Senadores,* atendiendo al artículo 7 de la Constitución de la República de 1911. Consúltese la página web oficial del Parlamento Portugués para obtener una mayor información sobre la Constitución de 1911 en el siguiente enlace: https://www.parlamento.pt/Parlamento/Documents/CRP-1911.pdf

Tras la derogación de la Constitución de 1838 y el regreso de la Carta Constitucional de 1826, se sucedieron diversas reformas hasta la caída de la monarquía, donde en las últimas décadas del siglo XIX, esta institución sufrió diversas crisis, siendo derrocada definitivamente, el día 5 octubre de 1910, proclamándose la Primera República de Portugal.

Pese a la aprobación de la Constitución de 1838, la Carta Constitucional de 1826 fue el texto constitucional con mayor vigencia hasta 1911. Su primer periodo de vigencia fue desde 1826 a 1828, su segundo periodo fue desde 1834 a 1836 y su tercer periodo de vigencia fue desde 1842 a 1851, hasta su alteración en 1852 por el denominado Acto Constitucional, concluyendo su validez hasta el año 1910 (Miranda, 1988).

II.2. La Primera República Portuguesa

La Constitución de la República Portuguesa de 1911, tuvo 15 años de vigencia tras un largo proceso de luchas contra la Monarquía. Una vez proclamada la República, el 5 de octubre de 1910, las primeras elecciones tuvieron como objetivo la elección de la Asamblea Constituyente, que posteriormente aprobaría la Constitución.

En 1926, la Constitución de la Primera República de Portugal, perdió su vigencia, ya que, debido al golpe militar del 28 de mayo de ese mismo año, el Parlamento portugués fue disuelto, y el país fue gobernado por una dictadura militar, durante casi medio siglo, que posteriormente analizaremos.

Volviendo al contenido de la Constitución de la Primera República de Portugal de 1911, el texto consagraba la separación de poderes, omitiendo ese papel moderador, que se le otorgó a la figura del rey durante parte del régimen constitucional monárquico. Hemos de tener en cuenta, que el poder legislativo durante el periodo constitucional republicano, creó el denominado *Congresso da República*, con un parlamento bicameral compuesto por la *Câmara dos Deputados* y el Senado[13].

En cuanto a la organización territorial del Estado en este texto constitucional, el primer artículo del texto nos revelaba que el Estado unitario sería la forma en la que se organizase la nación portuguesa. A diferencia de los otros textos constitucionales del siglo XIX, por primera vez, se nos habla de una organización territorial concreta para el país, puesto que, en los anteriores textos, no fue una cuestión constitucionalmente regulada dejando sin definir claramente el modelo territorial del país.

---

13 El artículo 7 de la Constitución de la República de 1911 regulaba la composición del poder legislativo.

Por otro lado, este texto constitucional hizo referencia a las provincias de ultramar, en el Título V, regulando un único artículo[14], donde se decía textualmente que predominaría un régimen descentralizado para todos los territorios situados en ultramar y que habría unas leyes especiales adecuándolas para cada territorio. En ningún caso, mencionaba el tipo de descentralización o el grado de autonomía al que podrían llegar a alcanzar esos territorios.

Esta cuestión contrastaba con la anterior Carta Constitucional de 1826, donde en sus tres primeros artículos se desglosaban todos los nombres de las provincias portuguesas por el que estaba compuesto el territorio en Europa[15], además de las colonias que estaban bajo dominio del imperio portugués tanto en Asia como en África, como comentábamos unas líneas más arriba.

Otra cuestión que nos parece interesante para destacar en el primer periodo republicano, fue la separación del poder político y el poder religioso, algo inédito en los anteriores textos constitucionales. De hecho, su artículo tercero proclamó derechos tan importantes como la libertad de conciencia, la libertad de culto, o el hecho de que nadie pudiera ser perseguido por motivos religiosos.

Siguiendo con esta idea, llama la atención que, en el texto constitucional republicano, no hay ninguna referencia a la Iglesia Católica, salvo el punto duodécimo del artículo 3, donde se decía que se mantenía la legislación que disolvió la Compañía de Jesús, junto a todas sus congregaciones y órdenes que pertenecieran a ella. Estamos, por tanto, ante un modelo de separación[16] entre el poder político y el poder religioso, que se desmarcaba del antiguo modelo confesional presente en el siglo XIX.

Como última cuestión principal a destacar en el texto constitucional de 1911, hemos de señalar a la figura del Presidente de la República, que asumía el ejercicio del Poder Ejecutivo, siendo desglosadas todas sus competencias que iba a desempeñar, tanto en el interior como en el exterior del país.

---

[14] El artículo 67 de la Constitución de la República de 1911, nos habla de un régimen de descentralización para las colonias o territorios de ultramar portugués, conjugando así un modelo híbrido, donde el territorio de Portugal tendría un modelo unitario, mientras que el resto de los territorios bajo su soberanía fuera del país, podrían alcanzar un modelo descentralizado, aunque sin especificar competencias concretas.

[15] Dentro de las provincias del territorio de Portugal en Europa, el primer punto del artículo 2 de la Carta Constitucional de 1826, denominaba islas adyacentes a Madeira, Porto Santo y Azores.

[16] Esta separación regulada en la Constitución de 1911, vino precedido de la aprobación del Decreto-Ley del 20 de abril de 1911, que proclamaba la separación entre Iglesia y Estado (Haro Sabater, 1999). La Constitución de la República se aprobó el 21 de agosto del citado año.

Tal y como comentábamos anteriormente, este texto constitucional tuvo una vigencia de unos quince años, donde destacó la gran cantidad de gobiernos que se sucedieron a lo largo del periodo republicano, desde el 5 de octubre de 1910 al 28 de mayo de 1926. Desde Teófilo Braga, primer presidente de la República, hubo un total de 45 gobiernos distintos (García, 1983d).

II.3. El Estado Novo y la caída de la República

La entrada de Portugal en la Primera Guerra Mundial en 1917, con el objetivo de conservar su imperio colonial, fue uno de los principales desencadenantes de dos levantamientos militares ocurridos en 1925, que, a pesar de no triunfar, debilitaron al gobierno de la Primera República (Sánchez Cervelló, 2005a).

El llamado Estado Novo, término acuñado en 1930, fue consecuencia del golpe militar iniciado en la ciudad de Braga el 28 de mayo de 1926, que acabó con la Primera República y que logró imponer una dictadura militar, tras unos primeros años de gran revuelta social, cristalizando su poder en un único partido político, que legitimaría el régimen militar (Sánchez Cervelló, 2005b).

El primer texto legislativo aprobado por el Estado Novo[17] fue el Estatuto del Trabajo Nacional[18], promulgado en 1933, al igual que la Constitución de 1933[19], donde el régimen intentó agrupar en dicho articulado, los principios en los que estaría basado políticamente el Estado Novo.

Entre las principales características a destacar de este texto, podemos señalar la proclamación de Portugal como una "República unitaria y corporativa[20]", donde la descentralización o la autonomía de sus territorios insulares, no parecían estar muy presentes.

En concreto, este texto realiza una división administrativa del país, que no política, donde destacaba la división en *concelhos* (o municipios) para el terri-

---

17 Antonio de Oliveira Salazar, catedrático de Economía, es nombrado ministro de Hacienda del régimen. Fue el hombre fuerte de la Dictadura y también el líder del partido político o movimiento ideológico que dio lugar al régimen, *União Nacional* (UN) (Sánchez Cervelló, 2005c).

18 Su nombre original en portugués es *Estatuto do Trabalho Nacional*

19 La denominada Constitución de 1933, fue aprobada bajo el régimen salazarista. Para obtener una mayor información sobre el texto íntegro, consúltese el siguiente enlace de la página oficial del Parlamento: https://www.parlamento.pt/Parlamento/Documents/CRP-1933.pdf

20 El artículo 5º de la Constitución de 1933 definía al Estado de Portugal como una República unitaria y corporativa.

torio situado dentro del continente europeo[21], que a su vez estaría compuesto por feligresías agrupándose en distritos y provincias[22][23]. Con respecto a los archipiélagos de Madeira y Azores, también denominados "Islas Adyacentes" en el texto, se habla de una organización administrativa regulada en ley especial, sin detallar nada más.

En cuanto a sus territorios de ultramar o posesiones coloniales, al final del articulado del texto, se incorpora el denominado Acto Colonial[24], donde a través de 47 artículos, describía cuales iban a ser las relaciones entre la administración central y las administraciones de los distintos territorios bajo soberanía portuguesa. Entre esos artículos podemos destacar un listado de derechos y obligaciones que debían tener las autoridades de las colonias con respecto al poder central, siéndoles concedida una autonomía administrativa y financiera[25], pero en ningún caso, política.

Según este texto de 1933, la soberanía residiría en la nación, teniendo como órganos al Jefe del Estado, la Asamblea Nacional, el Gobierno y los Tribunales[26]. Aparentemente podemos estar ante una separación de poderes, donde existen unas funciones descritas para cada poder en este texto, pese a que, estamos hablando de un régimen dictatorial, donde en la práctica, no existiría una división real entre los poderes del Estado.

Además de ello, una de las atribuciones que tenía el Presidente de la República, era la de disolver la Asamblea Nacional[27] (órgano legislativo creado por el régimen), por lo que podemos intuir que el poder ejecutivo según este texto, tendría unas atribuciones bastante fuertes con respecto a sistemas constitucionales anteriores, por lo que el poder legislativo, estaría condicionado al poder ejecutivo.

Otra de las principales medidas que demuestra que estamos ante un texto procedente de un régimen dictatorial, alejado de cualquier semejanza con la

---

21 El término territorio del Continente, o Portugal Continental, haría referencia al territorio de Portugal situado en la Península Ibérica, es decir, dentro del continente europeo.

22 Artículo 124 de la Constitución de 1933.

23 El artículo 125°, encuadrado en el Título VI dentro de la Segunda Parte de la Constitución de 1933, regulaba esta distribución territorial.

24 El Acto Colonial, fue un documento aprobado por el Estado Novo, el 8 de julio de 1930. Este texto denominaba Imperio Colonial Portugués, al conjunto de territorios que estaban bajo dominio de la administración portuguesa en los distintos continentes.

25 Artículo 26 del Acto Colonial.

26 Artículo 71 de la Constitución de 1933.

27 El Artículo 81.6 de la Constitución de 1933, faculta al Presidente de la República para disolver a la Asamblea Nacional si así lo exigen los intereses superiores de la nación.

democracia, es la gestión de la censura. A esta cuestión se le dedicaron dos artículos englobados en la Primera Parte de la Constitución de 1933, en su Título VI de la Parte I, donde se decía literalmente "que la opinión pública es un elemento fundamental del país y que el Estado deberá defenderla de todos los factores que desorienten la verdad, la justicia o el bien común"[28].

También se añadía que la prensa no podía rechazar las notas oficiales enviadas por el Gobierno para su publicación. Esto nos hace ver como la prensa estaría controlada por las altas instituciones del Estado, dejando una vez más constancia de que debemos definir a este régimen político como un modelo autoritario.

Anteriormente hablábamos de la Asamblea Nacional, como el órgano legislativo que creó este texto constitucional. En la Constitución de 1933, se instauró un sistema bicameral donde coexistirían la Asamblea Nacional y la Cámara Corporativa, siendo la Asamblea Nacional, la cámara encargada de elaborar y aprobar las leyes, mientras que la Cámara Corporativa quedaría como una cámara de segunda lectura, encargada de debatir las distintas propuestas y proyectos de ley, entre otras competencias.

La principal diferencia de estos órganos, es que la Asamblea Nacional, sería la cámara legislativa más importante del país, en cuanto a funciones[29] , y sus miembros serían elegidos mediante sufragio directo de los ciudadanos, con un mandato máximo de cuatro años, y cuya composición sería la de noventa miembros[30].

Una de las reformas constitucionales que debemos tener en cuenta, fue la realizada en 1951, donde las palabras colonia e imperio son sustituidas por "ultramar" y "provincias ultramarinas", al igual que el estado de "indígena" fue tratado como transitorio (Sánchez Cervelló, 2005d).

A partir de 1968, Marcelo Caetano es nombrado presidente del Consejo de Ministros y tomó una serie de decisiones con el fin de rebajar la dureza del régimen dictatorial, como la incorporación de jóvenes de carácter liberal a la Asamblea Nacional, el regreso de algunos exiliados o la rebaja de la censura (Baioa y Fernandes, 2002).

---

28 El artículo 20 y el artículo 21 componían el Título VI de la Primera Parte de la Constitución de 1933, titulado "De la opinión pública".

29 Entre las distintas funciones que le otorga el artículo 91 de la Constitución de 1933, podemos destacar la de hacer cumplir las leyes y la Constitución, revisar el texto constitucional, o autorizar al Jefe de Estado a declarar la guerra.

30 El artículo 85 de la Constitución de 1933 definía la composición de los miembros de la Asamblea Nacional.

A pesar de esa toma de decisiones, el denominado "marcelismo", no pudo mantener al Estado Novo en el poder muchos años, pese a que, el régimen dictatorial pudo continuar durante algún tiempo más, pero con cierta inestabilidad social y política. Es en 1974, cuando definitivamente podemos hablar del final del Estado Novo en Portugal, y el inicio de un proceso que convertiría al Estado de Portugal en un régimen plenamente democrático.

II.4. La Revolución de 1974 y la Constitución de 1976

El 25 de abril de 1974, se produjo un golpe de estado que terminó con el régimen autoritario del Estado Novo, poniendo fin a más de cuarenta años de dictadura, a los que estuvo sometida la nación lusa. Esta acción militar, que tuvo como principal objetivo, otorgar un régimen democrático para Portugal, desembocó en la denominada Revolución de los Claveles[31].

Una de las medidas o decisiones más inmediatas que tomaron los oficiales militares, fue la disolución de la Asamblea Nacional, creada por el régimen del Estado Novo, para así poder acabar con los órganos que legitimaban al régimen. Junto a ello, se pretendió restaurar las libertades individuales, la excarcelación de presos políticos y la extinción de la censura en los medios de comunicación (Fonseca, 2016).

La aprobación de este texto constitucional, fue fruto de las elecciones legislativas a la Asamblea Constituyente, primer órgano legislativo provisional instaurado por la revolución militar, y que fueron celebradas el 25 de abril de 1975, justo coincidiendo con el primer aniversario del fin de la dictadura.

Actualmente, la Constitución de la República Portuguesa de 1976 sigue siendo la norma suprema del ordenamiento jurídico portugués, pese a que ha sido reformado o revisada en siete ocasiones, siendo 2005, la última fecha donde el articulado del texto constitucional tuvo alguna alteración.

La primera reforma constitucional de 1982[32], probablemente pueda tener una mayor importancia, sobre las otras, en cuanto a la extensión de los artículos. Entre las modificaciones más destacables, podemos señalar la eliminación de cualquier referencia ideológica al socialismo, además de extinguir el Consejo de la Revolución, órgano provisional instaurado por los militares. Además de ello, se reorganizaron las relaciones entre el Gobierno, el Presidente de la República y la Asamblea de la República, junto a la creación del Tribunal Constitucional (Noguera Fernández, 2013).

---

[31] Su nombre traducido al portugués es "*A Revolução dos Cravos*".

[32] Esta reforma fue aprobada mediante la Ley Constitucional 1/1982, de 30 de septiembre.

En los siguientes puntos de nuestro estudio, abordaremos el papel de la Constitución de 1976 dentro del sistema de fuentes y analizaremos el contenido de este texto constitucional, incidiendo en aquellas partes que consideramos esenciales para poder entender el modelo jurídico-político de Portugal.

Igualmente, analizaremos el modelo territorial de Portugal que se consagró en la Constitución de la República de 1976, como un Estado unitario, heredando el modelo territorial que compartió con régimen autoritario del Estado Novo y el de la Primera República. La gran diferencia con respecto a los anteriores modelos, es la consideración de los archipiélagos de Madeira y Azores, como Regiones Autónomas, implicando el reconocimiento de un grado de descentralización o de autonomía mayor, con respecto al resto del territorio del país.

III. LAS FUENTES DEL DERECHO

La Constitución de la República Portuguesa de 1976[33], fue sin duda, el texto legal que rompió definitivamente con cualquier recuerdo o resto político del Estado Novo, y por tanto, estaríamos ante una verdadera estructura constitucional, donde la Constitución se situaría en la cima del ordenamiento jurídico y el sistema político portugués.

III.1. La Constitución como norma suprema

La propia Constitución de la República Portuguesa de 1976 en su artículo 3, confiere a la Constitución el papel más importante dentro del sistema de fuentes, ya que, tanto la soberanía nacional, como el Estado, quedan sometidos a la Constitución[34].

Esa subordinación o la conformidad a la norma constitucional a la que hacemos referencia, engloba también al resto de leyes y normas del Estado, en las que se incluyen también las normas procedentes de las regiones autónomas, de las que posteriormente analizaremos. Los gobiernos locales y cualquier otro órgano público, igualmente deben de actuar conformes al texto constitucional de 1976.

---

33 Puede consultar el contenido íntegro del texto, en el siguiente enlace oficial del Parlamento portugués: https://www.parlamento.pt/Legislacao/Paginas/ConstituicaoRepublicaPortuguesa.aspx

34 Dentro de los principios fundamentales consagrados en la Constitución de la República Portuguesa, el artículo 3º es titulado como "soberanía y legalidad".

Estamos, por tanto, ante un sistema de fuentes, donde la Constitución ocupa el primer lugar, jerárquicamente hablando, y en el que el resto de normas del ordenamiento jurídico quedan sujetas a su conformidad con el texto constitucional. Dentro de la jerarquía que se le otorga a la Constitución de la República de 1976, también se incluirían las leyes especiales y las leyes de revisión constitucional.

La incorporación de la República de Portugal a la entonces denominada, Comunidad Económica Europea (CEE) en 1986, provocó que la Constitución de 1976 tuviera que realizar determinadas revisiones en su articulado, previos a la ratificación del Tratado de Maastricht en 1992, donde se germinó la actual Unión Europea (UE).

Con respecto a las revisiones constitucionales en Portugal, hemos de señalar que las reformas constitucionales de 1982[35] y 1989[36], fueron posibilitando la regla del efecto directo de las normas derivadas del Derecho Comunitario, alterando la redacción originaria del artículo 8 de la Constitución de 1976. Las siguientes revisiones de 1992[37] y de 2004, plantearon un escenario en el que se pudieran legitimar los pilares o las bases del derecho comunitario. (Alves Correia, 2016).

Tal y como acabamos de describir, la Constitución Portuguesa ocupa un lugar preferente dentro del sistema de fuentes, situándose en la cúspide en cuanto a su fuerza normativa, por encima de cualquier otra norma que esté dentro del ordenamiento jurídico portugués.

La incorporación de Portugal a la Unión Europea, ha propiciado que el texto constitucional haya tenido que adaptarse a la legislación europea, y por tanto, impedir que ninguno de los principios fundamentales del Derecho Comunitario, pueda colisionar con las normas del ordenamiento estatal, como sería el caso del principio de primacía y la prevalencia del Derecho de la Unión sobre las normas de derecho interno de los actuales 27 Estados miembros.

---

35 La primera reforma constitucional, tras la aprobación de la Constitución de 1976, es considerada como la más importante por parte de la doctrina portuguesa, ya que, conseguía desvincular al ejército del control de constitucionalidad y de la tutela de las normas aprobadas por la Asamblea.

36 La segunda reforma constitucional tuvo lugar en 1989, y fue aprobada mediante Ley Constitucional nº1/89 de 8 de julio.

37 Reforma aprobada mediante la Ley Constitucional nº1/92, de 25 de noviembre.

III.2. Orden jerárquico del sistema de fuentes

Siguiendo con la jerarquía dentro del sistema de fuentes, debajo de las leyes constitucionales, nos encontramos las normas de Derecho Internacional general o común, que son parte integrante del Derecho portugués, tal y como regula el artículo 8 de la Constitución.

En este sentido, es muy importante diferenciar lo que serían tanto los tratados internacionales que el Estado haya ratificado, de las normas resultantes que hayan sido aprobadas por las organizaciones internacionales a las que Portugal pertenezca. Además de este tipo de tratados internacionales, la Constitución también nos habla de los Tratados de la Unión Europea[38][39] y de las normas de las instituciones comunitarias que se aplicarán en el Derecho interno.

El principio de primacía del Derecho de la Unión Europea en el texto constitucional de 1976, ha sido cuestionado desde algunos sectores de la doctrina. El motivo es el posible límite que genera el propio artículo 8, en el último apartado dedicado a la aplicación de las competencias que ejerce el Derecho Comunitario en el derecho interno, debe ser "con respecto a los principios fundamentales del Estado democrático de Derecho" (Constitución Portuguesa 1976, artículo 8), lo que posibilitaría la intervención del Tribunal Constitucional, en caso de que hubiera una colisión entre las normas de derecho interno y las normas de Derecho comunitario (Rorigues Canotilho, 2010a).

Tras las leyes constitucionales y las normas de Derecho Internacional, nos encontramos como tercera fuente, a las leyes ordinarias, los decretos-ley del Gobierno y los decretos legislativos adoptados por los parlamentos de las regiones autónomas de los archipiélagos de Madeira y Azores[40]. Las leyes ordinarias a las que haríamos referencia, son aquellas emanadas de la Asamblea de la República, la cámara legislativa, que representa la soberanía del pueblo portugués, y que estudiaremos en el punto relativo a la separación de poderes.

---

38 En el texto original de 1976, solamente se hacía referencia a los dos primeros tipos de tratados, sin tener en cuenta a la Unión Europea, denominada Comunidad Económica Europea (CEE), a la que el país ingresaría en 1986. En el año 1976, la Comunidad Económica Europea tan solo estaba compuesta por tan solo nueve miembros, a los que posteriormente se uniría Grecia en 1981, junto a Portugal y España que lo harían en 1986.

39 El actual punto 4 del artículo 8 de la Constitución de la República Portuguesa, habla de la regulación de los Tratados de la Unión Europea y su relación con el ordenamiento interno.

40 El actual artículo 231 de la Constitución de 1976, habla de la Asamblea Legislativa y el Gobierno Regional, como órganos de gobierno de las Regiones Autónomas.

En el mismo nivel nos encontraríamos los decretos-ley aprobados por el gobierno de la República, en virtud de la potestad que le confiere el artículo 112 de la Constitución, donde se consideran actos legislativos tanto a las leyes, decretos-leyes y decretos-legislativos regionales.

Los decretos-legislativos regionales aprobados por los Parlamentos regionales[41] de Azores y Madeira, son fruto de las competencias otorgadas en el Título VII de la Constitución, dentro de la Parte III correspondiente a la organización del poder político, y que es dedicado a las Regiones Autónomas, donde su artículo 225.3 establece que "el ejercicio de la autonomía política y administrativa regional se ejerce dentro de la Constitución".

Antes de pasar al siguiente nivel del sistema de fuentes, hemos de precisar que los decretos-legislativos solo tendrían ámbito regional, mientras que los otros actos tendrían un ámbito nacional o estatal. Por otro lado, debemos recalcar que el artículo 112.2 de la Constitución de 1976, nos dice que las leyes y los decretos-leyes tienen igual valor, por lo que, en cierto modo, podríamos situar a los decretos-legislativos regionales en un escalón inferior al resto de actos legislativos.

Continuando con el orden jerárquico en el sistema de fuentes, nos encontraríamos en el siguiente escalón, con los actos dotados de fuerza equivalente a las leyes. Dentro de esos actos, podríamos incluir la aprobación de convenios, tratados o acuerdos internacionales, o las resoluciones del Tribunal Constitucional de declaración de inconstitucionalidad, entre otras cuestiones (Portal europeo de e-Justicia – Legislación Nacional, s. f.).

Por último, en el más ínfimo escalón en el sistema de fuentes estarían los reglamentos, que tendrían un rango inferior a las leyes. Su principal objetivo es complementar, desarrollar a las leyes, con el fin de poder facilitar su aplicación o ejecución (Portal europeo de e-Justicia – Legislación Nacional, s. f.).

En cuanto a la existencia de otras fuentes del Derecho, que no estuvieran integradas o reguladas de manera directa por el Estado, podríamos señalar a la costumbre, la jurisprudencia, la equidad, los usos o la doctrina. Estas fuentes podrían ser denominadas también como fuentes mediatas, ya que, no podrían ser aquellos actos que por sí solos son considerados generadores de Derecho (Fontes do direito – Infópedia , s.f.).

---

[41] Denominamos Parlamentos regionales, a las Asambleas Regionales creadas por los Estatutos Político-Administrativos de los archipiélagos de Madeira y Azores, como órgano legislativo propio de sendas regiones autónomas.

IV. GOBIERNO, PARLAMENTO Y PODER JUDICIAL

La consagración de la separación de poderes en la Constitución de la República Portuguesa de 1976 fue, sin duda, uno de los objetivos principales de la Asamblea Constituyente, surgida tras las primeras elecciones después del régimen dictatorial del Estado Novo.

Tras un periodo transitorio, donde el Consejo de la Revolución[42], órgano provisional del ejército aún seguía existiendo como un órgano que se encargaba de la aplicación del texto constitucional, es en 1982, fecha de la primera revisión constitucional, cuando se eliminan las referencias a este órgano[43].

Como mencionábamos anteriormente, el objetivo prioritario podría ser el establecer un Estado donde no hubiera influencias de ningún poder sobre otro, por lo que en el artículo 2º de la Constitución de 1976, la República Portuguesa quedó configurada en un Estado democrático que se basaba "en la separación e interdependencia de poderes", como uno de sus principales pilares.

A lo largo del texto constitucional, también observamos más referencias a la separación de poderes como es el caso del artículo 110 y 111. En el primero de ellos, la Constitución nos enumera a los órganos de soberanía que serían el Presidente de la República, la Asamblea de la República, el Gobierno y los Tribunales.

En el artículo 111, se reafirma esa separación de poderes, ya que el artículo establece que "los órganos de soberanía deben observar la separación y la interdependencia establecidas en la Constitución" (Constitución de la República Portuguesa, Artículo 111).

Por tanto, antes de analizar cada uno de los poderes por los que estaría compuesto el poder político en Portugal, la Constitución como norma suprema del Estado, quiere fijar los pilares que van a construir lo que sería un verdadero Estado democrático, donde la separación de poderes es una de las bases que lo sustenta.

---

42 *"Conselho da Revolução"*, sería su nombre traducido al portugués, y el nombre oficial de este órgano, tal y como aparece regulado en la Constitución de 1976.

43 En el texto originario de 1976, la parte IV de la Constitución era dedicada a la garantía y revisión de la Constitución, donde el Consejo de la Revolución tenía el poder de evitar la promulgación de leyes o decretos, según el artículo 277. El texto originario de la Constitución de 1976, antes de sus posteriores revisiones, puede ser consultado en el siguiente enlace oficial de la web del Parlamento de Portugal: https://www.parlamento.pt/Parlamento/Documents/CRP1976.pdf

IV.1. El Presidente de la República

En primer lugar, vamos a detenernos en el primero de los órganos que enumera el artículo 110, como es el caso del Presidente de la República. El Estado portugués tiene al Presidente de la República y al Gobierno, encabezado por un Primer Ministro, como los dos órganos que integran el poder ejecutivo portugués.

El Presidente de la República, es el Jefe del Estado en Portugal, y es elegido mediante sufragio universal para un periodo de cinco años. Dentro de la Parte Tercera[44] de la Constitución, el Título II dedica su primer capítulo al Jefe del Estado, donde a través de trece artículos, se regula este órgano de soberanía. En el referido capítulo, podemos destacar algunas cuestiones sobre su nombramiento a través de proceso electoral, como es la obligatoriedad de que para que un candidato sea proclamado presidente de la República, debe obtener más de la mitad de los votos expresados[45].

En caso de que no hubiera obtenido ese número de votos ninguno de los candidatos en la primera vuelta de las elecciones, habrá una segunda vuelta donde los dos candidatos con mayor número de votos, volverán a presentarse veintiún días después a un nuevo proceso electoral[46].

Este sistema electoral para la elección del Presidente de la República, mediante un resultado mayor del 50% o la necesidad de una segunda vuelta con dos candidatos, es una fórmula bien conocida en algunos sistemas constitucionales, como por ejemplo el caso de la V República de Francia[47][48].

---

44 La Parte Tercera de la Constitución de 1976, hace referencia a la organización del poder político.

45 Originariamente, la Constitución de 1976 solo tenía en cuenta los votos presenciales de los ciudadanos residentes en Portugal, que hubieran acudido a las urnas. Actualmente, esa fórmula ha sido sustituida para incluir también a la población portuguesa que resida en el extranjero, y por tanto, contabilizar en el recuento final también el voto exterior. Fue en la reforma constitucional de 1997, donde el artículo 121 de aquel texto, reflejó por primera vez la posibilidad de que los ciudadanos residentes en el extranjero pudieran votar.

46 El artículo 126 de la Constitución de la República Portuguesa de 1976, fija el denominado sistema electoral para poder regular la elección de la figura del Presidente de la República.

47 En el caso de la Constitución de la República Francesa de 1958, el Presidente debe ser elegido en la primera por mayoría absoluta y si ningún candidato obtuviera ese resultado, se celebrarían unas segundas elecciones con los dos candidatos con mayor número de votos a los catorce días, tal y como lo establece el art.7 de la Constitución de 1976.

48 Podría darse la circunstancia de que el Presidente de la República, pueda pertenecer a un partido político diferente al partido del Primer Ministro, como a continuación

Estamos, por tanto, ante un sistema semipresidencial, o también denominado sistema mixto parlamentario-presidencial, donde debe existir una cooperación institucional entre los vértices del triángulo que representan los tres órganos de soberanía, como son el Presidente de la República, el Gobierno y el Parlamento de Portugal (Barroso y de Bragança, 1988).

Entre las atribuciones o competencias que tiene el Presidente de la República, hemos de situar a este órgano de soberanía, como una figura que representa al pueblo portugués y que se sitúa en el centro entre el Parlamento y el Gobierno. Una figura que pese a no tener importantes competencias ejecutivas, puede convertirse en un elemento vertebrador de esa separación de poderes que consagra el texto constitucional.

Remitiéndonos al articulado del texto constitucional de 1976, la Constitución le dedica a sus competencias el segundo capítulo del Título II de la Parte Tercera, donde destacamos su papel como un Jefe de Estado con atribuciones que deben ser a propuesta del Primer Ministro, y otras competencias como máximo representante del país en las relaciones exteriores, en cuanto a la ratificación de tratados internacionales. También es importante señalar la capacidad para declarar el estado de sitio o el estado de excepción, en situaciones de emergencia.

Es por ello, por lo que consideramos que la figura o el papel del Presidente de la República, es la de un órgano que puede servir de contrapeso o equilibrio entre el poder legislativo y el poder ejecutivo, encabezado por el Primer Ministro, donde sus competencias como Jefe de Estado, pueden ser resumidas en una autoridad que proporcione estabilidad al sistema político del país y a su país, sea una persona que pueda encarnar la representación del país de manera interna como externa.

IV.2. El Gobierno

A continuación, vamos a analizar, otro de los poderes soberanos como sería el Gobierno, cuyo máximo representante es el Primer Ministro, que a su vez preside el Consejo de Ministros.

La principal diferencia con el Presidente de la República, es que su nombramiento lo realiza el Presidente de la República, a través de la Asamblea de la República (Parlamento), cuya composición viene precedida de unas elecciones generales o parlamentarias. Por tanto, la elección del Primer Ministro no será fruto de un sufragio directo por parte del pueblo portugués, y sí de

estudiaremos.

una votación parlamentaria, reflejo de la voluntad del pueblo portugués expresada mediante unos comicios electorales.

Como citábamos unas líneas más arriba, el modelo portugués puede ser considerado como un sistema semipresidencial, donde existen dos órganos de soberanía que podemos considerar encuadrados dentro del poder ejecutivo, como son el Presidente de la República y el Primer Ministro.

Tras la primera revisión constitucional de 1982, el Primer Ministro ya no puede ser destituido por el Presidente de la República, como fijaba la originaria Constitución de 1976, evitando por tanto, que hubiera una interferencia entre poder legislativo y poder ejecutivo, que podía anular la voluntad expresada en las urnas por parte del pueblo portugués.

Esto se pudo deber a la influencia del Consejo militar instaurado tras la Revolución de los Claveles de 1974, donde el ejército, atendiendo al articulado del texto originario constitucional, seguía teniendo un poder importante que controlaba la aplicación del originario texto constitucional de 1976[49], con el fin de establecer un régimen plenamente democrático.

En cuanto al texto constitucional, actualmente y tras sus siete revisiones, la figura del Primer Ministro y del Gobierno está regulada en el Título IV de la Parte Tercera. Como hemos mencionado anteriormente, el Primer Ministro es nombrado por el Presidente de la República, teniendo en cuenta los resultados electorales y una vez oídos a los partidos representados en la Asamblea, tal y como fija el artículo 187 de la actual Constitución.

El mismo artículo, en su segundo punto, regula el nombramiento de los distintos miembros del Gobierno por el Presidente de la República, pero siempre, a propuesta del Primer Ministro.

Este hecho reafirma ese poder ejecutivo donde el Gobierno será quien asuma el poder ejecutivo del país, donde el Presidente de la República se limitará a nombrar a los miembros que le hayan sido propuestos por el Primer Ministro. Estamos antes esos tres vértices del triángulo, que mencionábamos anteriormente, que vertebran y equilibran la separación del poder legislativo y el poder ejecutivo en Portugal[50][51].

---

49 Puede consultarse el primer texto constitucional aprobado en 1976, sin ninguna revisión, en el siguiente enlace: https://www.parlamento.pt/Parlamento/Documents/CRP1976.pdf

50 El artículo 191 de la Constitución de 1976, expresa la responsabilidad del Primer Ministro del país, tanto con el Presidente de la República como con la Asamblea de la República, fruto de la responsabilidad ante su Gobierno.

51 Al igual que el Primer Ministro, el Gobierno también será responsable ante dos órganos de soberanía. El artículo 190 fija la responsabilidad del Gobierno ante el Presi-

Volviendo al poder ejecutivo y al poder del gobierno en particular, dentro del capítulo III del Título IV de la Parte Tercera, dedicado a las competencias del Gobierno, destacamos su competencia legislativa y su capacidad de aprobar decretos-leyes.

Igualmente, es importante destacar sus competencias políticas en lo que repercuta al Presidente de la República, como por ejemplo refrendar sus actos, o proponerle la declaración de guerra o hacer la paz, etc. Por otro lado, existen una serie responsabilidad ante la Asamblea de la República por parte del Gobierno, como es la de presentar las cuentas del Estado y las demás entidades públicas, entre otras funciones.

En esas competencias del poder ejecutivo, hemos de reiterar ya la importancia del papel del Primer Ministro, ya que, como máxima autoridad de su gobierno debe dirigir la política general de su gobierno, al igual que a todos los ministros, se les exige ejecutar la política que hayan definido para sus ministerios.

Por todo ello, podemos afirmar que la mayoría de las potestades y competencias del poder ejecutivo, van a recaer en el Gobierno y en el Primer Ministro, que a su vez, deberán rendir cuentas y serán responsables ante los otros órganos de soberanía.

IV.3. El poder legislativo

Una vez analizado el poder ejecutivo, vamos a pasar a estudiar el que sería el poder legislativo dentro del sistema político de Portugal. La Asamblea de la República,[52][53] es el máximo órgano del poder político, ya que, es unicameral y sus 230 miembros son elegidos mediante sufragio por un periodo de cuatro años.

---

dente de la República y el poder parlamentario, representado por la Asamblea de la República.

52 La actual Asamblea de la República tiene más de 200 años de historia, ya que, en 1821 tuvo lugar la primera sesión parlamentaria, fruto de la Revolución Liberal de 1820 con la presencia de 74 diputados. Para obtener mayor información, consúltese el siguiente enlace oficial del Parlamento Portugués: https://www.parlamento.pt/Parlamento/Paginas/200-anos-parlamento.aspx

53 El nombre de Asamblea de la República sustituyó al de Asamblea Nacional, que fue el nombre que le dio el régimen del Estado Novo a su parlamento.

Sus diputados son elegidos mediante las denominadas circunscripciones plurinominales[54], según un sistema proporcional[55] de votos, que en el caso de Portugal, son los distritos. Dichos diputados deberán estar integrados en las listas de los diferentes partidos políticos, al igual que la mayoría de democracias europeas, impidiendo por tanto que existan diputados que se puedan presentar por libre y sin lista electoral, pese a que no estén afiliados al partido político por el que se presentan. (Rodrigues Canotilho, 2010b).

El artículo 147 comienza con la definición de que "la Asamblea de la República es la Asamblea representativa de todos los ciudadanos portugueses". Tras esta definición, podemos afirmar la importancia de esta Asamblea como máximo órgano de representación de la voluntad popular de todos los ciudadanos de Portugal.

El texto constitucional de 1976, expone a lo largo de 35 artículos toda la regulación de la cámara parlamentaria portuguesa. En estos artículos, regula sus competencias, su organización y funcionamiento, su disolución o los derechos y deberes de los diputados.

El hecho de que sea un parlamento unicameral es fiel refleja de su modelo territorial unitario, ya que, este sistema carece de una segunda cámara que pudiera servir como un órgano de representación territorial como en algunos Estados descentralizados, ni tampoco se ha establecido una cámara que pudiera servir como una cámara que controlara la función del gobierno.

IV.4. El poder judicial

Por último, vamos a analizar el poder judicial y los tribunales de Portugal, que podemos ver regulados en el Título V de la Constitución de la República Portuguesa de 1976, en su Parte Tercera.

Concretamente, este el nombre de este Título hace referencia a los Tribunales, donde en su artículo 203, se regula la independencia de los tribunales, afirmando que "solo están sujetos a la ley". Además de ello, los tribunales, son también órganos de soberanía que van a tener competencia para administrar justicia en nombre del pueblo, tal y como recoge su artículo 202.

---

[54] Actualmente existen 22 circunscripciones o círculos, que abarcarían las 18 peninsulares correspondientes a los 18 distritos que en los que está dividido el territorio del Portugal continental, 2 insulares y 2 en el extranjero (Escudero, 2022a)

[55] El círculo o circunscripción de Lisboa sería quien aporta 48 de los 230 diputados totales de la Cámara, seguido del círculo de Oporto que aportaría 40. (Escudero, 2022b)

En cuanto al esquema de los órganos jurisdiccionales en Portugal, en primer lugar, tenemos al Tribunal Supremo de Justicia[56], incluyendo sus tribunales de primera instancia y segunda instancia. Este Tribunal se situaría en la cúspide de la jerarquía de tribunales, ya que, es el órgano superior de justicia en Portugal.

Paralelamente, nos encontramos al Tribunal Constitucional, que será el encargado de las materias de índole jurídico- constitucional. Este Tribunal tiene como principal competencia el poder de control de la constitucionalidad de las leyes, y por tanto, no podemos confundir su función con la del Tribunal Supremo, que sería el máximo tribunal dentro de la justicia ordinaria.

Las funciones actuales del Tribunal Constitucional en Portugal, no se vieron reguladas en el original texto de 1976, ya que, el denominado Consejo de la Revolución de carácter militar, ejercía un papel de tutela y control político sobre todas las normas del ordenamiento jurídico, en los primeros años de democracia, tras la caída del Estado Novo. El Tribunal Constitucional no fue instituido hasta 1982[57], tras la primera revisión constitucional, donde pudo ejercer un papel plenamente autónomo, tras la desaparición constitucional del órgano de gobierno militar transitorio (Cardoso da Costa, 1988a).

Con respecto a la jurisdicción administrativa y tributaria, nos encontramos al Tribunal Supremo Administrativo, como máximo órgano, y que estaría compuesto de una sala de lo contencioso-administrativo y una sala de lo contencioso-tributario. Su función principal es resolver recursos que se hayan presentado contra resoluciones de los tribunales de esta jurisdicción (Portal Europeo de e- Sistema de justicias nacionales, s.f.).

Dentro de este breve esquema sobre la organización judicial, en la jurisdicción financiera, hemos de incluir al Tribunal de Cuentas, órgano encargado de velar por la legalidad y la regularidad de os ingresos y gastos de la administración, junto a la fiscalización de todas las cuentas públicas que la ley le encomiende.

Por último, señalar a los Juzgados de Paz y a los tribunales militares. El primero de ellos, podrá juzgar procesos especiales de materia civil, donde la cuantía sea inferior a 15000 euros, y los tribunales militares que podrán ser

---

56 La sede del Tribunal Supremo se encuentra en Lisboa y su jurisdicción se extiende a todo el territorio nacional portugués. El Tribunal Supremo se divide en salas, como la penal, civil y social.

57 En la Constitución de 1911 de la Primera República Portuguesa, contemplaba un control difuso de las leyes o *judicial review*, encomendado a los tribunales de justicia ordinarios (Cardoso da Costa, 1988b).

constituidos en tiempos de guerra. (Portal Europeo de e- Sistema de justicias nacionales, s.f.)

V. ORGANIZACIÓN TERRITORIAL

Para poder entender la organización territorial de Portugal, es imprescindible poder remontarnos unos siglos atrás y situarnos en lo que fueron todas las colonias y territorios de ultramar que eran de soberanía portuguesa, y que, hasta la caída del Estado Novo, fueron parte integrante del territorio portugués.

No obstante, una de las principales características del modelo territorial portugués ha sido la idea de consagrar un Estado unitario, tanto en su periodo monárquico como posteriormente en los distintos periodos donde se instauró un régimen republicano, otorgando cierto grado de descentralización o autonomía a determinados territorios que se encontraran fuera del denominado Portugal continental, y que seguían bajo soberanía portuguesa.

V.1. El Estado unitario de 1976

En este sentido, la actual Constitución de la República Portuguesa de 1976 consagró un modelo territorial basado en un Estado unitario, donde los archipiélagos de las Azores y Madeira, eran consideradas como Regiones autónomas, disponiendo de un Estatuto político-administrativo e instituciones de autogobierno, tal y como dispone el artículo 6 del texto constitucional[58][59].

Estamos, por tanto, ante un modelo unitario, pero a la vez híbrido, ya que, el modelo territorial de Portugal no responde al esquema clásico de Estado unitario, puesto que Portugal solo cuenta con un modelo territorial sujeto a una sola estructura institucional de poder dentro de su territorio continental, donde un único sistema competencial uniforme será el que rija dentro de sus límites geográficos.

Un mismo modelo para una sociedad, donde sus ciudadanos dispondrán de los mismos derechos y obligaciones, sea cual sea, el lugar el distrito en el que residan dentro del ámbito geográfico continental.

---

58 El originario texto redactado en 1976, antes de ser revisado, el punto 1º del artículo 6º, establecía que "Portugal es un Estado unitario y respeta en su organización los principios de autonomía de las autarquías locales y de la descentralización democrática de la administración pública".

59 En el punto 2º del artículo 6 consideraba regiones autónomas a los archipiélagos de Madeira y Azores, dotándolos de estatutos administrativos propios.

Como veremos a continuación, el hecho de que los archipiélagos de Azores y Madeira dispongan de cierto grado de un Estatuto político-administrativo propio, provoca que no podamos hablar de una única separación de poderes que abarcaría un solo poder legislativo, ejecutivo y judicial, sin que haya ningún otro nivel de separación de poderes dentro del territorio, que pueda ser paralelo al del poder central.

En este sentido, se asemejaría al modelo de cualquier país descentralizado, donde un parlamento regional o autonómico puede legislar, sin que sus materias legisladas colisionaran con las materias que legisle el parlamento nacional. La singularidad de Portugal, es que este ejemplo solo podría ocurrir para los territorios insulares de Azores y Madeira.

Tomando como referencia la actual legislación, Portugal administrativamente está dividido en 18 distritos[60], situados en el territorio continental y de dos regiones autónomas.

Estos distritos, a su vez están compuestos por municipios[61] que se subdividen en parroquias[62]. En esos municipios o *concelhos*, existirá una Cámara Municipal y la Asamblea Municipal como los órganos de poder.

Estamos por tanto ante una mera división administrativa, donde el poder central ha optado por la desconcentración de poderes, y no por la descentralización política de su poder en el territorio continental de Portugal.

En el artículo 237 de la Constitución de 1976, se hace referencia expresa a la "descentralización administrativa", para precisar que en ningún caso la descentralización será política para las Administraciones locales.

No obstante, durante las últimas décadas ha existido un debate intenso sobre la regionalización política en el territorio continental portugués. En 1998, se planteó a la ciudadanía, un referéndum el 8 de noviembre del citado año, para poder dividir a Portugal en ocho regiones, siendo rechazado por la población portuguesa, donde el 50% de la población se abstuvo (López-Davalillo Larrea, 2010).

Actualmente, el país dispone de cinco regiones administrativas: Norte, Centro , Lisboa, Alentejo y Algarve, donde hay unas Comisiones de Coordinación y Desarrollo Regional (CCDR), funcionando como servicios de la administración central, dotados de autonomía administrativa y financiera, bajo

---

60 Los distritos son utilizados como base de las circunscripciones electorales, según la Ley Electoral para la Asamblea de la República (Ley nº14/79).

61 Concelhos sería la figura equivalente en Portugal, a la de municipio o localidad en España.

62 Freguesías podría ser definido como una subdivisión del *concelho* o municipio.

la dirección del Ministerio de Cohesión Territorial. Entre sus funciones están la posibilidad de asumir competencias en materia de medio ambiente, desarrollo regional, sin disponer en ningún caso de autonomía política (CCDR Algarve, s.f.).

V.2. Macao en la Constitución Portuguesa de 1976

Tras el proceso de descolonización llevado a cabo por el país durante buena parte del siglo XX, el texto original de la Constitución de la República Portuguesa de 1976, no solo contemplaba el actual territorio continental portugués, junto a los archipiélagos de Madeira y Azores.

En el año 1976, el territorio de Macao, situado en el continente asiático, y aún bajo soberanía portuguesa, se regía por un estatuto debido a su situación especial, tal y como reflejaba el artículo 5º del primer texto constitucional de 1976, que lo integraba como territorio de Portugal.

En el caso de Macao, la recién estrenada democracia portuguesa concedió a Macao un Estatuto de Autonomía, denominado Estatuto Orgánico de Macao de 1976[63], donde su artículo 2º, definía al territorio como una "persona colectiva de derecho público interno, gozando de autonomía administrativa, económica, financiera y legislativa de acuerdo con los principios establecidos en las leyes constitucionales portuguesas"[64].

La Ley Básica de la Región Administrativa Especial de Macao de la República Popular China, aprobada en 1993 por las autoridades chinas y cuya entrada en vigor data de 1999, contemplaba la transferencia de soberanía[65] de la región, tras 442 años de presencia portuguesa en esta región (Cardinal,2008).

Tras la reforma constitucional de 2001 de la Constitución de la República Portuguesa de 1976, el propio artículo 5º de la Constitución, eliminaba a Macao como parte del territorio portugués, definiéndose solo como territorio al Portugal continental, junto a Madeira y Azores.

---

63 Para más información, consúltese el Estatuto Orgánico de Macao en el *Diario da República*: https://dre.pt/dre/detalhe/lei/1-1976-507618

64 El ·*Diario da República de Portugal*·, es la publicación equivalente al Boletín Oficial del Estado en España. Hasta el 9 de abril de 1976, su nombre fue el de *Diario do Governo.* Para una mayor información sobre su historia, consúltese el siguiente enlace : https://diariodarepublica.pt/dr/geral/diario-republica-eletronico/historia

65 Una soberanía china, que sin embargo, no será ejercida en el ámbito económico, ya que, esta Ley Básica da un plazo de 50 años, para que el gobierno de la República Popular China respete el sistema económico de la región, heredada por su antiguo status como colonia portuguesa.

A pesar de la transferencia de Macao a China, por parte de Portugal, en este territorio seguiría permaneciendo la huella portuguesa, ya que, entre otras cuestiones, el uso del portugués sigue vigente, puesto que, La Ley Básica de la Región de Macao[66], establecía en su artículo 9º, que la lengua portuguesa será permitida en las instituciones junto al chino.

V.2. Las regiones autónomas de Azores y Madeira

Tal y como citábamos unas líneas más arriba, los archipiélagos de Azores y Madeira, van a ser reconocidos como regiones autónomas dentro del Estado unitario portugués. No obstante, la idea inicial que planteó la Constitución de la República tras su aprobación en 1976, no contemplaba el actual poder competencial del que disponen actualmente ambas regiones autónomas.

La idea de reconocer a Madeira y Azores como regiones autónomas, bien sea administrativa o políticamente, no es algo que aportase como nuevo la Constitución de la República de 1976.

En 1895, el Gobierno de Portugal[67] aprobaría el conocido como Decreto Autonómico[68], donde se concedía la autonomía administrativa para Azores y en 1901, que se extendería igualmente para Madeira (Vieira, 2001).

Durante el régimen salazarista, el Estado Novo no concedió ningún tipo de autonomía política para estos archipiélagos, limitándose a declararlos como islas adyacentes, aprobando mediante Decreto-ley, el llamado Estatuto de las Islas Adyacentes en 1939, donde se les concedía una simple descentralización administrativa, aunque podían ejercer algunas competencias (López Mira, 2001).

El originario texto de la Constitución de 1976, consagraba en su artículo 227 un régimen político-administrativo de Azores y Madeira, fundamentándose en condiciones geográficas, económicas y sociales, además de hacer referencia a las "aspiraciones autonomistas" de ambos territorios.

El texto fijó una serie de límites a las competencias que pudieran asumir ambas regiones, estableciendo el poder de la Asamblea de la República para

---

66 Para poder leer el texto completo de la Ley Básica de Macao de 1999, consúltese el siguiente enlace: https://www.wipo.int/wipolex/es/text/185900

67 El Primer Ministro de Portugal, Ernesto Hintze Ribeiro, nacido en las Islas Azores, fue el impulsor de este Decreto (Mesquita, 2016).

68 Decreto de 2 de marzo de 1895, publicado en el Diario do Governo. Para conocer más sobre la historia de la autonomía del archipiélago de Azores, consúltese la página web oficial de su Asamblea Legislativa:
https://www.alra.pt/index.php/autonomia/autonomia2/215-2-de-marco-de-1895

poder alterar dichos Estatutos, con la condición de que tuvieran que ser aprobados por el poder legislativo nacional, es decir, la propia Asamblea.

Al igual que otros textos constitucionales europeos coetáneos a la Constitución de la República Portuguesa de 1976, como es el caso de la Constitución española de 1978, el modelo constitucional portugués no establece un listado de competencias para el poder central y otro para el poder regional. En este caso, el texto constitucional de 1976 se limita a decir cuáles serían las competencias que podrán ejercer sus regiones autónomas cuando se elaboren sus Estatutos.

El 30 de abril de 1976, en el mismo mes en el que aprobase la Constitución de 1976[69], se aprobó el denominado Estatuto provisional para Azores y Madeira, con el fin de dotar de órganos provisionales a estos archipiélagos hasta que se redactasen y aprobasen sus propios Estatutos políticos- administrativos.

En 1980[70], es aprobado el Estatuto de la Región Autónoma de las Azores, siendo revisado en 1987, 1998 y 2009.

En la Región Autónoma del archipiélago de Azores, podemos destacar como en el artículo 2, se garantiza autonomía política, administrativa y financiera para la región, refiriéndose a la imposibilidad de que afecte a la soberanía del Estado y que no sea incompatible con la Constitución.

En dicho texto, también se institucionaliza la oficialidad de la Asamblea Regional y del Gobierno Regional, siendo catalogados como órganos de gobierno propios de la región[71]. En el articulado del texto, hay un desarrollo y un desglose de competencias que asumirá la región, quedando por tanto bien delimitadas sus funciones, evitando cualquier colisión con las competencias estatales.

Entre las competencias más importantes, podemos destacar el poder tributario propio del archipiélago, y la posibilidad de legislar en materias tan importantes comercio, industria, turismo, energía, etc. Junto a ello, también tienen la posibilidad de participar en la política externa de la República, sobre cuestiones que afecten a la región[72].

---

69 La Constitución de la República Portuguesa de 1976 fue aprobada el día 2 de abril.

70 El 26 de junio de 1980 es aprobado el llamado Estatuto Político-Administrativo de la Región Autónoma de las Azores, por la Asamblea de la República, plasmado en la Ley nº39/80 de 5 de agosto.

71 Art. 3 del Estatuto Político- Adminisitrativo de 1980 del archipiélago de Azores.

72 Para obtener una mayor información sobre el actual Estatuto Político- Administrativo de la Región Autónoma delas Azores, tras la revisión de 2009, consúltese el enlace oficial de la Asamblea Legislativa de la Región Autónoma las Azores https://www.alra.pt/documentos/estatuto_pt.pdf

Con respecto al archipiélago de Madeira, a diferencia del archipiélago de las Azores, su Estatuto político-administrativo fue aprobado en 1991[73], más de una década después que el otro territorio insular portugués.

Madeira, al igual que Azores, es considerada como Región Autónoma dentro de la Constitución Portuguesa de 1976 , y su Estatuto Político-Administrativo de 1991 lo reafirma en su artículo 1°, definiéndose como "Región Autónoma de la República Portuguesa"[74].

Al igual que en el Estatuto Político de Azores, este texto afirma que tanto su autonomía política, financiera y administrativa queda encuadrada dentro de la Constitución Portuguesa, y no afectará a la soberanía nacional.

Los dos órganos propios de la región autónoma son la Asamblea Legislativa Regional y el Gobierno Regional, que representarían al poder legislativo y al poder ejecutivo de la región. El Presidente del Gobierno Regional, es responsable ante esa Asamblea, y al igual que en Azores, los ciudadanos de Madeira elegirán democráticamente a los representantes de su Parlamento.

Estamos, por tanto, ante dos regiones con autonomía política, administrativa, financiera, económica y fiscal, dentro del marco de la Constitución de la República de 1976 y de sus respectivos Estatutos políticos-administrativos.

Estatutos políticos-administrativos, que son considerados como leyes nacionales, ya que, ambos fueron aprobados por la Asamblea de la República, al igual que sus modificaciones, y no serían consideradas como leyes propias de las regiones autónomas.

VI. DERECHOS FUNDAMENTALES

Tras la restitución del orden democrático en Portugal, con la caída del llamado Estado Novo en 1974, uno de los pilares en los que pareció fundamentarse el nuevo texto constitucional de 1976, sería la consolidación y protección de los derechos fundamentales a toda la ciudadanía portuguesa, incluyendo también a los ciudadanos extranjeros, como veremos a continuación, a lo largo de este punto.

---

73 La Ley n°13/91 de la Asamblea de la República, aprobó el Estatuto Político-administrativo para Madeira.

74 Para poder leer el articulado íntegro del Estatuto Político- administrativa del archipiélago de Madeira de 1991, puede consultarse el siguiente enlace de la web de la Comisión Nacional de Elecciones https://www.cne.pt/sites/default/files/dl/legis_eparam_2012_0.pdf

VI.1. La Constitución como garante de los derechos fundamentales

En la Constitución de la República de 1976, podemos observar un amplio catálogo de derechos fundamentales regulados en la Parte Primera de la Constitución, donde se hace una división por títulos de dos grandes categorías de derechos fundamentales.

Como primer grupo o categoría estarían los denominados "los derechos libertades y garantías", encuadrados en el capítulo I, del Título II dentro de la Primera Parte, donde podemos destacar algunos derechos fundamentales como el derecho a la vida[75], el derecho a la libertad y seguridad o el derecho a la detención preventiva[76].

En el segundo grupo, estarían los derechos y obligaciones, económicos sociales y culturales[77], insertados en el Título III, dentro de la Parte Primera de la Constitución, a su vez, divididos en tres capítulos. Algunos de los derechos que podemos enumerar son el derecho a la salud, el derecho a la familia o el derecho a la educación[78].

Otra de las principales características de este amplio catálogo, es que todos son reconocidos como derechos fundamentales, incluidos los derechos y obligaciones económicas, sociales y culturales, que no son considerados como principios rectores, como puede ser el caso de la Constitución Española de 1978, y que son reconocidos como derechos del individuo antes de todo. (Rodrígues Canotilho, 2010c).

Dentro de ese catálogo de derechos fundamentales, en el artículo 16.1, la Constitución nos habla de una extensión e interpretación de los derechos fundamentales, ya que, se da la posibilidad de que puedan existir otros derechos fundamentales que se encuentren fuera de la Constitución, como en otras leyes nacionales o normas de Derecho Internacional.

En cuanto a leyes nacionales, hemos de referirnos solo a las leyes emanadas del poder central, ya que, los órganos regionales creados por los Estatutos de las regiones autónomas, parecen quedar excluidos de poder regular derechos fundamentales que pudieran tener aplicación nacional o regional, quedando

---

[75] El artículo 24 de la Constitución de la República Portuguesa, regula dicho artículo.

[76] Al igual que otros textos constitucionales europeos, el artículo 28 de la Constitución regula esta cuestión, limitando el plazo máximo de la detención a 48 horas antes de la resolución judicial, sobre la puesta en libertad o el ingreso en prisión.

[77] De los 296 artículos por los que está compuesta actualmente la Constitución Portuguesa, tras su última revisión en 2005, el catálogo los derechos y deberes fundamentales abarca desde el artículo 12 al artículo 79.

[78] El artículo 73 de la Constitución ha sido titulado "educación , cultura y ciencia", dentro del capítulo III "Derechos y deberes culturales".

solo esta posibilidad abierta para las leyes que procedan de órganos nacionales (Bacelar Gouveia, 2015).

La Constitución de 1976, se presenta como un texto abierto ante cualquier ciudadano portugués o extranjero, ya que, su titularidad de los derechos fundamentales abarca a todos, exceptuando los derechos políticos. La Constitución, como norma suprema del ordenamiento jurídico portugués, es el principal garante de estos derechos y libertades, ya que, son directamente aplicables, quedando tanto las entidades públicas y privadas sujetas a ella (Rodrigues Canotilho, 2010d).

VI.2. La figura del Provedor de Justiça

Junto a esta garantía, el propio texto constitucional faculta otro medio como garantizador de los derechos fundamentales, como es el caso del denominado *Provedor de Justiça*[79] [80], figura equivalente a la del Defensor del Pueblo, donde los ciudadanos pueden presentar sus quejas ante cualquier vulneración de sus derechos que consideren que hayan podido sufrir, funcionando, por tanto, como forma de garantía de los derechos fundamentales.

En cuanto a la legitimidad para dirigirse al *Provedor*, además de los ciudadanos portugueses o extranjeros, la posibilidad de poder presentar una queja ante el *Provedor de Justiça*, también abarca a personas colectivas como puede ser el caso de las empresas, las asociaciones o las organizaciones no gubernamentales. (Diario da República, s.f.)

El denominado *Provedor de Justiça* es un órgano unipersonal, que dispone de una organización compuesta por miembros a los que nombra y puede delegar competencias, que tendrá como principal objetivo, el apoyo al *Provedor de Justiça*. El nombre que recibe dicha organización es la llamada *Provedoria de Justiça* (Rita Gil, 2021).

VII. JUSTICIA CONSTITUCIONAL

Con respecto al modelo de justicia constitucional en Portugal, consideramos que la primera gran idea que podría definirlo, es que estamos ante un modelo mixto, ya que, por un lado posee rasgos del modelo de control

---

79 Su regulación aparece en el artículo 23 de la Constitución.

80 Esta figura fue instituida antes de la Constitución de 1976, siendo aprobada por el Decreto-Ley número 212/1975 de 21 de abril. En ese texto se configuró un modelo en el que el Defensor del Pueblo, donde no podría tener poder de control sobre las decisiones de los Tribunales ni ejercer directamente la acción penal (Silveira, 1988).

concentrado clásico, y también encontramos elementos del modelo de tipo americano o *judicial review*.

Desde la aprobación de la actual Constitución de la República Portuguesa de 1976, prevalece el control de constitucionalidad concentrado, pero a su vez integrado por el control difuso. No obstante, hemos de diferenciar dos fases, a la hora de hablar de justicia constitucional. En primer lugar, el periodo que comprendería los primeros años de vigencia del texto constitucional hasta la primera revisión (1976-1982), donde estaríamos ante un control difuso con la Comisión Constitucional y el Consejo de la Revolución, órgano controlado por los militares que impulsaron la Revolución de 1974, como máximos órganos de control, y un segundo periodo, que comenzaría en 1982, con un control judicial difuso y el Tribunal Constitucional (Miranda, 1997).

Portugal dispone de un Tribunal Constitucional, instaurado en 1982, seis años después de que se aprobara la Constitución de Portugal de 1976, que actúa como un órgano central del sistema, o también poder definirlo como el órgano superior de la justicia constitucional portuguesa, dentro de un sistema mixto concentrado-difuso (Doncel Luengo, 2002).

El Tribunal Constitucional, cuya sede está en Lisboa, tiene como principal competencia impartir justicia en las materias que sean jurídico-constitucionales, donde deberá decidir sobre su ilegalidad o su inconstitucionalidad, apelando a los artículos 277 y 283 de la Constitución de la República Portuguesa (Ministerio Público. s.f.)

El origen del sistema de control difuso portugués, podemos situarlo en la Constitución Republicana de 1911, que importó el *judicial review* o sistema norteamericano, influenciado probablemente por la Constitución Brasileña de 1891, que se inspiró en ese modelo republicano y federal, convirtiendo a Portugal en el primer país europeo, con un sistema de control difuso (Fernández Segado, 2005).

La principal idea que podemos extraer de lo que sería la justicia constitucional y del modelo portugués, es que la singularidad de Portugal se basa en que el control de constitucionalidad no solo es atribuido en exclusividad al Tribunal Constitucional portugués, ya que, el artículo 204 de la Constitución de la República Portuguesa de 1976, atribuye también esa función a los tribunales ordinarios (Martínez Estay, 2005).

VIII. CONCLUSIONES

En cuanto a las reflexiones finales o conclusiones que podemos realizar de nuestro estudio, hemos pretendido, en primer lugar, entender un poco mejor el origen de la actual Constitución de 1976, a través del estudio de la historia constitucional del Portugal contemporáneo.

Una de las principales conclusiones que sacamos es que Portugal se ve influenciada por el liberalismo presente en muchos textos constitucionales europeos de las primeras décadas del siglo XIX, y en 1822 es aprobada su primer texto constitucional.

Durante el siglo XIX, la Carta Constitucional de 1826 y la Constitución de 1838, son los otros dos textos constitucionales que sucederían al primer texto de 1822, siendo la Carta Constitucional de 1826 la que mayor vigencia tendría, aunque no de manera ininterrumpida.

Ya en el siglo XX, hemos podido analizar cómo en 1911 se proclamó la Primera República Portuguesa, aprobándose la Constitución de 1911, derogada por el Estado Novo, que aprobaría su propia Constitución de 1933, bajo un régimen autoritario y no democrático, que fue derrocado por un movimiento impulsado por el ejército dando lugar a la Revolución de los Claveles de 1974.

En 1976, es aprobada la actual Constitución de la República Portuguesa, derivada de un proceso electoral y democrático, siendo la separación de poderes uno de sus principales pilares en los que apoyaría su articulado.

La Constitución de 1976 estableció un Estado Unitario, donde el Presidente de la República, el Gobierno, la Asamblea de la República, serían los órganos de soberanía del país.

Es importante destacar el modelo semipresidencial que estableció Portugal, ya que, el Jefe del Estado será elegido mediante sufragio universal y directo, mientras que el Gobierno, encabezado por el Primer Ministro, será fruto de la voluntad del pueblo portugués, reflejada en las elecciones a la Asamblea de la República.

En cuanto al sistema de fuentes, situamos a la Constitución Portuguesa como la norma suprema del ordenamiento jurídico, por encima de todas las leyes nacionales y regionales, o decretos que puedan ser aprobados, y que en ningún caso, podrán contradecir a lo dispuesto en el texto constitucional.

Dentro de la función de la Constitución Portuguesa como norma suprema del ordenamiento jurídico, hemos analizado la función de la Unión Europea en el del sistema de fuentes nacional portugués, y las revisiones a la que ha sido sometida la Constitución Portuguesa de 1976, siendo en 2005, la séptima y última revisión constitucional.

Uno de los principales objetivos que han perseguido estas reformas, ha sido el poder adaptar el originario texto de 1976 a los continuos cambios sociopolíticos en estas últimas décadas, y sobre todo, a la incorporación de Portugal a la Unión Europea, y la importancia de no contradecir los principios o pilares de la Unión Europea con el sistema de fuentes del ordenamiento nacional portugués.

Otra de las cuestiones principales que hemos querido abordar en nuestro estudio es el modelo territorial de Portugal, tal y como lo configura la Constitución de la República de 1976.

Una de las principales reflexiones al respecto, es que Portugal es una República articulada en un Estado Unitario, que no reconoce ninguna descentralización política dentro de su territorio continental, pero que, sin embargo, considera Regiones Autónomas a los territorios insulares de Azores y Madeira, dotándolos de sendos Estatutos políticos-administrativos.

Estaríamos, por tanto, ante un territorio administrativamente dividido en distritos, municipios y parroquias, en el que el poder central ha decidido realizar una desconcentración de poderes, pero no ha creado órganos autónomos propios como en el caso de Azores y Madeira, donde puedan asumir una serie de competencias propias, dentro del marco de la Constitución y de sus respectivos Estatutos.

Los derechos fundamentales dentro del sistema constitucional portugués, ha sido también objeto de nuestro estudio, en el que he podidos constatar que los derechos fundamentales puedan encontrarse tanto dentro como fuera de la Constitución de 1976.

Hemos profundizado sobre las dos categorías de derechos fundamentales que son reguladas en la parte primera de la Constitución, pero también como exista la posibilidad de que determinadas leyes nacionales, regulen la aprobación de algunos derechos fundamentales que no estén expresamente recogidos en la Constitución.

Además de que la propia Constitución es el garante de hacer cumplir la aplicación de esos derechos fundamentales, hemos querido dedicar unas líneas a estudiar la figura del *Provedor de Justiça*, un órgano unipersonal, donde las personas físicas y las personas jurídicas` pueden presentar sus reclamaciones o quejas ante alguna vulneración de sus derechos fundamentales que hayan podido sufrir

En cuanto a la justicia constitucional, último punto tratado en nuestro estudio, hemos querido hacer una breve aproximación al modelo de justicia constitucional portugués, donde nos encontramos con un modelo concentrado, pero con rasgos de modelo difuso.

El origen difuso lo encontramos en la Constitución Republicana de 1911, que introdujo por primera vez en Europa, un sistema difuso, pionero en Europa, pero que a la vez, ha ido evolucionando ante un sistema mixto, que es el que actualmente nos encontraríamos.

Por otro lado, también hemos citado al Tribunal Constitucional de Portugal, como máximo órgano de control constitucional, cuya creación la situamos en 1982, después de la primera gran reforma de la Constitución de la República Portuguesa, que fue aprobada en el año 1976, tras el fin del Consejo de la Revolución.

BIBLIOGRAFÍA

-Alves Correia, F. (2016) Texto e Contexto da Constituição da República Portuguesa de 1976. *E- Pública. Revista Eletrónica de Direito Público. 3* (3) 1-40

-Bacelar Gouveia, J. (2015). Os direitos fundamentais na Constituição Portuguesa de 1976. *Revista Direito UFMS. Direitos Humanos e Fundamentais. Edição Especial* .pp.35-85

-Baioa, M. y Fernandes, P.J. (2002) La Historia Política del Portugal Contemporáneo. *Historia y política: Ideas, procesos y movimientos sociales,* 7, pp.11-54

-Barroso. A y Bragança, J. V. (1988) El Presidente de la República: Función y poderes. *Revista de Estudios Políticos, 60-61,* 307-332

-Cardinal, P. (2008). Macau: The internationalization of an historical autonomy. *Boletín Mexicano de Derecho Comparado, 1(122)*.637-689

https://doi.org/10.22201/iij.24484873e.2008.122.3987

-Cardoso da Costa, J. M. (1988). El Tribunal constitución portugués: origen histórico. *Revista de Estudios Políticos, 60-61.* 831-840

-Carta Constitucional de Portugal de 1826

Recuperado de: https://www.fd.unl.pt/Anexos/Investigacao/1533.pdf

-CCDR Algarve| ECRESHOT

https://ecreshot.ccdr-alg.pt/es/ccdr-algarve

-Constitución de España de 1812

Recuperado de: https://www.congreso.es/constitucion/ficheros/historicas/cons_1812.pdf

-Constitución de Portugal de 1822.

Recuperado de: https://www.parlamento.pt/Parlamento/Documents/CRP-1822.pdf

-Constitución de Portugal de 1838

Recuperado de: https://www.fd.unl.pt/Anexos/Investigacao/1058.pdf

-Constitución de la República Portuguesa de 1911

Recuperado de: https://www.parlamento.pt/Parlamento/Documents/CRP-1911.pdf

-Constitución de Portugal de 1933

Recuperado de: https://www.parlamento.pt/Parlamento/Documents/CRP-1933.pdf

-Constitución de la República Portuguesa de 1976. Diário da República n°86/1976, serie I de 1976-04-10.

Recuperado de:

https://www.parlamento.pt/Legislacao/Paginas/ConstituicaoRepublicaPortuguesa.aspx

- Diario da República, Provedor da Justiça

https://diariodarepublica.pt/dr/lexionario/termo/provedor-justica

- Doncel Luengo, J. A. (2002) Una primera aproximación al Tribunal Constitucional de Portugal: el ejemplo del primer semestre de 2001.*Teoría y realidad constitucional, 10-11*,p.585-605

- Escudero, J. L. (28 de enero de 2022),¿Cómo es el sistema electoral en Portugal? *El Periódico*

https://www.elperiodico.com/es/internacional/20220128/sistema-electoral-portugal-13160512

-Estatuto Orgánico de Macao, Ley nº 1/76, de 17 de febrero. Diário do Governo n.º 40/1976, Série I de 17 de Febrero de 1976, pp. 327 – 336.

Recuperado de: https://dre.pt/dre/detalhe/lei/1-1976-507618

-Fernández Segado,F. (2005). La justicia constitucional ante el siglo XXI: la progresiva convergencia de los sistemas americano y europeo-kelseniano. *Pensamiento constitucional*. Vol 11, nº11

-Fonseca, A. M. (2016). A Constituição de 1976: a visão de Bona. *Relações Internacionais. Instituto Portugués de Relações internacionais. Universidade Nova de Lisboa*, 49, pp- 11-26

- Fontes do Direito | Infopedia

https://www.infopedia.pt/artigos/$fontes-do-direito

-García, J. M. (1983). *História de Portugal. Uma visão global.* Ed. Presença

-González Hernández, E. (2012). 1820-1823: De Cádiz a Brasil pasando por Portugal. O dicho de otro modo: del Trienio Liberal, de la revolución constitucional de Oporto y de la independencia brasileña. *Revista de Derecho Político,* (84) pp.113-150.

https://doi.org/10.5944/rdp.84.2012.9200

-Infópedia Dicionários Porto Editora – Fontes do Direito

https://www.infopedia.pt/artigos/$fontes-do-direito

-Haro Sabater, J.M. (1999). El anteproyecto de ley de libertad religiosa de Portugal y el régimen jurídico de las confesiones religiosas. *Anuario de derecho eclesiástico del Estado,* 15, pp. 465-480

-Constituição da República Portuguesa I Portal do Ministerio Público

https://www.ministeriopublico.pt/iframe/constituicao-da-republica-portuguesa

- Ley Básica de la Región Administrativa Especial de Macao

Recuperado de: https://www.wipo.int/wipolex/es/text/185900

- Ley Electoral para la Asamblea de la República, Ley nº14/79. Diario de la República nº112/79, Serie I de 16 de mayo de 1979

Recuperado de: https://diariodarepublica.pt/dr/legislacao-consolidada/lei/1979-34485975

-López-Davalillo Larrea, J. (2010). Portugual,¿qué regionalización? Un recorrido por la geografía política de Portugal a lo largo del tiempo. *Espacio, tiempo y forma, 3*.27-52DOI:

https://doi.org/10.5944/etfvi.3.2010.2612

- López Mira, A. X. (2001). La regionalización en Portugal. *Revista de las Cortes Generales, 53,* 111-198

- Martínez Estay, J. I. (2005). El sistema europeo-continental de justicia continental. *Estudios Constitucionales*, *3,* (1)149-171

- Mendible Zurita, A. (2017). El Estado nacional brasileño: desde los antecedentes de su independencia hasta el bicentenario en el 2022. Taller de la Historia, *9* (9) 80-101

https://doi.org/10.32997/2382-4794-vol.9-num.9-2017-2189

- Mesquita, M. (2016) Mini-dicionário da autonomía das Açores. *Boletím do Núcleo Cultural da Horta. 25*, 101-120.

-Miranda, J. (1988). La Constitución de 1976 en el ámbito del constitucionalismo portugués. *Revista de Estudios Políticos (Nueva Época), 60-61*, 569-606

- Miranda, J. (1997). La justicia constitucional en Portugal. Centro de Estudios Políticos y Constitucionales. *1* 325-356

-Noguera Fernández, A. (2013). ¿Constitución o Ley Fundamental? Acerca de la Constitución Portuguesa de 1976. *Estudios Constitucionales, 11* (2), 615-638

DOI: http://dx.doi.org/10.4067/S0718-52002013000200016.

- Rita Gil, A. (2021). *O provedor de justiça nos países de lingua portuguesa.* Ed: ICJP-CIDP

https://www.icjp.pt/sites/default/files/publicacoes/files/ebook_provedorjustica_icjp2021.pdf

-Rodrigues da Silva, J. (2012). A Constituição de 1838. *Historia Constitucional: Revista Electrónica de Historia Constitucional,* 13, pp. 585-596

DOI: https://doi.org/10.17811/hc.v0i13

-Portal Europeo de e- Justicia – Legislación nacional. *Legislación Nacional Portugal.*

https://e-justice.europa.eu/content_member_state_law-6-pt-restore-es.do

- Portal Europeo de e- Justicia – Sistema de justicia nacionales. *Portugal*

https://e-justice.europa.eu/16/ES/national_justice_systems?PORTUGAL&member=1

- Rodrigues Canotilho, M. (2010). El sistema constitucional de Portugal. *Revista de derecho constitucional europeo,* nº14, pp. 117-135

-Sánchez Cervelló, J. (2005) Características del régimen salazarista. *Studia Historica. Historica Contemporánea,* 21 pp. 115-136

-Sardica, J. M. (2012). A Carta Constitucional portuguesa de 1826. *História Constitucional: Revista Electrónica de Historia Constitucional, (*13),527-561

DOI: https://doi.org/10.17811/hc.v0i13.342

- Silveira, L. (1988). El defensor del pueblo en Portugal. *Revista de Estudios Políticos, 60-61.* 661-698

-Tribunal Constitucional | Ministerio Público de Portugal

https://es.ministeriopublico.pt/node/4173

-Varela-Suanzes Carpegna , J. V. (2012). El Primer constitucionalismo español y portugués (un estudio comparado) *Historia Constitucional: Revista Electrónica de Historia Constitucional,* 13, p. 99-117

DOI: https://doi.org/10.17811/hc.v0i13.326

-Veríssimo Serrão, J. (1983). *História de Portugal, Vol. VII. A instauraçao do liberalismo (1807-1832)* .Ed. Verbo

- Vieira, A. (2001) (coord.). *História e autonomía da Madeira.* Secretaria Regional da Educação

https://issuu.com/albertovieira/docs/2001-manual-historia

Capítulo IX

El Sistema Constitucional del Reino de Marruecos

ABDELHAMID ADNANE

SUMARIO: I. Características generales de la Constitución de 2011. II. Sistema de Gobierno. II. 1. La Jefatura del Estado. II.2. El Parlamento. II.3. El Gobierno. II.4. El Poder judicial. III. Fuentes del Derecho. IV. Organización territorial. IV.1. La Comuna. IV.2. La Provincia y la Prefectura. IV.3. La Región. V. La jurisdicción constitucional. VI. Los derechos fundamentales. Bibliografía

I. CARACTERÍSTICAS GENERALES DE LA CONSTITUCIÓN DE 2011

Además del preámbulo, la Carta Magna se compone de 180 artículos distribuidos en catorce Títulos, de los cuales el primero alberga las disposiciones generales, mientras que el último se reserva para las disposiciones transitorias y finales. El segundo Título aborda los derechos fundamentales, mientras que los títulos tercero, cuarto, quinto, sexto y séptimo se ocupan respectivamente de la monarquía, el Parlamento, el Gobierno y la interrelación entre estos, así como del Poder Judicial. La Corte Constitucional ostenta el Título octavo, mientras que el Título noveno detalla la distribución territorial del poder. Los subsiguientes Títulos están destinados al Tribunal de Cuentas, al Consejo Económico, Social y Medioambiental, y a la buena gobernanza. Las cláusulas relativas a la revisión constitucional se encuentran recogidas en el Título duodécimo.

Las características distintivas de la actual Constitución pueden ser resumidas de la siguiente manera: se establece que Marruecos es una monarquía constitucional, democrática, parlamentaria y social (art. 1.1). La introducción del adjetivo "parlamentaria" en relación con la monarquía puede sugerir el rumbo a seguir en este sentido. Asimismo, se destaca que el régimen constitucional se fundamenta en la separación, equilibrio y colaboración de los poderes (art. 1.2), así como en la democracia participativa, los principios de buena gobernanza y la correlación de fuerzas entre la responsabilidad y la rendición de cuentas (art. 1.3).

La Constitución también enfatiza que la nación se sustenta en su vida colectiva mediante constantes federadoras, la religión musulmana moderada y la unidad nacional a través de diversos afluentes, subrayando la diversidad dentro de la unidad. Otro elemento clave en la nueva Constitución es la afirmación de que la organización territorial del reino es descentralizada y se basa en una regionalización avanzada, con una esencia democrática, competencias amplias y la aspiración hacia un desarrollo integral.

Se añade a lo anterior que el árabe deja de ser el único idioma oficial, pues el amazighe lo es también. El Estado se compromete, además, a proteger el hasaní y las demás expresiones culturales en Marruecos.

En cuanto a las demás señas de identidad cabe mencionar las clásicas que son una bandera roja con una estrella verde de cinco puntas en el centro, y la divisa "Dios, Patria y Rey".

Téngase en cuenta que, aunque el constituyente marroquí recurre a técnicas constitucionales clásicas, la exigencia de rigor científico nos insta a realizar una interpretación contextualizada. Este enfoque busca evitar la interpretación errónea que podría surgir al establecer una relación patológica entre el texto constitucional y su contexto.

Sin adentrarnos en la cita ni en la evaluación de las diversas interpretaciones a las que se sometieron los distintos textos constitucionales marroquíes, anticipamos que comprender plenamente esta experiencia constitucional implica reconocer la doble condición del texto constitucional. Esta afirmación se respalda en la naturaleza híbrida del orden fundamental marroquí, sustentado por la Bay'a y la Constitución. Esta dualidad emerge como el elemento determinante al perfilar su naturaleza y al intentar esbozar una representación auténtica del concepto marroquí de Constitución.

Cualquiera que se dedique al estudio del texto constitucional marroquí percibirá una innegable dualidad que da cuenta de la amalgama y sistematización de dos principios. En primer lugar, encontramos una dimensión tradicional representada por la Bay'a, o contrato social que engendra el poder y da origen a la unidad política. Por otro lado, se halla una dimensión democrática encarnada por la Constitución, concebida como una decisión política sobre la existencia, acciones y administración de este poder.

La operación de conjunción transforma el sistema marroquí en un punto de convergencia entre dos filosofías distintas: la tradicional y la occidental. De ahí que resulte ser un esfuerzo calificado como inacabado en términos de normativización y racionalización de este conglomerado. En otras palabras, el texto constitucional evidencia una asimilación de lo moderno por lo tradicional y viceversa, con el propósito de construir algo coherente y sistemático.

II. SISTEMA DE GOBIERNO

II.1. La Jefatura del Estado

La Constitución marroquí, en su artículo 41, concede un lugar destacado a la Jefatura del Estado debido a las dos funciones que le corresponden desempeñar. La primera, de índole religiosa, lo designa como el Emir de los creyentes, mientras que de la segunda, de naturaleza política, deriva de su calidad de Rey.

La posición de "Emir de los creyentes", establecida en el artículo 41 de la Constitución, se obtiene mediante la recepción del juramento de fidelidad conocido como "Bay'a". En la doctrina política, este término se utiliza en el sentido de un acuerdo contractual entre el gobernante y los gobernados, en virtud del cual ambas partes asumen compromisos mutuos y se reconocen derechos y facultades recíprocas.

En Marruecos, esta institución, arraigada en el Derecho tradicional, no solo se manifiesta como un ritual anual (celebrado el 24 de julio) que atestigua la renovación de la confianza, sino que también desempeña un papel crucial en la configuración del orden constitucional. Se le considera, en gran medida por parte de la doctrina, como una costumbre constitucional. El contenido de este compromiso se encuentra plasmado en un documento escrito, públicamente expuesto en el mausoleo de Moulay Idris, y, desde la implementación de la primera Constitución en 1962, se publica en el Boletín Oficial del Estado.

La Corona, como símbolo de la función regia, y sus derechos constitucionales son hereditarios, transmitiéndose de padre a hijo a los descendientes varones en línea directa y según el orden de primogenitura. Esto es así, a menos que, durante su vida, el Rey designe a un sucesor entre sus hijos que no sea el primogénito. El artículo 43 de la norma fundamental establece con precisión que en ausencia de descendencia varón en la línea directa, la sucesión al Trono recae en el varón de la línea colateral más cercana y en las mismas condiciones.

De los diecinueve artículos que conforman el título tercero, relacionado con la Jefatura del Estado, sobresalen tres innovaciones con respecto a las anteriores Constituciones. En primer lugar, las atribuciones regias se ejercen dentro del marco de un "Estado de Derecho", el cual, según establece el primer artículo de la Constitución, configura la monarquía como constitucional, democrática, parlamentaria y social. Además, el título II, que previamente estaba reservado para la monarquía en las Constituciones históricas, ahora se destina a los derechos fundamentales. A esto se suma la omisión, en la Constitución de 2011, de cualquier mención a la sacralidad de la persona del Rey, así como el establecimiento de los dieciocho años como la edad para alcanzar la mayoría de edad, tanto para el Monarca como para todos los ciudadanos.

Adicionalmente, se observa una distinción clara entre las atribuciones religiosas (artículo 41) y las potestades del Rey en su calidad de Jefe del Estado (artículo 42), aspecto que se presenta en dos artículos separados.

Es pertinente destacar que, si bien el Rey tiene la facultad de promulgar la ley (artículo 50) y dirigir mensajes al Parlamento (artículo 52), la nueva Constitución, a diferencia de las anteriores, no le otorga la capacidad legislativa en ausencia del Parlamento (durante periodos entre sesiones, disoluciones, etc.), ni la posibilidad de disolver el Parlamento una vez declarado el estado de excepción.

No obstante, la Constitución confiere al Rey un conjunto bastante amplio de facultades, que incluyen la destitución del Jefe del Gobierno o de uno o varios miembros del Gobierno, la disolución de las Cámaras del Parlamento, la presidencia del Consejo Superior de Seguridad, la proclamación del Estado de excepción, el ejercicio del derecho de gracia y la iniciativa para la revisión de la Constitución. Además, el Rey preside el Consejo de Ministros, el cual deliberará sobre las orientaciones estratégicas de la política del Estado, los proyectos de revisión de la Constitución, las leyes orgánicas, las orientaciones generales del presupuesto, las leyes marco, la ley de amnistía, la declaración de guerra, entre otros.

Cabe destacar que el Rey ejerce estas funciones, según lo estipula la Constitución, a través de un acto jurídico denominado "Dahir".

II.2. El Parlamento

La Constitución marroquí de 2011 ha restablecido el bicameralismo, previsto inicialmente en la primera Constitución de1962, que apenas perduró dieciocho meses antes de la declaración del estado de excepción de 1965 a 1970.

La actual Cámara de Representantes se compone de 395 miembros elegidos mediante sufragio universal directo cada cinco años, mientras que los miembros de la Cámara de Consejeros son elegidos por un período de seis años mediante sufragio universal indirecto. En el caso de esta segunda Cámara, la Constitución ha diseñado un sistema de elección que busca fortalecer la representación territorial, en concordancia con la regionalización avanzada consagrada en el artículo primero de la misma. Simultáneamente, se preocupa por la representación de los intereses de otros colectivos. Esto da lugar a una instancia de representación ecléctica o mixta, que abarca tanto intereses territoriales como corporativos.

De los 120 miembros que conforman la Cámara de Consejeros, las tres quintas partes que representan a las colectividades territoriales, se distribuyen entre las diversas regiones del reino en proporción a sus respectivas poblaciones, garantizando la igualdad entre las regiones. Concretamente, un tercio es elegido en cada región por el Consejo regional entre sus propios miembros, mientras que los dos tercios restantes son elegidos por un colegio electoral formado a nivel de cada región por los miembros de los consejos comunales, prefectorales y provinciales.

Las dos quintas partes restantes están compuestas por miembros elegidos en cada región por colegios electorales conformados por miembros electos de las Cámaras profesionales y de las organizaciones profesionales empresariales más representativas, así como por miembros elegidos a nivel nacional por un colegio electoral compuesto por representantes de los asalariados.

En virtud del artículo 70 de la Constitución, el Parlamento ostenta el poder legislativo, mientras que el artículo 71 delimita los ámbitos materiales sobre los cuales puede ejercer la acción legislativa parlamentaria. Esto implica que las demás materias quedan bajo la jurisdicción del poder reglamentario, lo que confiere al concepto de ley un carácter material, a diferencia de lo que ocurriría en un régimen parlamentario.

La Constitución, en su décimo artículo, garantiza a la oposición parlamentaria un lugar destacado, reconociéndole una serie de derechos que le permiten llevar a cabo su labor, tales como la libertad de expresión, tiempo de antena, financiación pública, entre otros. En este contexto, el artículo 60 califica a la oposición como un componente esencial de ambas Cámaras, reconociéndole el derecho de participar en la labor legislativa y en el control del Gobierno. Además, el artículo 69 establece que el reglamento interior debe detallar los derechos específicos de los grupos de la oposición y reservarles la presidencia de una o dos comisiones permanentes.

El artículo 70 de la Constitución establece la función de control del Gobierno por parte del Parlamento, así como la relativa a la evaluación de las políticas públicas.

Siguiendo la lógica del régimen parlamentario, el Gobierno puede enfrentar la cuestión de su responsabilidad y la retirada de la confianza por parte de la Cámara baja mediante la aprobación de una moción de censura o el rechazo de una cuestión de confianza. Asimismo, la segunda Cámara tiene la facultad de presentar una moción de interpelación, sin que su aprobación implique la retirada de la confianza.

En cuanto a la función de evaluación de las políticas públicas, según el artículo 101 de la Constitución, el Jefe de Gobierno presenta ante el Parlamento el balance de etapa de la acción gubernamental, ya sea por iniciativa propia o a solicitud de un tercio de los miembros de la Cámara de Representantes o de la mayoría de los miembros de la Cámara de Consejeros. Para ello, el Parlamento dedica una sesión anual a la discusión y evaluación de las políticas públicas.

II.3. El Gobierno

El Gobierno, encargado de ejercer el Poder Ejecutivo, está compuesto por el Jefe de Gobierno, los ministros (que pueden ostentar los títulos de "ministros", "ministros de Estado", "ministros delegados", o "secretario general del gobierno"), y los secretarios de Estado. Este cuerpo gubernamental se reúne semanalmente en una sesión conocida como "Consejo de Gobierno", presidida por el Jefe de Gobierno.

Bajo la autoridad del Jefe de Gobierno, el Gobierno implementa su programa, garantiza la ejecución de las leyes, administra la función pública y supervisa las instituciones y empresas de carácter público. Los ministros tienen la posibilidad de recibir delegaciones de poder por parte del Jefe de Gobierno para ejercer ciertas facultades.

La revisión del título V de la Constitución marroquí revela una nueva configuración del Poder Ejecutivo en comparación con las experiencias constitucionales previas. La innovación radica en el proceso de formación del Gobierno, en sus atribuciones y en la relación renovada entre el Jefe de Gobierno y los ministros.

Respecto a la primera cuestión, según lo estipulado en el artículo 47 de la Constitución, el Rey designa al Jefe de Gobierno del partido político que haya obtenido el mejor desempeño en las elecciones para los miembros de la Cámara de Representantes. Posteriormente, a propuesta del Jefe de Gobierno, el Rey nombra a los demás miembros del Gobierno. Luego, de acuerdo con el artículo 88 de la Constitución, después de la designación del Gobierno por parte del Rey, el Jefe de Gobierno presenta y expone su programa ante ambas Cámaras del Parlamento reunidas. Este programa debe destacar las principales líneas de la acción que el Gobierno tiene la intención de implementar en diversos sectores de la actividad nacional, especialmente en aquellos que afectan a la política económica, social, medioambiental, cultural y exterior. Este programa se somete a un debate en ambas Cámaras y, a continuación, a votación en la Cámara de Representantes. El gobierno resulta investido tras obtener la confianza de ésta si logra el apoyo de la mayoría absoluta de sus miembros.

En relación con la segunda innovación, que se refiere a las atribuciones del Jefe de Gobierno, se amplían sus poderes, destacándose su capacidad para realizar nombramientos en los cargos civiles de las Administraciones públicas y en los altos cargos de los entes y empresas públicas, según lo establecido en el artículo 91. Asimismo, se destaca la presidencia del Consejo de Gobierno, una institución que existía de facto y que ahora se constitucionaliza. En el marco de la mencionada institución, además de deliberar sobre la política general del Estado, se determinan las políticas públicas y sectoriales, y se decide sobre la presentación del voto de confianza del Gobierno ante la Cámara de Representantes. Además, se abordan los proyectos de leyes, incluido el proyecto de ley de presupuestos, los decretos leyes, los proyectos de decretos reglamentarios, los tratados internacionales antes de su presentación al Consejo de Ministros, entre otros aspectos.

La tercera novedad que afecta a la institución gubernamental, según lo dispuesto en el artículo 47 de la Constitución, consiste en que tras la dimisión del Jefe del Gobierno, el Rey pone fin a las funciones de todo el Gobierno que, en calidad de Gobierno saliente, continuará en funciones hasta la formación de uno nuevo. Cabe destacar que los miembros del Gobierno son penalmente responsables de los crímenes y delitos que cometan en el ejercicio de sus funciones, ante las jurisdicciones del Reino, y no ante el Tribunal Supremo, como era el caso en la Constitución anterior.

En los títulos III y V, reservados respectivamente a la monarquía y al Poder Ejecutivo, se hace referencia a dos leyes orgánicas de desarrollo de los artículos 79 y 87 de la Constitución. La primera, Ley Orgánica número 02-12, regula el nombramiento en los altos cargos, mientras que la segunda, Ley Orgánica nº 065-13, aborda la organización y el desarrollo de los trabajos del Gobierno y el estatuto de sus miembros.

II.4. El Poder Judicial

El constituyente marroquí rubrica el Título VII como "Del Poder Judicial", marcando así una diferencia con su configuración en las Constituciones anteriores bajo la denominación de "Autoridad judicial". El propósito de este cambio es fortalecer su independencia, aspecto que se destaca en diversas disposiciones constitucionales que respaldan y concretan este nuevo estatus. Destaca entre ellas el artículo 107, que establece que "el poder judicial es independiente del poder legislativo y del poder ejecutivo", y agrega que "el Rey es el garante de la independencia del poder judicial". Esta disposición constitucional, que proclama la independencia judicial, refuerza el principio de separación de poderes establecido en el artículo primero de la nueva Constitución, con el objetivo de poner fin a la fragilidad que caracterizaba a este poder.

Junto con la inamovilidad de jueces y magistrados (artículo 108), la creación del Consejo Superior del Poder Judicial, que reemplazó al Consejo Superior de la Magistratura, responde a la intención de desvincular la judicatura de cualquier dependencia con respecto a los demás poderes del Estado, especialmente del ejecutivo. En este contexto, según el artículo 113 de la Constitución marroquí, el Consejo Superior del Poder Judicial vela por la aplicación de las garantías otorgadas a los magistrados, especialmente en lo que respecta a su independencia, nombramiento, promoción, jubilación y disciplina.

Además de la independencia del poder judicial, la Constitución recoge otros principios que afectan a éste tales como la unidad Jurisdiccional en cuya virtud, como señala el artículo 127 en su segundo apartado, no ha lugar a la creación de jurisdicciones especiales. El sometimiento de la ley es a su vez de rango constitucional (art. 110) e implica la sujeción de los jueces a la ley convirtiendo la independencia del poder judicial en una dependencia única y exclusivamente de la voluntad general.

La responsabilidad de los jueces constituye el contrapeso de su independencia. En efecto, según el artículo 109.2 de la norma fundamental, los jueces son responsables del incumplimiento de sus deberes de independencia e imparcialidad, calificando dicha infracción como una falta grave, sin perjuicio de las correspondientes consecuencias judiciales.

En Marruecos, el Ministerio Público (Ministerio fiscal) se considera parte integral del Poder Judicial, aunque su estatuto jurídico difiere en aspectos significativos del relativo a los jueces y magistrados, a quienes se les encomienda la tarea de administrar justicia. Su función principal, al igual que en el Derecho comparado, consiste en promover la acción de la justicia en defensa de la legalidad, la salvaguardia de los derechos de los ciudadanos, la protección del interés público tutelado por la ley y la preservación de la independencia de los tribunales. A pesar de este conjunto de funciones, el artículo 108 les priva de la garantía de inamovilidad debido a su estructura jerárquica y a la obligación constitucional que pesa sobre ellos de cumplir las instrucciones emanadas de sus superiores.

La organización judicial en Marruecos comprende los tribunales de primera instancia (70), los tribunales administrativos (7) y los tribunales de comercio (11). Además, incluye las Cortes de apelación, las Cortes administrativas y de comercio, ambas de apelación, y la Corte de Casación.

Los tribunales de primera instancia constituyen la jurisdicción de Derecho común, y tienen competencia para resolver todos los litigios que no le corresponden expresamente a otras jurisdicciones.

También es importante destacar la creación en el año 2014 de una jurisdicción militar encargada de juzgar a los militares por crímenes y delitos relacionados con su condición castrense.

III. FUENTES DEL DERECHO

El ordenamiento jurídico marroquí se compone de fuentes primarias y de otras secundarias. Nos centraremos en las primeras, que incluyen la Constitución, los Tratados internacionales, la ley en todas sus manifestaciones, los decretos-leyes, los decretos legislativos y los reglamentos.

La Constitución es la fuente suprema cuyo carácter normativo está garantizado, en primer lugar, por su rigidez, que requiere procedimientos gravosos para su reforma (artículos 172 a 175). Esta rigidez alcanza su grado máximo con el establecimiento de cláusulas de intangibilidad que afectan las disposiciones relacionadas con la religión islámica, la forma monárquica del Estado, la opción democrática y los derechos fundamentales. En segundo lugar, esta normatividad viene respaldada por las disposiciones del Título VIII dedicado a la justicia constitucional, cuyas sentencias, según los artículos 126.1 y 134.2 de la Constitución, tienen efecto erga omnes.

Los tratados internacionales constituyen la segunda fuente del Derecho en Marruecos. Tanto el preámbulo de la Constitución de 2011, de carácter normativo, como varias disposiciones de la misma, afirman la supremacía de los tratados internacionales debidamente ratificados sobre el Derecho interno infraconstitucional y el compromiso del Estado marroquí con los derechos humanos, tal como están reconocidos y garantizados a nivel internacional. La supremacía de la Constitución sobre los tratados es una cuestión pacífica y zanjada con claridad por el artículo 55 de la Constitución marroquí, que abre la posibilidad de que los tratados internacionales puedan ser deferidos ante la Corte Constitucional antes de su ratificación.

No obstante, la fuerza normativa de los tratados y su aplicación directa han sido objeto de debates doctrinales. Este debate tiene su origen en la reforma constitucional de 2011, que amplió el ámbito material de la ley. El nuevo texto aumentó significativamente las competencias del órgano legislativo, disponiendo que la regulación de los derechos y libertades debe realizarse mediante ley (en contraste con la Constitución anterior, donde el ámbito de la ley era más limitado, permitiendo al Gobierno regular derechos y libertades). Esta innovación justifica que la ratificación de los tratados sobre derechos humanos, entre otros, sea competencia del legislador y no del poder ejecutivo, como era el caso según la Constitución anterior.

La intervención de dos órganos en la adopción y ratificación de los tratados puede sugerir que Marruecos sigue el modelo dualista. Sin embargo, consideramos que el criterio para determinar si se trata de un modelo monista o dualista no es el número de órganos involucrados en este proceso, sino la naturaleza de la ratificación parlamentaria. En otras palabras, la cuestión clave es si el órgano encargado de la ratificación (en este caso, el Parlamento marroquí) simplemente da su consentimiento para la integración en sus propios términos de la regulación contenida en el tratado en el orden nacional, o si tiene la capacidad de realizar una transposición del contenido del tratado en una ley, lo que le permite adaptar los enunciados del tratado al contexto nacional.

Atendiendo al tenor del artículo 55 de la Constitución marroquí, se infiere que la competencia del Parlamento se limita a "aprobar" el texto del tratado y no abarca la posibilidad de transponer su contenido en una ley. De esto se deduce que el modelo marroquí sigue el sistema monista. Por lo tanto, la ratificación de un tratado por el órgano competente le confiere fuerza normativa y le permite tener efectos en el orden nacional, con la posibilidad de que, en caso necesario, sus disposiciones puedan ser invocadas ante el juez competente.

En cuanto a la posición de los tratados en el sistema de fuentes, la Constitución es clara al establecer la supremacía de los tratados debidamente ratificados sobre el orden jurídico nacional (específicamente sobre el orden infraconstitucional). Se plantea la posibilidad de colisión entre una norma de rango legal y las disposiciones de un tratado. En caso de no recurrir a la técnica de "reserva" permitida en el Derecho Internacional, la aprobación por ley del contenido del tratado debe considerarse como derogatoria de la ley nacional (o de alguna de sus disposiciones) anterior, por la mera aplicación del criterio temporal (la norma posterior deroga la norma anterior). No se establece, por lo tanto, un escalón intermedio entre la Constitución y la Ley.

En ausencia de una previsión constitucional que establezca el control de convencionalidad de la ley, se debe operar a través del criterio temporal. Este criterio temporal no puede utilizarse para derogar el contenido del tratado mediante una reforma legal posterior, ya que la ley de aprobación de un tratado es una "falsa ley" en el sentido de que es el resultado de la participación de dos órganos: el Gobierno en su negociación y el Parlamento en su adopción. Su reforma o derogación no puede llevarse a cabo únicamente con la voluntad del Parlamento, sino que, de acuerdo con el principio de paralelismo de las formas, requeriría la concurrencia de ambos órganos (Gobierno y Parlamento).

De lo expuesto se deduce que una vez que el contenido de un tratado es aprobado por una ley, se incorpora al ordenamiento jurídico marroquí al que deben someterse todos los poderes del Estado. Además, cabe su invocación en sede judicial, permitiendo al juez nacional dictar sentencia basándose en sus disposiciones.

La ley, en todas sus manifestaciones, es otra fuente primaria del Derecho en Marruecos. Es importante destacar que se opera con un concepto material de ley, lo que significa que el Parlamento solo puede legislar sobre las materias enumeradas en el artículo 71. Las demás materias son reguladas por el poder reglamentario, según el artículo 72, a pesar de tener una naturaleza legislativa.

En cuanto al concepto de ley orgánica en Marruecos, cabe señalar que tiene origen francés y se utiliza para regular ciertos órganos constitucionales. Sin embargo, a partir de la Constitución de 2011, también se emplea para regular el ejercicio de ciertos derechos fundamentales. A diferencia de la ley ordinaria, se requiere una mayoría absoluta para aprobar una ley orgánica, que además debe someterse a un control de constitucionalidad antes de su promulgación (art. 85).

La Constitución establece dos situaciones en las que el Poder Ejecutivo puede ocupar el lugar del Parlamento en materia legislativa. En primer lugar, los decretos leyes, que según el artículo 81, son normas de naturaleza legislativa que el Gobierno puede aprobar durante el periodo entre sesiones, con la condición de someterse a ratificación parlamentaria en la siguiente sesión ordinaria. En segundo lugar, el artículo 70 prevé la posibilidad de que el Parlamento apruebe una ley de habilitación a favor del Gobierno, permitiéndole legislar sobre ciertas materias bajo condiciones específicas.

Además, es importante mencionar que, mientras el Reglamento es la norma que emana del Gobierno en ejercicio de su función ejecutiva, el Dahir es la forma jurídica mediante la cual el Rey ejerce las funciones que le corresponden según la Constitución. Por último, es preciso señalar que la referencia al Derecho islámico que proviene de la misma Constitución se ha limitado en la práctica a ciertas materias de las que destaca el Derecho de familia y de sucesiones.

IV. ORGANIZACIÓN TERRITORIAL

La organización territorial de Marruecos, según la Constitución de 2011, se caracteriza por ser descentralizada y basada en una regionalización avanzada. Las colectividades locales en este sistema incluyen regiones, prefecturas, provincias y comunas, cada una con su propia personalidad jurídica y la capacidad de gestionar democráticamente sus asuntos.

En cuanto a la comuna, regulada por la ley orgánica 113.14 del 7 de julio de 2015, constituye la subdivisión territorial más pequeña. Marruecos cuenta con un total de 1503 comunas, de las cuales 221 son urbanas y 1282 son rurales desde 2009.

La comuna se compone de un Consejo comunal, un ejecutivo comunal y comisiones permanentes. Los miembros del Consejo comunal son elegidos por sufragio universal directo para un periodo de seis años mediante escrutinio uninominal a mayoría simple. El Consejo comunal tiene competencia general sobre cuestiones de interés comunal, y su presidente es elegido por los miembros del Consejo para un periodo de seis años.

Considerada una administración de proximidad, las competencias de la comuna se dividen en tres categorías según el principio de subsidiariedad: competencias propias, competencias compartidas y competencias transferidas destinadas a convertirse en propias.

1. Competencias Propias: Otorgan a la comuna la capacidad de llevar a cabo actos relacionados con la planificación, programación y ejecución de la gestión. Esto incluye la elaboración de planes de acción, la administración de servicios y equipamientos públicos comunales, el urbanismo, la gestión del territorio y la cooperación intercomunal.
2. Competencias Compartidas: Se refieren al desarrollo de la economía local, la promoción del empleo, la preservación del patrimonio y la cultura local, la promoción de inversiones, la realización de infraestructuras y equipamientos necesarios, y la creación de zonas de actividades. Estas competencias implican la colaboración y coordinación entre diferentes niveles de gobierno local.
3. Competencias Transferidas: La transferencia de competencias a las comunas se realiza siguiendo el principio de progresividad y diferenciación. Este enfoque tiene en cuenta las situaciones específicas de cada comuna, permitiendo una asignación diferenciada de responsabilidades para adaptarse a las necesidades y capacidades locales.

En resumen, este modelo de competencias busca promover la autonomía y capacidad de toma de decisiones de las comunas, permitiéndoles abordar asuntos locales de manera efectiva y adaptada a sus características individuales.

En el ámbito financiero, las comunas en Marruecos cuentan con un sistema propio para gestionar sus recursos y elaborar su presupuesto. Algunos aspectos clave en este contexto incluyen:

1. Elaboración del Presupuesto: Las comunas tienen la responsabilidad de elaborar su propio presupuesto. Este proceso implica la planificación y asignación de recursos para llevar a cabo sus competencias y funciones.

La elaboración del presupuesto es una herramienta esencial para la gestión financiera y la toma de decisiones a nivel local.

2. Recursos Financieros Asignados por el Estado: La Constitución (artículo 141) establece que las comunas deben disponer de recursos financieros asignados por el Estado. Estos recursos provienen de parte de los impuestos estatales que se destinan específicamente a las comunas, según lo estipulado en la ley de presupuestos. Además, las transferencias de fondos están vinculadas a las competencias transferidas a las comunas.
3. Diversificación de Ingresos: Las comunas tienen la capacidad de diversificar sus fuentes de ingresos. Además de los recursos asignados por el Estado, pueden obtener ingresos de tasas y precios públicos. También pueden recibir participaciones financieras en establecimientos y empresas, lo que contribuye a aumentar sus recursos financieros.
4. Control de Legalidad y de oportunidad: A pesar de tener cierta autonomía administrativa, los actos del Consejo comunal y del Presidente están sujetos a un control tanto de legalidad como de oportunidad. Esto implica que las decisiones y acciones de la comuna deben cumplir con la normativa legal establecida, y que, asimismo, pueden ser evaluadas en términos de oportunidad.

En resumen, el sistema financiero de las comunas marroquíes refleja la descentralización y la autonomía local, permitiéndoles gestionar sus propios recursos y tomar decisiones en función de las necesidades y prioridades locales.

IV.1. La provincia y la prefectura

La organización territorial de Marruecos cuenta con las prefecturas y las provincias como entidades que constituyen el segundo nivel de descentralización. A continuación, se proporciona información sobre estas divisiones territoriales:

1. Las prefecturas y las provincias surgieron después de la independencia para reemplazar las regiones administrativas establecidas durante el Protectorado. Estas divisiones territoriales fueron diseñadas para servir como escalones administrativos intermedios entre el poder central y las circunscripciones de base.
2. Inicialmente fueron concebidas como como marcos territoriales para la desconcentración del poder central. Hoy por hoy, estas entidades están destinadas a facilitar una gestión administrativa más cercana a las comunidades locales.

3. La estructura, el funcionamiento y los ámbitos competenciales de las prefecturas y provincias están regulados por la ley orgánica 112-14, emitida el 7 de julio de 2015. Esta legislación proporciona el marco normativo para la organización y el desempeño de estas divisiones territoriales.

La elección de los Concejos prefectorales y provinciales se realiza con en base en un escrutinio de listas según el sistema proporcional de resto mayor. Los concejales de ambas demarcaciones son elegidos por un colegio electoral compuesto por los conejales comunales de cada colectividad. Además, se garantiza la representación de las cámaras profesionales (agricultura, comercio, industria y artesanía) por la elección de un miembro de cada una de ellas. Los concejos eligen al Presidente en los diez días siguientes a su elección y deben constituir al menos tres comisiones permanentes consagradas respectivamente al presupuesto, a los asuntos financieros y a la programación; al desarrollo rural y urbano, a la promoción de las inversiones, al agua, a la energía y medio ambiente y a los asuntos sociales y a la familia.

Estas colectividades tienen como misión fundamental contribuir al desarrollo social tanto en el medio urbano como en el rural. Ejercen esta misión teniendo en cuenta las políticas y estrategias nacionales en esta materia. Para ello, disponen de competencias propias, de otras compartidas con el poder central y por último de competencias transferidas con objeto de permitir la ampliación de sus competencias propias.

Las competencias de las prefecturas y provincias en Marruecos abarcan una amplia gama de áreas que afectan directamente a la calidad de vida y al desarrollo de las comunidades locales. Aquí hay más detalles sobre estas competencias en las distintas categorías:

1. Competencias Propias:

- Transporte escolar.
- Realización y mantenimiento de caminos rurales.
- Programación para la reducción de la pobreza y precariedad.
- Alojamiento e higiene.
- Diagnóstico de necesidades en materia cultural y deportiva.

2. Competencias Compartidas con el Poder Central:

- Sanidad.
- Formación.
- Equipamiento e infraestructuras.
- Desarrollo de las zonas montañosas.

- Realización de carreteras provinciales, entre otras.
- Estas competencias se ejercen bajo condiciones determinadas por convenios firmados a instancias del Estado, la prefectura o la provincia.

3. Competencias Transferidas con Vocación de Convertirse en Propias:

- Sigue los principios de progresividad y diferenciación.
- Responde a la necesidad de desarrollo social.
- Incluye la realización y mantenimiento de pequeñas o medianas obras hidráulicas.

Estas competencias reflejan el enfoque descentralizado y regionalizado del gobierno en Marruecos, permitiendo a las prefecturas y provincias abordar directamente las necesidades y aspiraciones específicas de sus comunidades locales.

Es importante señalar que, a pesar de la descentralización y la asignación de competencias a las prefecturas y provincias, el papel del wali o gobernador (representantes del poder central) sigue siendo significativo en el funcionamiento y la ejecución de estas competencias. Esto indica que el proceso de descentralización en Marruecos aún no está completamente acabado y que la autonomía de estas entidades territoriales no es totalmente plena.

El artículo 141 de la Constitución establece la obligación del Estado de proporcionar recursos financieros permanentes y suficientes a través de las leyes de presupuesto para que las prefecturas y provincias puedan ejercer sus competencias. Además, se menciona la posibilidad de recursos adicionales en función de las competencias transferidas. En casos en los que estas transferencias no se hayan realizado, se permite que las colectividades locales reciban adelantos por parte del Estado en forma de facilidades de tesorería. Este mecanismo asegura que estas entidades tengan los recursos necesarios para llevar a cabo sus funciones, incluso antes de la efectiva transferencia de competencias.

IV.2. La Región

En el contexto marroquí, la figura de la región ha experimentado cambios y evoluciones a lo largo de la historia. Antes del periodo colonial, Marruecos tenía una circunscripción regional, pero su delimitación geográfica variaba según las necesidades del poder, priorizando la gobernabilidad de las personas sobre la de los territorios. Durante el periodo del protectorado, se crearon siete regiones con el objetivo de desconcentrar el poder central y asignar ciertas atribuciones a estas regiones.

Después de obtener la independencia, en 1971 se introdujo una nueva concepción de la región, considerándola como un marco geográfico para la planificación y ejecución de políticas de ordenación del territorio. Además, se estableció como un marco institucional con funciones consultivas, permitiendo una representación de las respectivas poblaciones.

Es importante destacar que estas evoluciones en la conceptualización de la región reflejan los cambios en la estructura administrativa y política de Marruecos a lo largo del tiempo.

La configuración constitucional de la región en Marruecos se produjo por primera vez en la Constitución de 1992, donde se la definió, al igual que las prefecturas, provincias y comunas, como una colectividad local. Sin embargo, en 1997 se estableció un nuevo estatuto que consideraba la región como una etapa preliminar del proceso de regionalización, pero aún lejana de establecer un modelo de descentralización con implicaciones políticas significativas. Un indicio de ello es que los consejos regionales no tenían la capacidad de deliberar sobre asuntos de naturaleza política. Además, las limitadas competencias de las regiones y la preeminencia del Wali, quien ejercía la tutela administrativa y era responsable de la ejecución de las decisiones del Consejo regional, imponían restricciones al poder de la región y reducían su capacidad de autogestión al subordinarla al poder central.

Después de los modestos resultados obtenidos en la primera fase de descentralización, se replanteó el modelo con el objetivo de corregir sus defectos y orientarlo hacia una descentralización que trascendiera lo administrativo para contribuir a la reconstrucción democrática del país. El proyecto de autonomía para las provincias del sur, presentado en la primavera de 2007, introdujo una nueva idea de región aplicable a todo el reino. Este proyecto otorgaba a la región autónoma del Sáhara un conjunto de poderes legislativos, ejecutivos y judiciales, creando una estructura intermedia entre un Estado unitario y un Estado compuesto. Sin embargo, hasta tanto esto se materialice, se limitará la exposición a los rasgos definitorios de la regionalización delineada en la Constitución de 2011 bajo el concepto de "Regionalización avanzada", detallada en la Ley Orgánica de la Región Nº 111.14 del 7 de julio de 2015.

Esta ley orgánica, que establece el régimen jurídico, administrativo y financiero de la nueva región, proclama principios como la libre administración, la cooperación y la solidaridad entre regiones, y la preeminencia de la colectividad regional en todo lo relacionado con el desarrollo y la ordenación del territorio regional.

La región cuenta con un órgano deliberante, el Consejo regional, cuyos miembros son elegidos por sufragio universal directo mediante la fórmula electoral proporcional de resto mayor. El Consejo elige a su Presidente y varios vicepresidentes en los quince días posteriores a las elecciones regionales. Celebra tres sesiones ordinarias al año, a las cuales el wali puede asistir como invitado por el Presidente o por iniciativa propia. Además, puede solicitar la inclusión de temas adicionales en el orden del día de la sesión, siempre que respete ciertas condiciones. La labor ejecutiva recae en el wali de la región.

Los asuntos regionales son abordados por el Consejo regional, que, en el ejercicio de sus responsabilidades de desarrollo regional, debe tener en cuenta las políticas y estrategias generales y sectoriales del poder central en las materias de su competencia. Estas competencias pueden ser propias, compartidas o transferidas. Según el artículo 81 de la ley orgánica 111.14, "la región ejerce competencias propias en materia de desarrollo regional. Es igualmente competente para la elaboración y seguimiento de la ejecución del programa de desarrollo regional y del esquema regional de ordenación del territorio".

En relación con las competencias compartidas, el artículo 91 de la mencionada ley orgánica incluye el desarrollo rural, el empleo, las zonas montañosas, el suministro de agua potable y electricidad, el desarrollo social, la rehabilitación del hábitat tradicional, el medio ambiente, la cultura, el patrimonio cultural de la región, la cultura local, los monumentos y especificidades regionales, y la promoción del turismo.

La transferencia de competencias se realiza con base en el principio de subsidiariedad, lo que explica que no sea homogéneo para las doce regiones. El artículo 95 de la ley orgánica establece que se debe tener en cuenta los principios de progresividad y diferenciación entre las regiones. En cuanto a las materias que pueden ser transferidas, se pueden mencionar, a título de ejemplo, los equipamientos e infraestructuras a nivel regional, la industria, la salud, el comercio, la enseñanza, el deporte, la energía, el agua y el medio ambiente.

En cuanto a los recursos financieros, se distinguen tres tipos: propios, afectados por el Estado y derivados de operaciones de préstamo. Según el artículo 141 de la Constitución, la ley orgánica establece que el presupuesto del Estado debe prever la asignación de recursos financieros permanentes y suficientes que permitan a las regiones ejercer sus competencias propias, así como las transferencias de recursos financieros en función de las competencias transferidas.

La ley orgánica relativa a las regiones presenta avances significativos al ampliar las competencias y democratizar el marco institucional para su ejercicio. Sin embargo, la participación activa del wali, representante del poder central, limita la autonomía regional necesaria para diseñar políticas propias dentro del marco normativo y constitucional. Se podría argumentar que la regionalización implementada, aunque más avanzada que la anterior, sigue siendo más cercana a la descentralización administrativa francesa y menos similar a la experiencia española en términos de autonomía política.

Es posible que esta solución sea más adecuada para las zonas del sur, donde las reclamaciones de autonomía política pueden contribuir a la solución del conflicto territorial.

V. JURISDICCIÓN CONSTITUCIONAL

La primera experiencia de justicia constitucional en Marruecos encomendó la facultad de control de constitucionalidad de las leyes a la Cámara Constitucional de la Corte Suprema. Esta cámara desempeñó un papel importante al complementar el control de legalidad ordinaria, que estaba a cargo de la Cámara Administrativa asociada a la misma Corte. La Cámara Constitucional, además de garantizar el pluralismo prohibiendo el partido único, también supervisaba las competencias del Parlamento en el marco del sistema parlamentario racionalizado adoptado de Francia.

La Cámara Constitucional tenía la responsabilidad de realizar un control a priori, después del recurso preceptivo, de la constitucionalidad de las leyes orgánicas y los reglamentos parlamentarios. Además, tenía la facultad de pronunciarse sobre la regularidad de las elecciones de los miembros del Parlamento y las operaciones de referéndum.

La reforma constitucional de 1992 representó un cambio significativo en la naturaleza de la institución encargada del control de constitucionalidad en Marruecos. Se creó un Consejo Constitucional, separado tanto orgánica como funcionalmente del Poder Judicial, para reemplazar la antigua Cámara Constitucional. Este nuevo órgano tuvo competencias ampliadas al atribuirle, por primera vez en la historia constitucional del país, el control de las leyes ordinarias. Además, la Constitución de 1972 estableció que las decisiones del Consejo Constitucional son irrecurribles y se imponen a los poderes públicos y a todas las autoridades administrativas y jurisdiccionales. Similar al modelo europeo, el Consejo Constitucional monopolizaba la facultad de excluir del ordenamiento jurídico las normas contrarias a la Constitución, realizando un control a priori y abstracto.

La Constitución de 1996 mantuvo la justicia constitucional como uno de los pilares fundamentales del sistema constitucional marroquí, y la Constitución de 2011 ratificó esta decisión al transformar el Consejo Constitucional en una verdadera Corte Constitucional. Esta transformación marcó un distanciamiento del modelo francés y amplió las facultades de la Corte Constitucional al incluir el control a posteriori de las leyes.

La Corte Constitucional de Marruecos está compuesta por doce miembros, cada uno con un mandato de nueve años no renovables. Seis de estos miembros son designados por el monarca. Uno de ellos es propuesto por el Secretario General del Consejo Superior de los Ulemas, que son expertos en Derecho islámico. Los tres restantes de los seis son elegidos por la Cámara de Representantes, y los otros tres por la Cámara de Consejeros, ambos mediante voto secreto y por mayoría de dos tercios, entre los candidatos presentados por sus respectivas mesas. Cada categoría de miembros se renueva por tercios cada tres años.

A diferencia de la Constitución anterior, que otorgaba al monarca la facultad de nombrar al presidente solo entre los seis miembros designados por él, la nueva Constitución permite que el presidente de la Corte Constitucional sea seleccionado de cualquier miembro de la Corte, ya sea de designación regia o de procedencia parlamentaria.

En el caso de que una o ambas Cámaras no elijan a los miembros en los plazos establecidos para cada renovación, la Corte Constitucional puede ejercer sus atribuciones sobre la base de un quórum en el que no se toman en consideración a los miembros que aún no hayan sido elegidos.

La selección de los miembros de la Corte Constitucional se realiza entre personalidades con una sólida formación en el ámbito jurídico y experiencia en el ámbito judicial, doctrinal o administrativo, con más de quince años de ejercicio profesional. Además, se requiere que sean reconocidos por su imparcialidad y probidad.

La Constitución delega en una ley orgánica la tarea de establecer las reglas de organización y funcionamiento de la Corte Constitucional, la situación de sus miembros y el procedimiento a seguir ante ella. Esta ley orgánica también determina los casos de incompatibilidad, establece las condiciones de las dos primeras renovaciones trienales y especifica las modalidades de reemplazo de los miembros que no puedan desempeñar sus funciones, así como de aquellos que renuncien o fallezcan durante su mandato.

El artículo 132 establece que la Corte Constitucional tiene la función de pronunciarse sobre la regularidad de la elección de los miembros del Parlamento y sobre las operaciones de referéndum. Esta función difiere notablemente de la función jurisdiccional stricto sensu. En el ámbito de las elecciones, la Corte Constitucional no realiza un control de constitucionalidad sobre las normas jurídicas ni otorga competencia normativa a ningún órgano. Se trata, por lo tanto, de una labor que en otros sistemas legales podría ser llevada a cabo por cualquier juez ordinario. Es importante señalar que la Constitución especifica que este control se aplica únicamente a las elecciones parlamentarias, excluyendo las elecciones municipales y regionales de su alcance.

Además, el mismo artículo establece que la Corte Constitucional ejercerá las atribuciones que le encomienda la Constitución, así como aquellas que le sean asignadas por leyes orgánicas.

En Marruecos, las leyes orgánicas y los reglamentos de las cámaras están sujetos a un control preceptivo de constitucionalidad por parte de la Corte Constitucional. La inclusión de los reglamentos dentro de la categoría de normas controlables es un aspecto distintivo del sistema marroquí y refleja su filiación, siquiera parcial, al sistema constitucional francés.

Este enfoque se explica en parte por la historia política francesa y la influencia de la Cuarta República, que se caracterizó por la inestabilidad política atribuida en parte al papel preponderante del Parlamento. En el contexto marroquí, se busca evitar un predominio del Parlamento sobre los demás poderes a través de los reglamentos parlamentarios. Para asegurar el cumplimiento efectivo de las reglas constitucionales, se establece un control heterónomo de la constitucionalidad de estos reglamentos, evitando así la inestabilidad política asociada con el sistema parlamentario francés de la Cuarta República. La finalidad es prevenir que el Parlamento adquiera una posición de preeminencia sobre los demás poderes a través de la vía reglamentaria.

En el texto de la Constitución marroquí, el artículo 132 otorga a la Corte Constitucional el poder de realizar un control de constitucionalidad de las leyes antes de su promulgación. Este control puede ser solicitado por diversas figuras, como el Rey, el Jefe del Gobierno, el Presidente de la Cámara de Representantes, el Presidente de la Cámara de Consejeros, una quinta parte de la Cámara baja o cuarenta miembros de la Cámara alta.

A diferencia de los casos anteriores, este control no es preceptivo sino facultativo, lo que significa que no es obligatorio sino opcional. La Corte Constitucional realiza este control de manera previa y abstracta, y si declara la inconstitucionalidad de un texto, impide su promulgación. Este mecanismo proporciona un medio para garantizar que las leyes sean conformes a la Constitución antes de ser promulgadas. En este caso, la Corte se limita a confrontar las disposiciones impugnadas de la ley con las disposiciones constitucionales invocadas.

Por otro lado, el artículo 133 de la Constitución marroquí de 2011 introduce la posibilidad de ejercer un control *a posteriori* de las leyes. Este control se llevaría a cabo después de la promulgación de la ley. Es importante señalar que este mecanismo es diferente al control previo facultativo, ya que en el control *a posteriori* la Corte Constitucional revisaría la constitucionalidad de la ley después de que haya entrado en vigor.

El mecanismo de excepción de inconstitucionalidad en Marruecos, según el artículo 133 de la Constitución de 2011, permite que la Corte Constitucional intervenga en un proceso judicial cuando una de las partes argumenta que la ley en cuestión, que es crucial para la resolución del litigio, viola los derechos y libertades garantizados por la Constitución. Este mecanismo combina elementos de la cuestión de inconstitucionalidad y del recurso de amparo presentes en el sistema constitucional español.

La excepción de inconstitucionalidad en Marruecos refleja el papel fundamental de la justicia constitucional en asegurar la aplicación de la Constitución y, al mismo tiempo, garantizar que la ley se aplique de manera acorde con la Constitución. Este enfoque resalta la importancia de que los jueces, al estar sujetos a la ley, no pueden decidir sobre su validez, pero al mismo tiempo, debido a su sujeción a la Constitución, no pueden aplicar una ley que sea contraria a ella.

La inclusión de la excepción de inconstitucionalidad en la Constitución de Marruecos no implica que el constituyente haya adoptado el sistema de jurisdicción difusa, sino que se alineado a los modelos de control concentrado que permiten la acción indirecta. Al introducir la excepción de inconstitucionalidad, no se otorga a los jueces ordinarios la legitimidad para declarar la inconstitucionalidad de las leyes, sino que simplemente se les confiere la facultad de plantear sus dudas sobre la constitucionalidad de una ley a la Corte Constitucional, que retiene en última instancia el monopolio de declarar o no la inconstitucionalidad de la ley sometida a su consideración.

En la norma fundamental de Marruecos, la excepción de inconstitucionalidad no solo se presenta como un medio efectivo para garantizar los derechos fundamentales en todos los procesos judiciales, sino también como un excelente mecanismo de colaboración entre la justicia ordinaria y la jurisdicción constitucional. Obliga a la justicia ordinaria a cumplir con su doble vinculación a la Constitución y a la ley.

Es importante destacar que el planteamiento de la excepción de inconstitucionalidad solo es posible como consecuencia de la resolución de un caso concreto que cumple con los requisitos de anterioridad e influencia. El juez ordinario no puede pronunciarse hasta que la Corte Constitucional emita su sentencia.

Este mecanismo se puede considerar como un complemento al recurso previo de inconstitucionalidad, ya que ambos tienen como finalidad depurar el ordenamiento jurídico y garantizar la supremacía de la Constitución. Además, la excepción de inconstitucionalidad puede ser necesaria en caso de que los órganos legitimados para interponer el recurso previo no actúen en ese sentido.

VI. DERECHOS FUNDAMENTALES

Es cierto que la Constitución de Marruecos incorpora diversas disposiciones de naturaleza democrática que reflejan una orientación hacia principios liberales y derechos económicos y sociales. Aunque no se abordarán en detalle en este contexto, sería relevante mencionar algunos ejemplos de estas previsiones normativas.

De acuerdo con ello, con razón de su centralidad, la igualdad viene anunciada a lo largo y ancho del texto constitucional. En este orden de ideas, el artículo 6.1 de la norma fundamental afirma que la ley es la expresión suprema de la voluntad social y añade que los poderes públicos y los particulares son iguales ante ella y deben someterse a sus disposiciones. El apartado segundo del mismo artículo aborda la faceta material de la igualdad incitando los poderes públicos a crear las condiciones que permitan generalizar la efectividad de la libertad y de la igualdad de los ciudadanos así que su participación en la vida política, económica, cultural y social. En línea con lo anterior, especial consideración concede el constituyente a la igualdad entre mujeres y hombres disponiendo como garantía institucional para ello la Autoridad para la paridad y la lucha contra todas las formas de discriminación. Otras manifestaciones de la igualdad son fácilmente detectables en el articulado de la norma fundamental marroquí. En materia electoral apunta el artículo 11.2 de la CM que los poderes públicos deben observar la estricta neutralidad respecto de los candidatos y la no discriminación entre ellos. Por su parte el artículo 31 de la CM garantiza la igualdad en el acceso a la salud, a la educación, a la protección social, a la formación profesional, a la educación física y artística, a la vivienda, al trabajo, al agua y a un medio ambiente saludable. Los niños, a partir de la entrada en vigor de la nueva Constitución, y con independencia de su situación familiar gozan, en virtud del artículo 32 de la CM, de igual protección jurídica e igual consideración social y moral. Asimismo se le asegura igual protección a las categorías sociales a tenor del artículo 35.3 de la CM. Como colofón de esta lista, las disposiciones contenidas entre los artículos 37 y 40 de la norma fundamental establecen el principio de igualdad en el cumplimiento de los deberes.

Destacado el énfasis hecho en la igualdad, ponemos brevemente de relieve dos cuestiones de interés constitucional por cuanto afectan al principio de igualdad. La primera afecta a la mujer, y la segunda guarda relación con los niños nacidos de una relación extramatrimonial.

1. Herencia según el Código de Familia: La primera cuestión sobre la herencia en el Código de Familia Marroquí plantea un dilema entre el principio de igualdad y el contexto religioso. Es importante considerar si las disposiciones relacionadas con la herencia en el código deben ser sometidas únicamen-

te al control de constitucionalidad en función del principio de igualdad, o si también se debe tener en cuenta el contexto religioso. Esto puede requerir una interpretación sistemática de la Constitución que aborde tanto el principio de igualdad como otros valores y normas religiosas pertinentes.

2. Derechos de los niños nacidos fuera del matrimonio: La segunda cuestión resalta la inconstitucionalidad de los artículos del Código de Familia Marroquí que niegan a los hijos nacidos de una relación extramatrimonial el derecho de heredar del progenitor masculino. Esta negación también afecta a otros derechos fundamentales de los niños, como el derecho al apellido del padre, la manutención, la educación y la protección paterna. Una lectura combinada de varios artículos de la Constitución, como los artículos 6, 19 y 32.2, sugiere que esta negación de derechos contradice los principios constitucionales de igualdad y protección de los derechos de los niños.

En ambos casos, es esencial garantizar que las leyes y prácticas estén en conformidad con los principios constitucionales de igualdad y protección de los derechos fundamentales. Esto puede requerir una revisión y modificación de las disposiciones legales que puedan ser contrarias a estos principios constitucionales.

El derecho a la vida, como se aborda en el artículo 20 de la Constitución marroquí, es fundamental y sirve como base ontológica necesaria para el ejercicio de todos los demás derechos. Aquí hay algunas consideraciones clave relacionadas con este derecho:

1. Libertad y Suicidio: El constituyente lo configura como una libertad, lo que se refleja en la no tipificación del suicidio como delito en el Código Penal marroquí. Sin embargo, es importante señalar que la incitación al suicidio se considera un delito según el artículo 407 del mismo Código.

2. Nasciturus y Aborto: En cuanto al nasciturus, el legislador marroquí ha optado por una interpretación causal en lugar de una prohibición absoluta o su consideración como un derecho de la mujer embarazada. Esto significa que la interrupción del embarazo se considera un acto antijurídico, pero puede exonerarse de responsabilidad penal en ciertos casos, como se establece en el artículo 453 del Código Penal marroquí. Esta interpretación causal implica que hay circunstancias específicas en las que la interrupción del embarazo puede no ser punible.

Estas disposiciones reflejan la manera en que el derecho a la vida se equilibra con otras consideraciones legales y éticas en el contexto marroquí. La interpretación causal en relación con el aborto reconoce la complejidad de la cuestión y permite la exoneración en circunstancias particulares.

El artículo 22 de la Constitución marroquí aborda el derecho a la integridad física y moral, ofreciendo protección contra cualquier intervención que cause lesiones o menoscabo al cuerpo sin el consentimiento del titular del derecho. Aquí van algunas consideraciones clave relacionadas con este artículo:

1. Integridad Física y Moral: El derecho protege tanto la integridad física como la moral, prohibiendo agresiones psíquicas que humillen o envilezcan al individuo. Además, proscribe cualquier tratamiento cruel, inhumano, degradante o que atente contra la dignidad.
2. Libertad y Garantías para Detenidos: Se prohíbe la privación arbitraria de la libertad y se penalizan las desapariciones forzadas. El artículo 23 establece garantías para los detenidos, como el derecho a ser informado de los motivos de su detención, el derecho a guardar silencio, el acceso a asistencia jurídica y la comunicación con sus familiares.
3. Protección de la Intimidad: El artículo 24 aborda la inviolabilidad del domicilio, aunque sorprende que no otorgue al juez la potestad de autorizar su violación. Sin embargo, en el caso de intervenciones en las comunicaciones, el artículo establece el carácter obligatorio de la autorización judicial.

Estas disposiciones buscan salvaguardar los derechos fundamentales de los individuos, asegurando su integridad y protegiéndolos contra prácticas abusivas, tratamientos inhumanos y violaciones de su privacidad.

El artículo 25 de la Constitución marroquí reconoce el derecho de todos a tener su propia concepción explicativa del hombre, el mundo y la vida, garantizando un espacio de autodeterminación intelectual. Este derecho se vincula estrechamente con la libertad de expresión y el pluralismo político, fundamentales para una sociedad democrática. Aquí se destacan algunos aspectos clave relacionados con este artículo:

1. Libertad de Pensamiento: Se reconoce el derecho de cada individuo a tener su propia concepción del mundo, la vida y el ser humano, asegurando un espacio íntimo para la autodeterminación intelectual.
2. Conexiones con otros derechos: El artículo 25 establece bases para otros derechos, como la libertad de expresión y comunicación, el derecho a la educación, la libertad de asociación y creación de partidos políticos, la libertad de manifestación, la concesión de asilo por motivos de opinión, y la creación literaria, artística y científica.
3. Ausencias en el Texto constitucional: Aunque se incluyen varios derechos derivados de la libertad de pensamiento, algunos elementos clave, como la libertad de enseñanza, la objeción de conciencia y la libertad religiosa, no están explícitamente mencionados en el texto constitucional.

4. Énfasis en la Igualdad de ideas y pensamientos: El preámbulo prohíbe la discriminación por creencias, y el artículo 11 de la Constitución establece la neutralidad de los poderes públicos respecto a los candidatos en las elecciones, prohibiendo cualquier discriminación por ideología o pensamiento. En el nuevo Estado marroquí, se busca la igualdad de todos los pensamientos, sin ser valorados por el poder público.

Estas disposiciones buscan garantizar la diversidad de pensamiento y proteger los derechos fundamentales relacionados con la libertad de pensamiento en una sociedad democrática.

En el marco del ordenamiento jurídico marroquí, destacan varias manifestaciones externas de la libertad religiosa que gozan de garantías y protección, incluyendo actos de culto, reuniones o manifestaciones religiosas, celebración de ritos religiosos, conmemoración de festividades y celebración de ritos matrimoniales. Sin embargo, se observa una ausencia de un reconocimiento explícito de la libertad religiosa en sí misma.

En relación con la apostasía, es importante señalar que no existe una prohibición expresa a nivel nacional. En un Estado de Derecho, los ciudadanos generalmente pueden realizar actividades que no estén expresamente prohibidas. No obstante, es importante mencionar que, en el contexto marroquí, hay restricciones en relación con el intento de influir en la fe de ciertos "colectivos" de la sociedad.

En resumen, mientras que se protegen ciertos aspectos externos de la práctica religiosa, la ausencia de un reconocimiento claro de la libertad religiosa en sí misma y las restricciones en relación con la influencia en la fe de ciertos grupos pueden indicar limitaciones en la plena expresión de la libertad religiosa en Marruecos.

La Constitución de Marruecos garantiza derechos liberales fundamentales, entre ellos:

1. Propiedad privada: Se garantiza la propiedad, aunque se prevé su limitación por ley en beneficio de las exigencias del desarrollo económico y social, incluyendo la posibilidad de expropiación.

2. Libertad de Empresa y libre Competencia: Se reconoce la libertad de empresa y la libre competencia, promoviendo así un entorno favorable al desarrollo económico.

3. Desarrollo humano sostenible: La Constitución establece el compromiso del Estado con la realización del desarrollo humano duradero para favorecer la consolidación de la justicia social.

4. Derechos de Naturaleza Prestacional: La norma constitucional contiene disposiciones que se refieren a derechos de naturaleza prestacional, de-

rivados de principios como la monarquía constitucional, democrática, parlamentaria y social, así como la promoción de condiciones para la efectividad de la libertad, la igualdad y la participación ciudadana en diversos ámbitos.

En este contexto, la Constitución marroquí busca equilibrar derechos individuales con la promoción del bienestar social y la justicia, reflejando un enfoque integral que abarca tanto aspectos liberales como sociales en su marco legal.

BIBLIOGRAFÍA

Michel Rousset et Jean Gragnon. Droit administratif marocain. Rabat, REMALD, N° 99, 2017.

Terol Becerra, M.J (dir.). La Constitución marroquí. Cometarios. Asturias, SAPERE AUDE, 2014.

CEI. (dir.). La Constititution marocaine de 2011. Analyses et commentaires. LGDJ, 2012.

Dalil. M. Démocratie participative et développement local au Maroc. Rabat, REMALD, N° 73, 2011.

Adnane. A. Legitimación y reparto del poder en la Constitución marroquí. Valencia, Tirant lo Blanch, 2010.

Capítulo X

El constitucionalismo tunecino a la luz de la Revolución

MOHAMED MEZGHERI

Doctor por la Universidad Pablo De Olavide de Sevilla

I. INTRODUCCIÓN

Para cualquier investigador interesado en el constitucionalismo tunecino no cabe duda de que la historia de este país se ha visto fundamentalmente alterada por lo que se ha denominado como la "Primavera Árabe"[1]. En términos políticos, constitucionales y jurídicos, hay un antes y un después de 2011. Un debate sobre las características específicas del constitucionalismo tunecino pasaría inevitablemente por una visión general de los acontecimientos que han marcado su desarrollo, antes de construir una imagen de la nueva estructura política y constitucional que es el producto de la era revolucionaria.

Por supuesto, como todos los países ocupados afectados por los efectos del colonialismo, la formación del derecho tunecino bajo el protectorado francés no escapó a la influencia del ocupante. La Constitución, "Destour"[2], se inspiró

---

1 La Primavera Árabe es un término comúnmente aceptado para referirse a la revolución popular que tuvo lugar en países árabes como Túnez, Yemen, Egipto, Libia y Marruecos en 2011. El levantamiento, que comenzó con la inmolación de Mohamed Bouazizi en Túnez, tenía como objetivo crear una nueva vida política, económica y social denunciando y desterrando todas las formas de corrupción que habían asolado las sociedades de estos países.

2 De origen persa, la palabra Destour significa "Constitución". En árabe moderno, la palabra ha evolucionado, tanto en ortografía como en pronunciación, hasta convertirse en Dustur. En Túnez, Destour es un partido nacionalista fundado en 1920 para

en la ideología constitucional europea para reivindicar y luego adquirir la independencia. Hay que decir, sin embargo, que todos estos pasos constructivos no se inspiraron exclusivamente en Occidente, ya que se ha constatado que eran también la continuación de un esbozo reformista anterior.

Frente a dos fuerzas coloniales, una en declive: el Imperio Otomano, y otra en ciernes: Occidente, representado por Francia, Túnez ya había iniciado un proceso de reformas que sentó las bases de su constitución. "*Las potencias occidentales ordenaron al Hombre enfermo*[3] *que llevara a cabo reformas para mejorar las condiciones de vida de los dhimmis*[4] *del Imperio. Bajo la soberanía otomana*[5], *Túnez debía aplicar las reformas adoptadas en Estambul. La ocupación otomana y la circulación de ideas occidentales estaban en el origen de un movimiento modernista en el país*"[6].

exigir el fin de la ocupación francesa. Panárabe y musulmán, este partido surgió del Movimiento de la Juventud Tunecina. Yared C., "La construction du constitutionnalisme tunisien: étude de droit comparé", Tesis doctoral en derecho público, Universidad de Burdeos, 2021, p.22.

3 En el siglo XIX, "el Hombre enfermo" era un apelativo occidental para referirse al decadente Imperio Otomano.

4 En la antigua tierra del Islam, la "Gente del Libro", cristianos y judíos, gozaban de un estatus "protegido", o Dhimmi. A cambio de la tolerancia religiosa y la protección que les garantizaban los musulmanes, los dhimmis tenían que cumplir una serie de obligaciones, entre ellas el pago de un impuesto llamado Al Jizya. Se trata de la única obligación mencionada por su nombre en el Corán, y es recaudada colectivamente por los dirigentes de cada comunidad religiosa y no individualmente, lo que ha permitido a los judíos y a otras minorías religiosas preservar su cohesión interna y su autonomía frente a las autoridades. Esta autonomía se institucionalizó en el sistema comunitario instaurado en todos los países musulmanes y se consolidó en el siglo XIX en el sistema otomano de las millets, que perduró hasta principios del siglo pasado. ABITBOL M., " À tort et à travers, Dhimma, Dhimmi hier et aujourd'hui ", Cahiers de la Méditerranée, n° 105, 2022, p.60. Disponible en (https://journals.openedition.org/cdlm/16161), consultado el 10/03/2024.

5 Ocupado por los turcos desde 1574, Túnez consiguió emanciparse de la soberanía de la Sublime Puerta (nombre con el que los occidentales han englobado el palacio del Sultán, la Corte otomana, el Gobierno y, finalmente, el propio Estado otomano) en 1705, cuando Hussein Ben Ali, proclamado Bey, fundó la dinastía que gobernó el país hasta 1857. Este reinado estuvo dirigido por 19 soberanos, 7 de los cuales actuaron como protectorados.

6 YARED C., «La construction du constitutionnalisme tunisien : étude de droit comparé », op.cit., p.321.

Estas reformas fueron consideradas por el ministro Kheredine[7] y el secretario Ibn Abi Dhiaf[8] como una limitación legal de los poderes del monarca (Ahmed Bey) y una protección de las libertades individuales. Para ellos, sólo la ley fundamental permitiría el establecimiento de una monarquía constitucional que respetara los derechos fundamentales. También consideraban que estas reformas no iban en contra de la ley religiosa. En este sentido, emprenden una modernización de los poderes públicos que va de la mano de la identidad árabe-musulmana.

Los reformistas consideraban el constitucionalismo liberal como una fuente de inspiración más que una imitación. En su opinión, se trataba de tomar prestados los puntos fuertes de la filosofía occidental para consolidar la cultura árabe-musulmana y protegerse mejor de la posible penetración occidental.

La influencia de esta ideología condujo a la promulgación de un Pacto Fundamental[9] en 1857 y al otorgamiento de la Constitución de 1861 por el monarca. Aunque inadaptados a las condiciones de vida de los tunecinos de la época, estos dos textos sentaron las bases del constitucionalismo en Túnez, al tiempo que preparaban la instauración del Protectorado francés.

Nada más establecerse, el Protectorado rechazó la validez jurídica del Pacto Fundamental y de la Constitución de 1861. El control francés no deja lugar a la organización constitucional. El soberano pierde todos sus poderes, que en adelante recaen en el Residente General[10]. Túnez se convierte así en una monarquía bajo el protectorado de una República a la vez liberal e imperial. Para garantizar la estabilidad del orden colonial, ésta impuso una legislación

---

7 Kheredine PACHA fue un reformador y estadista tunecino y otomano. Primer ministro en Túnez y luego Gran Visir en Estambul, fue una de las figuras más prestigiosas de la historia política tunecina y uno de los pioneros del pensamiento y la acción reformistas en el mundo musulmán.

8 Originario de Siliana, Ahmed IBN ABI DHIAF fue Adl (notario) y Kattib (secretario) en la cancillería bajo el gobierno beylical a partir de 1827.

9 De gran valor histórico y simbólico, el Pacto Fundamental, o Ahd El Amen en árabe, fue promulgado por decreto beylical el 10 de septiembre de 1857, proclamando la igualdad ante la ley, la libertad de culto y garantizando la libertad de comercio. Entró en vigor en abril de 1861, estableciendo una división de poderes entre el Bey y sus ministros, y concediendo amplias prerrogativas al Gran Consejo, compuesto por sesenta consejeros de Estado, guardianes de la Constitución. Podía deponer al Bey en caso de actos inconstitucionales. Además, concedía a los extranjeros el derecho a la propiedad, proporcionaba seguridad a todos, garantizaba la igualdad ante la ley y ante el fisco y establecía el principio del servicio militar. (https://www.justice.gov.tn/index.php?id=425&L=3), consultado el 11/03/2024.

10 El General Residente de Francia en Túnez es el representante oficial del gobierno francés en Túnez durante el protectorado francés.

excepcional contraria a los principios fundadores del orden republicano vigente en la Francia metropolitana[11].

Este estado de cosas contribuyó al auge de un nacionalismo que reclamaba una Constitución. Este movimiento nacional, encarnado por el Partido Libre Tunecino desde su creación en 1920, hizo de la ley fundamental su principal preocupación, llegando a autodenominarse partido constitutional. En 1950, el Presidente del Neo-Destour, Bourguiba, presentó un primer documento de siete puntos en el que pedía una Constitución democrática, elaborada por una Asamblea Constituyente elegida por sufragio universal

En mayo de 1951, el Bey anunció que había llegado el momento de redactar una Constitución. Las convenciones de 1955 entre Túnez y Francia sobre la autonomía interna iban a acelerar el proceso de constitucionalización. "*La moción política resultante del V Congreso Neo-Destour, celebrado en Sfax del 15 al 18 de noviembre de 1955, mencionaba por primera vez la necesidad de una Asamblea Constituyente encargada de elaborar la Constitución en el marco de la monarquía*"[12]. Finalmente, y a pesar de las exigencias del Bey de una Constitución otorgada, el Neo-Destour obligó al soberano a sellar el decreto de 29 de diciembre de 1955 por el que se convocaba una Asamblea elegida por sufragio universal directo y voto secreto[13]. Este decreto establecía dos medidas principales: la primera era elegir una Asamblea Nacional Constituyente por sufragio universal para redactar la Constitución; la segunda era que, una vez redactado, el texto fundamental sería sellado por el Bey y promulgado como Constitución del Reino.

Huelga decir que este esfuerzo de constitucionalización era ante todo una militancia al servicio de la independencia. Sin embargo, dada la importancia del partido Neo-Destour, su líder Bourguiba monopolizó la escena política. Tras la firma del protocolo de independencia en 1956, el pueblo fue llamado a las urnas. A pesar del triunfo del Frente Nacional en las elecciones a la Asamblea Constituyente, la hegemonía de los partidarios del Neo-Destour en el seno de la Asamblea transformó la Asamblea Constituyente en un subproducto del partido. La Constitución fue redactada por y para Bourguiba.

---

11 EL MECHAT S., "Les libertés publiques à l'épreuve du Protectorat en Tunisie (1884-1940)", en EL MECHAT S. (dir.) Les administrations coloniales XIXe-XXe siècles, Esquisse d'une histoire comparée, ed. Presses universitaires de Rennes, coll. Histoire, Rennes, 2009, pp. 213-214.

12 SAOULI I., "Naissance et évolution de la constitution du premier juin 1959", en BEN ACHOUR R., et GICQUEL (dir.), Regards croisés sur les constitutions tunisienne et française à l'occasion de leur quarantenaire, Congreso de Tunis, 2-4 décembre 1999, ed. Editions de la Sorbonne, coll. De Republica, Paris, 2003. p.39.

13 Cabe mencionar aquí que las mujeres aún no tenían derecho a voto, por lo que sólo los hombres participaron en este ensayo democrático.

Es fácil deducir que esta situación conduciría inevitablemente a una usurpación de las prerrogativas beylicales. Este fue el caso. "*La ampliación de los poderes de la Asamblea Constituyente en todas las materias es una nueva ilustración de este fenómeno de concentración de poder en beneficio de la Asamblea, es decir, en beneficio de una emanación del Neo-Destour*"[14]. Las aspiraciones electorales del Frente Nacional a una monarquía constitucional inspirada en el parlamentarismo británico acabaron inmediatamente cuando Bourguiba proclamó la República en 1957[15].

Las pretensiones del nuevo Presidente de la República de Túnez se basarán en el modelo estadounidense para crear una estructura constitucional a su medida. Es la única persona que encarna la unidad de la nación. Concentra los poderes ejecutivo y legislativo. El monocameralismo tunecino no era más que un instrumento para aprobar sus políticas. La Constitución de 1959 consagró jurídicamente esta realidad política. Bajo el imperativo de la unidad, dejó de lado el pluralismo político e institucional. Concebida para los tunecinos, se convirtió en una herramienta de poder político.

Esta tradición autoritaria establecida por Bourguiba se perpetuaría bajo el régimen de Ben Ali. El reformismo constitucional de los años 1990 y 2000, presentado como una evolución política y jurídica destinada a promover el pluralismo e instaurar la democracia, no afectó realmente a la estructura constitucional existente. El pluralismo está totalmente controlado y no hay posibilidad de alternancia en la cúpula del Estado.

En definitiva, puede decirse que la historia constitucional poscolonial de Túnez no ha dejado un legado normativo o político que cumpla con los estándares internacionales de democracia liberal, y menos aún con las expectativas modernistas de los tunecinos. El autoritarismo suele ir acompañado de profundas crisis sociales, y las que asolaron Túnez dieron lugar a una revolución que se extendió más allá de las fronteras del país. Derribó el orden existente y sentó las bases de un nuevo constitucionalismo, que examinaremos a continuación.

Tras las convulsiones políticas e institucionales de 2011, las instituciones tunecinas han evolucionado ciertamente. Para ello, abordaremos en primer lugar su nueva forma y las fuentes del Derecho que guían su funcionamiento (I). A continuación, como es esencial para todo constitucionalista, examinaremos el impacto de la revolución en la organización territorial, los derechos fundamentales y la justicia constitucional (II).

---

14 DEBBASCH C., "La République tunisienne", Librairie générale de droit et de jurisprudence, coll. "Comment ils sont gouvernés", París, 1962, p.50.

15 El 25 de julio de 1957, la Asamblea Constituyente aprobó una resolución por la que se abolía la monarquía y se proclamaba la República. También confiere la presidencia a Habib Bourguiba.

II. EL ORDEN CONSTITUCIONAL POSTREVOLUCIONARIO: UNA NUEVA ORGANIZACIÓN DE LAS INSTITUCIONES Y DE LAS FUENTES DEL DERECHO TUNECINO

Estudiar la nueva configuración constitucional del Túnez post-2011 es un ejercicio que no puede dejar desapercibido, ante todo, sobre el momento de la transición, tan fundamental para la construcción de cualquier nueva arquitectura institucional. Comprender el nuevo derecho tunecino, con sus fuentes e instituciones (2), exige delimitar intelectualmente la fase de su gestación (1).

II.1. La transición democrática y los preparativos para la nueva era constitucional

La transición democrática de Túnez es el periodo comprendido entre la primera República presidencial de Burguiba y Ben Ali, y la Segunda República, esencialmente democrática, surgida de la Revolución de los Jazmines. Se desarrolla entre 2011, fecha del levantamiento popular, y 2014, fecha de la promulgación de la nueva Constitución.

Fue una etapa preparatoria esencial para la instauración del Estado de derecho, ya que abrió todos los debates sobre el futuro sistema político de Túnez y los mecanismos para responder a las reivindicaciones populares expresadas durante la revuelta. En las primeras elecciones legislativas libres del 23 de octubre de 2011, los islamoconservadores del partido Ennahda irrumpieron en la Asamblea Nacional Constituyente (ANC), por delante de los izquierdistas del Congreso por la República (CPR) (2º) y del partido Ettakatol (3º). Sin embargo, "*el sistema electoral tunecino de ¨proporcional al mayor resto¨, que impide obtener la mayoría absoluta para favorecer el pluralismo político en el Parlamento, no permitió a la Hermandad de Rached Ghannouchi alcanzar el fatídico umbral de 109 escaños constitutivos del gobierno*"[16]. En previsión de la crisis política que se avecinaba, el acuerdo conocido como ¨la troïka¨ otorgó la presidencia a los laicistas del Congreso por la República, el gobierno a los conservadores de Ennahda y el Parlamento al partido Ettakatol. Este contrato de gobierno, concluido entre los tres contendientes por el poder, constituye el primer intento de reconfiguración del orden político pos-revolucionario, más allá de toda división entre islamistas y laicistas, a pesar de la sólida mayoría de Ennahda en el seno del CNA y de su influyente popularidad en la sociedad. Esto llevó a Béji Caïd

16 JALDI A., AKRIMI Y., "Tunisie : de la révolution de 2011 à la chute de la IIème République", Policy Paper, ed. Policy Center for the New South, Brussels International Center, Bruselas, 2022, p.6. Disponible en (https://www.bic-rhr.com/sites/default/files/inline-files/PP_11-22_Jaldi%20%20Akrimi.pdf), consultado el 13/03/2024.

Essebsi, antiguo ministro del régimen de Bourguiba y primer ministro durante la primera fase de la transición (marzo-diciembre de 2011), a crear el partido centrista-liberal Nidaa Tounes para frenar la hegemonía de Ennahda, tanto en el plano ideológico como en el de su orientación reformista[17].

El ANC tardó cuatro años antes de dar a luz la nueva Constitución de 2014. Fue el tiempo necesario para la renovación política, el aprendizaje de la democracia deliberativa y el establecimiento de debates constructivos entre los conservadores, partidarios de un sistema parlamentario inspirado en el modelo turco, y los laicistas, partidarios de un sistema presidencialista en el que el Jefe del Estado estaría sometido al control parlamentario. Se trata, de hecho, de una carta fundamental, fruto de un compromiso entre dos ideologías antagónicas que dominan el ANC y que adoptan un sistema parlamentario monista como modelo predominante para el nuevo orden constitucional de Túnez.

Esta nueva cartografía constitucional dividía el poder entre tres fragmentos diferentes: una Asamblea de Representantes del Pueblo (ARP), en el Bardo, con poder legislativo; un Gobierno, en la Kasbah, con poder ejecutivo, y cuyo Jefe es elegido por sufragio universal indirecto; y, por último, una Presidencia, en Cartago, cuyo Jefe de Estado es elegido por sufragio universal directo, pero cuyas competencias se limitan a los ámbitos de la seguridad, la defensa y los asuntos exteriores.

Según la Constitución de 2014, estos tres poderes estarán sometidos al control de otras instituciones igualmente constitucionales. Son seis: la Corte Constitucional, la Comisión de Derechos Humanos, la Comisión de Buen Gobierno y Lucha contra la Corrupción, la Comisión de Comunicación Audiovisual, la Comisión para el Desarrollo Sostenible y los Derechos de las Generaciones Futuras y la Alta Comisión Electoral Independiente.

En cuanto al poder judicial, cabe señalar que, durante los dos años siguientes a la elección de la segunda Asamblea Constituyente en octubre de 2011, el poder judicial tunecino se organizó únicamente mediante disposiciones prerrevolucionarias, principalmente las de la Ley n.° 67-29, de 14 de julio de 1967, sobre la organización del poder judicial, el Consejo Superior de la Magistratura y su estatuto[18]. Sin embargo, la Ley Constituyente n°6, de 16 de diciembre de 2011, sobre la organización provisional de los poderes públicos, se refería explícitamente a la reforma del poder judicial[19].

---

17 *Ibid.*

18 Cabe señalar que esta ley ha sido modificada en diez ocasiones. La más reciente fue introducida por la ley orgánica n° 2005-81 de 4 de agosto de 2005. Cf. el JORT n° 64 de 12 de agosto de 2005.

19 En virtud del art. 22 de esta ley, el "*Poder Judicial ejercerá sus competencias con total independencia (...) la Asamblea Nacional Constituyente adoptará una ley orgánica por la que se*

Finalmente, este texto no se adoptó hasta mayo de 2013 con la aprobación de la Ley 2013-13 sobre la creación de la Autoridad Provisional de Control de la Justicia Judicial[20]. Una vez más, la aprobación de esta ley fue el resultado de arduos regateos y negociaciones entre los distintos protagonistas de la escena política y judicial[21].

La aprobación de la Constitución de 2014 marca el final del periodo transitorio y el inicio del experimento democrático de Túnez.

II.2. Las instituciones constitucionales tunecinas, emanación de una nueva percepción del derecho

La experiencia del pluralismo político, que condujo a la adopción de la Constitución de 2014 en Túnez, dio lugar a una nueva visión de la organización de los poderes en el Estado. Las instituciones que siguieron se encontraron regidas por un marco jurídico de referencia plasmado en un entretejido de normas ampliamente revisado. El hecho es que la Constitución de 2022 y los procedimientos utilizados para su redacción representan un giro que está suscitando un gran debate sobre la validez del proceso democrático.

Cuando hablamos de la cuestión crucial de las fuentes del Derecho y de su ordenación, buscamos sin duda rastros de democratización, lo que se ilustra evidentemente en la armonía que podría, o debería, caracterizar el vínculo entre las normas, sus fuentes y la naturaleza de las instituciones existentes. Aunque en la actualidad existe un acuerdo universal en este ámbito, no es menos cierto que cada entidad estatal tiene su propia particularidad. Sin desconocer este hecho, el Derecho tunecino sigue siendo depositario de un patrimonio procedente de diversas civilizaciones. Son muchas las influencias que han influido en su formación: el Derecho romano, el Derecho musulmán y el Derecho francés.

A pesar de ello, Túnez ha seguido siendo un país regido por el derecho romano-germánico. Las principales fuentes de su derecho son la Constitución, el derecho internacional y los estatutos. Sin tener en cuenta la tradición musulmana, mayoritaria entre la población tunecina, el patrimonio religioso

---

c[illegible]rá un órgano representativo provisional (...) destinado a sustituir al Consejo Supremo del Poder Judicial (...) adoptará leyes orgánicas para la reorganización del poder judicial (...) Definirá las bases a partir de las cuales se reformará el sistema judicial".

20 JORT, nº 37 de 7 de mayo de 2013.

21 BEN AISSA M-S., "Pouvoir judiciaire et transition politique en Tunisie", en GOBE E., (ed.) Des justices en transition dans le monde arabe, Contributions à une réflexion sur les rapports entre justice et politique, ed. Centre Jacques-Berque, coll. Description du Maghreb, Rabat, 2016, pp.115-116.

no ha podido conservar su lugar debido a la política laica de Burguiba, impregnada de occidentalismo y kemalismo.

Tras el levantamiento de 2011, la ideología del partido islamista Ennahda, que ganó las elecciones, se enfrentó inmediatamente a la idea del Estado civil, que se había invocado desde el principio y con mucha fuerza en el debate público durante la primera fase de la revolución. Todos los intentos de este partido de introducir la Sharia*22* en el ordenamiento jurídico tunecino se vieron así frustrados.

El concepto de Estado civil es, sin mayor dificultad, objeto de una doble consagración en la Constitución tunecina de 2014. Aparece en el preámbulo[23], lo que le confiere una fuerza particular. También se menciona en el art. 2 C. que afirma explícitamente que "*Túnez es un Estado civil, fundado en la ciudadanía, la voluntad del pueblo y el Estado de Derecho*"[24]. Sin embargo, desaparece de la Constitución de 2022.

Las fuentes del Derecho tunecino se mantendrán, por tanto, dentro de las normas de la familia romano-germánica. Existen tres categorías principales: las fuentes escritas, las fuentes no escritas y las fuentes indirectas. En la primera categoría, que es la que nos interesa, el derecho tunecino se basa en una serie de normas que se estructuran jerárquicamente de la siguiente manera: la Constitución; los convenios internacionales; la ley y los textos reglamentarios. Según el art. 74 C. de 2022[25], los tratados internacionales tienen autoridad supralegislativa e infraconstitucional.

En el ámbito legislativo, que es competencia de la Asamblea de Representantes del Pueblo, la jerarquía normativa sitúa en primer lugar a la ley orgánica. Se ocupa de materias muy específicas y muy cualificadas, como la aprobación de tratados, la organización de la justicia, las libertades y los derechos humanos, etc[26]. El mismo texto constitucional establece la lista de materias reguladas por la legislación ordinaria.

---

22 La Sharia es el conjunto de leyes canónicas o normas del Islam que pueden aplicarse en la vida religiosa, política y social de un Estado musulmán.

23 El preámbulo de la página 7 menciona claramente esta noción en los siguientes términos: "*Con vistas a la construcción de un sistema republicano democrático y participativo, en el marco de un Estado civil*".

24 Recordando que el art. 2 C. de 2014 es una de las disposiciones no revisables de la Constitución.

25 Párr. 4 del art. 74 de la Constitución de 2022 establece que "Los tratados ratificados por el Presidente de la República y aprobados por la Asamblea de Representantes del Pueblo tienen autoridad superior a la ley e inferior a la Constitución".

26 El art. 75 C. de 2022 enumera las materias que entran en el ámbito de aplicación de la ley orgánica.

En cuanto a la normativa, existen dos tipos de decretos: los decretos-leyes, que son actos dictados por el Presidente de la República que le permiten intervenir en el ámbito legislativo de conformidad con el art. 70 C de 2022[27]; y los decretos de competencia exclusiva del Jefe del Gobierno.

En materia de las fuentes no escritas, en este caso la costumbre y los usos, sólo son referencias auxiliares de la ley en el sentido de que sólo pueden aplicarse cuando el texto escrito no dice nada, y no pueden contradecirla en modo alguno[28].

Por último, las fuentes indirectas del Derecho tunecino pueden resumirse a grandes rasgos en la jurisprudencia y la doctrina jurídica. Dada la gran agitación que ha reestructurado las instituciones tunecinas desde 2011, hay que decir que estos dos afluentes se han desarrollado significativamente en una dirección que protege las libertades y los derechos. El soplo de liberación ha dado un nuevo impulso a jueces y académicos para participar, aunque sea indirectamente, en el desarrollo del Estado de Derecho, al menos hasta la nueva Constitución de 2022.

Este nuevo giro constitucional ha tenido sin duda un impacto en el diseño institucional de Túnez. Para comprender mejor los fundamentos de este giro y su impacto institucional, debemos analizar las instituciones tunecinas desde tres perspectivas distintas: el periodo de experimentación democrática (2014-2019), el periodo de crisis democrática (2019-2021) y el periodo posterior al golpe de fuerza presidencial del 25 de julio de 2021.

Como resultado, están surgiendo nuevas instituciones de la experiencia democrática consagrada en la aprobación de la Constitución de 2014. Los redactores optaron por un sistema parlamentario simplificado. Se descartó, por tanto, el sistema presidencialista. "No obstante, se mantuvo la elección directa del Presidente, dando lugar a un sistema híbrido, fruto de un compromiso alcanzado entre las distintas fuerzas políticas representadas en el seno del CNA.

El texto constitucional recupera así la imagen de un sistema parlamentario híbrido, que podría definirse como "mitad presidencial, mitad parlamentario"[29]. El Presidente de la República, elegido por sufragio universal, goza de igual legitimidad que el Parlamento. Tiene ciertas prerrogativas

---

27 El artículo en cuestión establece que "*La Asamblea de Representantes del Pueblo podrá facultar al Presidente de la República, por un período limitado y para un fin determinado, para dictar decretos-leyes, que serán sometidos a la aprobación de la Asamblea al expirar dicho período*".

28 Cabe señalar que el art. 544 del COC (Código de Obligaciones y Contratos) tunecino establece que "*Quien invoque el uso debe justificar su existencia*", mientras que el art. 543 del mismo código dispone que "*La costumbre y el uso no pueden prevalecer contra la ley, cuando ésta es formal*".

29 LECIS COCCO ORTU A-M., "La fonction présidentielle dans la Constitution tunisienne de 2014 entre texte et pratique: vers un nouveau présidentialisme?", Revue

que van más allá del protocolo y el simbolismo[30]. Como contrapartida, el Jefe del Gobierno conserva el derecho a iniciar leyes importantes, como las que aprueban los tratados y los proyectos de ley de finanzas[31]. El Parlamento también puede aprobar una moción de censura contra el Gobierno (art. 98 de la Constitución de 2014), pero el Gobierno no puede disolver el Parlamento en caso de crisis política. El Presidente de la República también puede ser destituido por decisión del Parlamento por la Corte Constitucional, que debe pronunciarse sobre la cuestión de una violación manifiesta de la Constitución (art. 88 C. 2014).

En lo que concierne al poder judicial, la Ley Fundamental de este periodo estableció la unidad del poder judicial. La inclusión de todas las estructuras jurisdiccionales en un único capítulo refleja el deseo de establecer un poder judicial fuerte e independiente, al mismo nivel que los poderes legislativo y ejecutivo.

El establecimiento de los tres poderes no ha evitado, a su vez, una crisis democrática en 2019. El colapso de las principales formaciones políticas que acompañó al establecimiento del orden democrático e institucional ha dado lugar a la formación de nuevas coaliciones. El resultado es un Parlamento ideológicamente fragmentado y políticamente ingobernable. Como se mencionó anteriormente, la Constitución de 2014, en aras de un equilibrio de poderes, había atemperado la naturaleza parlamentaria del sistema estableciendo una cuasi igualdad entre los tres cargos calificados por el mismo término: Presidente de la República, Presidente de la ARP, Presidente del Gobierno. La exacerbación de la crisis entre estos tres poderes ha contribuido al debilitamiento de la legitimidad parlamentaria en beneficio de la legitimidad presidencial. Este estado de cosas ha precipitado la proclamación de medidas presidenciales excepcionales en 2021 y el establecimiento de una nueva ley fundamental en 2022.

El nuevo texto combina todos los elementos que consolidan las prerrogativas del Presidente de la República. El Presidente puede declarar el estado de emergencia, con efecto inmediato, sin revisión previa de la Corte Constitucional. A diferencia de la Constitución de 2014, el texto de 2022 no menciona

---

française de droit constitutionnel nº 121, ed. Presses Universitaires de France, París, 2020, p.167.

30 El art. C. 77 de 2014, por ejemplo, establece que "*El Presidente de la República representa al Estado. Es competente para definir las políticas generales en materia de defensa, relaciones exteriores y seguridad nacional relativas a la protección del Estado y del territorio nacional contra las amenazas internas y externas, previa consulta con el Jefe de Gobierno*". En la continuidad de este artículo, así como en los artículos que siguen, hemos observado que existe una larga lista de prerrogativas del Presidente que confirma su hegemonía sobre el Parlamento.

31 Leer art. 62 C. de 2014.

la oposición parlamentaria. Sus, un proyecto de ley puede someterse a referéndum constitucional o legislativo, sin pasar por el Parlamento, que ahora es bicameral y frágil, ya que los representantes del pueblo pueden ser destituidos tras un año en el cargo.

Por otra parte, el gobierno sigue siendo exclusivamente responsable ante el Presidente de la República, como estipula el art. 112 C. de 2022. Una moción de censura parlamentaria contra el ejecutivo es teóricamente posible, pero requiere los votos de dos tercios de los miembros de ambas cámaras; una opción muy difícil, dado que aún no se ha creado el Consejo Nacional de Regiones y Distritos. Así pues, el control parlamentario, cuando es posible, se ejerce sobre la ejecución de las actividades del gobierno, y no sobre su contenido[32].

Este deterioro de las relaciones entre las distintas instituciones se refleja en la posición del poder judicial frente a las nuevas prerrogativas del Presidente. A este respecto, cabe señalar que, incluso antes de que se publicara el proyecto de Constitución, se adoptaron diversas medidas presidenciales que debilitaron considerablemente la independencia del poder judicial. Entre ellas, la sustitución del Consejo Superior de la Magistratura y la destitución de 57 jueces. Este dominio sobre el poder judicial se refleja en la nueva Constitución, que consagra el nombramiento de los jueces por el Presidente[33]. La composición de la Corte Constitucional es el ejemplo más significativo de ello, ya que los nueve miembros son nombrados por decreto presidencial. Según los estudiosos tunecinos, "*la composición prevista de la Corte Constitucional no permite ninguna estabilidad en la jurisprudencia, obedeciendo a una lógica burocrática mecánica e impidiendo cualquier variedad de perfiles*"[34].

Si la hegemonía del ejecutivo, reforzada por las prerrogativas constitucionales de su Presidente, no deja alternativa a una división horizontal del poder, no cabe duda de que la percepción vertical sigue el mismo camino. Esto puede comprobarse en el plano de la organización territorial, de los derechos fundamentales y de la justicia constitucional.

---

32 JALDI A., AKRIMI Y., "La Tunisie sous la IIIème République", Research Paper, nº 06/23, ed. Policy Center for the New South, Brussels International Center, Bruselas, 2023, p.6. Disponible en (https://www.policycenter.ma/sites/default/files/2023-12/RP_06-23%20%28Abdessalam%20Jaldi%20%26%20Yasmine%20Akrimi%29.pdf). Consultado el 25/03/2024.

33 Ver art. 125 C. de 2022.

34 JALDI A., AKRIMI Y., "La Tunisie sous la IIIème République", op.cit., p.7.

III. ORGANIZACIÓN TERRITORIAL Y DERECHOS FUNDAMENTALES A LA VISTA DE LA JUSTICIA CONSTITUCIONAL TUNECINA

No hace falta deducir de entrada que todos los regímenes autoritarios están condenados a la centralización. Desde este punto de vista, la organización administrativa de la primera República tunecina no era más que una estructura para reforzar el control sobre el territorio y su población. Este perfil centralizado era una reproducción del modelo colonial. Con el impulso revolucionario, esta organización fue completamente reconsiderada y modificada por la Constitución de 2014.

III.1. La organización territorial en Túnez entre la transición democrática y la Tercera República presidencial

La inspiración liberal de la revolución tunecina llevó a la constituyente de 2014 a dedicar un capítulo entero al ¨poder local¨. Consta de doce artículos que definen los principios de un nuevo modelo de relaciones entre el centro y la periferia. Esta renovación del sistema político-institucional se basa en tres principios: el de la libre administración, de la subsidiariedad y de la participación ciudadana en los asuntos locales.

Sin definir un nivel jerárquico de importancia estructural, el art. 131 C. de 2014 establece los tres niveles de la organización territorial tunecina en los siguientes términos: "*La descentralización se lleva a cabo por las colectividades locales que comprenden los municipios, las regiones y los distritos*".

Al otorgar a los representantes locales nuevos poderes jurídicos y políticos, la Constitución de 2014 les da legitimidad para aplicar un programa político con total autonomía. Los vínculos con el Estado central se han redefinido, por tanto, como complementarios en lugar de serviles. Pero con la falta de recursos humanos y financieros, combinada con el clima económico que acompañó todo el proceso revolucionario, la descentralización tunecina, como todas las demás reformas, ha tropezado con grandes dificultades en su aplicación.

Tras la crisis política mencionada y el ascenso de un nuevo régimen presidencialista, el Ministerio de Asuntos Locales fue suprimido en 2021. La creación de una segunda cámara parlamentaria para los representantes de los gobiernos locales, denominada Consejo Nacional de Regiones y Distritos[35], no impidió la supresión del capítulo 7 sobre el gobierno local y la descentralización, ignorando así todas las garantías otorgadas por la antigua Constitu-

---

[35] La Sección 2 del Capítulo III de la Constitución de 2022 se titula: Consejo Nacional de Regiones y Distritos. Comprende seis artículos, del art. 81 al art. 86.

ción. Dos disposiciones dan una idea de las intenciones del gobierno actual con respecto a la futura organización territorial. La primera se desprende del art. 4 de la Constitución de 2022, que excluye toda posibilidad de que se dicten normas desde la periferia. Túnez es claramente un Estado unitario que no puede ofrecer autonomía política[36] a sus fragmentos subestatales. La segunda disposición figura en el artículo único del capítulo VII (entes locales y regionales), que explica la descentralización en términos extremadamente limitados y restrictivos. Establece que "*los consejos municipales y regionales, los consejos de distrito y los organismos a los que la ley confiere el estatuto de entidad local velarán por los intereses locales y regionales en las condiciones establecidas por la ley*".

Si nos remitimos a un breve estudio comparativo, podemos destacar que para Marruecos, por ejemplo, que también es un Estado unitario muy apegado a sus constantes nacionales[37], el Título IX dedicado a la descentralización, denominado regiones y colectividades territoriales, contiene doce artículos que codifican la organización territorial marroquí. Esto refleja probablemente el lugar que una reforma de este tipo podría ocupar en las opciones nacionales. El hecho de que la organización territorial tunecina esté garantizada por un solo artículo constitucional no es en sí mismo objetable, ya que podría proporcionar una visión precisa y restrictiva de cualquier intromisión del legislador. Pero lo que es, en nuestra opinión, cuestionable es la incoherencia del vocabulario utilizado por el constituyente y la remisión automática de toda esta organización, sin ningún principio fundador, al dominio de la ley. Desde un punto de vista constitucionalista, esta práctica sugiere dos conclusiones esenciales: la organización territorial no es una prioridad para los nuevos dirigentes políticos, y el reparto del poder difícilmente responde al espíritu de la Constitución de 2022.

Sobre esta última nota, ¿se ajustarán a las normas internacionales el alcance de los derechos fundamentales y el papel de la justicia constitucional?

III.2. El alcance de los derechos y libertades públicas en el nuevo constitucionalismo tunecino

Está inteligiblemente establecido que después de cada revolución, los derechos y libertades públicas deberían experimentar otro destino más satisfac-

---

36 El art. 4 C. de 2022 establece explícitamente que "*Túnez es un Estado unitario. No está permitido promulgar ninguna ley que socave su unidad*".

37 El primer artículo de la Constitución marroquí de 2011 establece que "*En su vida colectiva, la nación se basa en constantes unificadoras, a saber, la religión musulmana moderada, la unidad nacional con sus numerosos afluentes, la monarquía constitucional y la opción democrática. La organización territorial del Reino es descentralizada, basada en una regionalización avanzada*".

torio, o incluso definitivamente estable y feliz. Son las vicisitudes del tiempo que tarda en asentarse la democracia y las reticencias de los partidarios del autoritarismo las que podrían poner en peligro tales perspectivas. Ya vimos que el aprendizaje de la democracia en Túnez desembocó en una grave crisis política en 2019. Un impasse que ha acelerado el cambio de régimen, del parlamentarismo, fruto de la revolución, al presidencialismo, consecuencia de la situación actual.

En general, según la historia constitucional y política de los Estados, la toma hegemónica e indivisa del poder por una sola persona no promete una expansión liberal de los derechos y libertades públicas. Para confirmar o refutar esta teoría en el caso de Túnez, debemos establecer un paralelismo entre la Constitución revolucionaria de 2014 y los cambios introducidos por la Constitución de 2022.

Ciertamente, como cualquier levantamiento que consigue desestabilizar el orden imperante y cambiar el régimen en vigor, la Revolución de los Jazmines sentó las bases para la consagración de los derechos fundamentales en el país. Incluso antes de la adopción de una nueva Constitución, y bajo el impulso de la Alta Instancia para la Consecución de los Objetivos de la Revolución, la Reforma Política y la Transición Democrática, una serie de decretos-ley vinieron a construir un nuevo marco jurídico de garantías, como el derecho a la libertad de prensa (decreto-ley n°2011-115); el derecho a la libertad de asociación (decreto-ley n°2011-88), el derecho de acceso a los documentos administrativos de los organismos públicos (decreto-ley n°2011-41), etc. Se han tenido en cuenta todos los compromisos inherentes a esta materia. Todos los compromisos inherentes a esta materia han sido plenamente asumidos por el constituyente de 2014. Se ha dedicado un capítulo[38] entero a ello, previendo la creación de una serie de organismos con el objetivo de proteger y promover los derechos y libertades. Estas instituciones deben desempeñar un papel fundamental, concretamente en relación con determinados elementos clave del espacio cívico, como la libertad de los medios de comunicación, la protección de los datos personales o el acceso a la información. Algunas proceden directamente de la Constitución de 2014, otras han sido obra del legislador[39].

---

38 Hay que señalar que este capítulo, titulado " Derechos y Libertades", comprende 29 artículos. Del art. 21 al art. 49. La abundancia de disposiciones demuestra el lugar que ocupaba esta cuestión en la mente de los redactores de la Constitución de 2014.

39 La revolución dio origen a una serie de organismos destinados a proteger y promover los derechos y libertades públicas. Algunos son de origen legislativo, como la Autoridad Nacional de Protección de Datos Personales (INPDP), creada por la Ley Orgánica n°2004-63 de 27 de julio de 2004; la Autoridad Superior Independiente de Comunicación Audiovisual (HAICA), creada por el Decreto Ley n°2011-116 de 2 de noviembre de 2011; la Comisión Nacional de Lucha contra la Corrupción

Todas estas medidas "*han permitido realizar progresos significativos en el establecimiento de un marco jurídico conforme a las normas y compromisos internacionales de Túnez en materia de derechos y libertades públicas. Sin embargo, el retraso en la reforma de ciertos textos clave, como la ley sobre la libertad de reunión pacífica, la ley sobre el estado de emergencia y el Código Penal (...) constituye un obstáculo y un desafío importantes para el pleno disfrute de estos derechos en Túnez. Las entrevistas realizadas (...) parecen revelar un desfase importante entre un marco jurídico liberal en muchos aspectos y su aplicación, que sigue siendo parcial y desigual*"[40]. Tanto más cuanto que el estado de emergencia decretado el 25 de julio de 2021 constituye, para la doctrina constitucionalista, un retroceso para los derechos y libertades en el espacio cívico tunecino.

Frente a una prolongada crisis política, económica, social y sanitaria, el Presidente de la República ha anunciado, amparándose en el artículo 80 de la Constitución de 2014, la instauración de un estado de emergencia en el que procede con una serie de decretos-leyes. Destituye al Jefe de Gobierno[41], congela las actividades de la ARP[42] y toma el control de la fiscalía. Esta lectura amplia de la disposición constitucional ha suscitado numerosos debates sobre la constitucionalidad de estas medidas, en particular en lo que se refiere a la suspensión del órgano legislativo. Cabe recordar que el texto en cuestión estipula que la ARP se considera "*en sesión permanente*", al tiempo que precisa que "*En esta situación, el Presidente de la República no podrá disolver la Asamblea de Representantes del Pueblo*".

Por lo tanto, el Presidente de la República, mediante el Decreto Presidencial n°2021-117, de 22 de septiembre de 2021, se otorga la competencia legis-

---

(INLUCC), creada por el Decreto Ley n°2011-120 de 14 de noviembre de 2011 ; la Autoridad Nacional de Prevención de la Tortura (INPT), creada por la Ley Orgánica n°2013-43, de 23 de octubre de 2013; la Autoridad Nacional de Acceso a la Información (INAI), creada por la Ley Orgánica n°2016-22, de 24 de marzo de 2016; la Autoridad Nacional de Lucha contra la Trata de Personas (INLTP), creada por la Ley Orgánica n°2016-61, de 3 de agosto de 2016. A diferencia de los demás organismos, el INLTP no es independiente y está adscrito al Ministerio de Justicia.
Otros son constitucionales e independientes, como: la Autoridad Superior Independiente para las Elecciones (art. 126 C.); la Autoridad de Comunicación Audiovisual (art. 127 C.); la Autoridad de Derechos Humanos (art. 128 C.); la Autoridad para el Desarrollo Sostenible y los Derechos de las Generaciones Futuras (art. 129 C.); y la Autoridad de Buen Gobierno y Lucha contra la Corrupción (art. 130 C.).

40 OCDE (Organización para la Cooperación y el Desarrollo Económico), "Les droits et libertés publics en Tunisie", Examens de l'OCDE sur la gouvernance publique, Scan de l'espace civique en Tunisie, 2023. Disponible en (*https://www.oecd-ilibrary.org/sites/7875381b-fr/index.html?itemId=/content/component/7875381b-fr#chapter-d1e2221-827e494f92)*, consultado el 28/03/2024.

41 Decreto Presidencial n°2021-69 de 26 de julio de 2021.

42 Decreto Presidencial n°2021-80 de 29 de julio de 2021.

lativa para legislar en ámbitos normalmente atribuidos al poder legislativo, como por ejemplo las libertades y los derechos humanos. El mismo decreto insiste, en cambio, en su artículo 22, en la consagración del Estado de derecho y la garantía de los derechos y libertades públicos e individuales, suprimiendo al mismo tiempo la instancia provisional de control de constitucionalidad de las leyes, en ausencia de la Corte Constitucional, que debería garantizar en virtud del art. 80 C. de 2014 la supervisión del estado de excepción. "*Según algunos actores consultados (...) el Decreto-Ley n°2021-117, puede tener un impacto en los derechos y libertades públicos en Túnez, a pesar de la garantía del Presidente de la República de preservar y reforzar los derechos y libertades adquiridos*"[43]. Esta seguridad parece estar confirmada por el capítulo II, titulado también derechos y libertades, de la nueva Constitución de 2022. Preserva el mismo valor constitucional tanto en la nomenclatura jurídica como en el orden en que está situado. Mejor aún, el número de artículos dedicados a este capítulo supera el de la Constitución de 2014. Despliega un arsenal completo y variado que garantiza el conjunto de los derechos civiles, políticos, económicos, sociales, culturales y medioambientales. Al reproducir las mismas disposiciones anunciadas por la Constitución de 2014[44], la Carta Fundamental consolida, en particular, la libertad de creencia y de conciencia (art. 27 C.); las libertades de opinión, de pensamiento y de expresión (art. 37 C.); el derecho de acceso a la información (art. 38 C.); la libertad de constituir partidos políticos, sindicatos y asociaciones (art. 40 C.); las libertades académicas (art. 45 C.); el derecho a un medio ambiente sano y equilibrado (art. 47 C.) y la igualdad de oportunidades entre hombres y mujeres; al tiempo que afirma que el Estado se compromete a proteger y promover los derechos adquiridos de la mujer (art. 51 C.). De acuerdo con las disposiciones del art. 55 C., los derechos y libertades garantizados por la Constitución sólo pueden restringirse en virtud de la ley[45].

Ante la riqueza del texto constitucional, todo constitucionalista no puede sino alegrarse de la conformidad de los valores anunciados con todas las convenciones internacionales relativas a los derechos humanos. Pero entre las reglas y la práctica, hay un largo camino por recorrer. Los indicadores emblemáticos que pueden orientar la investigación sobre este tema se encuentran esencialmente en el papel que podría asumir la justicia constitucional en la protección de estos logros.

---

[43] *OCDE (Organisation de Coopération et de Développement Économiques), « Les droits et libertés publics en Tunisie », op.cit.*

[44] El capítulo De los derechos y libertades en la Constitución de 2022 contiene 34 artículos. Del art. 22 al art. 55.

[45] MZID N., BAKLOUTI K., «Une nouvelle Constitution tunisienne dans un contexte de crise », Revue de droit comparé du travail et de la sécurité sociale, n° 2023/1, ed. Centre de droit comparé du travail et de la sécurité sociale, 2023, p.189. Disponible en (https://journals.openedition.org/rdctss/5521), consultado el 28/03/2024.

III.3. La transformación de la justicia constitucional en Túnez según las contingencias republicanas

Probablemente, la obra más importante de los revolucionarios tunecinos es la creación de la Corte Constitucional. Presentada por la Constitución de 2014 como "*una instancia jurisdiccional independiente*"[46], esta institución es la "*única competente para controlar la constitucionalidad de las leyes*"[47]. La nueva jurisdicción rompe totalmente con el antiguo modelo puramente consultivo del Consejo Constitucional, adoptado en 1987 y vigente hasta 2011. La concepción de una Corte Constitucional, "*que se asemeja al modelo europeo o kelséniano de control de constitucionalidad concentrado en las manos de una única jurisdicción más que al modelo americano de control de constitucionalidad ejercido por todas las jurisdicciones por vía de excepción*"[48] ha construido una nueva barrera protectora del proceso democrático y de los derechos fundamentales. Sin embargo, el designio extremadamente coyuntural de la II República, en aprendizaje de la democracia, no ha favorecido el nacimiento real de una instancia tan prometedora. Esta ausencia ha pesado cruelmente sobre los primeros pasos de la evolución de esta República. Esto explica en parte su colapso. El proyecto presidencial, plasmado en la Constitución de 2022, ofrece una nueva oportunidad para la institución constitucional. Hay que detenerse en las modalidades formales y funcionales de su nueva existencia.

En primer lugar, cualquier observador constitucionalista no puede sino dudar de las garantías de independencia que se ofrecen a los miembros de la Corte Constitucional. El modo de su designación[49] exclusivamente presidencial hace temer que estén totalmente subordinados al Presidente de la República. Además, la composición orgánica de la Corte está compuesta únicamente por magistrados. Como si se tratara de una simple instancia jurisdiccional. Sabemos que el pluralismo orgánico es una garantía indiscutible de la diversidad de opiniones que contribuye a la creatividad y a la promoción de la jurisprudencia. La homogeneidad de su composición podría llevar, en nuestra opinión, a un enfoque estrictamente jurídico, incluso excesivamente literal de los textos. Los jueces, en este caso, y por lealtad, corren el riesgo de ser simples intérpretes de la voluntad presidencial. En un informe de Amnistía Internacional se dice que "*El Comité de Derechos Humanos de las Naciones Unidas ha determinado que la injerencia del ejecutivo en la justicia - en particular el control del*

---

46 Art. 118 C. de 2014.

47 Art. 120 C. de 2014.

48 BEN ACHOUR R., «La Cour constitutionnelle tunisienne : promesses et blocages », Revue française de droit constitutionnel, n°127, ed. Presses Universitaires de France, París, 2021, p.235.

49 El art. 125 C. de 2022, establece que "*la Corte Constitucional es una instancia jurisdiccional independiente, compuesta de nueve miembros nombrados por decreto*".

nombramiento y de las carreras de los magistrados - viola el derecho a ser juzgado por un Tribunal [...] independiente e imparcial, en virtud del artículo 14 del Pacto Internacional de Derechos Civiles y Políticos (PIDCP), ratificado por Túnez"[50].

Desde un punto de vista funcional, el mismo informe deplora la negligencia del papel de la Corte Constitucional en la adopción de medidas excepcionales. A diferencia del arte 80 C. de 2014[51], que preveía que la Corte Constitucional debía ser informado y pronunciarse sobre el mantenimiento o no de las medidas de excepción, el art. 96 C. de 2022[52], no cumple esta norma. Por consiguiente, no prevé vías de recurso para impugnar las medidas excepcionales ni impone un plazo para revisar la decisión. Al hacerlo, no ofrece las garantías necesarias para proteger los derechos humanos en el marco de un estado de excepción. El informe de Amnistía Internacional añade que "*ha identificado varios casos que ilustran el hecho de que las medidas adoptadas por el poder ejecutivo en virtud del Artículo 80 han debilitado o amenazado los derechos humanos y el estado de derecho*"[53].

En el registro de control de la constitucionalidad de las leyes, la Constitución de 2014 ya había introducido los controles: a priori y a posteriori. La de 2022, retoma los mismos procedimientos dotando al Corte Constitucional de una competencia exclusiva para el control de seis materias esenciales[54].

En nuestra evaluación del deber de la Corte frente a una inconstitucionalidad probada, nos contentaremos con subrayar una sola disposición, ya que es significativa en nuestra opinión. Precisamente, sobre el recurso de incons-

---

50 Amnistía Internacional., «Túnez, la adopción de la nueva Constitución no debe ratificar la erosión de los derechos humanos», Declaración pública, 19 de agosto de 2022, p.4. Disponible en (https://www.amnesty.org/fr/wp-content/uploads/sites/8/2022/08/MDE3059252022FRENCH.pdf), consultado el 29/03/2024.

51 El artículo precisa que "*Treinta días después de la entrada en vigor de estas medidas, y en cualquier momento posterior, la Corte Constitucional podrá recurrir, a petición del Presidente de la Asamblea de Representantes del Pueblo o de treinta de sus miembros, para decidir sobre el mantenimiento del estado de excepción*".

52 A este respecto, cabe señalar que ninguna disposición de este artículo menciona a la Corte Constitucional, ni en la consulta previa a la declaración del estado de excepción, ni en la decisión de ponerle fin. El art. 127 C. que establece las competencias de la Corte, tampoco aborda esta afectación.

53 Amnistía Internacional., «Túnez, la adopción de la nueva Constitución no debe ratificar la erosión de los derechos humanos», op.cit., p.5.

54 El art. 127 C. de 2022 enumera seis materias que son objeto de revisión constitucional. Habla "*de las leyes, a petición del Presidente de la República, 30 miembros de la Asamblea de Representantes del Pueblo o de la mitad de los miembros del Consejo Nacional de Regiones y Distritos (...) de los tratados que le somete el Presidente de la República (...) de las leyes que le remiten los tribunales, tras una excepción de inconstitucionalidad (...) de los reglamentos internos de la Asamblea de Representantes del Pueblo y del Consejo Nacional de las Regiones y de los Distritos que le somete el Presidente de cada una de las dos Asambleas (...) Constitución (...) de los proyectos de revisión de la Constitución*".

titucionalidad, el art. 131 C. de 2022 limita la intervención de la instancia a un simple examen de las imputaciones invocadas, añadiendo que cuando "*declara la inconstitucionalidad de una ley, su aplicación queda suspendida, dentro de los límites de su decisión*". Teniendo en cuenta la importancia del filtro constitucional, consideramos que la imprecisión de sus efectos sobre la ley en cuestión atentaría contra el espíritu de su misión. La suspensión, como medida constitucional, sigue siendo insuficiente. Una ley que no se ajuste a la Constitución debe ser revocada, no suspendida.

IV. CONCLUSIÓN

Es pacífico considerar hoy por hoy que cada hecho revolucionario es generador de cambios. El estallido de la Revolución de los Jazmines en Túnez seguramente ha barrido el terreno para la reconfiguración de un constitucionalismo en mal estado durante mucho tiempo, debido al autoritarismo. El pueblo se apropia de la soberanía y replantea sus instituciones constitucionales. La Constitución de 2014 le permite desarrollar una amplia gama de derechos y libertades. La ley fundamental ya no está al servicio del poder político, sino una expresión soberana de la voluntad popular.

Sin embargo, la aprobación del texto no es una finalidad en sí misma, al menos en vista del constitucionalismo moderno. Como todo acuerdo de voluntades, la Constitución necesita una protección adecuada, un garante capaz de preservar su estatura. Desde este punto de vista, es probablemente la falta de establecimiento de una jurisdicción constitucional lo que ha puesto en peligro la estabilidad de la segunda República tunecina. Esta carencia ha vaciado de sentido los logros de la revolución, tanto a nivel de las instituciones como de los derechos fundamentales.

Sabemos perfectamente que la construcción de la pareja: constitucionalismo-democracia no depende únicamente de la buena voluntad y de los instrumentos jurídicos. La exigencia del tiempo de implantación es también un factor a tener en cuenta. El paralelismo con las revoluciones occidentales puede ser aquí una referencia argumentativa. En Francia, por ejemplo, país colonizador de Túnez, la Revolución de 1789 con su Declaración de los Derechos Humanos tardó más de un siglo en instaurar un régimen político democrático que respete los derechos y las libertades.

Decir que la tercera república presidencialista de 2022 ha diezmado toda posibilidad de reconstruir un modelo a la medida de la revolución, sería quizás incongruente. En efecto, teniendo en cuenta las experiencias comparadas, el constitucionalismo moderno sigue siendo un ideal inaudito. No obstante, en el estado actual de las cosas, el proceso constitucional tunecino debería, eventualmente, revisar la importancia de la justicia constitucional.

BIBLIOGRAFÍA

Libros y revistas:

ABITBOL M., " À tort et à travers, Dhimma, Dhimmi hier et aujourd'hui ", Cahiers de la Méditerranée, n°105, 2022;

Amnistía Internacional., «Túnez, la adopción de la nueva Constitución no debe ratificar la erosión de los derechos humanos», Declaración pública, 19 de agosto de 2022;

BEN ACHOUR R., «La Cour constitutionnelle tunisienne: promesses et blocages», Revue française de droit constitutionnel, n°127, ed. Presses Universitaires de France, París, 2021;

BEN AISSA M-S., "Pouvoir judiciaire et transition politique en Tunisie", en GOBE E., (ed.) Des justices en transition dans le monde arabe, Contributions à une réflexion sur les rapports entre justice et politique, ed. Centre Jacques-Berque, coll. Description du Maghreb, Rabat, 2016;

DEBBASCH C., "La République tunisienne", Librairie générale de droit et de jurisprudence, coll. "Comment ils sont gouvernés", París, 1962;

EL MECHAT S., "Les libertés publiques à l'épreuve du Protectorat en Tunisie (1884-1940)", en EL MECHAT S. (dir.) Les administrations coloniales XIXe-XXe siècles, Esquisse d'une histoire comparée, ed. Presses universitaires de Rennes, coll. Histoire, Rennes, 2009;

JALDI A., AKRIMI Y., "La Tunisie sous la IIIème République", Research Paper, n° 06/23, ed. Policy Center for the New South, Brussels International Center, Bruselas, 2023;

JALDI A., AKRIMI Y., "Tunisie: de la révolution de 2011 à la chute de la IIème République", Policy Paper, ed. Policy Center for the New South, Brussels International Center, Bruselas, 2022;

LECIS COCCO ORTU A-M., "La fonction présidentielle dans la Constitution tunisienne de 2014 entre texte et pratique: vers un nouveau présidentialisme?", Revue française de droit constitutionnel n° 121, ed. Presses Universitaires de France, París, 2020;

MZID N., BAKLOUTI K., «Une nouvelle Constitution tunisienne dans un contexte de crise», Revue de droit comparé du travail et de la sécurité sociale, n° 2023/1, ed. Centre de droit comparé du travail et de la sécurité sociale, 2023;

OCDE (Organización para la Cooperación y el Desarrollo Económico), "Les droits et libertés publics en Tunisie", Examens de l'OCDE sur la gouvernance publique, Scan de l'espace civique en Tunisie, 2023;

SAOULI I., "Naissance et évolution de la constitution du premier juin 1959", en BEN ACHOUR R., et GICQUEL (dir.), Regards croisés sur les constitutions tunisienne et française à l'occasion de leur quarantenaire, Congreso de Tunis, 2-4 décembre 1999, ed. Editions de la Sorbonne, coll. De Republica, Paris, 2003;

Yared C., "La construction du constitutionnalisme tunisien: étude de droit comparé", Tesis doctoral en derecho público, Universidad de Burdeos, 2021.

Textos jurídicos

COC (Código de Obligaciones y Contratos) tunecino, 1906;

Constitución tunecina de 2014;

Constitución tunecina de 2022;

Constitución tunecina de 1959;

Constitución marroquí de 2011;

Decreto beylical el 10 de septiembre de 1857;

Decreto de 29 de diciembre de 1955;

Decreto-ley nº2011-41 de 2011;

Decreto-ley nº2011-115 de 2011;

decreto-ley nº2011-88;

Decreto Ley nº2011-116 de 2011;

Decreto Ley nº2011-120 de 2011;

Decreto Presidencial nº2021-69 de 2021;

Decreto Presidencial nº2021-80 de 2021;

Decreto Presidencial nº2021-117 de 2021;

Ley Orgánica nº2004-63 de 27 de julio de 2004.

Ley orgánica nº2005-81 de 4 de agosto de 2005;

Ley Orgánica nº2013-43, de 23 de octubre de 2013;

Ley Orgánica nº2016-22, de 24 de marzo de 2016;

Ley Orgánica nº2016-61, de 3 de agosto de 2016;

Webgrafía

(https://journals.openedition.org/cdlm/16161);

(https://www.justice.gov.tn/index.php?id=425&L=3);

(https://www.bic-rhr.com/sites/default/files/inline-files/PP_11-22_Jaldi%20%20Akrimi.pdf);

(https://www.policycenter.ma/sites/default/files/2023-12/RP_06-23%20%28Abdessalam%20Jaldi%20%26%20Yasmine%20Akrimi%29.pdf).;

(*https://www.oecd-ilibrary.org/sites/7875381b-fr/index.html?itemId=/content/component/7875381b-fr#chapter-d1e2221-827e494f92*);

(https://journals.openedition.org/rdctss/5521);

(https://www.amnesty.org/fr/wp-content/uploads/sites/8/2022/08/MDE3059252022FRENCH.pdf).

Capítulo XI
El sistema constitucional del Perú

HÉCTOR ÁLVAREZ GARCÍA
Profesor de Derecho Constitucional
Universidad Pablo de Olavide, de Sevilla

I. DATOS GENERALES DEL PERÚ

I.1. Geografía

La República del Perú tiene una población de 33.715.000 habitantes y está conformada por un territorio de una superficie continental de 1.285.215 Km^2. Se encuentra situada en la parte central y occidental de América del Sur y limita al noroeste con Ecuador, al noreste con Colombia, al este con Brasil, al sureste con Bolivia, al sur con Chile y al oeste con el océano Pacífico.

La geografía peruana presenta tres regiones climáticas heterogéneas y bien definidas por la presencia de la cordillera de los Andes: la costa ocupa el 10,6 % del territorio y cuenta con un litoral costero de 3.080 km, caracterizado por suelos arenosos y áridos; la sierra abarca el 28,4% del país y en ella se hallan los principales yacimientos minerales del Estado y la selva representa 62% de la superficie del Perú, forma parte de la cuenca del Amazonas y contiene importantes reservas petroleras y gasísticas, así como recursos forestales.

I.2. Economía

Según datos del Fondo Monetario Internacional, el producto interior bruto del Perú en 2022 fue de 230.590 M€, por lo que es la economía número 52 en el ranking de los 183 países miembros de esta organización internacional; y el PIB per cápita ascendió a 6.839€, de manera que se encuentra en el puesto 92[1].

Perú cuenta con importantes recursos económicos naturales. La minería es uno de los sectores más pujantes del país, representa el 10% del PIB y más del 60% de las divisas. Además, Perú es uno de los principales productores mundiales de varios minerales: 3° en plata, 6° en oro, 3° en cobre, 2° en estaño, 2° en zinc y 3° en plomo.

También son destacables otros recursos económicos provenientes del sector primario: la agricultura peruana se basa en la papa, el arroz, el maíz, el trigo, la quínoa, las hortalizas y legumbres, los frutales, el algodón, la caña de azúcar y el café; la ganadería nativa del cuy, la llama y la alpaca, de las que se aprovecha la carne y la fibra, así como la vicuña, animal salvaje protegido en los países andinos cuya preciosa fibra es la más fina y cara del mundo, por lo que se exporta prácticamente en su totalidad a Europa; y la ganadería exótica traída por los españoles en el siglo XVI: vacas, cabras, cerdos, ovejas y aves de corral. En cuanto a la ganadería equina, destaca sobremanera la crianza del *Caballo de Paso*, orgullo identitario del Perú: una raza resultante del mestizaje de ejemplares andaluces y bereberes y la crianza secular en la orografía peruana con fines recreativos y artísticos, ya que en el Perú está prohibido el consumo de carne caballar. Asimismo, dada la extensión de la costa peruana, también reviste una gran importancia la actividad pesquera del atún, la anchoa, el bacalao, la merluza, la caballa, etc.,

Finalmente, en el sector terciario resalta el turismo, que representó el 2,2% del PIB nacional en 2022 con unos dos millones de turistas internacionales, lo que constituyó una drástica caída de en torno al cincuenta por ciento respecto a los años anteriores a la pandemia. De los numerosos atractivos turísticos peruanos, sobresalen el *Santuario Histórico del Machu Picchu* en el departamento de Cuzco y las Líneas de Nazca en Ica.

I.3. Símbolos patrios

I.3.1. La bandera

La bandera bicolor es un estandarte de gran valor simbólico para los peruanos. Todos los 7 de junio se celebra el Día de la Bandera para rendir homenaje a los dos mil héroes peruanos que defendieron tenazmente la República en la batalla de Arica (1880), en el marco de la Guerra del Pacífico contra

---

1 https://datosmacro.expansion.com/paises/grupos/fmi, fecha de consulta: 28/12/2023.

Chile. Además, en la ciudad de Tacna, al sur del país, tiene lugar el 28 de agosto la Procesión de la Bandera, una ceremonia multitudinaria en la que se conmemora la reincorporación de esta provincia a la República (1929), después de cincuenta años de injusta ocupación chilena.

El artículo 43 de la Constitución establece que la bandera está formada por tres franjas verticales con los colores rojo, blanco y rojo. El libertador San Martín eligió estos dos colores en 1820. Según cuenta la tradición más acreditada, relatada por el literato Abraham Valdelomar en *El sueño de San Martín*, el color blanco corresponde al pecho y el rojo a las alas de las parihuanas o flamenco andino; otra teoría alude al rojo de la sangre derramada por la independencia y al blanco por la vocación pacífica del pueblo peruano y, en fin, hay otra elucubración más prosaica que se refiere a la bandera peruana como el resultado de una mixtura de los colores blanco y rojo presentes en los estandartes chileno y argentino, naciones independizadas por San Martín unos años antes. Sin embargo, fue durante el gobierno de Torre Tagle, en 1822, cuando se aprobó su diseño geométrico actual, que había pasado previamente por franjas diagonales y horizontales.

I.3.2. El escudo de armas

El escudo de armas se une a la bandera para constituir el pabellón nacional del Perú. Su diseño actual fue obra de Gregorio Paredes y Javier Cortés e instituido durante el gobierno de Bolívar en 1825, con una ligera modificación geométrica aprobada por el presidente Odría en 1950.

Esta pieza heráldica, dividida en tres campos, contiene los elementos representativos de la riqueza del país en tres reinos naturales. En la parte superior izquierda aparece la vicuña, símbolo de la fauna peruana sobre un fondo celeste que evoca el cielo andino; de manera complementaria otros han querido ver en la elección de este camélido salvaje por *el Libertador* el inmarcesible espíritu de libertad del pueblo peruano. En el campo de la derecha sobre un fondo blanco está el árbol de la quina, representante de la diversidad vegetal del país –aunque la flor nacional del Perú es la cantuta o flor del inca–, en cuya corteza se encuentran diversos alcaloides naturales, entre los que destaca la quinina, empleada históricamente por sus propiedades medicinales contra la malaria. Finalmente, en el espacio inferior, más grande que los otros dos, se encuentra la cornucopia, símbolo de la mitología griega que representa la abundancia y la prosperidad, con la que se subraya la riqueza mineral que atesora la República, primera productora de oro de América Latina. El estilizado cuerno de color áureo sobre fondo rojo prodiga veinticinco monedas de oro, alusivas al año 1825 en el que se oficializó el escudo. En el timbre está la corona cívica de encino, que simboliza el máximo galardón que la patria concede a quienes entregaron su vida por ella, como los héroes de la Guerra del Pacífico.

El escudo está aureolado por una rama de olivo y otra de palma, unidas en la parte inferior por una cinta de la bandera peruana. El olivo representa la paz y la palma las victorias militares. Nótese que la rama de palma tiene dos puntas quebradas en recuerdo imperecedero de las provincias de Tarapacá y Arica, arrancadas a la patria por los chilenos en la Guerra del Pacífico.

I.3.3. El himno

La composición musical del himno nacional del Perú fue originariamente escrita por José de la Torres Ugarte y musicada por el maestro Bernaldo Alcedo en 1821, tras haber ganado un certamen convocado al efecto por el libertador San Martín. Sin embargo, ha sido objeto de algunas modificaciones en estos dos siglos. La letra –teñida de bilioso resentimiento antiespañol– es un fruto amargo –¡qué duda cabe!– de la febrilidad marcial del campo de batalla en el que el pueblo peruano conquistó su independencia de la Monarquía Hispánica[2]. La verdad histórica, no obstante, transita por otros derroteros bien distintos: se reconoce, con sinceridad fraterna, las aceradas bridas con las que se aherrojó a los pueblos indígenas en la primera hora de la conquista del imperio incaico por Pizarro, con ayuda inestimable de las numerosas tribus indias sojuzgadas tiránicamente por el cacique Atahualpa (no conviene olvidar este dato no menor), pero resulta perfectamente acreditado por la historiografía más solvente[3], desteñida de odios atávicos, que pronto se aligeraron las onerosas cargas de la dominación española por la magnanimidad con la que la Católica Majestad hispánica trataba a sus dilectos hijos americanos, considerados jurídicamente desde los tiempos de la Reina Isabel como vasallos libres de Castilla.

II. EL CONSTITUCIONALISMO HISTÓRICO PERUANO

El Acta de Independencia del Perú, redactada por el arequipeño Manuel Pérez de Tudela y rubricada por los próceres limeños, fue proclamada el 28

---

2 "Mejores versos que los de don José de la Torre Ugarte merecía el magistral y solemne himno de Alcedo. Las estrofas, inspiradas en el patrioterismo que por esos días dominaba, son pobres como pensamiento y desdichadas en cuanto corrección de forma" (PALMA, R., "La tradición del himno nacional" en *Tradiciones peruanas,* Bilbao, 1968, p.48).

3 Véase, entre otros autores, la obra historiográfica de Ramón Menéndez Pidal, especialmente *El Padre Las Casas. Su doble personalidad,* Madrid, 2013.

de julio de 1821 en una ceremonia solemne en la Plaza Mayor de Lima ante 16.000 almas por el general San Martín, quien tremolando la bandera peruana exclamó a la masa enfervorecida: "Desde este momento el Perú es libre e independiente por la voluntad general de los pueblos y por la justicia de su causa que Dios defiende. ¡Viva la Patria! ¡Viva la libertad! ¡Viva la independencia!". No obstante, la independencia efectiva de la Monarquía Hispánica se demoró hasta la batalla de Ayacucho (1824), en la que los patriotas peruanos derrotaron al último bastión realista. Tras la constitución oficial de la República del Perú sobre la base física del homónimo Virreinato –cuya extensión se vio notoriamente reducida en el siglo XVIII con la constitución de los virreinatos de Nueva Granada y del Río de la Plata– la historia territorial peruana estuvo trufada durante una centuria de guerras y conflictos violentos con los países vecinos (Chile, Ecuador, Bolivia y Colombia) para delimitar finalmente las fronteras estatales.

La historia republicana del Perú se caracteriza por la inestabilidad y profusión constitucional: doce constituciones jalonan la vida política del otrora imperio incaico, reflejo de una volatilidad política causada por las guerras intestinas y foráneas, el caudillismo, la anarquía y el militarismo: "Ante semejante realidad política, la excesiva preocupación por diseñar textos constitucionales de acuerdo a los principios y modelos teóricos —especialmente liberales—, propició la irrealidad de sus postulados y, por tanto, su escasa o nula vigencia. Se discutió en torno a la construcción de sistemas políticos basados sobre conceptos de un Estado-Nación producto de la experiencia histórica de Europa, pero inexistente en el Perú. Los ideólogos criollos se sumían en el estudio de las teorías políticas europeas y norteamericanas para su posterior instalación en el Perú, soslayando las características que separan estas realidades"[4].

Este fenómeno político, sin embargo, no es endémico sino que se ha replicado con similar intensidad en la región –salvo la excepción argentina, cuya Constitución data de 1853– e incluso en la España decimonónica. Dos tercios de las constituciones peruanas (1823, 1826, 1828, 1834, 1839, 1856 y 1860 y 1967) se promulgaron durante los primeros ochenta años de Estado constitucional y en momentos "que no coinciden necesariamente con períodos importantes de nuestra vida política, social o económica. Esto demuestra por cierto no sólo la relativa independencia que existe del marco normativo con respecto a la estructura socio-económica e incluso de la política, sino de la superficialidad de tales documentos, que a la distancia no pasan de ser arti-

---

4 MALDONADO, G., "El régimen político peruano", *Revista de Derecho Político,* N° 33, 1991, p. 394.

ficios para superar coyunturas, movidas muchas veces por turbios intereses o pasiones pasajeras”[5].

Con el nuevo siglo XX, la Constitución de 1920 –«Patria Nueva»– de inspiración socialista a causa del influjo del constitucionalismo alemán de Weimar (1919) y mexicano de 1917, pretendía el reconocimiento de derechos laborales y sobre todo conferir estabilidad político-institucional para dejar atrás un siglo ominoso para la República. Empero, las nítidas tendencias autocráticas del presidente Leguía junto con el *crack* de la bolsa de Wall Street de 1929 frustraron la beneméritas expectativas depositadas en el texto constitucional, violentado por el propio presidente de la República para perpetuarse en el poder, lo que precipitó un golpe militar del coronel Sánchez Cerro (1930) en la ciudad de Arequipa que derogó la Carta Magna y abrió un nuevo período constituyente[6].

La Constitución de 1933 asume el compromiso con el reconocimiento y tutela de los derechos sociales imperante en el constitucionalismo europeo de entreguerras y en la Constitución Política de los Estados Unidos Mexicanos (1917), en el marco de un Estado social de naturaleza intervencionista en las relaciones laborales y económicas. Así, instituye la sanidad pública, la educación gratuita y obligatoria en el nivel básico y la protección integral de la familia, los menores y la maternidad (arts. 50-52 y 71 y ss.). Asimismo, instituye la libertad de empresa y el derecho al trabajo y a la protección frente a las contingencias laborales regulando el contrato colectivo de trabajo, el salario mínimo, la jornada máxima de trabajo, etc., y establece un sistema de previsión articulado a través de sistemas de solidaridad social, del establecimientos de ahorros y de seguros y las cooperativas en orden a proteger a los trabajadores frente a determinadas contingencias laborales: desocupación, edad, enfermedad, invalidez y muerte (art. 48 CPP).

El sufragio era considerado como una función social de ejercicio obligatorio y no como un derecho universal, ya que estaba restringido a los ciudadanos varones mayores de edad (21 años) y a los casados mayores de 18 años que supiesen, en todo caso, leer y escribir (arts. 84 y 86), así como a las mujeres alfabetas mayores de edad o casadas aunque no hayan alcanzado los 21 años sólo en las elecciones municipales. Sin embargo, fue letra muerta porque las elecciones municipales tuvieron lugar en 1963, después de 50 años de ausencia de democracia local, cuando ya desde la ley N°12391, de 7 de setiembre de 1955, adquirieron las mujeres la plenitud de sus derechos políticos en

5 GARCÍA BELAUNDE, D., “Los inicios del constitucionalismo peruano”, *Ayer*, N° 8, 1992, p. 148.

6 Cfr. HENRÍQUEZ FRANCO, H., *Derecho Constitucional peruano*, Trujillo, 2021, pp. 98 y 99.

igualdad de condiciones que los hombres, manteniéndose el requisito de la alfabetización.

> «El rechazo a la aceptación del derecho de sufragio femenino pasaba por la concepción que se tenía del papel que desempeñaba la mujer en la sociedad y por la calificación de la actividad que ésta realizaba en el ámbito privado y público que debía ser reconocida y aceptada como trabajo. Los parlamentarios que querían seguir manteniendo el *statu quo* de la mujer en la sociedad no estaban de acuerdo con el voto femenino. Ellos le asignaban las actividades que la 'madre naturaleza' le había encomendado en el ámbito privado ser la conservadora de la especie, la protectora del hogar y de la familia bajo el amparo del varón quien debía protegerla y cuidarla, pese a que en última instancia aceptaron que interviniera en labores de beneficencia y de magisterio porque ambas actividades eran la prolongación de un proceso maternal»[7].

La Constitución expiró en 1968 por un golpe militar que derrocó al presidente legítimo Belaúnde Terry, perpetrado por un espadón estulto y huraño: el general Velasco Alvarado, conocido con el apelativo del *Chino.* El dictador marxista, con el apoyo del ejército, los partidos comunistas y de algunos sedicentes intelectuales de la región como Vargas Llosa y García Márquez, pretendía replicar en el Perú la revolución cubana del siniestro Fidel Castro mediante el Gobierno Revolucionario de las Fuerzas Armadas, que endeudó severamente el Perú mediante la compra masiva de armamento soviético con el fin de proteger la integridad territorial del país y asegurar permanencia en el poder.

El sátrapa, en su delirio totalitario, perpetró ignominiosos desafueros inéditos en la República contra las libertades de comunicación públicas: la confiscación y cierre de los periódicos, radios y cadenas de televisión hostiles a su acción política; y la propiedad privada a través de la institución de la denominada "Propiedad Social". Una reforma agraria que afectó a más de la mitad de la tierra disponible en el país, implementada mediante una feroz incautación de tierras de labranza, agroindustria y ganadería a sus legítimos propietarios oriundos y extranjeros para entregárselos fraccionados y *gratis et amore* a un campesinado indolente e incapaz de explotarlas de modo rentable, sobre la base de unas precarias e inoperantes cooperativas, con la consecuente esterilidad de las explotaciones agrícolas y ganaderas[8].

Los propietarios expoliados por el terror rojo nunca pudieron recuperar sus propiedades a pesar de que, una vez reinstaurada la democracia, agotaron en muchos casos la vía jurisdiccional impetrando la tutela judicial de sus derechos dominicales. Actualmente, están siendo recompradas a los usurpadores

---

7 AGUILAR, R., "El sufragio de la mujer: debate en el Congreso Constituyente de 1931-1932", *Elecciones. Lima: Oficina Nacional de Procesos Electorales (ONPE)*, N° 1, 2002, p. 156.

8 Cfr. CONTRERAS CARRANZA, C., *Perú. La búsqueda de la democracia*, Madrid, 2015, pp. 51-53.

para volverlas a poner en producción. Asimismo, durante la dictadura militar "las grandes haciendas azucareras fueron expropiadas para convertirlas en cooperativas integradas por campesinos, haciendo efectivo el lema mexicano de que *la tierra es de quien la trabaja.* Igual suerte corrieron la *Internacional Petroleum Company,* que pasó a manos del Estado con el nombre de Petróleos del Perú (Petroperú) y las demás empresas privadas que explotaban recursos naturales que fueron nacionalizadas, produciéndose con ello una revolución avalada por el propio Fidel Castro con su visita a la ciudad de Lima en 1971"[9].

El caudillo, felizmente, fue llamado por el Altísimo tras una agónica enfermedad en 1977. Su inicuo legado fue corregido desde 1975 por otro general, Morales Bermúdez, quien condujo, junto con los líderes de los partidos más representativos, una transición democrática que desembocó en la Constitución de 1979.

La Constitución de 1979 se enmarca dentro de la corriente del constitucionalismo social imperante en las democracias occidentales europeas, siguiendo de este modo la estela de sus predecesoras. Las grandes novedades de la Constitución de 1979 fueron a) la definición de la República como Estado social y democrático fundado en el trabajo, remedando el artículo primero de la Constitución italiana de 1948; b) la introducción de un Preámbulo, con valor jurídico interpretativo del conjunto del texto normativo, en el que "se deja constancia de la firme creencia de los constituyentes en la primacía de la persona humana y en que todos los hombres, iguales en dignidad, tienen derechos de validez universal, anteriores y superiores al Estado. Igualmente, que la familia es la célula básica de la sociedad y raíz de su grandeza y que el trabajo es deber y derecho. Expresan, asimismo, su decisión de promover la creación de una sociedad justa, libre y culta, sin explotados ni explotadores, exenta de toda discriminación"[10]; c) una carta de derechos fundamentales, en consonancia con la práctica constitucional europea tras la Segunda Guerra Mundial, que recoge los previstos en la Declaración Universal de los Derechos Humanos de 1948 y en los Pactos Internacionales de 1966. Asimismo, en el plano de la participación política, por primera vez en la historia republicana se instituye el sufragio como un derecho universal ejercitable por todas las personas mayores de dieciocho años sin sujetarlo a ningún requisito complementario.

Los últimos años del calamitoso gobierno de Alan García, marcados por la hiperinflación, la corrupción, el terrorismo maoísta de Sendero Luminoso y

---

9 HENRÍQUEZ FRANCO, H., *op. cit.*, p. 106.

10 *Ibidem*, p. 108.

leninista del Movimiento Tupac Amaru[11] y la marginación del país del circuito financiero internacional del Fondo Monetario y el Banco Mundial a causa de la decisión unilateral de presidente García de limitar el pago de la deuda pública a un diez por ciento de las exportaciones, precipitaron la irrupción en la contienda política de Vargas Llosa –caído ya del caballo del comunismo– con su Movimiento Libertad y el famoso manifiesto "Contra la amenaza totalitaria", que reprobaba el proyecto de estatización de la banca liderado por el Presidente de la República, con lo que logró polarizar la opinión pública y movilizar trasversalmente a las masas para tomar las calles en contra del atropello gubernativo.

Así las cosas, las elecciones presidenciales de 1990 parecían despejadas para la victoria del premio nobel, que había conformado una alianza electoral –el Frente Democrático (FREDEMO)– de la que formaba parte la cleptocracia partidista tradicional (Acción Popular y Partido Popular Cristiano), que había gobernado los primeros ochenta y acusaban un sensible desgaste y descontento popular. La notoria devaluación de la vieja política abonó el terreno para el advenimiento de los *outsiders*, uno de ellos fue el ingeniero agrónomo Alberto Fujimori, catedrático y rector de la Universidad Nacional Agraria, quien fundó su propio partido político: Cambio 90.

En las elecciones de abril, Fujimori obtuvo un 24,6 % de los votos frente a un 27,6 de Vargas Llosas, con lo que la suerte estaba echada para el *ballotage* o la segunda vuelta, en el que todo el voto de los partidos de izquierda se concentró en el ingeniero obteniendo un 56% de los votos: "Vargas Llosa enarbolaba una propuesta neoliberal mientras que Fujimori aparecía como un candidato de centro e incorporaba a su imagen la laboriosidad oriental, tan bien vista por muchos peruanos. Ambas características le confirieron una identidad popular que contrastó con la imagen distante de Vargas Llosa. Hubo racismo inverso. El *Chino*, como fue llamado Fujimori, fue preferido en vez del blanco. El país cholo prefirió al inmigrante oriental antes que al criollo de clase alta"[12].

---

11 "(...) paralelamente a la instalación del gobierno del arquitecto Belaúnde el 28 de julio de 1980, Sendero Luminoso, un grupo fundamentalista de ideología marxista - leninista - maoísta, hizo notar su presencia con acciones terroristas en el departamento de Ayacucho. Para hacer frente a este fenómeno, enemigo de la democracia, el Gobierno decretó el Estado de Emergencia por el plazo de 60 días, que prorrogó innumerables veces, y entregó el control del orden interno a las Fuerzas Armadas, que acababan de dejar el poder, iniciándose un episodio de violencia, el más intenso y extenso de toda la historia de la República, que dejó entre el año 1980 y el 2000 la cifra probable de 69.280 muertos, según informe de la Comisión de la Verdad y Reconciliación, así como pérdidas económicas avaladas en miles de millones de dólares" (*ibidem*, p. 136).

12 CONTRERAS CARRANZA, C., *op. cit.*, p. 82.

El Perú que se encontró Fujimori estaba en una situación de colapso total, "al fondo del abismo", como el propio Presidente reconocería años más parte: "(...) una hiperinflación del 2.775%, caída del PIB del 12,3%, un 57% de la población en situación de pobreza y 26% en indigencia, fuertes subsidios, distorsión de precios relativos, comercio regulado y dos tipos de cambio"[13]. El país estaba calificado internacionalmente como *país inelegible* para nuevos créditos y el terrorismo a las puertas de Lima asediaba el país con más de 3.500 asesinados en 1990.

Así las cosas, la acción política del gobierno de Fujimori, que se extendió durante la década de los noventa, gravitó en torno a tres pilares fundamentales:

1°) Implementar un programa de estabilización económica, de corte neoliberal, conocido como *Fujishock*, alineándose con los postulados de Estados Unidos y las instituciones financieras internacionales. Consistía en la privatización de empresas públicas, liberalización de los mercados para atraer la inversión extranjera y el drástico adelgazamiento del Estado. Especialmente significativa fue la reforma conocida como *privatización del sector privado:* tenía por objeto arrumbar la actividad económica subsidiada, cristalizada en forma de monopolios, protecciones al crédito empresarial frente a las devaluaciones de la moneda y ayudas para el combustible y la energía. En definitiva, el Estado estaba domeñado por los intereses de la gran empresa como pago por la financiación aportada históricamente por las entidades privadas para aupar y mantener en el poder al partido político de turno.

2°) Terminar con el terrorismo y el narcotráfico: dos lacras hermanadas que caminaban de la mano y se retroalimentaban para seguir imponiendo el terror y la muerte en el país. Ambas realidades cercenaban el desarrollo y el crecimiento económico del Perú: sin seguridad ni estabilidad política no era posible el afianzamiento de la inversión nacional y mucho menos de la extranjera, que no estaba dispuesta a arriesgar su capital en un país convulso donde el poder público no era capaz de garantizar el orden, la justicia y la libertad.

La política antiterrorista de Fujimori se caracterizó por la inteligencia operativa, las reformas penales y procesales (*justicia sin rostro*) y las acciones militares, sin embargo, su línea maestra pivotaba sobre la confianza de la población en el Estado y en sus Fuerzas Armadas. Los esfuerzos para conseguirla fructificaron en la sincera colaboración ciudadana por medio de las *Rondas campesinas* y *Comités de autodefensa urbana*, milicias populares establecidas en aquellos territorios de mayor presencia del terrorismo a las que armaron y

---

13 RUIZ CARO, A., "No queremos un Fujimori", https://acortar.link/KP0vll, fecha de consulta: 25/12/2023.

adiestraron militarmente para enfrentarse con el enemigo de la patria. En 1992, fruto del hostigamiento estatal, se capturó al líder de Sendero Luminoso, Abimael Guzmán, fallecido en la cárcel cumpliendo cadena perpetua, y del Movimiento Revolucionario Túpac Amaru, Polay Campos, que no saldrá de prisión hasta 2026, consiguiendo de esta forma descabezar ambos grupos terroristas, principiándose el camino hacia su desintegración y la instauración de la paz interna en el Perú.

No obstante, no se puede soslayar ni dejar de reprobar las *matanzas de Barrios Altos* (3 de noviembre de 1991) y *La Cantuta* (18 de julio de 1992), por las que Fujimori fue condenado en 2009 a veinticinco años de prisión en concepto de autor mediato. La Sala Especial de la Corte Suprema sentenció que los asesinatos indiscriminados de la población civil perpetrados por el Grupo Colina formaban parte de la política antisubversiva estatal de guerra sucia contra el terrorismo. Fujimori fue indultado por razones humanitarias en la Nochebuena de 2017 por el presidente Kuczynsky, pero no ha sido hasta el 6 de diciembre de 2023, tras el pronunciamiento favorable del Tribunal Constitucional de la República, cuando fue puesto en libertad a los 85 años.

3º) Luchar contra la epidemia social de la pobreza. Para combatirla implementó una serie de loables y eficaces políticas públicas: la construcción de alrededor de tres mil colegios, servicios de agua potable y desagües, el programa de caminos rurales, comedores populares, alfabetización, etcétera. Empero, merece la condena más enérgica el Programa Nacional de Salud Reproductiva y Planificación Familiar (1990-2000), que tenía un papel protagónico en su estrategia. Este Programa Nacional del Gobierno de Fujimori descansaba sobre la *anticoncepción quirúrgica voluntaria* mediante el que se conminaba a los facultativos a cumplir con las cuotas de pacientes asignados, con el apercibimiento de que en caso contrario serían despedidos. Dada la situación intimidatoria creada, el apremiado personal sanitario no dudó en captar a las mujeres amenazándolas con retirarles la asistencia médica y los alimentos que recibían si no se sometían a la esterilización. En otras ocasiones, se las llevaban engañadas a la mesa de operaciones con falsos incentivos, o directamente a la fuerza.

Las investigaciones realizadas por Guilia Tamayo (1999), María Christine Zauzich (2000) y el Informe de la Defensoría Nº 69 (2002)[14] nos desvelan la espeluznante realidad cifrada en cerca de trescientas mil personas víctimas de esterilizaciones forzosas cometidas por los Servicios Públicos de Salud entre 1995 y 2000, en su inmensa mayoría mujeres pobres e indígenas oriundas de las de zonas rurales depauperadas de la sierra y la selva amazónica. Asimismo, dieciocho mujeres murieron y muchas otras quedaron lastimadas a causa de

---

[14] https://acortar.link/QJC4p9, fecha de consulta: 26/12/2023.

las deplorables condiciones médico-higiénicas en las que se ejecutaron estas intervenciones quirúrgicas.

En el desarrollo de este ambicioso y complejo programa político de gobierno, Fujimori se encontró con un Congreso Nacional (Cámara de los Diputados y Senado) obstruccionista, que sistemáticamente se oponía y rechazaba sus reformas, por lo que so pretexto de la negativa de las Cámaras a concederle omnímodos poderes para legislar sin fiscalización parlamentaria sobre política económica y antiterrorista, el 5 de abril de 1992[15], haciendo uso de la violencia, dio un *autogolpe de Estado*: disolvió el Tribunal de Garantías Constitucionales, el Jurado Nacional de Elecciones y la Cámara de los Diputados y el Senado, acabando así con la democracia representativa en el Perú. Instauró un Gobierno de Emergencia y Reconstrucción Nacional que asumió el monopolio de la función legislativa mediante decretos leyes y ordenó la suspensión de la parte orgánica de la Constitución de 1979.

El Gobierno de Fujimori gozaba del respaldo del ejército, las empresas privadas y la mayoría de la población, sin embargo, la ruptura violenta del orden constitucional fue severamente censurada en el plano internacional, especialmente por la Organización de Estados Americanos. Presionado por las circunstancias, el presidente Fujimori propuso un cronograma de retorno a la institucionalidad democrática que pasaba por la inmediata convocatoria de elecciones a un Congreso Constituyente Democrático para redactar una nueva Constitución.

El resultado electoral del 22 de noviembre de 1992 refrendó el gran apoyo popular del *Chino:* Cambio-90 obtuvo 44 de los 80 diputados de la asamblea constituyente, repartiéndose el resto de manera muy fraccionada entre partidos minoritarios porque el histórico partido Aprista y Acción popular se negaron a participar en estos comicios, considerados una mascarada democrática para blanquear al autócrata. Así las cosas, el Congreso Constituyente redactó en pocos meses una nueva Constitución (6 de enero de 1993) y ejerció asimismo funciones de legislador ordinario hasta las siguientes elecciones parlamentarias de 1995, con lo que, al menos formalmente, se disiparon las sombras de autoritarismo sobre Fujimori.

La Ley Fundamental legitimadora del *Fujimorazo* de 5 de abril de 1992 y del subsecuente gobierno antidemocrático fue sometida finalmente a referéndum el 31 de octubre de 1993, no sin fuertes resistencias presidenciales que la consideraba legítima sin tener que pasar por el escrutinio popular. El resultado fue tremendamente ajustado a favor del Sí, que obtuvo el 52,3% de

15 Mensaje a la Nación del Presidente del Perú, Alberto Fujimori Fujimori, el 5 de abril de 1992, https://acortar.link/B1n0TE, fecha de consulta: 22/12/2023.

los votos válidos emitidos lo que evidenció la drástica caída en la popularidad de Fujimori: "El NO triunfó en catorce departamentos. En los once restantes ganó el SÍ. La opción oficial alcanzó una mayor votación gracias a los votos de la capital. Del total de electores solo el 33.5% dijo sí. Más del 6% votó en blanco o vició su voto, y casi el 30% se abstuvo"[16]. Por otra parte, el referéndum constitucional no estuvo exento de polémica y la sombra del fraude electoral fue alargada: "(...) oficialmente no hubo pronunciamiento del Jurado Nacional de Elecciones hasta que renovados sus integrantes, con personas adictas al régimen, confirmaron los resultados propalados por las encuestadoras, en un hecho inusual que terminó por deslegitimar a la Constitución. Uno de los integrantes salientes del JNE, el doctor Chávez Molina, declaró que era imposible determinar cuál de las dos opciones resultó triunfadora"[17].

III. LA CONSTITUCIÓN POLÍTICA DE 1993.

III.1. Características esenciales

Lo primero que llama la atención de la Constitución Política del Perú (en adelante, CPP) de 1993 es la ausencia de contenido axiológico del Preámbulo[18]: "El Congreso Constituyente Democrático, invocando a Dios Todopoderoso, obedeciendo el mandato del pueblo peruano y recordando el sacrificio de todas las generaciones que nos han precedido, ha resuelto dar la siguiente Constitución". Resulta insólito en el constitucionalismo posterior a la II Guerra Mundial un preámbulo meramente ritualista en el que se apele a Dios como la fuente de inspiración del constituyente. Se echa en falta un compromiso firme con la libertad y la igualdad características del Estado Social.

> "Los preámbulos constitucionales construyen una forma artística y científica singular. Su tono es festivo y cercano a la ciudadanía. La tesis de la teoría constitucional como ciencia de la cultura (1982) se constata precisamente en los preámbulos. De hecho, tienen una cierta cercanía cultural con los prólogos literarios, los preludios y las oberturas musicales. Los preámbulos procesan la historia, tematizan el presente y formulan deseos de futuro. De acuerdo con la jurisprudencia, los preámbulos son parte integral de las Constituciones y poseen por ello eficacia normativa [indirecta]. Capturan el espíritu de una Constitución (son Constitución dentro de la Constitución)"[19].

---

16 ABAD YUPANQUI, S. B., *Constitución de la República del Perú*, Valencia, 2023, p. 40.

17 HENRÍQUEZ FRANCO, H., *op. cit.*, p. 142.

18 Cfr. TAJADURA TEJADA, J., *El preámbulo constitucional*, Granada, 1997, pp. 7-13.

19 HÄBERLE, P., "La Constitución de Weimar en su texto y su contexto. una mirada cultural en retrospectiva y perspectiva", *Revista de Historia Constitucional*, N° 20, 2019, p. 300.

Tras una lectura atenta de los 206 artículos constitucionales, se evidencia que no se instituye un nuevo modelo político de convivencia en el Perú, aunque la nueva Carta Magna está inspirada en los principios ideológicos del neopopulismo y no sobre los socialistas de la Constitución de 1979. No hay ruptura constitucional, sino esencialmente una continuidad del Estado democrático y social, de la forma de gobierno, de Estado y de organización territorial del poder[20]. Cierto es, obviamente, que se operan reformas de cierta intensidad sobre el texto constitucional de 1979. Algunas dirigidas a robustecer los poderes políticos del Presidente de la República (*hiperpresidencialismo*): a) la unicameralidad; b) la facultad de disolución del Congreso para superar situaciones de bloqueo parlamentario; c) la discrecionalidad en el nombramiento de cargos militares; d) la reelección del Presidente, derogada posteriormente mediante una reforma constitucional en el año 2000; e) el centralismo político, derogado años después a través de la reforma constitucional de 2001 que implantó el modelo regional anterior.

> El neopopulismo es una corriente ideológica que surge en América Latina a finales de la década de los ochenta y principios de los noventa, instaurada por los gobiernos de Alberto Fujimori en Perú, Carlos Saúl Menem en Argentina, Fernando Collor de Melo en Brasil y Carlos Andrés Pérez en Venezuela, que llegaron al poder tras el ominoso período de las dictaduras latinoamericanas, el fin de la Guerra Fría y la caída del Bloque Comunista de Europa del Este. Estos hechos históricos abonaron el camino para que el capitalismo y el neoliberalismo se convirtieran en las doctrinas económicas hegemónicas.
>
> Analistas políticos como Weyland y Roberts señalan dos características que diferencian este movimiento del populismo de las décadas de los treinta y cuarenta: su base social son los grupos marginados y depauperados de la sociedad –*outsiders*– pertenecientes a la *economía informal*, en vez de la clase obrera organizada; y la implementación de políticas neoliberales, superando de esta forma el intervencionismo estatal y el modelo de sustitución de importaciones[21].
>
> El neopopulismo preconiza un incremento de los poderes del Presidente de la República: una suerte de mesianismo político que se erige en suprema expresión de la voluntad popular, postergando al poder legislativo y los demás cuerpos intermedios que vertebran la sociedad civil. Desconfía de las tradicionales instituciones políticas por su lentitud, corrupción e inoperancia para arrostrar los acuciantes problemas de la nación. Este cambio en la forma de gobierno se articula jurídicamente mediante la apertura de un proceso constituyente que cincele la Norma Suprema para un nuevo tiempo político. Se constitucionalizan múltiples instituciones democráticas de participación activa

---

20 "El esquema de la Constitución de 1993, repetitiva en un 65% de la anterior, es el mismo de la Carta de 1979, pero adelgazado y con innovaciones" (GARCÍA BELAÚNDE, D., "La constitución peruana de 1993: sobreviviendo pese a todo pronóstico", *Anuario Iberoamericano de Justicia Constitucional*, 18, 2014, p. 217.

21 Cfr. WEYLAND, K. (1996). "Neopopulism and Neoliberalism in Latin America: Unexpected Affinities", *Studies in Comparative International Development*, Vol. 35, N° 1, y ROBERTS, K. M. (1995). "Neoliberalism and the Transformation of Populism in Latin America: The Peruvian Case", *World Politics*, Vol. 48, N° 1.

y directa del pueblo en la vida política: referéndum, iniciativa legislativa popular, revocación y remoción de autoridades, presupuestos participativos, etc. Savia regeneradora que corre el peligro de degenerar en mascadas democráticas al servicio del Presidente y su Consejo de Ministros para suplir al Parlamento cuando se oponga a las reformas e iniciativas gubernamentales.

Otras reformas afectaron sensiblemente a la constitución económica, orientadas a fortalecer el liberalismo en el marco de una economía social de mercado, mediante una batería de instrumentos jurídicos: a) el principio del *pacta sunt servanda* de los contratos celebrados *inter privatos* y con el Estado; b) las garantías de la propiedad privada, ausentes en las Constitución de 1979; c) la libérrima iniciativa privada, garantizando la igualdad de trato de la inversión nacional y foránea; d) la libre tenencia y disposición de moneda extranjera; d) la libre competencia; e) el pluralismo económico; f) el principio de subsidiariedad en la intervención del Estado como agente económico y siempre "por razón de alto interés público o manifiesta conveniencia nacional" (art. 60.2 CPP).

Y, finalmente, la Constitución de 1993, de inspiración neopopulista como hemos explicado, busca, por una parte, un equilibrio entre la democracia representativa y la participación directa de los ciudadanos en los asuntos públicos mediante el reconocimiento de nuevos derechos políticos que permitan la intervención cotidiana, activa y fiscalizadora de los peruanos en la vida política nacional, regional y local (art. 31 CPP); y, por otra, un sólido punto de apoyo del Presidente de la República en el Pueblo que le permita, en situaciones de bloqueo parlamentario, envolverse en la bandera de la patria para presionar a los congresistas retardatarios, enemigos de la Nación por oponerse a las reformas presidenciales; y, en caso de que no cedan, impulsar los cambios legislativos desde la ciudadanía por medio de la iniciativa legislativa popular y el referéndum.

IV. ÓRGANOS CONSTITUCIONALES[22]

IV.1. El Presidente de la República y el Consejo de Ministros

El sistema de gobierno de la República del Perú no responde a ninguno de los modelos clásicos. No encaja en el esquema parlamentario británico dado

---

22 "(...) los órganos constitucionales están directamente establecidos y estructurados por la Constitución porque tales órganos son troncales para la configuración del modelo de Estado establecido por la Constitución o, dicho de otra manera, son «constitutivos» de la modalidad de ser y existir de un orden constitucional dado. Cada Esta-

que el Presidente de la República tiene una legitimidad democrática de primer grado, elegido directamente en elecciones presidenciales a doble vuelta o *ballotage*; tampoco atiende al paradigma presidencialista norteamericano, toda vez que el Consejo de Ministros es elegido discrecionalmente por el Jefe del Estado, pero aquél debe obtener el voto de confianza del Congreso, que a su vez puede ser disuelto en determinados supuestos por el Presidente de la República. Y, en fin, tampoco se ajusta –aunque es con el que más similitudes comparte– al modelo semipresidencialista francés, porque las competencias del Presidente de la República peruano son más numerosas y de mayor calado político –como vamos a ver– que las del Jefe del Estado francés, aunque éste tiene una facultad omnímoda para ordenar la disolución del Parlamento de la V República, de la que carece aquél.

El sistema político peruano podría ser definido como una mixtura de los modelos parlamentario y presidencialista, en cuyo caso representaría fielmente "la parlamentarización de los sistemas presidencialistas" (Diego Valdés): un fenómeno institucional extendido por Hispanoamérica y el Continente africano. La Constitución peruana pivota sobre un modelo presidencialista de base: la elección democrática del Presidente de la República, que asume la dirección política del Estado, pero luego injerta elementos propios del paradigma parlamentario: la disolución del Congreso, el refrendo, la figura del Presidente del Consejo de Ministros, la moción de censura o la cuestión de confianza, con lo que el resultado final, en opinión de Cavero Cárdenas, es un "régimen presidencial deformado"[23] que ha contribuido notablemente a la inestabilidad política del país: "(…) una de las grandes debilidades o defectos de la cultura jurídica peruana es su gran vocación por importar modelos jurídicos foráneos, sin tomar en cuenta las grandes diferencias existentes; lo peor aún es que reiteradas veces copian mal, haciendo caso omiso a las voces que recomiendan que lo ideal no es trasladar modelos, sino adaptarlos eficazmente, si es que acaso no hay cabida al propio ingenio"[24].

---

do históricamente concreto tiene sus peculiares órganos constitucionales de acuerdo con los principios, valores y criterios organizativos que lo inspiran, cada estructura constitucional tiene unos órganos que le son propios, necesarios e indefectibles, cuya desaparición afectaría a la sustancialidad y, con ello, a la globalidad del sistema constitucional, ya que un sistema está integrado por unos componentes (que en la teoría del Estado suelen designarse como órganos) y por un conjunto de relaciones fundamentales entre ellos, de tal manera que un cambio significativo en uno de los términos (órganos y/o relaciones fundamentales) produce un cambio en el sistema" (GARCÍA-PELAYO, M., "El «status» del Tribunal Constitucional", *Revista Española de Derecho Constitucional*, Vol. 1, Nº1, 1981, pp. 14-15).

23 CAVERO CÁRDENAS, J. E., "Notas sobre la disfuncionalidad del régimen presidencial en Perú", *Foro constitucional iberoamericano*, Nº9, 2005, p. 139.

24 *Ibidem*, p. 139.

El poder ejecutivo de la República del Perú está formado por a) el Presidente de la República, que asume los cargos de Jefe del Estado y del Gobierno y, por tanto, es el titular del poder ejecutivo; b) el Presidente del Consejo de Ministros; c) los ministros y d) las entidades públicas del poder ejecutivo (art. 7 Ley Orgánica del Poder Ejecutivo).

El Presidente de la República encarna la Nación y es elegido para un mandado de cinco años, sin posibilidad de reelección inmediata aunque sí después de transcurrido un período constitucional, por sufragio universal directo mediante el sistema de doble vuelta o *ballotage*, esto es, si alguno de los candidatos, que han de ser peruanos de nacimiento y mayores de treinta y cinco años, obtiene en la primera vuelta más de la mitad de los votos válidos expresos resulta electo; si no fuese así, pasarían a la segunda vuelta los dos más votados. El Presidente y los dos Vicepresidentes son elegidos conjuntamente en unidad de acto (arts. 110-112 CPP).

Las atribuciones políticas del Presidente de la República abarcan el plano ejecutivo y el legislativo. Previstas en el art. 118 CPP, señalamos por su entidad las siguientes: a) dirigir la política general del Gobierno; b) velar por el orden interno y la seguridad exterior de la República; c) convocar elecciones a cargos públicos; d) convocatoria extraordinaria del Congreso; e) ejercer la potestad reglamentaria de las leyes (decreto supremo); f) dirigir la política exterior y las relaciones internacionales; g) celebrar y ratificar tratados; h) presidir el sistema de Defensa Nacional; i) organizar, distribuir y disponer el empleo de las Fuerzas Armadas y de la Policía Nacional; j) administrar la hacienda pública; k) dictar normas con rango legal: los decretos de urgencia en materia económica y financiera (art. 118.19 CPP) y los decretos legislativos (art. 104 CPP); l) plantear observaciones a las propuestas legislativas del Congreso; ll) regular las tarifas arancelarias; m) conceder indultos y conmutar penas.

El decreto de urgencia comparte con el real decreto-ley español (art. 86 CE) el supuesto de hecho habilitante: "la urgencia de normar situaciones extraordinarias e imprevisibles para proteger el interés nacional" (arts. 118.19 CPP y 11.2 Ley Orgánica del Poder Ejecutivo) y el valor y la fuerza de ley. No obstante, las diferencias también son apreciables y se centran en varios ámbitos: a) material, más restringido en el caso peruano acotado a las materias económicas y financieras, salvo materia tributaria; b) procedimental: el decreto de urgencia no está sujeto a una votación de convalidación del Congreso para que continúe en vigor; y c) eficacia: el decreto de urgencia no es una norma provisional sino definitiva, por lo que despliega *ex tunc*, esto es, desde el momento de su publicación en el Diario Oficial de la República (*El Peruano*) su fuerza activa derogatoria así como su carácter coactivo.

Frente al decreto de urgencia solo cabe oponer la acción de inconstitucionalidad ante el Tribunal Constitucional o iniciar un procedimiento legislativo para aprobar la derogación total o parcial del mismo, siempre que haya dictaminado en ese sentido la Comisión de Constitución del Congreso por entender que "las medidas extraordinarias adoptadas no se justifican o exceden el ámbito material señalado en el inciso 19) del artículo 118 de la Constitución Política" (art. 91.c Reglamento del Congreso, en adelante, RC)[25].

El decreto legislativo, sin embargo, tiene un esquema regulatorio similar a su homónimo español: a) la ley de delegación, pero en el caso peruano solo hay una: la ley autoritativa, mientras que la Constitución española refiere dos, a saber, una ley de bases "cuando su objeto sea la formación de textos articulados o una ley ordinaria cuando se trate de refundir varios textos legales en uno solo" (art. 82 CE); b) las materias vedadas son más numerosas que en el caso español: la reforma constitucional, la ratificación de tratados internacionales, las leyes orgánicas, la Ley de Presupuesto y la Ley de la Cuenta General de la República (art. 101.4 CPP), mientras que el artículo 82 CE sólo establece las materias reservadas a ley orgánica; c) el plazo improrrogable y d) el posterior control parlamentario, efectuado por la Comisión de Constitución del Congreso en los mismo términos que el decreto de urgencia, puede formular objeciones formales o sustantivas a la norma, igual que en el caso español; e) la acción de inconstitucionalidad frente a la ley autoritativa y el propio decreto legislativo[26].

Los actos sujetos a derecho público del Presidente de la República requieren para su validez del refrendo ministerial (art. 120 CPP). Nótese que hay, como en el caso español, una traslación de responsabilidad jurídica y política desde la Jefatura del Estado a las autoridades refrendantes, entre las que se encuentra el Presidente del Consejo de Ministros. La inmunidad del Presidente de la República no es absoluta, como la del monarca parlamentario español, sino que se extiende limitadamente a los delitos cometidos en el ejercicio de sus funciones durante el tiempo de su mandato, por lo que mientras se encuentre en el ejercicio de sus funciones públicas solo puede ser acusado por los delitos de traición a la patria, impedir las elecciones presidenciales, parlamentarias, regionales y municipales, disolver el Congreso fuera de los casos previstos en la Constitución, y por impedir su reunión o funcionamiento, o la del Jurado Nacional de Elecciones u otros organismos del sistema electoral (art. 117 CPP). Y, por otra parte, como enfatiza un reciente Informe de la Defensoría del Pueblo de 2022[27], la responsabilidad política del Presidente de la República puede sustanciarse durante su mandato ya que puede ser objeto de un juicio político o *impeachment* (proceso de destitución) por infracción constitucional en virtud del art. 99 CPP que, en su caso, puede provocar su cese o destitución por el Congreso de la República, acordada por una mayoría de dos tercios. Sin embargo, en la práctica parlamentaria peruana no se está utilizando esta vía para la destitución del Presidente en los casos de desacato

---

25 Cfr. LANDA ARROYO, C., "Los decretos de urgencia en el Perú", *Pensamiento Constitucional*, Vol. 9, N° 9, pp. 131-148.

26 Cfr. DONAYRE MONTESINOS, C., "El Control Parlamentario de los Decretos Legislativos en el Perú: Retos y Posibilidades", *Derecho & Sociedad*, N°31, 2008, pp. 79-92.

27 Cfr. "La responsabilidad constitucional del presidente de la república", Serie de Informes de Adjuntía N° 03-2022-DP/AAC, Defensoría del Pueblo de la República del Perú.

constitucional, sino el recurso impropio a la incapacidad moral prevista para otro supuesto como veremos a continuación.

El artículo 113 regula la vacancia de la Presidencia de la República, declarada por el Congreso, que en ningún caso propicia un vacío de poder que aboque a nuevas elecciones. La Constitución impone la existencia de dos Vicepresidentes que, elegidos directamente por el pueblo, aseguran la estabilidad y la continuidad política del mandato presidencial. Hay algunos supuestos habituales como el fallecimiento o la renuncia, pero el precepto añade también otros particulares como la salida del territorio nacional sin autorización del Congreso o no regresar al Perú dentro de plazo y la incapacidad física o moral de carácter permanente declarada por el Congreso. Asimismo, se puede acordar –como hemos visto– la destitución mediante mayoría cualificada del Congreso por la comisión de alguno de los delitos del artículo 117 CPP y por la infracción constitucional (*impeachment*, art. 99 CPP).

En los últimos años se está utilizando profusa y fraudulentamente la causal de la incapacidad moral permanente para destituir a los Presidentes de la República en los casos de infracción constitucional y en aquellos otros en los que el Presidente observe un comportamiento no ejemplar en el desempeño de sus funciones públicas: Pedro Castillo, Martín Vizcarra, Kuczynski renunció pocos días antes de la votación en el Congreso e incluso Fujimori en el 2000 fue destituido por incapacidad moral cuando lo apropiado, en términos constitucionales, era haber acudido al causal referido a la ausencia del país. En todos estos supuestos estamos ante una utilización espuria de la figura de la incapacidad moral: un puro despropósito parlamentario ajeno al marco constitucional de referencia que impone en el primer caso –la infracción constitucional– servirse de la vía del juicio político del art. 99 CPP; y el segundo –la conducta moralmente reprensible– no está establecido constitucionalmente como causa para cesar al Presidente. Sin embargo, los usos parlamentarios han optado por desnaturalizar el supuesto de la incapacidad moral –previsto de manera clara para los casos de discapacidad mental– mediante una construcción ética artificial absolutamente incompatible con un Estado de Derecho sujeto escrupulosamente al principio de legalidad, que opera una mutación constitucional mediante la adición de un requisito –el liderazgo moral– no previsto constitucionalmente para acceder a la Presidencia de la República, cuya ausencia originaria o sobrevenida implicase una pérdida de las aptitudes precisas para representar y dirigir la Nación:

> "(...) un liderazgo moral (*moral leadership*) para el ejercicio del más alto cargo administrativo de la función pública. El contenido del liderazgo moral de la primera magistratura del país comprende las virtudes de bondad, honradez y sinceridad, las cuales son el sustento y base para su energía, sagacidad y competencia en el ejercicio del cargo. Por eso, la causal de vacancia establecida por la Constitución y denominada "incapacidad moral permanente" no significa una falta de discernimiento del titular ejecutivo, ya que,

en ese caso, nos encontraríamos ante una situación de deficiencia mental clínicamente declarada por médicos especialistas en neurología" [28]

El Presidente de la República nombra y cesa discrecionalmente al Presidente del Consejo de Ministros y a los ministros. El Primer Ministro debe comparecer a un debate de investidura ante el Congreso en el que expondrá su proyecto político de país para obtener la confianza de la Cámara en el plazo de treinta días desde su nombramiento. Si obtuviese la mayoría simple de los votos de los congresistas, el nuevo gabinete quedará investido de la confianza del Congreso, en caso contrario el Consejo de Ministros presenta su renuncia ante el Presidente de la República, el cual nombrará otro gabinete ejecutivo que deberá someterse igualmente a la cuestión de confianza de la Cámara, en el caso de que no la obtenga de nuevo, el Presidente puede optar por disolver el Congreso y convocar elecciones en el plazo de cuatro meses o nombrar un nuevo Consejo de Ministros (arts. 130 y 134 CPP).

IV.2. El Congreso de la República

El poder legislativo de la República del Perú es unicameral y se residencia en el Congreso. Esta decisión del constituyente, guiada por motivaciones de orden práctico: racionalidad, economía y eficiencia en la aprobación de las iniciativas legislativas, quiebra, en cierta medida, la tradición bicameral peruana en la que tan solo otras dos constituciones –1823 y 1867– habían preferido esta configuración del Legislador.

El Congreso está integrado por 130 congresistas, cuyo mandato es irrenunciable[29], sin posibilidad de reelección inmediata, sujeto a un estricto régimen de incompatibilidades y de cinco años de duración. Cada uno de los congresistas representa a la Nación, no a la circunscripción por la que ha resultado electo por lo que no están sujetos a orden o mandato imperativo alguno. Los congresistas son titulares de una serie de garantías –no privilegios– de naturaleza funcional que aseguran la plena libertad en su desempeño profesional (art. 93 CPP): a) la inviolabilidad por los juicios de valor y los votos emitidos

---

28 HAKANSSON NIETO, C., "Vacancia presidencial, transición democrática y omisiones constitucionales", *Revista de Derecho,* vol. 21, 2020, p. 143.

29 "(…) la irrenunciabilidad del mandato parlamentario no es un elemento constitutivo ni complementario de las prerrogativas parlamentarias (inviolabilidiad e inmunidad [y aforamiento]), porque estrictamente hablando, ella no es una garantía funcional del Parlamento y no necesariamente contribuye a garantizar la independencia de los congresistas; por el contrario, puede llegar a convertirse en un lastre o en un factor negativo que perjudica y altera la relación jurídico-política entre representantes y representados" (Jorge Luis León Vásquez, fecha de consulta: 10/04/2024).

en el ejercicio de sus funciones constitucionales; b) el aforamiento ante la Corte Suprema de Justicia por los delitos cometidos durante su mandato y c) el antejuicio, institución análoga al suplicatorio previsto en el artículo 72 CE, requiere la autorización del Congreso para el procesamiento por los delitos perpetrados en el ejercicio de sus funciones.

Las elecciones al Congreso se organizan en veintisiete circunscripciones plurinominales mediante sufragio universal obligatorio hasta los setenta años. Tienen lugar el mismo día en el que se celebra la primera vuelta de las elecciones presidenciales. Los requisitos para el ejercicio del sufragio pasivo son a) ser peruano de nacimiento; b) haber cumplido los veinticinco años; c) gozar del derecho de sufragio y d) no haber sido condenado en primera instancia como autor o cómplice por la comisión de un delito doloso (arts. 34.A y 90 CPP).

El sistema electoral es proporcional para favorecer el pluralismo político y está basado en el modelo de listas cerradas y bloqueadas, garantizando la paridad y alternancia de sexos (listas cremallera). La fórmula electoral que convierte o traduce los votos en escaños es la regla d´Hondt, con lo que se asigna una prima de escaños al partido más votado en cada circunscripción. La barrera electoral está fijada en el 5% del número total de votos válidos emitidos a nivel nacional o condicionada a que la candidatura obtenga al menos siete representantes en más de una circunscripción electoral, con el fin de conjurar el riesgo de fragmentación del Congreso y, por tanto, de ingobernabilidad del país. La circunscripción electoral es el departamento: veinticuatro departamentos, más Lima Provincias, la Provincia Constitucional del Callao y los Peruanos Residentes en el Extranjero, a los que la ley orgánica electoral asigna un mínimo de un escaño y el resto los atribuye en función de la población, menos a la circunscripción de Peruanos Residentes en el Extranjero a la que se otorga *ope legis* dos escaños[30].

El Congreso de la República ejerce las clásicas funciones legislativa y fiscalizadora de la acción política del Gobierno. El Congreso es un poder público inviolable: "Las Fuerzas Armadas y la Policía Nacional no pueden ingresar en el recinto del Congreso sino con autorización de su propio Presidente" (art. 98 CPP) e independiente porque dispone de autonomía parlamentaria: a) normativa: elabora y aprueba su propio Reglamento con valor de ley; b) administrativa: nombra y remueve a sus funcionarios y empleados y gestiona el patrimonio del Congreso; c) presupuestaria: aprueba su propio presupuesto y d) gubernativa: elige a los miembros de sus órganos de dirección y de trabajo, incluida la Comisión Permanente. El Presidente del Congreso garantiza

---

30 CAMPOS, M. y ZEGARRA DÍAZ, K., "¿Cómo elige el Perú a sus representantes?", *Revista Elecciones*, vol. 20, Núm. 22, 2021, p. 199.

la seguridad y el orden público dentro de la sede parlamentaria, para lo cual podrá requerir al Presidente de la República los efectivos militares y policiales pertinentes (arts. 94 y 98 CPP).

> "El número de miembros de la Comisión Permanente del Congreso tiende a ser proporcional al de los representantes de cada grupo parlamentario y no excede del veinticinco por ciento del número total de congresistas. Son atribuciones de la Comisión Permanente: 1. Designar al Contralor General[31], a propuesta del Presidente de la República. 2. Ratificar la designación del Presidente del Banco Central de Reserva y del Superintendente de Banca, Seguros y Administradoras Privadas de Fondos de Pensiones. 3. Aprobar los créditos suplementarios y las transferencias y habilitaciones del Presupuesto, durante el receso parlamentario. 4. Ejercitar la delegación de facultades legislativas que el Congreso le otorgue. No pueden delegarse a la Comisión Permanente materias relativas a reforma constitucional, ni a la aprobación de tratados internacionales, leyes orgánicas, Ley de Presupuesto y Ley de la Cuenta General de la República. 5. Las demás que le asigna la Constitución y las que le señala el Reglamento del Congreso" (art. 101 CPP).

Dentro del procedimiento legislativo, resultan destacables por sus diferencias con el modelo español las siguientes características: a) la pluralidad de sujetos políticos con legitimidad activa para presentar proposiciones de ley de ordinaria u orgánica[32]:

1°) El Presidente de la República tiene una posición protagónica ya que sus propuestas legislativas pueden "versar sobre cualquier asunto y de manera exclusiva le corresponde la iniciativa en materia presupuestal y financiera, legislación delegada, legislación demarcatoria territorial, tratados internacionales, consentimiento para el ingreso de tropas extranjeras sin afectar la soberanía nacional, prórroga del estado de sitio, declaración de guerra y firma de la paz y autorización para ausentarse del país" (art. 76.1 RC).

2°) Los grupos parlamentarios.

3°) La iniciativa legislativa popular "debe ir acompañada por las firmas de al menos 0.3% de la población electoral"[33] (art. 76.3 RC), por lo que

---

31 "La Contraloría General de la República es una entidad descentralizada de Derecho Público que goza de autonomía conforme a su ley orgánica. Es el órgano superior del Sistema Nacional de Control. Supervisa la legalidad de la ejecución del Presupuesto del Estado, de las operaciones de la deuda pública y de los actos de las instituciones sujetas a control" (art. 82 CPP).

32 "Mediante leyes orgánicas se regulan la estructura y el funcionamiento de las entidades del Estado previstas en la Constitución, así como también las otras materias cuya regulación por ley orgánica está establecida en la Constitución" (art. 106 CPP).

33 Según las estadísticas del Padrón Electoral del año 2022, "El proceso electoral de las Elecciones Regionales y Municipales 2022 registró una población electoral de 24 millones 760 mil 062 electores" https://acortar.link/EZsElP. Así pues, un 70% de la población total del país tiene derecho a voto, lo que evidencia la anchura de la base de

para su tramitación se requieren aproximadamente 75.000 firmas. Una insignificancia si lo comparamos con las 500.000 rúbricas que exige el artículo 87 CE.

4º) El Poder Judicial

5º) El Ministerio Público

6º) El Defensor del Pueblo

7º) El Jurado Nacional de Elecciones

8º) La Junta Nacional de Justicia

9º) El Tribunal Constitucional

10º) La Contraloría General

11ª) El Banco Central de Reserva

12º) La Superintendencia de Banca y Seguros

13) Las Regiones

14º) Las Municipalidades

15º) Los Colegios Profesionales.

Todas estas instituciones públicas pueden presentar proposiciones ley sobre asuntos de su exclusiva competencia, debiendo precisarse la concordancia de la competencia en el documento de remisión (art. 76.4 RC).

b) Monocameralismo: el *iter* legislativo principia y termina en el Congreso.

c) La doble votación de la proposición de ley por el pleno de la Cámara para la aprobación final de la ley: "La segunda votación deberá efectuarse transcurridos siete días. Esta segunda votación será a totalidad y con debate" (art. 78 RC).

d) La injerencia del Presidente de la República (poder ejecutivo) en el procedimiento legislativo (art. 108 CPP): "Si el Presidente de la República tiene observaciones que hacer sobre el todo o una parte de la proposición

---

la pirámide poblacional del Perú, con casi un tercio de su población menor de edad. Nada que ver con la pirámide regresiva (o bulbo) representativa de la composición demográfica de España, "con la base más estrecha que la zona central y un porcentaje de personas mayores significativo. Es una pirámide típica de países desarrollados, con tasas de natalidad y mortalidad bajas y un crecimiento natural muy bajo. Es por tanto una sociedad envejecida y con tendencia a serlo más" https://acortar.link/8r7FD. Según el Instituto Nacional de Estadística, en las elecciones generales del julio de 2023, treinta y siete millones y medio de españoles tuvieron derecho a voto lo que representa, lo que representa un 78% de la población total. https://acortar.link/OFAOhn

aprobada, las presenta al Congreso en el plazo de quince días útiles. (...) su reconsideración por el Congreso requiere del voto favorable de más de la mitad del número legal de miembros del Congreso; si no tiene observaciones o las mismas no son objeto de reconsideración congresual, el Presidente de la República promulga la ley, ordenando su publicación. Si vencido el término de quince días, el Presidente de la República no promulga la proposición de ley enviada, la promulga el Presidente del Congreso" (arts. 78-80 RC).

El control político del Congreso sobre el Consejo de Ministros –o alguno de sus miembros– y las altas magistraturas del Estado –el Presidente de la República, los congresistas, los ministros, los magistrados del Tribunal Constitucional, los miembros de la Junta Nacional de Justicia, los vocales de la Corte Suprema, los fiscales supremos, el Defensor del Pueblo y el Controlador General– se articula esencialmente en torno a cuatro instituciones: a) la moción de censura, b) la cuestión de confianza, c) el antejuicio y d) el juicio político o *impeachment*.

La moción de censura, presentada por al menos el veinticinco por ciento de los congresistas sin candidato alternativo (diferencia con la española) contra el Consejo de Ministros o alguno de sus miembros, requiere para su aprobación del voto de más de la mitad del número legal de congresistas, en cuyo caso se produce la dimisión en bloque del gabinete o del ministro frente al que se haya promovido (art. 132 CPP). Esta institución, al igual que la cuestión de confianza, tiene la finalidad de exigir una limitada responsabilidad política porque el Presidente de la República no forma parte del Consejo de Ministros, por lo que no resulta cesado: "(...) no podemos admitir la existencia de responsabilidad política del gobierno, dado que ella no genera los efectos de una verdadera responsabilidad, sino tan solo fuerza a nuestro jefe de gobierno a cambiar el gabinete, incluido el Primer Ministro, o a una parte de él, como consecuencia de un voto de censura"[34].

La cuestión de confianza, instada por el Primer Ministro en nombre del Consejo o por cualquiera de los miembros del gabinete respecto a "una política determinada del gobierno, un programa o la aprobación de un proyecto de ley" (Patricia Robinson Urtecho[35]), requiere para ser superada la obtención de la mayoría simple de los votos del Congreso. De no ser así, esto es, si la Cámara rehusase la cuestión de confianza se produce la crisis total del Consejo de Ministros (dimisión) o el cese del ministro específico en función de quién la hubiese propuesto, de modo que el Presidente de la República deberá proceder al nombramiento de un nuevo Consejo de Ministros o a la sustitución del ministro rechazado (art. 133 CPP). La configuración constitucional de

34 CAVERO CÁRDENAS, J. E., *op. cit.*, p. 140.

35 https://acortar.link/3Btp3A, fecha de consulta: 04/04/2024.

esta institución la convierte en un arma política de uso potestativo por parte del Presidente del Consejo de Ministros con el que torcer la mano de la voluntad parlamentaria para aprobar los proyectos de ley que se consideren esenciales para el programa de gobierno, de modo que se liga la continuidad del gabinete a la otorgación de la confianza del Congreso; y en caso de no obtener el quórum exigido se produce la dimisión del Consejo de Ministros o del ministro que la presentó a título particular. Si se rechaza por segunda vez en una misma legislatura la cuestión de confianza presentada por el Primer Ministros, el Presidente de la República puede disolver el Congreso en base a la prerrogativa reconocida en el artículo 134 de la CPP, salvo que nos encontremos en el último año de su mandato. Disuelto el Congreso, se mantiene en funciones la Comisión Permanente, la cual no puede ser disuelta.

La STC Nº 006-2018-PI/TC resume los supuestos en los que la Constitución habilita al Presidente de la República a disolver el Congreso: a) se ha censurado a dos gabinetes; b) se ha negado la confianza a dos gabinetes; c) se ha censurado a un gabinete y, posteriormente, se le ha negado la confianza a otro; y d) se le ha negado la confianza a un gabinete y, posteriormente, se ha censurado a otro (FJ. 103).

Asimismo, la Constitución prevé otros dos procedimientos de control político del Congreso sobre las altas magistraturas del Estado, a saber, a) el antejuicio que puede dar lugar a la acusación constitucional por los delitos cometidos en el ejercicio de las funciones públicas y b) el juicio político por infracción de la Constitución (*impeachment*). El antejuicio político es una garantía funcional análoga al suplicatorio español, de modo que el Fiscal de la Nación solo formulará denuncia ante la Corte Suprema por delitos cometidos en el ejercicio de sus funciones cuando el acuerdo aprobatorio de la acusación constitucional sea votado favorablemente por la Comisión Permanente del Congreso y ratificado posteriormente por la mayoría absoluta del Pleno. Asimismo, el Pleno puede acordar, con el mismo quórum, la suspensión de funciones públicas durante la sustanciación de la causa penal (arts. 99 y 100 CPP y 89.i.§2 RC). El juicio político o *impeachment*, por su parte, debe promoverse a instancia de la Comisión Permanente del Congreso por infracción constitucional, pero "el acuerdo aprobatorio de sanción de suspensión, inhabilitación o destitución por infracción constitucional se adopta con la votación favorable de los 2/3 del número de miembros del Congreso" (art. 89.i.§3 RC).

IV.3. El Tribunal Constitucional

El Tribunal Constitucional es el supremo intérprete de la Constitución peruana; es el centinela de la Carta Magna encargado de garantizar el principio de jerarquía normativa mediante el control de constitucional. Competente, por tanto, para declarar la inconstitucionalidad y la consecuente invalidez de las disposiciones normativas con valor y rango de ley, los tratados internacionales, el Reglamento del Congreso, las normas regionales de carácter general y las ordenanzas municipales (art. 200.4 CPP). Asimismo, el Alto Tribunal tiene encomendada la resolución de las acciones de garantía constitucional: a) el *habeas corpus*; b) el amparo y c) el *habeas data*.

> "Que la primacía de la Constitución, como la de cualquier otra normatividad, es jurídicamente imperfecta si carece de garantía jurisdiccional y, concretamente, si la constitucionalidad de las decisiones y actos de los poderes públicos no son enjuiciables por órganos distintos de aquellos que son sus propios actores. Así, pues, la jurisdicción constitucional es la garantía institucional básica del Estado constitucional de Derecho. Por eso se ha dicho con razón que la inserción de la jurisdicción constitucional en la vida estatal asegura y perfecciona el Estado de Derecho, que es «su coronación», que el Estado material de Derecho exige una instancia equipada con la potestad de controlar la vinculación de los poderes superiores del Estado a las normas, valores y principios constitucionales, y consecuentemente que la garantía del Estado de Derecho precisa la complementación de la jurisdicción administrativa por la jurisdicción constitucional, con la consecuencia de que el recurso de amparo devenga una institución constitucional indispensable para el Estado de Derecho"[36].

El Tribunal Constitucional está formado por siete miembros elegidos para un período de cinco años –sin reelección inmediata– por mayoría de dos tercios del Congreso entre aquéllos que reúnan los requisitos para ser vocal de la Corte Suprema: a) peruano de nacimiento; b) ciudadano en ejercicio de sus derechos; c) mayor de cuarenta y cinco años; d) haber sido magistrado de la Corte Superior o Fiscal Superior durante diez años, o haber ejercido la abogacía o la cátedra universitaria en materia jurídica durante quince años. En cuanto a su estatuto jurídico, comparten las garantías funcionales de los congresistas: a) el aforamiento; b) el antejuicio; c) la inviolabilidad y d) la prohibición del mandato imperativo, a las que hay que añadir la inmunidad: "No pueden ser detenidos ni procesados sin autorización del pleno del Tribunal, salvo flagrante delito" (art. 14 Ley Orgánica del Tribunal Constitucional).

La elección parlamentaria de los magistrados tiñe de ideología los nombramientos y en línea de principio empaña la imparcialidad del Tribunal. Sin embargo, a tenor de la notoria fragmentación del Congreso de la República, formado por quince grupos parlamentarios de todo el espectro político, resulta imprescindible una negociación transversal en la Cámara para alcanzar la referida mayoría cualificada. Por lo que resulta inviable un reparto de magistrados, como lastimosamente ocurre en las Cortes de España, donde dos grupos parlamentarios tienen más de dos tercios de los escaños con lo que el sesgo partidista de los magistrados del Tribunal Constitucional español es

36 GARCÍA-PELAYO, M., *op. cit.*, pp. 18-19.

incuestionable, lo que debilita el prestigio y la autoridad del Supremo intérprete de la Constitución española.

Las competencias del Tribunal Constitucional del Perú están previstas en el artículo 202 CPP: a) Resolver la acción de inconstitucionalidad (art. 200.4 CPP). Conviene destacar la amplia legitimidad activa para su ejercicio y el dilatado plazo de prescripción (seis años) –en comparación con la muy restringida prevista en la Constitución española (art. 162.1.a CE) y el exiguo plazo de tres meses–, lo que garantiza en mejor medida la efectividad el principio de jerarquía normativa de la Constitución en el sistema de fuentes del Derecho peruano (art. 51 CPP): "El Presidente de la República; El Fiscal de la Nación; El Presidente del Poder Judicial, con acuerdo de la Sala Plena de la Corte Suprema de Justicia; El Defensor del Pueblo; El veinticinco por ciento del número legal de congresistas; Cinco mil ciudadanos con firmas comprobadas por el Jurado Nacional de Elecciones. Si la norma es una ordenanza municipal, está facultado para impugnarla el uno por ciento de los ciudadanos del respectivo ámbito territorial, siempre que este porcentaje no exceda del número de firmas anteriormente señalado; los Gobernadores Regionales con acuerdo del Consejo Regional, o los alcaldes provinciales con acuerdo de su Concejo, en materias de su competencia y los colegios profesionales, en materias de su especialidad" (art. 203 CPP).

Por otra parte, la primacía normativa de la Carta Magna se asegura igualmente mediante el control difuso de constitucionalidad efectuado por el poder judicial –y por los órganos administrativos[37]– en el momento procesal de determinar la norma aplicable al caso (art. 138 CPP): "En todo proceso, de existir incompatibilidad entre una norma constitucional y una norma legal, los jueces prefieren la primera. Igualmente, prefieren la norma legal sobre toda otra norma de rango inferior". Así pues, el efecto jurídico de la inconstitucionalidad apreciada por un juez es restringido: no implica su invalidez y consecuente nulidad, sino que se acota a su inaplicación con efectos *inter partes*, esto es, entre las partes contenciosas en el procedimiento judicial de que se trate, por lo que la norma sigue vigente hasta que, en su caso, sea derogada por el Congreso, lo que constituye un ejercicio de estricto respeto al principio de división de poderes, o sea declarada inconstitucional por el Tribunal Constitucional.

b) Conocer del *habeas corpus* para tutelar la libertad personal y los derechos conexos (arts. 200.1 CPP y 33 Código Procesal Constitucional, en adelante CPC); c) Resolver el *habeas data* (art. 200.3 CPP) para proteger el derecho de acceso a la información y el derecho a la autodeterminación informativa en

---

37 La STC N°03741-2004-AA/TC reconoció esta facultad en orden a proteger los derechos fundamentales de los administrados.

sus diferentes modalidades recogidas en el art. 59 CPC; d) Conocer de la acción de amparo para tutelar los demás derechos constitucionales (arts. 200.2 CPP y 44 CPC).

En este punto conviene precisar que *prima facie* la Constitución distingue en el Capítulo I del Título I los derechos fundamentales de aquellos otros derechos reconocidos de la Norma Suprema que no tienen tal naturaleza, como efectúa la Constitución española. Sin embargo, esto no es así porque los reconocidos como fundamentales en el artículo 2 son *numerus apertus*, de modo que no excluye que también lo sean otros derechos "que la Constitución garantiza, ni otros de naturaleza análoga o que se fundan en la dignidad del hombre, o en los principios de soberanía del pueblo, del Estado democrático de derecho y de la forma republicana de gobierno" (art. 3 CPP). Prueba clara de ello es el reconocimiento de los derechos procesales que integran el contenido esencial del derecho fundamental a la tutela judicial efectiva en el art. 139 CPP.

> "Los derechos no incluidos en el primer capítulo también son fundamentales (...) La cláusula abierta prevista por el artículo 3 permite afirmar que también son fundamentales los demás derechos reconocidos por ella –así no estén ubicados en el capítulo primero–, los derechos implícitos, es decir, la identificación de un derecho en el contenido de otro derecho expresamente reconocido y los nuevos derechos que se derivan de los principios desarrollados en el artículo tercero de la Norma Fundamental y que constituyen derechos autónomos, como el derecho al agua potable, a la verdad sobre los hechos provocados por las múltiples formas de violencia estatal y no estatal, a la vivienda adecuada, a la sepultura digna y al acceso a la energía [todos ellos de creación jurisprudencial por el Tribunal Constitucional]"[38].

Así las cosas, el art. 200.2 CPP, en correspondencia con el art. 44.28 CPC, zanja cualquier matiz o distinción atribuyendo a todos los derechos constitucionales reconocidos en la Norma Suprema –a excepción de los protegidos mediante las acciones de *habeas data* y *habeas corpus*– la tutela mediante el ejercicio de la acción de amparo ante el Tribunal Constitucional. Esta decisión del constituyente peruano resulta refractaria al acervo constitucional de la Europa occidental, donde se ha configurado el recurso de amparo, cuya paternidad kelseniana se reflejó en la Constitución austríaca de 1920, como una garantía extraordinaria y complementaria de los derechos específicamente catalogados en la Constitución como fundamentales, mientras que los demás derechos subjetivos deben limitarse a una tutela estrictamente judicial.

e) Conocer de los conflictos de competencia entre órganos constitucionales: "El Tribunal Constitucional conoce de los conflictos que se susciten sobre las competencias o atribuciones asignadas directamente por la Constitución

---

38 ABAD YUPANQUI, S. B., *op. cit.*, pp. 66 y 67.

o las leyes orgánicas que delimiten los ámbitos propios de los poderes del Estado, los órganos constitucionales, los gobiernos regionales o municipales, y que opongan: 1) Al Poder Ejecutivo con uno o más gobiernos regionales o municipales; 2) a dos o más gobiernos regionales, municipales o de ellos entre sí; o 3) a los poderes del Estado entre sí o con cualquiera de los demás órganos constitucionales, o a estos entre sí" (art. 108 CPC).

Finalmente, habría que adicionar el activismo judicial del Tribunal Constitucional del Perú en la recomendación y control de las políticas públicas del Gobierno para tutelar los derechos fundamentales por medio del Test de Déficit: "un instrumento para el control constitucional de las políticas estatales que se aplica para verificar el respeto a los derechos fundamentales mediante la identificación de la omisión, la ejecución deficiente, la desatención, el impedimento o la falta de transparencia de tales políticas, respetando las competencias[39]. Estamos ante una competencia no normativa fundada en la Teoría del Neoconstitucionalismo y extendida por otros países latinoamericanos. Constituye una nítida injerencia en la dirección política del país –función constitucional exclusiva del Presidente de la República– por parte de una institución que no está revestida de legitimidad democrática y que provoca una sonora estridencia en el sacrosanto principio de división de poderes, eje axial del sistema democrático. El activismo judicial convierte al Tribunal Constitucional en un actor político, cuyo patente sesgo ideológico deslegitima las resoluciones que adopte en los procesos constitucionales en los que se cifran las funciones jurídicas que le asigna la Constitución:

> "(...) el Tribunal Constitucional, amparándose en una reivindicación de los derechos fundamentales, está decidiendo cuestiones jurídicas en el campo de las políticas públicas, lo que está generando cuestionamientos por invasión de competencias fijadas por la ley, a través del activismo judicial, es decir, el juez dejó de ser árbitro para convertirse en arquitecto de políticas públicas, creando, modificando o exigiendo el cumplimiento de las mismas. (...) Dicha situación está generando tensiones e incertidumbre sobre cuáles serían los límites y alcances del activismo judicial en las políticas públicas en la justicia constitucional (...) los magistrados constitucionales no deben intervenir en las políticas públicas, en el sentido que no son elegidos por el pueblo, dado que esto genera un gobierno de los jueces, no teniendo la capacidad técnica y estas políticas no incluyen obligaciones jurídicas"[40].

39 ARMAS-HIDALGO, C. M., "El activismo judicial del Tribunal Constitucional y su incidencia en las políticas públicas del Perú. 1993-2021". *Revista Científica Ratio Iure*, 3(2), e480, 2023, p. 4.

40 *Ibidem*, p. 2.

IV.4. La Junta Nacional de Justicia

El poder judicial de la República del Perú está integrado por jueces y magistrados independientes, inamovibles y sujetos al imperio de la ley en el ejercicio de sus funciones jurisdiccionales de juzgar y ejecutar lo juzgado, así como por el ministerio fiscal, que es un órgano de relevancia constitucional integrado con autonomía funcional en el poder judicial, cuya función esencial es promover la acción judicial en defensa de la legalidad y de los intereses públicos tutelados por el Ordenamiento. Todos ellos tienen prohibido participar de la vida política, sindicarse y ejercer el derecho de huelga (arts. 153 y 158 CPP).

Resulta interesante destacar cuatro aspectos sobre este poder público. En primer lugar, el Fiscal de la Nación no es un cargo político elegido por el Gobierno, como en España, sino que es designado por la Junta de Fiscales Supremos, por lo que su mandato no está sujeto a la discrecionalidad del poder político sino que tiene una duración fijada constitucionalmente de tres años, prorrogables mediante reelección por un máximo de otros dos mandatos (art. 158 CPP). En segundo lugar, el art. 138 CPP faculta a las autoridades judiciales, en su labor de determinar el derecho aplicable al caso concreto, a efectuar un control difuso de constitucionalidad –a diferencia de España donde los jueces solo pueden presentar una cuestión de inconstitucionalidad–, de forma que si existe incompatibilidad entre una norma constitucional y otra legal, los jueces descartan la segunda con efectos *inter partes* y sin posibilidad de declarar su inconstitucionalidad, competencia asumida en exclusiva por el Tribunal Constitucional. En tercer lugar, la ausencia del Estado en determinadas zonas de la sierra y de la selva peruana ha conllevado el reconocimiento constitucional de la jurisdicción indígena, fundada en la participación directa de la población en la solución de sus propios conflictos: "Las autoridades de las Comunidades Campesinas y Nativas, con el apoyo de las Rondas Campesinas, pueden ejercer las funciones jurisdiccionales dentro de su ámbito territorial de conformidad con el derecho consuetudinario, siempre que no violen los derechos fundamentales de la persona" (art. 149 CPP). Y en cuarto lugar, los jueces de paz, con unas competencias jurisdiccionales muy limitadas en materia civil y penal, provienen de elección popular y, por tanto, son revocables (art. 125 CPP).

La Junta Nacional de Justicia es el órgano de gobierno de los jueces y magistrados. Sus funciones consisten en seleccionar, nombrar, evaluar, ratificar y sancionar a los jueces y fiscales. La Junta Nacional está compuesta por siete miembros seleccionados mediante concurso público de méritos por un período de cinco años, sin reelección inmediata. Los requisitos para poder postular a este cargo público son los siguientes: a) ser peruano de nacimiento; b) ciudadano en ejercicio de sus derechos; c) mayor de cuarenta y cinco años y menor de setenta y cinco; d) ser abogado con experiencia profesional no menor de veinticinco años o haber ejercido la cátedra universitaria por no menos de veinticinco años o haber ejercido la labor de investigador en materia jurídica por lo menos durante quince años; e) no tener sentencia condenatoria por delito doloso y f) tener reconocida trayectoria profesional y solvencia e idoneidad moral.

V. LA DESCENTRALIZACIÓN POLÍTICA

La Constitución proclama en sus artículos 38, 43 y 44 que la República del Perú es un Estado Social y Democrático de Derecho que asume como principales obligaciones la protección de los derechos humanos e impulsar y promover el bienestar general de los ciudadanos a través de la justicia y el desarrollo integral y equilibrado de la Nación, articulado mediante un proceso de descentralización política que permita configurar un Estado regional. La República tiene una voluntad constante e inequívoca de profundizar progresivamente en la descentralización regional y municipal, preservando siempre la unidad e integridad de la Nación, "con el fin de contribuir al desarrollo integral del país y evitar la concentración de las decisiones en la capital"[41].

La Constitución dedica el Capítulo XIV del Título IV a la organización territorial del poder. El Estado peruano se organiza territorialmente en regiones, departamentos, provincias y distritos; tanto los gobiernos regionales, constituidos sobre regiones y departamentos, como los locales organizados sobre provincias, distritos y centros poblados gozan de autonomía política, administrativa y económica en los asuntos públicos de su ámbito territorial[42].

Actualmente, en Perú no se ha constituido ninguna región, resultado de la unión de dos o más departamentos (artículo 190 CPP). Para ello es necesario que un referéndum acuerde la creación de esta entidad política territorial y ninguna de las iniciativas propuestas obtuvo el apoyo popular suficiente (mayoría absoluta de los electores de la circunscripción consultada) en los referendos celebrados en 2005. De modo que la base organizativa del territorio del Estado peruano descansa sobre veinticuatro departamentos más la Provincia Constitucional del Callao y la Provincia de Lima.

La organización político-institucional de los departamentos se vertebra en torno a los gobiernos regionales, constituidos por el *Consejo regional*, órgano normativo y fiscalizador, cuyos miembros, que oscilan entre siete y veinticinco en función de la población, son elegidos por sufragio universal por un perío-

41 ABAD YUPANQUI, S. B., *op. cit.*, p. 282.
42 Arts. 191 y 195 CPP.

do de cuatro años, sin posibilidad de reelección inmediata; el *Gobernador* y el *Vicegobernador*, elegidos de igual forma y por el mismo período. El mandato de las autoridades regionales es revocable e irrenunciable con las excepciones constitucionales (artículo 191 CPP). El *Consejo de Coordinación Regional*, por su parte, está formado por los alcaldes provinciales y representantes de la sociedad civil. Tiene competencias consultivas y se encarga del diseño de la acción política concertada con las municipalidades y sus acuerdos se adoptan preferentemente por consenso.

La estructura orgánica de las municipalidades provinciales y distritales la constituyen el *Concejo municipal*, órgano normativo y fiscalizador formado por el alcalde y los regidores que establezca la Ley y la *Alcaldía*, órgano ejecutivo. Los alcaldes y los regidores son elegidos por sufragio universal por un período de cuatro años, sin posibilidad de reelección inmediata para los alcaldes, y su mandato es revocable e irrenunciable con las excepciones previstas en la Constitución (art. 194 CPP). Por prescripción constitucional –artículo 198 CPP– la Municipalidad Metropolitana de Lima y las municipalidades de frontera disfrutan de un régimen jurídico especial.

En cuanto a la distribución de competencias entre los diferentes centros de poder político, la Ley de Bases de la Descentralización dispone que hay tres tipos de competencias, a saber, exclusivas, compartidas y delegables (art. 13) aplicables a los tres niveles de gobierno: nacional, regional y municipal. Las competencias exclusivas del Estado y de los gobiernos regionales no están previstas en la Constitución, pero se encuentran recogidas en los artículos 26 y 35 respectivamente de la citada Ley; las compartidas, en cambio, "son aquellas en las que intervienen dos o más niveles de gobierno, que comparten fases sucesivas de los procesos implicados. La ley indica la función específica y responsabilidad que corresponde a cada nivel" (art. 13.2). Las competencias compartidas entre el poder central y el regional recaen sobre aquellas materias que establece el artículo 36 de la referida Ley; mientras que entre el poder local y el regional y el central están definidas en el artículo 43, y, finalmente, existe un amplio margen apreciación sobre las competencias delegables, con el límite de que en ningún caso pueden incidir sobre sectores o materias catalogadas como competencias exclusivas: "Son aquellas que un nivel de gobierno delega a otro de distinto nivel, de mutuo acuerdo y conforme al procedimiento establecido en la ley, quedando el primero obligado a abstenerse de tomar decisiones sobre la materia o función delegada. La entidad que delega mantiene la titularidad de la competencia, y la entidad que la recibe ejerce la misma durante el período de la delegación" (art. 13.3).

VI. LOS DERECHOS POLÍTICOS

La Constitución de 1993, a pesar de su origen espurio (*Fujimorazo*) y discutida legitimidad por el cuestionamiento del resultado del referéndum constitucional, ha implicado una profundización democrática en la República del Perú. En efecto, ha modulado –siguiendo los pasos del *hermano mayor* norteamericano y sobre todo de la Constitución colombiana de 1991– la democracia representativa –adviértase el oxímoron–, asediada por una constante crisis de representación, mediante el reconocimiento de un conjunto de nuevos derechos participativos y de control político, desconocidos en el constitucionalismo peruano, que han servido también de referente a otros países vecinos como Ecuador, Bolivia o Venezuela.

El artículo 31 de la Carta Magna está dedicado al reconocimiento de los derechos políticos. Los constituyentes pretendían un cambio en el modo de relacionarse los ciudadanos con la vida pública y las instituciones representativas: de la pasividad e indiferencia al empoderamiento popular a través del reconocimiento de derechos de participación permanente en los asuntos políticos nacionales, regionales y locales, sea desde la vertiente activa o propositiva: a) comicios periódicos, b) referéndum, c) iniciativa legislativa popular, d) iniciativa de reforma constitucional y e) presupuestos participativos; como desde el prisma reactivo o represivo con los instrumentos de control político o *accountability* vertical: a) la revocación de cargos municipales y regionales de elección popular. La CPP prohíbe expresamente la revocación de los congresistas en el art. 134; b) la remoción de autoridades nombradas por los gobiernos central, regional, provincial y local y c) la demanda de rendición de cuentas. Todas estas instituciones de democracia directa –nótese el pleonasmo– "surgen desde la sociedad y se dirigen al gobierno; a diferencia de la *accountability* horizontal, interna al aparato estatal o ejercida entre sus diferentes poderes instituidos: ejecutivo, legislativo y judicial. Dentro de la dimensión vertical, es asimismo un mecanismo de *accountability* societario, basado en las acciones de un amplio espectro de asociaciones, movimientos ciudadanos y actuaciones mediáticas, tendentes a monitorear el comportamiento de los gobernantes, a exponer y denunciar sus actos ilegales y a activar la operación de agencias horizontales de control"[43].

Estos inéditos derechos políticos han sido objeto de desarrollo por la Ley 26300, de Derechos de Participación y Control Ciudadanos, con el fin de ordenar y encauzar su ejercicio sobre bases racionales que contribuyan a incentivar la participación de los ciudadanos en la vida política e impidan el

---

43 EBERHARDT, M. L., "La revocatoria de mandato en Colombia: diseño institucional y resultados de su aplicación", *Revista de Derecho Político*, Nº 103, 2018, p. 457.

abuso de derecho en su aplicación. El ejercicio antisocial de estos derechos políticos, que responde siempre a motivaciones espurias e intereses inconfesables de las banderías políticas en pugna constante por el poder, entraña la parálisis y el caos gubernativo de las instituciones representativas, de manera que constituye un riesgo cierto y permanente para la estabilidad política y la institucionalidad en la vida democrática del Perú. Por tanto, el legítimo y eficaz contrapeso del principio representativo, que están llamados a realizar estos derechos políticos, requiere que el legislador ordinario sea diligente en señalar los requisitos formales y los correspondientes límites para su ejercicio, previo juicio ponderativo de su necesidad y proporcionalidad.

VII. LA REFORMA CONSTITUCIONAL

En sus treinta años de vida, la CPP ha sido objeto de cuarenta y cinco reformas de distinto calado e intensidad y no han faltado enjundiosas discusiones doctrinales y políticas sobre la conveniencia del retorno a la Constitución de 1979, sobre todo en los primeros años del siglo XXI, tras los gravísimos escándalos de corrupción de Montesinos y la huída de Fujimori a Japón y su posterior renuncia esperpéntica vía fax. Sin embargo, nunca terminaron de cuajar estas corrientes o movimientos reformistas porque, como bien apunta García Belaúnde, la sociedad peruana desconfía de los efectos taumatúrgicos de una nueva Constitución, máxime en un entorno de crecimiento económico, como el que ha experimentado el Perú hasta la pandemia de 2020: "A nivel del hombre de la calle, que ha vivido dos experiencias constituyentes relativamente de cerca —1978 y 1993— se tiene la impresión de que éstas no cambian la realidad. Es decir, el estado de cosas, el crecimiento, la seguridad, la institucionalidad, el buen aparato judicial no se logran con asambleas constituyentes ni con constituciones. Son parte del rompecabezas, sin lugar a dudas, pero es una entre muchas de sus piezas. De ahí que el ciudadano común y corriente tiene sus preferencias, y entre ellas no está el cambiar de constitución"; pero también las élites peruanas se han mostrado reacias: "Los grupos empresariales o directivos, o en todo caso los de altos ingresos —los llamados estratos A y B— sienten fascinación por el modelo económico, que les da garantía y seguridad en sus inversiones. Algunos desinformados están convencidos de que la Constitución *per se* trae progreso, desarrollo lineal y crecimiento constante. Esto, por cierto, es falso, pues hermosas constituciones han llevado a los pueblos a la ruina. Pero no es menos cierto que un buen marco de referencia es útil. Más necesario es un Poder Judicial confiable —que no existe— a un cambio de constitución"[44].

---

44 GARCÍA BELAÚNDE, D., "La Constitución peruana de 1993..., *op. cit.*, pp. 223-224.

> "Lo que está detrás de toda reforma constitucional es simplemente la vida o la supervivencia de un orden normativo; esto es, el eterno problema entre «tiempo» y «derecho». Pues como bien señaló Roscoe Pound hace varias décadas, el Derecho debe ser estable, pero tampoco puede permanecer inamovible. Debe ser estable, pues la fijeza apunta a la seguridad jurídica que es uno de los valores del Derecho, pues los cambios y las agitaciones continuas no son convenientes para la vida del Estado. Pero tampoco puede ser eterno, porque el tiempo también pasa por las instituciones y a veces los cambios son necesarios a fin de poder mantener las cosas, por lo menos en su sentido esencial. Esto fue visto muy claramente al momento de nacer el constitucionalismo moderno en los Estados Unidos, cuando Jefferson señaló que las generaciones presentes no pueden atar de por vida a las generaciones futuras, ya que existiría de esta manera una especie de dictadura de los muertos sobre los vivos. De ahí la necesidad de hacer un texto estable que tienda a durar, pero con mecanismos de cambios que permitan su adecuación a los tiempos y a las nuevas necesidades, en especial de las que no pudieron ser previstas. Y siempre con un mínimo de exigencias"[45].

El Título VI de la Carta Magna lleva por rúbrica "De la reforma de la Constitución" y consta de un artículo único –el 206– en el que se regula solo un procedimiento de reforma aplicable a cualquiera de los preceptos constitucionales. Esto es debido a que, de una parte, no hay cláusulas pétreas o de intangibilidad expresa, reflejo del carácter limitado del poder de reforma, y, de otra, las cortes constituyentes no distinguieron disposiciones medulares en la Constitución dignas de ser aseguradas mediante la rigidez constitucional frente a las veleidades o conjuras parlamentarias, como sí ha hecho la Constitución española con el Título Preliminar (arts.1-9); los derechos fundamentales (arts. 14-29) y el Título II "De la Corona" (arts. 56-65).

La iniciativa de reforma constitucional radica en el Presidente de la República, los grupos parlamentarios y en el pueblo soberano, concretamente se exige que sea avalada al menos por el 0.3% de la población electoral, con firmas comprobadas por la autoridad electoral. La aprobación de la reforma constitucional requiere la mayoría absoluta del Congreso y un referéndum o únicamente la mayoría cualificada de dos tercios de la Cámara adoptada en dos períodos de sesiones ordinarios y consecutivos[46].

Cuando confrontamos este modelo con el previsto en el Título X de la Constitución española, llama la atención la notable dosis de inestabilidad política que introduce el artículo 206 en el Perú. No protege la institucionalidad ni la salvaguarda de los derechos fundamentales frente a la posible acción inicua de un parlamento tiránico, entendido en términos clásicos de ilegiti-

---

45 GARCÍA BELAÚNDE, D., "Sobre el control de la reforma constitucional (con especial referencia a la experiencia jurídica peruana)", *Revista de Derecho Político*, N° 66, 2006, pp. 479.

46 El primero se inicia el 27 de julio y termina el 15 de diciembre y el segundo el 01 de marzo y termina el 15 de junio (art. 49 Reglamento del Congreso).

midad en el ejercicio del poder a causa de la preservación de intereses particulares o sectarios en detrimento de los generales de la Nación. De modo que la arquitectura constitucional y el sistema de libertades queda al albur de las eventuales mayorías parlamentarias de coyuntura, forjadas en la maquinación partidista.

El día 6 de marzo de 2024 tuvo lugar en el Congreso la segunda votación de la reforma constitucional de cincuenta y tres artículos –la primera fue el 16 de noviembre de 2023– aprobada también por mayoría de dos tercios –no requiere, por tanto, el referéndum– y que entrará en vigor a partir de las próximas elecciones generales, previsiblemente en 2026. La reforma modifica sustancialmente el poder legislativo de la República con la creación de una nueva cámara parlamentaria: el Senado, formado por un mínimo de sesenta miembros elegidos por un período de cinco años con las mismas garantías funcionales que los diputados; y, asimismo, se reconoce el derecho a la reelección inmediata de los congresistas y los senadores.

La implementación de esta reforma requerirá una profusa actividad legislativa dirigida a modificar la ley electoral para determinar el número final de senadores y su asignación por circunscripción –la Constitución solo establece un mínimo de un senador por distrito electoral y el resto se elegirá en circunscripción única nacional–, así como la determinación de la fórmula electoral para convertir los votos en senadores. Por otra parte, será precisa la reforma del Reglamento del Congreso para adecuarlo al nuevo sistema parlamentario, así como la aprobación del correspondiente Reglamento del Senado para regular la actividad política de esta Cámara, además de otras concordancias legislativas menores en normas sectoriales. En fin, ardua tarea legislativa tiene por delante un Congreso extraordinariamente fragmentado que entorpece cotidianamente la gobernabilidad del país, pero que, curiosamente, se ha puesto de acuerdo para cambiar el sistema parlamentario de la República.

El bicameralismo ha sido una de las señas de identidad del constitucionalismo histórico peruano, de modo que el modelo monocameral, ciertamente, ha sido la excepción. Sin embargo, debe anotarse en el pasivo de esta reforma, perpetrada exclusivamente en sede parlamentaria, un acentuado déficit de legitimidad democrática porque el pueblo peruano ya se pronunció sobre este particular y otros –incluida la prohibición de la reelección de los congresistas (antes estaba permitida)– en el referéndum de 9 de diciembre de 2018, con un resultado bastante elocuente: A la Pregunta n°4: "¿Aprueba la reforma constitucional que establece la bicameralidad en el Congreso de la República?" Votaron en contra el 79 % de los peruanos y a favor solo un raquítico 8 %; y a la Pregunta N°3: "¿Aprueba la reforma constitucional que prohíbe la reelección inmediata de parlamentarios de la República?" Votaron afirmativamente el 77 % de los ciudadanos y solo el 12% se opuso a la proscripción.

Por otra parte, esta reforma constitucional implica un oneroso coste económico para el Tesoro Público peruano, delimitado en la propia Ley, concretamente la disposición complementaria final número dos lleva por rúbrica "Financiamiento para la instauración de las cámaras legislativas". En ella se establece que la implementación y la puesta en funcionamiento de la Cámara de Diputados (nueva denominación del Congreso) y el Senado se hará con cargo al Presupuesto General de la República, sin que sobrepase el 0.6%. Veamos ahora el costo efectivo del Senado, que deberá sufragarse con un incremento de la pesada carga tributaria que ya soportan los peruanos o bien mediante una reducción de la financiación de los servicios públicos esenciales para la comunidad como la sanidad, la educación o las infraestructuras, especialmente descuidadas en el país andino y merecedoras, por tanto, siempre de mayores recursos económicos.

Según la Ley de Presupuesto del Sector Público para 2024, el Presupuesto Anual de Gastos para el Año Fiscal 2024 es de S/ 240.806 millones (60.000 M€). Para que podamos valorar cabalmente este dato macroeconómico que corresponde a un país habitado, como sabemos, por cerca de treinta y cuatro millones de habitantes podemos compararlo con España, en la que residen cerca de cuarenta y ocho millones de ciudadanos y que tiene, según los datos ofrecidos por el Ministerio de Hacienda y Función Púbica, una previsión de gasto público para 2024 de 694.300 M€, esto es, once veces más que el Perú, teniendo solo un cuarenta por ciento más de población.

Partiendo de estos datos, la cuantía máxima que podría destinarse en 2024, si ya estuviese en vigor la reforma, para sufragar el sistema bicameral peruano sería de S/ 1.444.8 millones, esto es, en torno a 360 M€. En la Ley de Presupuesto del año en curso se destina para el Congreso S/ 1.084 millones (270 M€), por lo que si existiese el Senado costaría unos S/ 360 millones de soles (90 M€), lo que evidenciaría un notorio desequilibrio financiero del 300% en perjuicio de la Cámara Alta cuando solo tiene un 54% menos de miembros. Este desajuste se corregirá, a buen seguro, cuando haya que elaborar realmente el presupuesto del Senado y se tenderá a una financiación mucho más equilibrada y proporcional.

Resulta llamativo que si confrontamos estos datos con el presupuesto de 2024 de las Cortes Generales españolas –Congreso de los Diputados (115M€) y del Senado (67M€)– se aprecia nítidamente que el Congreso peruano tiene un coste absolutamente disparatado, absurdo, huérfano de cualquier razonable justificación, teniendo en cuenta que son 130 congresista y que nuestras Cortes Generales están formadas por 350 diputados y 266 senadores.

Así las cosas, parece evidente que los congresistas, con un escuálido 6% de aprobación popular, se han confabulado contra del pueblo peruano para beneficiarse impúdicamente de una reforma constitucional rechazada mayoritariamente por la ciudadanía y que solo acrecienta la desafección y el repudio más absoluto hacia una dirigencia política cleptocrática, que parasita las instituciones y vive ensimismada en sus privilegios y latrocinios, ajena completamente a las penalidades que acucian la vida real del sufrido pueblo peruano.

Tras el juicio político y económico de la reforma, corresponde examinar su calado jurídico-constitucional. Ciertamente, se funda en el empoderamiento del Senado en la vida política peruana, por lo que podríamos definir el nuevo sistema parlamentario de bicameralismo imperfecto o asimétrico, en el que la Cámara Alta obtiene un protagonismo inesperado que rebasa ampliamente las competencias propias de una irrelevante cámara de segunda lectura –o de enfriamiento– como es el Senado español, y a la que se blinda frente al Presidente de la República que no puede ordenar su disolución. La razón se halla en que el Gobierno no se somete a la votación de confianza en el Senado sino solo en el Congreso, de modo que, en justa y equilibrada correspondencia política, al Jefe del Estado le está vedada esta acción sobre una Cámara que, por lo demás, goza de legitimidad democrática de primera grado. Veamos las principales funciones de los senadores:

1ª) Dirimen el procedimiento legislativo de modo que pueden aceptar, modificar o rechazar las propuestas legislativas de la Cámara de Diputados.

2ª) Autorizan al Presidente de la República a salir del país.

3ª) Aprueban los tratados internacionales antes de su ratificación por el Presidente de la República

4ª) Ejercen el control parlamentario sobre los derechos de urgencia, decretos legislativos, tratados y decretos del régimen de excepción.

5ª) Suspender al cargo público acusado o inhabilitarlo para el ejercicio de la función pública hasta por diez años o destituirlo de su función por infracción de la Constitución o por los delitos cometidos en el ejercicio de sus funciones, previa acusación de la Cámara de los Diputados, y hasta cinco años después de que hayan cesado en estas, sin perjuicio de cualquier otra responsabilidad en que pudiera haber incurrido.

6ª) Eligen al Defensor del Pueblo, a los siete magistrados del Tribunal Constitucional por mayoría de dos tercios y al Contralor General por mayoría simple.

Tras esta sucinta enumeración de las competencias senatoriales, observamos que la Cámara de Diputados padece una severa erosión competencial, pero aún se le reservan dos funciones de claro impacto político que le permiten mantener su relevancia en la vida parlamentaria de la República, a saber, el voto de confianza al Consejo de Ministros, designados por el Presidente de la República, y el control de la acción política del poder ejecutivo mediante los instrumentos previstos constitucionalmente y en el Reglamento del Congreso.

BIBLIOGRAFÍA

ABAD YUPANQUI, S. B., *Constitución de la República del Perú,* Valencia, 2023.

AGUILAR, R., «El sufragio de la mujer: debate en el Congreso Constituyente de 1931-1932», *Elecciones. Lima: Oficina Nacional de Procesos Electorales (ONPE),* N° 1, 2002

ARMAS-HIDALGO, C. M., "El activismo judicial del Tribunal Constitucional y su incidencia en las políticas públicas del Perú. 1993-2021". *Revista Científica Ratio Iure,* 3(2), e480, 2023.

CAMPOS, M. y ZEGARRA DÍAZ, K., "¿Cómo elige el Perú a sus representantes?", *Revista Elecciones,* vol. 20, Núm. 22, 2021

CAVERO CÁRDENAS, J. E., "Notas sobre la disfuncionalidad del régimen presidencial en Perú", *Foro constitucional iberoamericano,* N°9, 2005.

CONTRERAS CARRANZA, C., *Perú. La búsqueda de la democracia,* Madrid, 2015.

DONAYRE MONTESINOS, C., El Control Parlamentario de los Decretos Legislativos en el Perú: Retos y Posibilidades, Derecho & Sociedad, N° 31, 2008.

EBERHARDT, M. L., "La revocatoria de mandato en Colombia: diseño institucional y resultados de su aplicación", *Revista de Derecho Político,* N° 103, 2018

GARCÍA BELAUNDE, D., "Los inicios del constitucionalismo peruano", *Ayer,* N° 8, 1992.

- : La constitución peruana de 1993: sobreviviendo pese a todo pronóstico, *Anuario Iberoamericano de Justicia Constitucional,* 18, 2014.

- : "Sobre el control de la reforma constitucional (con especial referencia a la experiencia jurídica peruana)", *Revista de Derecho Político,* N° 66, 2006.

GARCÍA-PELAYO, M., "El «status» del Tribunal Constitucional", *Revista Española de Derecho Constitucional,* Vol. 1, N°1, 1981.

HAKANSSON NIETO, C., "Vacancia presidencial, transición democrática y omisiones constitucionales", *Revista de Derecho,* vol. 21, 2020.

HENRÍQUEZ FRANCO, H., *Derecho Constitucional peruano,* Trujillo, 2021.

LANDA ARROYO, C., "Los decretos de urgencia en el Perú", *Pensamiento Constitucional,* Vol. 9, N° 9.

MALDONADO, G., "El régimen político peruano", *Revista de Derecho Político,* N° 33, 1991.

MENÉNDEZ PIDAL, R., *El padre Las Casas. Su doble personalidad,* Madrid, 2013.

PALMA, R., *Tradiciones peruanas,* Bilbao, 1968.

ROBERTS, K. M. (1995). "Neoliberalism and the Transformation of Populism in Latin America: The Peruvian Case", *World Politics,* Vol. 48, N° 1.

RUIZ CARO, A., "No queremos un Fujimori", 24/12/2023, https://acortar.link/KP0vll, fecha de consulta: 25/12/2023.

TAJADURA TEJADA, J., *El preámbulo constitucional,* Granada, 1997.

WEYLAND, K. (1996). "Neopopulism and Neoliberalism in Latin America: Unexpected Affinities", *Studies in Comparative International Development,* Vol. 35, N° 1.

Capítulo XII

El Sistema Constitucional Argentino

NICOLÁS SALVI
Universidad Nacional de Tucumán / Universidad San Pablo-Tucumán

MARÍA DE LOS ÁNGELES FERNÁNDEZ SCAGLIUSI
Universidad de Sevilla

I. INTRODUCCIÓN

La historia argentina es un rico tapiz de eventos políticos, sociales y jurídicos que ha dado forma al sistema constitucional actual del país. Desde la declaración de su independencia en 1816 frente al Reino de España, Argentina ha experimentado una serie de transformaciones legales y políticas que reflejan su búsqueda constante de estabilidad y representación democrática. Comprender este relato es fundamental para contextualizar el funcionamiento y los desafíos del sistema constitucional argentino en la actualidad.

Aunque el proceso constitucional argentino se ha ido forjando poco a poco desde su independencia, la constitución del Estado moderno argentino propiamente dicho fue sancionada en 1853 por 13 provincias preexistentes[1] a este, que conformaban la llamada Confederación Argentina[2]. El telón de fondo de la llegada del proceso constitucional fundacional argentino está

---

1 Estas fueron los primeros sujetos federales del país: Catamarca, Córdoba, Corrientes, Entre Ríos, Jujuy, La Rioja, Mendoza, Salta, San Juan, San Luis, Santa Fe, Santiago del Estero y Tucumán

2 Previamente a la aprobación de esta Constitución, desde la Revolución de Mayo de 1810, los gobiernos herederos del Virreinato del Río de la Plata (Provincias Unidas del Río de la Plata, Provincias Unidas del Sur, Confederación Argentina, entre otras denominaciones), intentaron llevar a cabo proyectos constituyentes varios, los cuales no prosperaron debido a la falta de consenso entre los gobernantes provinciales. SAGÜES, Néstor Pedro, *Manual de Derecho Constitucional*, Astrea, Buenos Aires, 2019, pp. 86-92.

moldeado por las discusiones de las elites criollas en definir, primero, si el nuevo país debía ser una república o una monarquía; y segundo, si el Estado debía organizarse de forma unitaria o federal[3].

Triunfó la idea de una república federal, aunque con atenuaciones propias del sistema argentino. En 1860 se realizaron algunas reformas y se sumó la provincia de Buenos Aires al proyecto estatal unificado, conformándose ya la República Argentina moderna.

Esta constitución fundacional, la 1853/60, estableció los cimientos de un Estado federal, con una clásica división de poderes entre el Ejecutivo, Legislativo y Judicial. La inspiración central se encuentra en la obra *Bases y puntos de partida para la organización política de la República Argentina4* del jurista tucumano Juan Bautista Alberdi. Son las ideas de los federalistas norteamericanos la principal fuente, aunque es palpable también la presencia de las doctrinas de la Ilustración europea.

Esta constitución, de tinte liberal clásico, no sufrió cambios sustanciales durante el siglo XIX. Solo se registraron las reformas de 1866 (en materia tributaria, habilitando al gobierno nacional a establecer impuestos a las exportaciones) y la de 1898 (que cambia el porcentaje de asignación de diputados, y suma mayor cantidad de ministerios en el ejecutivo)[5]. Fue en el siglo XX que comenzaron los cambios más profundos.

En 1949, durante la primera presidencia de Juan Domingo Perón, se realizó una reforma cuasi integra del texto constitucional (sustitución constitucional)[6]. Esta reforma, en línea con el movimiento del constitucionalismo social, introdujo importantes cambios en sintonía con el Estado de Bienestar que se estaba creando poco a poco en el país. Entre las disposiciones más destacadas se encontraban la inclusión de los derechos humanos de segunda generación (laborales y sociales), la igualdad jurídica entre hombres y mujeres, los derechos de la niñez y la ancianidad, así como la autonomía universitaria. Además, se estableció la función social de la propiedad y se permi-

---

3 Sobre estas discusiones fundacionales, ver LEVAGGI, Abelardo, *Constitucionalismo Argentino 1810-1850,* Iushistoria investigaciones, Buenos Aires, 2005, no 2.

4 ALBERDI, Juan Bautista, *Bases y puntos de partida para la organización política de la República Argentina,* Biblioteca del Congreso de la Nación, Buenos Aires, 2017.

5 LÓPEZ ROSAS, José R, *Historia constitucional argentina,* Astrea, Buenos Aires, 2019, pp. 563-567.

6 Esta constitución, aunque era mejor reflejo de una visión más solidaria del Estado, y fue la que inauguró la positivización de las teorías de la propiedad social y el abuso del derecho, sufrió críticas en lo referente a la partidización alrededor del Partido Justicialista (siendo llamada “la Constitución de Perón”) y por el aumento de las facultades del Ejecutivo. SAGÜES, Néstor Pedro, *Derecho Constitucional. Tomo 2,* Astrea, Buenos Aires, 2017, pp. 24-25.

tió la elección directa del presidente y vicepresidente, así como la posibilidad de reelección[7].

Sin embargo, la Constitución de 1949 fue abolida en 1956 por el gobierno militar autodenominado cómo Revolución Libertadora, en la que el ejecutivo, a cargo del General Pedro Aramburu, proclamó el fin de este texto. Volvió a establecerse la Constitución de 1853/60 como norma fundamental, intentando retornar a la clásica axiología liberal decimonónica, antes de reinterpretar los derechos sociales en futuros intentos de reforma[8].

En este sentido, los valores de la justicia social y los efectos de las doctrinas de Estado Social hicieron mella en la sociedad argentina. Así las cosas, el propio Aramburu llamó por decreto a una reforma constitucional en 1957, en la que se sancionó el afamado artículo 14 bis[9]. Este largo artículo, aún vigente, enumera los derechos individuales y colectivos del trabajo, así como los de la seguridad social. De esta forma, aunque menos radical que con la reforma de 1949, entraron en el plexo constitucional algunos derechos sociales[10].

---

7 Para ahondar en la Constitución de 1949 desde una perspectiva más amplia, ver VITA, Leticia, *¿La constitución de Perón? La reforma constitucional argentina de 1949 en perspectiva transnacional,* Departamento de Publicaciones de la Facultad de Derecho de la Universidad de Buenos Aires, Buenos Aires, 2022.

8 LÓPEZ ROSAS, José R, *Historia constitucional argentina,* Astrea, Buenos Aires, 2019, pp. 604-605.

9 Constitución Nacional. Artículo 14 bis.- El trabajo en sus diversas formas gozará de la protección de las leyes, las que asegurarán al trabajador: condiciones dignas y equitativas de labor, jornada limitada; descanso y vacaciones pagados; retribución justa; salario mínimo vital móvil; igual remuneración por igual tarea; participación en las ganancias de las empresas, con control de la producción y colaboración en la dirección; protección contra el despido arbitrario; estabilidad del empleado público; organización sindical libre y democrática, reconocida por la simple inscripción en un registro especial.
Queda garantizado a los gremios: concertar convenios colectivos de trabajo; recurrir a la conciliación y al arbitraje; el derecho de huelga. Los representantes gremiales gozarán de las garantías necesarias para el cumplimiento de su gestión sindical y las relacionadas con la estabilidad de su empleo.
El Estado otorgará los beneficios de la seguridad social, que tendrá carácter de integral e irrenunciable. En especial, la ley establecerá: el seguro social obligatorio, que estará a cargo de entidades nacionales o provinciales con autonomía financiera y económica, administradas por los interesados con participación del Estado, sin que pueda existir superposición de aportes; jubilaciones y pensiones móviles; la protección integral de la familia; la defensa del bien de familia; la compensación económica familiar y el acceso a una vivienda digna.

10 Sobre los debates en comisión, ver VALOBRA, Adriana María, Representación política y derechos de las trabajadoras en Argentina. El caso de la Convención Constituyente de 1957. *Nuevo Mundo Mundos Nuevos,* 2013. Recuperado de: https://journals.openedition.org/nuevomundo/66068.

La constitución originaria permanecería cuasi intacta, sin contar las proclamas de los otros dos gobiernos militares que sufrió la Argentina (los golpes autodenominados Revolución Argentina y Procesos de Reorganización Nacional respectivamente), que quedaron sin efecto con el retorno de la democracia[11]. Se debió esperar a 1994, en un momento de estabilidad política, en el que se realizó la última reforma constitucional.

Aunque el cambio de 1994 fue mucho más sustancioso que la de las pequeñas reformas decimonónicas, esta asamblea no cambio estructuralmente el texto como en 1949. En cambio, optó por tomar base en la letra de 1853/60, aumentar el número de derechos y efectuar algunas modificaciones en la administración del Estado, sin sustituir o cambiar el orden[12].

La ampliación del catálogo de derechos constitucionales fue un paso crucial para intentar adaptar la carta magna a los tiempos contemporáneos, y poder ser un férreo instrumento para consolidad el orden republicano atacado severamente por los golpes militares a lo largo del siglo XX. La defensa de la constitución y la democracia, los derechos políticos, la protección del medio ambiente, los derechos de los consumidores y usuarios, el reconocimientos de las poblaciones indígenas y su ordenamiento, y la implementación de recursos sumarísimos para la protección de los derechos individuales, intentan reflejar el compromiso del Estado argentino con la promoción y protección de los derechos fundamentales de sus ciudadanos[13].

A esto se suma la incorporación de los tratados internacionales de derechos humanos como parte del bloque de constitucionalidad elevó el estándar de protección de los derechos humanos en el país. Por otra parte, se crearon nuevos órganos constitucionales, como la Auditoría General de la Nación, el Defensor del Pueblo, el Jefe de Gabinete de Ministros y el Consejo de la Magistratura, con la idea contribuir al fortalecimiento de los mecanismos de control y equilibrio de poderes en el Estado argentino.

Las modificaciones en el sistema electoral se hicieron notar especialmente en el poder ejecutivo, implementando la elección directa del presidente y vicepresidente[14], la implementación del balotaje y la reducción de los mandatos

---

11 SAGÜES, Nestor Pedro, *Manual de Derecho Constitucional.* Buenos Aires: Astrea, 2019, pp. 100-104.

12 Ibidem, pp. 104-106.

13 Natale, Alberto A. La reforma constitucional argentina de 1994. *Cuestiones constitucionales,* 2000, 2, pp. 219-237.

14 En la Constitución de 1853/60 se utilizaba un sistema indirecto de formación de colegio electoral, similar al estadounidense. Saiz Arnaiz, Alejandro. Forma de Gobierno y Estructura del Poder Ejecutivo: el Presidencialismo Argentino tras la revisión Constitucional de 1994. *Revista de estudios políticos,* 1997, 97, pp. 195-221.

presidenciales[15]. Por otra parte, se dio autonomía especial para la Ciudad de Buenos Aires (capital del país), creando de esta forma un nuevo sujeto federal, distinto a las provincias[16].

Ahora bien, es esta Constitución, que obtiene su forma final en 1994, la que nos proponemos analizar en este texto. Pero hay que tener en cuenta que la base de este texto no deja de ser la Constitución de 1853/60, con la idea de universalidad y del carácter absoluto de los derechos individuales. Pero que, a su vez, contiene el artículo 14 bis donde sobrevive el constitucionalismo social del siglo XX. Y no menos importante, se añaden en 1994 los derechos de tercera generación, el reconocimiento de grupos vulnerables y la ampliación del marco constitucional con la adopción de los tratados. Con esto queremos decir que conviven, en un mismo texto, al menos tres momentos o tipos de constitucionalismo.

Es difícil, en esta amalgama, encontrar la identidad constitucional, o proyecto deontológico de esta Constitución. La carta magna de 1994 puede entenderse como un texto pluralista destinado a evitar los errores históricos que llevaron a la interrupción del Estado de Derecho en Argentina. La identidad constitucional argentina estaría compuesta así por elementos como la dignidad humana, un esquema de ordenada libertad, la garantía de derechos fundamentales y la petrificación de la forma republicana y federal. Estos elementos se dividen en un núcleo mínimo constitucional compartido y elementos voluntarios, que tienen una importancia crucial en la historia constitucional del país[17]. Esta ya se vislumbra como un elemento vigilante constante de sostenimiento del orden republicano, tantas veces interrumpido durante el siglo XX.

Con este panorama más claro, podemos dar cuenta del análisis más dogmático del texto. La Constitución argentina consta de un preámbulo y dos partes normativas: la primera, que establece las declaraciones, derechos y garantías; y la segunda, que regula las autoridades de la Nación. Se añaden a estas las clausulas transitorias[18].

---

15 Se redujo de 6 años a 4 años, pero se posibilitó una reelección.

16 HERNÁNDEZ, Antonio María, La autonomía plena de la Ciudad de Buenos Aires. *Anales: Academia Nacional de Derecho y Ciencias Sociales de Córdoba*, 2007, 46, pp. 77-83.

17 LÓPEZ TESTA, Daniela. *Identidad constitucional. Núcleo esencial de la Constitución de un país,* Astrea, Buenos Aires, 2023, p. 354.

18 La mayoría de estas cláusulas son procesales, destinadas a zanjar vacíos en el comienzo de aplicación del texto reformado de la Constitución, pero cabe destacar la primera cláusula por el valor político de la misma, referida al reclamo histórico de soberanía argentina en las Islas del Atlántico Sur frente al Reino Unido. Esta señala: *"La Nación Argentina ratifica su legítima e imprescriptible soberanía sobre las islas Malvinas, Georgias del Sur y Sandwich del Sur y los espacios marítimos e insulares correspondientes, por ser parte integrante del territorio nacional. La recuperación de dichos territorios y el ejercicio pleno de la*

En el Preámbulo, se expresa el propósito de constituir la unión nacional, afianzar la justicia, consolidar la paz interior. En el mismo sentido, proveer a la defensa común, promover el bienestar general y asegurar los beneficios de la libertad.

En el Capítulo Primero, "Declaraciones, derechos y garantías" (artículos 1 al 35), se declara la adopción de la forma representativa republicana federal para el gobierno de la Nación. Asimismo, se garantiza la libertad de culto[19], la libre circulación de bienes y personas en el territorio nacional, y se prohíbe la esclavitud. Se asegura la inviolabilidad de la propiedad y del domicilio, el derecho al trabajo, así como el derecho a un juicio justo y a la defensa en juicio. Se establece también el principio de igualdad ante la ley, sin distinción de origen, raza o religión, así como el derecho de los extranjeros a gozar de los mismos derechos civiles que los ciudadanos argentinos.

Finalmente, se prevé la posibilidad de reforma total o parcial de la Constitución por una convencional constituyente llamada a tal cometido[20]. Asimismo, la jerarquía superior de la propia Constitución, las leyes de la Nación dictadas por el Congreso y los tratados internacionales firmados por la federación, frente a las leyes y demás normativa provincial (artículo 31). Además,

---

soberanía, respetando el modo de vida de sus habitantes, y conforme a los principios del derecho internacional, constituyen un objetivo permanente e irrenunciable del pueblo argentino".

19 Existe una discusión en el alcance de la libertad de culto presente en el artículo 14 y en el artículo 20, ya que en el artículo 2 de la constitución se reza que *"El Gobierno federal sostiene el culto católico apostólico romano"*. A esto se suma el 73 prescribe que *"Los eclesiásticos regulares no pueden ser miembros del Congreso, ni los gobernadores de provincia por la de su mando"* y el 93 que *"Al tomar posesión de su cargo el presidente y vicepresidente prestarán juramento, en manos del presidente del Senado y ante el Congreso reunido en Asamblea, respetando sus creencias religiosas (...)"*. Aunque estas declaraciones parecen contradictorias entre sí, generan una discusión más compleja en la identificación de Argentina como un país laico, más que en el respeto material de la libertad de culto. Para ampliar la diatriba, ver MAISLEY, Nahuel, «La libertad religiosa en la Argentina». En GARGARELLA, Roberto y GÜIDI, Sebastián, *Comentarios de la Constitución de la Nación Argentina. Jurisprudencia y doctrina: una mirada igualitaria. Buenos Aires. Volumen 2,* La Ley, Buenos Aires, 2016, pp. 24-51.

20 Es importante notar que, aunque el artículo 30 de la Constitución afirma que *"La Constitución puede reformarse en el todo o en cualquiera de sus partes. La necesidad de reforma debe ser declarada por el Congreso con el voto de dos terceras partes, al menos, de sus miembros; pero no se efectuará sino por una Convención convocada al efecto"*, esta debe ser matizada. LÓPEZ TESTA explica que *"La identidad constitucional no puede estar nunca disponible para un poder constituido, dado que pertenece al poder constituyente originario. Esta se manifiesta en un núcleo constitucional y en ciertas decisiones fundamentales. Una interpretación literal del art. 30 encierra el peligro de una revolución legal"*. LÓPEZ TESTA, Daniela, *Identidad constitucional. Núcleo esencial de la Constitución de un país,* Astrea, Buenos Aires, 2023, p. 353.

se reconoce la existencia de otros derechos y garantías no enumerados que emanan del principio de soberanía popular y del sistema republicano de gobierno (artículo 33) [21].

El Capítulo Segundo, "Nuevos derechos y garantías", establece las flamantes herramientas para asegurar el sistema democrático y el bienestar de los ciudadanos. De esta forma, el artículo 36 establece que la Constitución mantendrá su validez incluso en casos de interrupción por actos de fuerza contra el orden institucional y el sistema democrático. Además, prevé sanciones para quienes cometan estos actos, incluida la inhabilitación para ocupar cargos públicos.

Se garantiza el pleno ejercicio de los derechos políticos, como el sufragio universal, igual, secreto y obligatorio, así como la igualdad de oportunidades entre hombres y mujeres en el ámbito político (artículo 37). Se reconoce a los partidos políticos como instituciones fundamentales del sistema democrático, garantizando su libertad de organización y funcionamiento democráticos, así como la representación de las minorías y la transparencia en el financiamiento (artículo 38).

También se innova intentando incluir instrumentos de democracias semidirectas, como el derecho de iniciativa popular para presentar proyectos de ley en el Congreso (artículo 39); y la posibilidad de someter a consulta popular proyectos de ley (artículo 40).

Se suman los artículos 41, que consagra el derecho a un ambiente sano y equilibrado y 42, que constitucionaliza los derechos del consumidor. Con esto, la tercera generación de derechos humanos comienza a formar parte del bloque nacional, lo que actualiza el sistema argentino a su tiempo[22]. Se suman, sin dudas, los derechos de las comunidades indígenas, que asumen una perspectiva multicultural no presente en el texto de 1853/60[23].

---

21 La idea de los derechos implícitos siempre ha sido controvertida en la dogmática constitucional. Como explica GELLI, en el caso argentino, desde que en 1994 se sumaron al bloque de constitucionalidad los Tratados internacionales de derechos humanos, la tarea de los operadores jurídicos argentinos no ha sido tanto reconocer esos derechos, sino más bien allanar el camino para el cumplimiento de estos nuevos derechos fundamentales de fuente internacional que no cuentan con positivización en el texto nacional. GELLI, María Angélica, *Constitución de la Nación Argentina. Comentada y Concordada*, La Ley, Buenos Aires, 2004, p. 302.

22 SABSAY, Daniel, «Constitución y ambiente, en el marco del desarrollo sustentable». En *Ambiente, Derecho y Sustentabilidad*, La Ley, Buenos Aires, 2003, pp. 67-82.

23 En la Constitución de 1853/60, en las facultades del Congreso de la Nación, establecía en el art. 67 inc. 15: *"Corresponde al Congreso (...): Proveer a la seguridad de las fronteras; conservar el trato pacífico con los indios, y promover la conversión de ellos al catolicismo (...)". En cambio, en la reforma de 1994, también en las facultades del Congreso nacional, se*

Finalmente, el artículo 43 garantiza el derecho de toda persona a interponer acción de amparo ante actos u omisiones que lesionen sus derechos reconocidos por la Constitución, estableciendo también el derecho de acceso a la información y la protección de datos personales. Como veremos en el apartado 6 de este capítulo, se termina por formalizar años de jurisprudencia de los tribunales argentinos.

Con esta base en claro, y comprendiendo que la pirámide jurídica argentina pone en la cima a la Constitución Nacional junto con los Tratados de derechos humanos de tal grado, hemos de analizar los órganos de gobiernos de forma detenida, regulados en la segunda parte de la carta magna.

En primer lugar, nos ocuparemos del poder legislativo, el ejecutivo y el judicial nacional. Luego nos detendremos en la organización territorial federal del país y en el peculiar sistema de control de constitucionalidad argentino. Por último, recapitularemos todo lo aquí analizado.

II. PODER LEGISLATIVO

El Poder Legislativo argentino es ejercido por el Congreso de la Nación. La Constitución Nacional establece un sistema bicameral compuesto por la Cámara de Diputados y el Senado, como se describe en el artículo 44. Esta configuración institucional busca reflejar un equilibrio entre la representación del pueblo nominal (diputados) y la representación de las provincias (senadores).

El Congreso tiene la función principal de legislar, es decir, crear, modificar o derogar leyes sobre materias de competencia nacional. Esto incluye la sanción de leyes presupuestarias, la aprobación de tratados internacionales, la regulación de impuestos y la creación de políticas públicas.

Además, se encarga de la sanción de códigos legales de fondo. También tiene la facultad de convocar sesiones extraordinarias o prorrogar su extensión, según lo determine el presidente de la Nación o el propio Congreso.

---

establece en el art. 75 inc. 17: "Corresponde al Congreso: (…) Reconocer la preexistencia étnica y cultural de los pueblos indígenas argentinos. Garantizar el respeto a su identidad y el derecho a una educación bilingüe e intercultural; reconocer la personería Jurídica de sus comunidades, y la posesión y propiedad comunitarias de las tierras que tradicionalmente ocupan; y regular la entrega de otras aptas y suficientes para el desarrollo humano; ninguna de ellas será enajenable, transmisible ni susceptible de gravámenes o embargos. Asegurar su participación en la gestión referida a sus recursos naturales y a los demás intereses que los afecten. Las provincias pueden ejercer concurrentemente estas atribuciones".

Conjuntamente a su función legislativa, el Congreso tiene otras atribuciones importantes, como el control del Poder Ejecutivo, mediante la aprobación o rechazo de los actos del gobierno, la interpelación a los ministros y la formación de comisiones investigadoras.

El Congreso también ejerce funciones relacionadas con la representación política de la sociedad, como la elección de autoridades y la participación en la formación de coaliciones y alianzas políticas. Esto intenta trasladar la realidad social de disidencia y acuerdos de ideas.

Los miembros del Congreso cuentan con fueros parlamentarios que les otorgan inmunidad ante acciones judiciales por opiniones expresadas en el ejercicio de sus funciones legislativas. Sin embargo, esta inmunidad puede ser revocada por las propias cámaras en casos especiales, como la comisión de un flagrante delito[24].

Como innovación de la reforma de 1994, el Congreso cuenta con organismos autónomos de asistencia técnica, como la Auditoría General de la Nación y el Defensor del Pueblo. Estos cuerpos tienen la función de controlar la legalidad y la gestión de la Administración pública, intentando garantizar un funcionamiento más transparente del Estado.

Como hemos adelantado, el Congreso se configura de forma bicameral, compuesto por diputados y senadores. Cada cámara cuenta con sus respectivas particularidades, facultades y obligaciones.

La Cámara de Diputados se compone de representantes elegidos directamente por el pueblo en cada provincia. El número de diputados se determina en base a la población de cada distrito electoral, con al menos un diputado por cada treinta y tres mil habitantes, y se ajusta después de cada censo. Los diputados tienen un mandato de cuatro años y son reelegibles, renovándose la mitad de la Cámara cada dos años. La distribución de los escaños se hace de acuerdo al sistema D'Hondt[25].

La Cámara de Diputados tiene la competencia exclusiva de la iniciativa de leyes sobre impuestos y reclutamiento de tropas. Además, es la única que puede acusar a altos funcionarios del Estado, como el presidente, vicepresidente,

---

24 Sobre la relación y complicaciones entre el principio de igualdad y las inmunidades parlamentarias, ver FIANT, Germán Hubert. *Inmunidades parlamentarias. El principio de igualdad y la prohibición de fueros personales contemplados en el artículo 16 de la Constitución Nacional Argentina.* Tesis de grado de Abogacía. Universidad Siglo XXI. 2018.

25 El sistema D'Hondt es un método utilizado para asignar escaños en sistemas de representación proporcional. Funciona dividiendo el número total de votos obtenidos por cada partido político por una serie de divisores sucesivos (1, 2, 3, etc.), y asignando escaños a los partidos con los cocientes más altos.

ministros y miembros de la Corte Suprema. Dichas acusaciones requieren la aprobación de las dos terceras partes de la Cámara para avanzar hacia el Senado.

Las autoridades de la Cámara son elegidas por sus miembros, y el presidente de esta se encuentra tercero en la línea de sucesión presidencial en caso de vacante del cargo. Las funciones del presidente incluyen organizar y ordenar las sesiones plenarias, elaborar el presupuesto, nombrar y remover al personal, y realizar las comunicaciones oficiales de la Cámara. Los diputados vicepresidentes tienen la función de reemplazar al presidente en caso de ausencia o impedimento.

La representación de los diputados se ajusta a la población de cada distrito, con un mínimo de cinco diputados por distrito y la garantía de no tener menos representantes que en 1976. Para ser diputado nacional se requiere cumplir ciertos requisitos, que incluyen tener al menos 25 años de edad, cuatro años de ciudadanía argentina en ejercicio y haber nacido en el distrito o tener dos años de residencia inmediata en él.

Por otra parte, la Cámara de Senadores está compuesto por representantes de las provincias y de la Ciudad Autónoma de Buenos Aires, en número de tres por cada una, siendo dos de ellos elegidos por el partido político que haya obtenido el mayor número de votos en las elecciones y el restante por el segundo partido más votado. Los senadores tienen un mandato de seis años que se renueva por tercios cada dos años.

El Senado tiene poderes exclusivos que no se le conceden a la Cámara de Diputados, como autorizar al presidente de la Nación para declarar el estado de sitio, prestar acuerdo al Poder Ejecutivo para la designación de magistrados judiciales y tener la iniciativa en leyes sobre coparticipación federal de impuestos. Además, es la cámara encargada de juzgar a los funcionarios que han sido acusados por la Cámara de Diputados en juicio político, lo cual incluye al presidente de la Nación, al vicepresidente, ministros de Estado y miembros de la Corte Suprema.

La presidencia del Senado recae en la persona que ocupa el cargo de vicepresidente de la Nación, quien preside las sesiones y tiene el voto de calidad en caso de empate. La Mesa del Senado está compuesta por un Presidente Provisional[26], vicepresidente, vicepresidente 1° y vicepresidente 2°, quienes son elegidos entre los propios senadores. Además, existen secretarios y prosecretarios que asisten en funciones administrativas y parlamentarias.

---

26 Cabe destacar que el presidente provisional del Senado es el segundo en la línea sucesora del presidente en caso de vacante del cargo.

Los senadores pueden organizarse en bloques políticos según sus afinidades ideológicas, y estos bloques son los encargados de planificar la labor parlamentaria y de designar a los integrantes de las comisiones parlamentarias. Las comisiones son fundamentales para el estudio detallado de los temas legislativos y pueden ser permanentes, bicamerales o especiales, según la necesidad del Senado.

Ambas cámaras legislativas poseen atribuciones y disposiciones comunes, que incluyen la convocatoria a sesiones ordinarias y extraordinarias, la competencia para juzgar las elecciones y derechos de sus miembros, así como el poder de citar a ministros del Poder Ejecutivo para brindar informes y explicaciones.

En suma, el diseño del Poder Legislativo argentino, tal como lo dispone la Constitución Nacional, intenta reflejar un cuidadoso equilibrio entre representación popular y provincial. La representación proporcional a la población de diputados puede dar un peso mucho mayor a las provincias más pobladas, pero el principio federal queda salvaguardado en la representación igualitaria para cada sujeto federal que tiene el senado.

III. PODER EJECUTIVO

El Poder Ejecutivo argentino está encabezado por el presidente de la Nación, quien es el jefe de Estado y de Gobierno. El presidente es elegido mediante voto popular directo y secreto por un período de cuatro años, pudiendo ser reelegido por un período adicional no consecutivo. Esta figura es secundada por un vicepresidente, que tiene iguales funciones en ausencia del primero. Para asumir estos cargos, se requiere ser nativo del territorio argentino o hijo de ciudadano nativo nacido en el extranjero, además de cumplir con las calidades exigidas para ser senador.

El presidente es asistido por un gabinete de ministros, quienes son designados y removidos libremente por él. Los ministros son responsables de dirigir las diferentes áreas de gobierno, como economía, salud o las relaciones exteriores, a discreción del presidente.

El presidente tiene amplias facultades y responsabilidades, entre las que se incluyen la promulgación y veto de leyes, la dirección de la política exterior, la designación de funcionarios públicos y la conducción de las fuerzas armadas y de seguridad. Además, tiene el poder de nombrar magistrados de la Corte Suprema, conceder indultos, como se detalla en los artículos 99 al 107.

Además, el presidente tiene la facultad de dictar decretos de necesidad y urgencia (DNU) en caso de emergencia, los cuales tienen fuerza de ley y deben ser posteriormente ratificados por el Congreso. Estos decretos permiten al presidente actuar de manera rápida y efectiva ante situaciones extraordinarias[27].

Es de notorio conocimiento la crítica que hace la doctrina constitucional a que, en la práctica, el presidente de la Nación ejerce una influencia significativa sobre los otros poderes del Estado, especialmente debido a su capacidad para legislar a través de decretos[28]. Todo esto, lleva a considerar a la Argentina –al igual que la mayoría de los países americanos- como un país presidencialista[29], esto incluso antes de la reforma de 1994, atentando contra la división de poderes.

A pesar de esta concentración de facultades en el presidente, existen mecanismos de control y contrapesos que buscan garantizar la independencia y autonomía de los otros poderes del Estado. Por ejemplo, el Congreso tiene la facultad de interpelar a los ministros y de controlar la gestión del gobierno mediante la aprobación o rechazo de sus actos, especialmente de los DNU. El control de constitucionalidad, a cargo del poder judicial, es otro instrumento de amplio control a la administración del presidente.[30]

El presidente cuenta con la colaboración del jefe de gabinete de ministros y otros ministros secretarios, quienes tienen a su cargo el despacho de los negocios de la Nación y refrendan los actos del presidente mediante su firma. El jefe de gabinete, a su vez, ejerce la administración general del país, expide actos y reglamentos necesarios para la ejecución de las leyes, y coordina las reuniones de gabinete, entre otras funciones, según lo estipulado en los artículos 100 al 107.

---

27 La doctrina constitucional ha debatido sobre el alcance de estos decretos, llegándose a la conclusión de que colocan en una difícil situación a la división de poderes, otorgando poderes legislativos muy fuertes al presidente, siendo muy complicado definir cuando existe una urgencia. Sobre esto, ver MIDÓN, Mario A., «Sobre la dimensión adquirida por los Decretos de Necesidad y Urgencia en el derecho argentino», *Anuario de Derecho Constitucional Latinoamericano,* Konrad Adenauer, Montevideo, 2001, pp. 37-50.

28 NEGRETTO, Gabriel L., «¿Gobierna solo el Presidente? Poderes de decreto y diseño institucional en Brasil y Argentina», *Desarrollo Económico,* 2002, pp. 377-404.

29 Incluso hay autores, entre los que destaca Carlos Nino, que han entendido que el diseño argentino ha ido más allá, configurándose en un hiper-presidencialismo. Véase al respecto NINO, Carlos Santiago, *Fundamentos de derecho constitucional. Análisis filosófico, jurídico y politológico de la práctica constitucional,* Astrea, Buenos Aires, 2021.

30 No obstante, son muchas las voces que entienden que empíricamente este control no es efectivo, siendo el presidente el que rige las reglas de su propio controlador. SAETTONE, Federico, «El zorro a cargo del gallinero. El control parlamentario sobre la corrupción en Argentina» *Boletín Científico Sapiens Research,* 2020, 10(2), pp. 61-67.

En síntesis, la estructura constitucional y política de Argentina refleja un sistema presidencialista en el que el Presidente de la Nación emerge como el actor central y dominante en el ejercicio del poder ejecutivo y en la conducción del gobierno. Esta situación es similar a la de la mayoría de los países americanos, aunque la posibilidad de generar DNU pone en una situación de vulnerabilidad especial a la división de poderes nacionales.

IV. PODER JUDICIAL

El Poder Judicial en Argentina es el encargado de administrar justicia de manera independiente e imparcial. Está compuesto por una serie de tribunales y órganos judiciales que se encargan de interpretar y aplicar las leyes, así como de resolver conflictos y controversias legales entre particulares, y también entre los Estados y órganos públicos que forman a la federación.

La estructura judicial argentina está dividida en distintas instancias y jurisdicciones. En la cúspide se encuentra la Corte Suprema de Justicia de la Nación (CSJN), que es el máximo tribunal del país y tiene competencia para resolver casos de relevancia constitucional y federal.

La CSJN está compuesta por jueces que conservan sus empleos mientras mantengan una buena conducta y reciben una compensación determinada por ley. Para ser miembro de la Corte Suprema, se requiere ser abogado de la Nación con ocho años de ejercicio y cumplir con las condiciones necesarias para ser senador. Los propios miembros de la Corte eligen a su presidente, que ejerce como la cabeza del Poder Judicial federal[31].

Como vemos, Argentina optó por un sistema similar al estadounidense, con un solo tribunal superior. Por lo tanto, no hay otras grandes cortes como suele configurarse en Europa o en sus vecinos latinoamericanos.

La CSJN desempeña un papel central en la interpretación y aplicación de las leyes nacionales y de la Constitución. Este tribunal actúa como garante final de la legalidad y la constitucionalidad de los actos del gobierno, así como de los derechos individuales y las garantías fundamentales de los ciudadanos. Además, la Corte Suprema ejerce competencia originaria sobre ciertos casos específicos, como aquellos relacionados con embajadores extranjeros, ministros públicos y cónsules, así como los conflictos entre provincias argentinas.

Por debajo de la Corte Suprema se encuentran las cámaras federales y los tribunales federales, que tienen competencia en materia penal, civil y conten-

---

[31] A su vez, el presidente de la CSJN es el cuarto y último en la línea sucesoria del ejecutivo en caso de vacante presidencial.

cioso-administrativa a nivel nacional. Todo esto, cuando exista jurisdicción federal y quede fuera del ámbito de la justicia ordinaria (en mano de las provincias).

A nivel provincial, cada provincia cuenta con su propio sistema judicial, que se compone de tribunales de primera instancia, cámaras de apelaciones y sus cortes o tribunales superiores. Queda a discreción de cada provincia el organigrama de la burocracia judicial, así como la formación del derecho de forma en cada materia de su justicia ordinaria.

Los jueces y magistrados que integran el Poder Judicial son designados mediante concursos públicos y gozan de independencia e inamovilidad en el ejercicio de sus funciones. Su misión es garantizar la protección de los derechos fundamentales y la aplicación imparcial de la ley.

El Consejo de la Magistratura argentino, establecido en el artículo 114 de la Constitución Nacional, es responsable de la selección de los magistrados y la administración del Poder Judicial. Este consejo, cuya regulación está a cargo de una ley especial sancionada por mayoría absoluta de ambas Cámaras, se integra periódicamente con el objetivo de equilibrar la representación de los órganos políticos, los jueces de todas las instancias y los abogados de la matrícula federal, así como otras personas del ámbito académico y científico, según lo establezca la ley.

Entre sus atribuciones, el Consejo tiene la responsabilidad de seleccionar a través de concursos públicos a los postulantes para las magistraturas inferiores y emitir propuestas en ternas vinculantes para el nombramiento de los magistrados de los tribunales inferiores, según lo dispuesto en el artículo 99 de la Constitución. Además, administra los recursos y ejecuta el presupuesto asignado a la administración de justicia, ejerce facultades disciplinarias sobre los magistrados, decide la apertura de procedimientos de remoción de magistrados y, en su caso, ordena la suspensión y formula la acusación correspondiente.

Asimismo, tiene la potestad de dictar reglamentos relacionados con la organización judicial y todos aquellos necesarios para garantizar la independencia de los jueces y la eficaz prestación de los servicios de justicia

Retomando al Poder Judicial en su conjunto, una de las funciones más importantes es la de ejercer el control de constitucionalidad y convencionalidad de las leyes, es decir, verificar que las normas dictadas por los otros poderes del Estado se ajusten a los principios y valores establecidos en la constitución. El sistema adoptado es difuso, debiendo ser realizados por todos los magistrados del país. Esto lo veremos con más profundidad en el apartado 6.

Para garantizar la independencia de este poder, la Constitución establece que los jueces no pueden ser removidos de sus cargos, excepto en casos de mal desempeño o conducta indebida, y que sus remuneraciones no pueden ser disminuidas durante su mandato. El presidente de la Nación no puede ejercer funciones judiciales ni interferir en las causas judiciales pendientes.

Por último, la Constitución regula al Ministerio Público de Argentina, un organismo independiente y autónomo, que despliega un papel crucial en la promoción de la actuación de la justicia. Compuesto por el Ministerio Público Fiscal y el Ministerio Público de Defensa, este órgano se encarga de defender los intereses públicos en los procesos judiciales y de proteger los derechos de las personas que enfrentan persecución judicial.

El Poder Judicial argentino, en virtud de su estructura y atribuciones establecidas en la Constitución Nacional, emerge como un poder autónomo y garante del Estado de Derecho. Desde la Corte Suprema de Justicia hasta los tribunales provinciales, su misión fundamental reside en la interpretación y aplicación imparcial de las leyes, asegurando el respeto a los derechos fundamentales y la legalidad de los actos estatales. Asimismo, la función de control de constitucionalidad y convencionalidad de las leyes confiere al Poder Judicial un rol de vital importancia en la protección de los principios y valores consagrados en la Constitución Nacional.

V. ORGANIZACIÓN TERRITORIAL DEL PODER

La organización territorial del poder en Argentina se basa en un sistema federal que otorga autonomía política y administrativa a las provincias y a la Ciudad Autónoma de Buenos Aires. Esta organización territorial se establece en la Constitución Nacional y se complementa con las constituciones provinciales.

Cada provincia tiene su propia constitución y autoridades de gobierno, incluyendo un gobernador y una legislatura provincial. Estas autoridades tienen competencias exclusivas sobre una amplia gama de áreas, como educación, salud, seguridad y recursos naturales, entre otras.

La Constitución Nacional establece una distribución de competencias entre el gobierno federal y los gobiernos provinciales. Mientras que el gobierno federal tiene competencia en asuntos de carácter nacional, como la defensa, la política exterior y el comercio internacional, las provincias tienen competencia en asuntos locales y regionales.

Para garantizar una adecuada coordinación entre el gobierno federal y los gobiernos provinciales, se establecen mecanismos de concertación y coordinación, como el Consejo Federal de Inversiones y el Consejo Federal de

Educación, que permiten a las provincias participar en la toma de decisiones sobre políticas nacionales en áreas de interés común.

La capital del país, la Ciudad Autónoma de Buenos Aires (CABA), si bien no es una provincia, tiene un estatus especial dentro del sistema federal argentino. Posee su propia constitución y autoridades de gobierno, incluyendo un jefe de gobierno y una legislatura propia, que ejercen competencias similares a las de las provincias.

De esta forma, la Argentina está compuesta por 24 sujetos federales. La CABA y las 23 provincias: Buenos Aires, Catamarca, Chaco, Chubut, Córdoba, Corrientes, Entre Ríos, Formosa, Jujuy, La Pampa, La Rioja, Mendoza, Misiones, Neuquén, Río Negro, Salta, San Juan, San Luis, Santa Cruz, Santa Fe, Santiago del Estero, Tierra del Fuego, Antártida e Islas del Atlántico Sur, y Tucumán[32].

Es importante destacar la situación de la provincia Tierra del Fuego, Antártida e Islas del Atlántico Sur. Esta cuenta con un complicado escenario en la gestión de su territorio. En esta se encuentra la fracción de territorio de la Isla Grande de Tierra del Fuego que Argentina controla tanto de facto como de iure. Pero también, la conforma las islas Malvinas, Georgias del Sur y Sandwich del Sur, hoy en poder y disputa con el Reino Unido; y una gran fracción de tierra en el continente antártico que choca con el reclamo de Chile y del Reino Unido en esta zona (hoy en pausa por disposición del Tratado Antártico)[33].

Argentina adopta un modelo de federalismo cooperativo[34], en el que el gobierno federal y los gobiernos provinciales colaboran y cooperan en la implementación de políticas públicas y la prestación de servicios a la ciudadanía.

---

32 Aunque no tienen diferencias es sus prerrogativas, las provincias de Chaco (1951), La Pampa (1951), Misiones (1953), Formosa (1955), Chubut (1955), Neuquén (1955), Río Negro (1955), Santa Cruz (1957), y Tierra del Fuego, Antártida e Islas del Atlántico Sur (1990) obtuvieron su estatus de provincia posteriormente a la creación del Estado Nacional. Anteriormente eran administradas como Territorios Nacionales en jurisdicción del gobierno nacional.

33 Sobre el reclamo territorial argentino de las Islas del Atlántico Sur y la Antártida, ver Armagnague, Juan F. *Derecho internacional público.* Buenos Aires: Astrea, 2018, pp. 111-120.

34 Contrario al federalismo dual, en el que se dividen las tareas entre federación y sujetos federales, en el cooperativo hay una colaboración y concurrencia en las labores de gobiernos entre Nación, Provincias y Municipios. Cao, Horacio, Rey, Maximiliano; Serafinoff, Valeria A. Transformaciones en el modelo de gestión federal: una reflexión de los desafíos del federalismo cooperativo a partir de la experiencia en el sector educativo argentino. *Documentos y aportes en administración pública y gestión estatal,* 2016, 27, pp. 67-99.

Este enfoque busca garantizar una distribución equitativa de recursos y una gestión eficiente de los asuntos de interés común.

Este sistema también puede ser entendido como un federalismo combinado con ideas centralistas[35]. El jurista tucumano entendía que esta era la única forma en la podrían saldarse los conflictos entre unitarios y federales en el naciente país. No obstante, amplia doctrina entiende que el federalismo en la Argentina es una formalidad, y que de facto es un país unitario[36].

Retomando el esquema constitucional, se advierte la trascendencia de las provincias en virtud de su autonomía consagrada por la Constitución. Este principio implica el pleno ejercicio de su poder, resguardando los ámbitos no delegados expresamente al Gobierno central y aquellos mantenidos por pactos especiales al momento de su incorporación.

Esta prerrogativa es subrayada al conceder a las provincias la facultad de establecer sus propias instituciones locales, elegir sus gobernadores y legisladores, preservando así su autonomía política y administrativa. En este contexto, las provincias se erigen como pilares fundamentales del sistema federativo argentino, con la capacidad de dictar sus propias constituciones, regular diversos aspectos de su vida política y administrativa, dictar su normativa procesal o de forma y celebrar convenios internacionales, siempre y cuando no menoscaben las competencias del Gobierno federal. No menos importante, se dicta la conservación del dominio originario de los recursos naturales en su territorio[37].

Sin embargo, esta autonomía encuentra límites precisos, como la prohibición de declarar la guerra entre sí, estando la resolución de sus conflictos en manos de la Corte Suprema de Justicia. En este sentido, los gobernadores provinciales actúan como agentes naturales del Gobierno federal para garantizar el cumplimiento de la Constitución y las leyes nacionales.

---

35 Esto ya estaba presente en las ideas alberdianas, pues expresaba ALBERDI: *"Es practicable y debe practicarse en la República Argentina la federación mixta o combinada con el nacionalismo, porque este sistema es expresión de la necesidad presente y resultado inevitable de los hechos pasados"*. ALBERDI, Juan Bautista, *Bases y puntos de partida para la organización política de la República Argentina.* Biblioteca del Congreso de la Nación, Buenos Aires, 2017, p. 142.

36 Sobre este debate: SUÁREZ CAO, Julieta, «¿Federal en teoría pero unitaria en la práctica?: Una discusión sobre el federalismo y la provincialización de la política en Argentina», *Revista SAAP*, 2011, vol. 5, no 2, pp. 305-321.

37 SACRISTÁN, Estela B., «Los recursos naturales en la Constitución Nacional argentina: La cuestión del dominio originario», *Revista de Derecho Administrativo Económico,* 2019, no 30, pp. 111-139.

En suma, el federalismo argentino se distingue por su combinación de centralización relativa, autonomía provincial, sistema de coparticipación tributaria y una estructura federal-unitaria mixta. Estas características reflejan la evolución histórica y las circunstancias políticas y sociales particulares del país.

VI. CONTROL DE CONSTITUCIONALIDAD

El control de constitucionalidad en Argentina es un aspecto fundamental del sistema judicial que garantiza el respeto y la supremacía de la Constitución Nacional sobre cualquier otra norma o acto del Estado. Este control se ejerce a través de diferentes mecanismos y órganos judiciales.

Argentina ha optado por un sistema judicial y difuso de control de constitucionalidad. Por lo tanto, es el poder judicial el encargado de evaluar la adecuación de las normas a los principios constitucionales; y este poder de control está difuso en todos los miembros de la magistratura, no en un solo órgano.

Los ciudadanos tienen la posibilidad de interponer acciones de amparo ante los tribunales para solicitar la protección de sus derechos fundamentales frente a actos u omisiones de los poderes públicos que los vulneren. Estas acciones pueden incluir el control de constitucionalidad de normas que afecten los derechos en cuestión.

La atribución de conocimiento y decisión sobre causas relacionadas con puntos regidos por la Constitución y las leyes nacionales recae en la Corte Suprema y los tribunales inferiores de la Nación, según lo establece el artículo 116 de la Constitución. Esto implica que cualquier juez, en el ejercicio de su función, puede intervenir en cuestiones de inconstitucionalidad, lo que refleja un enfoque judicialista y difuso del control de constitucionalidad en el país.

El control de constitucionalidad argentino tiene como características principales que es difuso (corresponde a todos los jueces), concreto (debe existir agravio o perjuicio), fundamentalmente letrado (exceptuando jurisdicciones en las que se acepten jueces legos), permanente (en todo momento), es reparador frente a normas (aunque puede ser preventivo en cuanto a actos), promovido por cualquier parte particular en un procesos, vigila nomas, actos y omisiones, es decisorio, aunque sometido a la jurisdicción supranacional (Corte Interamericana de Derechos Humanos), lo resuelto se ciñe al caso concreto (salvo algunos fallos en que la CSJN ordenó el deber moral o institucional de seguir su antecedente), tiene efectos retroactivos y restitutivos, parte del principio de deferencia legislativa[38].

---

38 SAGÜES, Néstor Pedro, *Derecho Constitucional. Tomo 2.* Astrea, Buenos Aires, 2017, pp. 86-93.

Es importante destacar que el procedimiento de control de constitucionalidad solo puede ser iniciado una vez que la norma en cuestión haya entrado en vigor y haya afectado a un derecho subjetivo individual o colectivo. Esto garantiza que solo las partes afectadas por la norma pueden impugnar su constitucionalidad, lo que refleja un sistema reparador y concreto. Sin embargo, la Corte Suprema ha introducido la posibilidad de iniciar la cuestión de constitucionalidad de oficio en ciertos casos[39].

La decisión del órgano judicial respecto a la constitucionalidad de una norma es vinculante y produce efectos entre las partes involucradas en el proceso. No obstante, la jurisprudencia de la Corte Suprema ha establecido que algunas declaraciones de inconstitucionalidad pueden tener efectos *erga omnes*, especialmente en casos que involucran derechos de incidencia colectiva[40].

En el ámbito federal, el recurso extraordinario federal es el principal medio para plantear cuestiones federales ante la Corte Suprema. Este recurso se utiliza para obtener el esclarecimiento de cuestiones constitucionales y legales de importancia federal, sin perjuicio de los recursos y mecanismos existentes en el ámbito provincial para la protección de las constituciones locales[41].

Antes de la reforma constitucional de 1994, esta competencia no estaba expresamente asignada ni por la Constitución ni por ninguna ley. Sin embargo, esta situación guarda paralelismos con la de los Estados Unidos, donde la jurisprudencia, especialmente el caso *Marbury vs Madison*, sentó las bases para el control de constitucionalidad por parte de los tribunales.

La CSJN ejerce una serie de poderes implícitos y discrecionales que le permiten garantizar el ejercicio efectivo de la función judicial y proteger los derechos constitucionales. Estos poderes se basan en la necesidad de autorregulación y autoadministración de los órganos estatales para cumplir sus funciones de manera plena y efectiva.

Uno de estos poderes es el *certiorari*, que permite a la Corte rechazar el recurso extraordinario según su sana discreción, basándose en criterios como la falta de agravio federal suficiente, la insustancialidad de las cuestiones planteadas o la falta de trascendencia del caso[42]. Además, la Corte también puede

---

39 BORGARELLO, Paula Mariel, «Nuevas perspectivas del control de constitucionalidad de oficio», *Revista de la Facultad de Derecho*, 2013, vol. 4, no 2.

40 SÁNCHEZ SÁNCHEZ, Julia, «Efectos de las sentencias constitucionales en el derecho argentino», *Cuestiones constitucionales*, 2009, no 21, pp. 295-318.

41 ZARAZAGA, Luis Maximiliano, «Evolución de las causales del recurso extraordinario federal en la Argentina», *Revista Chilena de Historia del Derecho*, 2010, no 22, pp. 1131-1145.

42 SEDLACEK, Federico D., «Certiorari, trascendencia y doctrina del precedente en Argentina», *Civil Procedure Review*, 2021, vol. 12, no 2, pp. 106-132.

ejercer el llamado *per saltum* (Ley Nacional 26.790) en casos de comprobada gravedad institucional. Esta facultad le permite intervenir en el tratamiento de una cuestión sin esperar que se hayan agotado todas las instancias judiciales previas. Este recurso puede ser solicitado por las partes o ser ejercido de oficio por la propia Corte. Como es de esperar, esta práctica ha generado debate y controversia sobre sus límites y su compatibilidad con la Constitución Nacional[43].

Otra cuestión importante es que la Corte ha señalado que no puede juzgar el mérito intrínseco de las leyes en abstracto, ya que esto iría en contra de la independencia de poderes consagrada en la Constitución[44]. Otra limitación importante se refiere a las cuestiones políticas no justiciables, que están fuera del alcance del control judicial. Estas incluyen decisiones relacionadas con la división de poderes y asuntos que requieren una intervención de los poderes políticos.

A pesar de estas limitaciones, la Corte ha ido modificando gradualmente su criterio y ha intervenido en casos relacionados con cuestiones políticas, como conflictos electorales y juicios políticos, cuando se invoca la violación del debido proceso. En estos casos, la Corte considera que las decisiones están sujetas a revisión judicial y pueden ser objeto de recurso extraordinario[45].

Igualmente, debemos mencionar que los tribunales argentinos tienen a su cargo también la realización del control de convencionalidad. Este se refiere al proceso mediante el cual se verifica que las leyes y actos normativos nacionales se ajusten a Convención Americana de Derechos Humanos (Pacto de San José de Costa Rica).

El concepto de control de convencionalidad ha sido desarrollado por la Corte Interamericana de Derechos Humanos (Corte IDH) y ha sido adoptado por la jurisprudencia argentina como un criterio de interpretación para

---

43 GULLCO, Hernán Víctor, «Problemas constitucionales del per saltum», *Revista Jurídica de la Universidad de San Andrés*, 2015, no 2, pp. 176-187.

44 Aunque en algunos casos, entendidos como de alta relevancia institucional, la CSJN decidió fallar en abstracto. Es famosa la sentencia F.A.L. s/ medida autosatisfactiva de 2012, en la que la Corte decide permitir la realización de una interrupción voluntaria del embarazo (entendiendo que esta se ajustaba a derecho), aunque el aborto ya había sido realizado. La Corte aprovechó esta ocasión para sentar jurisprudencia en materia de abortos no punibles, si bien el hecho a juzgar había devenido en abstracto. Fallo recuperable en: http://www.saij.gob.ar/corte-suprema-justicia-nacion-federal-ciudad-autonoma-buenos-aires--medida-autosatisfactiva-fa12000021-2012-03-13/123456789-120-0002-1ots-eupmocsollaf

45 PEDERNERA ALLENDE, Matías, «Los fundamentos de las "cuestiones políticas no justiciables": Un análisis desde la teoría y la práctica constitucional», *Anuario del Centro de Investigaciones Jurídicas y Sociales*, 2022, no XX, pp. 153-167.

garantizar la supremacía de los tratados internacionales sobre las leyes internas[46]. Según este principio, las normas internas deben ser interpretadas y aplicadas de conformidad con los estándares internacionales de derechos humanos.

Además del control nacional, Argentina acepta la jurisdicción de la Corte IDH. A lo largo de los años se ha generado una jurisprudencia de control interamericano que se ha sumado como fuente del Derecho argentino[47].

Por último, es conveniente señalar que el control de constitucionalidad argentino, que como vemos suele ser cada vez más amplio y fuerte, tiene sus complicaciones. Como hemos indicado en la introducción de este capítulo, la identidad constitucional argentina puede ser difícil de identificar, conviviendo en ella tres momentos constitucionales distintos, con proyectos ético-políticos diversos. Eso hace que puedan florecer casos difíciles, en los que los tribunales deben ponderar principios en contradicción. La situación de incertidumbre pone en jaque a la seguridad jurídica, aunque esta complicación no es muy diversa a la que se debate en torno a las teorías neoconstitucionalistas que acompañan hoy a los Estados constitucionales de derecho[48].

En resumen, el sistema de control de constitucionalidad argentino se caracteriza por su amplitud y continuidad, la posibilidad de ejercicio de oficio, el respeto a la autonomía provincial, la existencia de cuestiones políticas no justiciables y la evolución jurisprudencial en respuesta a las demandas de la sociedad. Estas particularidades lo diferencian de otros sistemas de control de constitucionalidad en el mundo y reflejan las características únicas del sistema jurídico argentino.

---

46 PITTIER, Lautaro, «Control de convencionalidad en Argentina», *Revista IIDH*, 2016, vol. 64, pp. 161-187.

47 MANZI, Adrian, «La jurisprudencia de derechos humanos en la argentina», *Nómadas. Critical Journal of Social and Juridical Sciences*, 2012.

48 Un ejemplo práctico de esta dificultad puede ser vista en que en el texto constitucional argentino convive una idea plena de propiedad privada occidental (artículo 17) con la propiedad comunitaria indígena (artículo 75 inc. 17). Igualmente, todos los derechos del núcleo constitucional están relacionados con el individuo absoluto decimonónico, que choca con los derechos colectivos particulares de las comunidades originarias también presentes en el texto constitucional. El juez que debe decidir en un conflicto tiene la difícil tarea de decidir a qué proyecto ético-político debe priorizar (si al individualista occidental o al multiculturalista colectivo). Para esto no existe una fórmula de solución técnico-jurídica. Sobre el caso concreto, ver SALVI, Nicolás, «El Valle de Tafí en disputa. Estado de excepción por emergencia sanitaria, autodeterminación y resistencia» *Perspectivas de las Ciencias Económicas y Jurídicas*, 2023, 13, 1, pp. 71-86.

VII. RECAPITULACIÓN

Recapitulando, la estructura política y legal de Argentina exhibe una complejidad que refleja tanto sus aspiraciones constitucionales como sus desafíos y debilidades. Si bien el sistema presidencialista otorga amplias facultades al jefe de Estado, también ha sido objeto de críticas por su propensión al hiperpresidencialismo y su influencia en otros poderes del Estado, lo que puede comprometer la división de poderes.

El control de constitucionalidad, aunque fundamental para garantizar la supremacía de la Constitución, presenta retos en su aplicación debido a la diversidad de interpretaciones y criterios judiciales, así como a la complejidad de las cuestiones políticas no justiciables que limitan su alcance. Además, la combinación de federalismo con elementos centralizadores ha generado tensiones y desdenes en la coordinación entre el gobierno federal y las provincias, afectando en ocasiones la eficiencia y la equidad en la prestación de servicios públicos.

En última instancia, si bien el sistema argentino refleja una voluntad constante de adaptación y mejora, también enfrenta retos significativos en su funcionamiento y en la salvaguarda de los principios constitucionales en consonancia con la legalidad establecida en su sistema. La capacidad de abordar estas deficiencias y fortalecer las instituciones republicanas será crucial para el futuro desarrollo y estabilidad del proyecto estatal del país.

BIBLIOGRAFÍA

Alberdi, Juan Bautista, *Bases y puntos de partida para la organización política de la República Argentina,* Biblioteca del Congreso de la Nación, Buenos Aires, 2017.

Armagnague, Juan F., *Derecho internacional público,* Astrea, Buenos Aires, 2018.

Borgarello, Paula Mariel, «Nuevas perspectivas del control de constitucionalidad de oficio», *Revista de la Facultad de Derecho,* 2013, vol. 4, no 2.

Cao, Horacio, Rey, Maximiliano; Serafinoff, Valeria A., «Transformaciones en el modelo de gestión federal: una reflexión de los desafíos del federalismo cooperativo a partir de la experiencia en el sector educativo argentino», *Documentos y aportes en administración pública y gestión estatal,* 2016, 27, pp. 67-99.

Fiant, Germán Hebert. *Inmunidades parlamentarias. El principio de igualdad y la prohibición de fueros personales contemplados en el artículo 16 de la Constitución Nacional Argentina.* Tesis de grado de Abogacía. Universidad Siglo XXI. 2018.

Gelli, María Angelica, *Constitución de la Nación Argentina. Comentada y Concordada,* La Ley, Buenos Aires, 2004.

Gullco, Hernán Víctor, «Problemas constitucionales del per saltum», *Revista Jurídica de la Universidad de San Andrés,* 2015, no 2, pp. 176-187.

Hernández, Antonio María, «La autonomía plena de la Ciudad de Buenos Aires», *Anales: Academia Nacional de Derecho y Ciencias Sociales de Córdoba,* 2007, 46, pp. 77-83.

Maisley, Nahuel, «La libertad religiosa en la Argentina» En Gargarella, Roberto y Güidi, Sebastián, Comentarios de la Constitución de la Nación Argentina. Jurisprudencia y doctrina: una mirada igualitaria. Buenos Aires. Volumen 2, La Ley, Buenos Aires, 2016, pp. 24-51.

Levaggi, Abelardo, *Constitucionalismo Argentino 1810-1850.* Iushistoria investigaciones, 2005, no 2.

López Rosas, José R., *Historia constitucional argentina,* Astrea, Buenos Aires, 2019.

López Testa, Daniela, *Identidad constitucional. Núcleo esencial de la Constitución de un país,* Astrea, Buenos Aires, 2023.

Midón, Mario A., «Sobre la dimensión adquirida por los Decretos de Necesidad y Urgencia en el derecho argentino», *Anuario de Derecho Constitucional Latinoamericano,* Konrad Adenauer, Montevideo, 2001, pp. 37-50.

Negretto, Gabriel L., «¿Gobierna solo el Presidente? Poderes de decreto y diseño institucional en Brasil y Argentina», *Desarrollo Económico,* 2002, pp. 377-404.

Natale, Alberto A., «La reforma constitucional argentina de 1994», *Cuestiones constitucionales,* 2000, 2, pp. 219-237.

Nino, Carlos Santiago, *Fundamentos de derecho constitucional. Análisis filosófico, jurídico y politológico de la práctica constitucional,* Astrea, Buenos Aires, 2021.

Pedernera Allende, Matías, «Los fundamentos de las "cuestiones políticas no justiciables": Un análisis desde la teoría y la práctica constitucional», *Anuario del Centro de Investigaciones Jurídicas y Sociales,* 2022, no XX, pp. 153-167.

Pittier, Lautaro, «Control de convencionalidad en Argentina», *Revista IIDH,* 2016, vol. 64, pp. 161-187.

Sabsay, Daniel, «Constitución y ambiente, en el marco del desarrollo sustentable» En *Ambiente, Derecho y Sustentabilidad.* La Ley, Buenos Aires, 2003, pp. 67-82.

Sacristán, Estela B, «Los recursos naturales en la Constitución Nacional argentina: La cuestión del dominio originario», *Revista de Derecho Administrativo Económico,* 2019, no 30, pp. 111-139.

Saettone, Federico, «El zorro a cargo del gallinero. El control parlamentario sobre la corrupción en Argentina», *Boletín Científico Sapiens Research,* 2020, 10(2), 61-67.

Sagües, Néstor Pedro, *Derecho Constitucional. Tomo 2,* Astrea, Buenos Aires, 2017.

Sagües, Nestor Pedro, *Manual de Derecho Constitucional,* Astrea, Buenos Aires, 2019.

Saiz Arnaiz, Alejandro, «Forma de Gobierno y Estructura del Poder Ejecutivo: el Presidencialismo Argentino tras la revisión Constitucional de 1994», *Revista de estudios políticos,* 1997, 97, pp. 195-221.

Salvi, Nicolás, «El Valle de Tafí en disputa. Estado de excepción por emergencia sanitaria, autodeterminación y resistencia», *Perspectivas de las Ciencias Económicas y Jurídicas,* 2023, 13, 1, pp. 71-86.

Sánchez Sánchez, Julia, «Efectos de las sentencias constitucionales en el derecho argentino», *Cuestiones constitucionales,* 2009, no 21, pp. 295-318.

Sedlacek, Federico D., «Certiorari, trascendencia y doctrina del precedente en Argentina. *Civil Procedure Review*», 2021, vol. 12, no 2, pp. 106-132.

Suárez Cao, Julieta, «¿Federal en teoría pero unitaria en la práctica?: Una discusión sobre el federalismo y la provincialización de la política en Argentina», *Revista SAAP*, 2011, vol. 5, no 2, pp. 305-321.

Valobra, Adriana María. Representación política y derechos de las trabajadoras en Argentina. El caso de la Convención Constituyente de 1957. *Nuevo Mundo Mundos Nuevos*, 2013. Recuperado de: https://journals.openedition.org/nuevomundo/66068.

Vita, Leticia, *¿La constitución de Perón? La reforma constitucional argentina de 1949 en perspectiva transnacional*, Departamento de Publicaciones de la Facultad de Derecho de la Universidad de Buenos Aires, Buenos Aires, 2022.

Zarazaga, Luis Maximiliano, «Evolución de las causales del recurso extraordinario federal en la Argentina. *Revista Chilena de Historia del Derecho*» 2010, no 22, pp. 1131-1145.

Capítulo XIII

Sistema constitucional colombiano

IRIT MILKES SÁNCHEZ
Departamento de Derecho Administrativo de la Universidad Externado de Colombia.

ANDREA ROBLES USTARIZ
Departamento de Derecho Constitucional de la Universidad Externado de Colombia.

I. BREVE INTRODUCCIÓN SOBRE EL CONSTITUCIONALISMO HISTÓRICO COLOMBIANO: DE CARTAS DE BATALLAS[1] A "*GRUNDNORM*"[2]

"La historia constitucional de cualquier país es la vía regia para acceder al conocimiento y evaluación del mérito y vitalidad de sus instituciones políticas".
Carlos Restrepo Piedrahita[3]

---

1 Hernando Valencia Villa, *Cartas de batalla* (Universidad Nacional de Colombia, 1987).

2 Hans Kelsen, «Pure Theory of Law, The-Its Method and Fundamental Concepts», *LQ Rev.* 50 (1934): 474.

3 Carlos Restrepo Piedrahita, *Constituciones políticas nacionales de Colombia*, 4ta Edición (Bogotá D.C., Colombia: Universidad Externado de Colombia, 2009), 12.

En Colombia la historia constitucional es más antigua que el Estado colombiano, es decir, antes de que existiese el Estado de la República de Colombia tal y como lo conocemos hoy en día, ya se habían dado un gran número de textos constitucionales que consagraban las normas de la organización de las instituciones políticas que antecedieron a la formación actual del Estado.

La historia constitucional colombiana, que por ese entonces era el virreinato de la Nueva Granada, se origina en 1810 con una proclama de "independencia"[4] al Reino de España, invadido por José Bonaparte, conocida como el Acta del Cabildo extraordinario en Santafé del 20 de julio de 1810. [5]

Aunque sería inexacto equiparar historia constitucional a promulgación de textos constitucionales, lo cierto es que la formación de Colombia como República ha estado caracterizada por la sucesión de textos constitucionales con una periodicidad corta, cuya excepciones han sido la Constitución de 1886, que estuvo vigente durante más de cien años, hasta que en 1991 fue reemplazada por la Constitución política actual. Sin embargo, la estabilidad constitucional predicada por la vigencia por largos períodos de textos Constitucionales es relativa, toda vez tanto la Constitución de 1886 como a la actual de 1991 han sido objeto de numerosas reformas constitucionales[6].

A manera enunciativa, a continuación se enumeran los textos constitucionales que han existido en la transcurso de la historia del constitucionalismo colombiano.

Fueron once (11) constituciones providenciales[7]:

1. Capitanía de Quito, 10 de agosto de 1809.
2. Capitanía de Caracas, 19 de abril de 1810.

---

4 En estricto sentido no fue una proclamación de independencia al Reino de España, sino una emancipación de la invasión francesa. En el texto del acta se estipula que: ...*no abdicar los derechos imprescriptibles [d]e la soberanía del pueblo [a] otra persona que a la [d]e su augusto y desgraciado Monarca don Fernando VII, siempre que venga a reinar entre nosotros, quedando por ahora sujeto este nuevo Gobierno [a] la superior Junta de Regencia, [interina que] exista en la Península, y sobre la Constitución que le [dé] el pueblo, y en los términos dichos, y después de haberle exhortado el señor regidor su Diputado [a] que guardarse la inviolabilidad de las personas de los europeos en el momento de esta fatal crisis, porque de la recíproca unión de los americanos y los europeos debe resaltar la felicidad pública, protestando porque el nuevo Gobierno castigará a los delincuentes conforme [a] a las leyes, concluyó recomendando muy particularmente al pueblo la personal del Excelentísimo señor don Antonio Amar...* Tomado de: Restrepo Piedrahita, 31, 32.

5 Para leer su texto y comprender su importancia en la historia constitucional colombiana, *Ver:*Pombo Colombia, Manuel Antonio, y José Joaquín Guerra, *Constituciones de Colombia: recopiladas y precedidas de una breve reseña histórica*, 1911.

6 La Constitución de 1886 se le hicieron más de 70 reformas; mientras que la Constitución vigente de 1991 al momento lleva más de 55 reformas.

7 Wilman Amaya León, «Constituciones provinciales en Colombia», 2020.

3. Villa de Nuestra Señora del Socorro, 10 de julio de 1810.
4. Ciudad de Santafé, 20 de julio de 1810.
5. Provincia de Neiva, 27 de julio de 1810.
6. Provincia de Pamplona 31 de julio de 1810.
7. Provincia de Tunja, 26 de julio de 1810.
8. Provincia de Santa Marta, 10 de agosto de 1810.
9. Provincia de Popayán, agosto 11 de 1810.
10. Provincia de Cartagena, 13 de agosto de 1810.
11. Provincia de Antioquia, 22 septiembre de 1810.
12. Por su parte, han sido nueve (9) constituciones nacionales:[8]
13. Constitución Política de la República de Colombia de 1821
14. Constitución Política de la República de Colombia de 1830
15. Constitución Política del Estado de la Nueva Granada de 1832
16. Constitución Política de la Nueva Granada de 1843
17. Constitución Política de la República de la Nueva Granda de 1853
18. Constitución Política para la Confederación Granadina de 1858
19. Constitución Política de lo Estados Unidos de Colombia de 1863
20. Constitución Política de la República de Colombia de 1886
21. Constitución Política de la República de Colombia de 1991[9]

Sobre la metodología usada para presentar una descripción general del Estado constitucional colombiano, se debe tener en cuenta que aunque el nombre de los acápites responda a la división del poder público en los tres clásicos poderes según la teoría del Estado liberal de Montesquieu; en realidad, en cada una de ellas, se explicará desde una concepción orgánica y no funcional, cuál es la estructura de las instituciones cuya función connatural corresponde a cada uno de esos tres poderes, sin desconocer que esos poderes son ejerci-

---

8 Para consultar sus textos, *Ver:* Restrepo Piedrahita, *Constituciones políticas nacionales de Colombia.*

9 Para conocer la historia constitucional colombiana hasta mediados del Siglo XX, *Ver:* Tulio Enrique Tascón, *Historia del derecho constitucional colombiano,* 9.ª ed. (Bogotá D.C., Colombia: Universidad Externado de Colombia, 2005). Para consultar a grandes rasgos la actualidad constitucional colombiana, *Ver:* Viridiana Molinares Hassan, *Manual introductorio de derecho constitucional colombiano* (Universidad del Norte, 2023), https://www.digitaliapublishing.com/a/127886.

dos de manera excepcional por otras instituciones, incluso, de índole privada, tal y como se puntualizara cuando corresponda.

II. PODER LEGISLATIVO: COMPOSICIÓN, FUNCIONES Y SISTEMA ELECTORAL.

En el Estado colombiano, el principal órgano o institución del Poder legislativo o Rama legislativa del poder público es el Congreso de la República[10], cuyos miembros se les denominan "congresistas" y son los representantes del pueblo soberano, es decir, es la institución representativa por excelencia de la democracia colombiana (Artículo 133 C.P.). Así las cosas, el Congreso de la República de Colombia es la principal institución del ordenamiento jurídico llamada a "implementar el principio democrático para la construcción de la voluntad política"[11] que se manifiesta tanto en la promulgación de leyes como en los debates de control político al que están sujetos las principales autoridades nacionales, incluyendo, los miembros del Gobierno.

Aunque el sistema de gobierno colombiano es presidencial[12], incluso por la acumulación del poder público en cabeza del Presidente de la República es catalogado por la doctrina[13] como "presidencialista", en contraposición del sistema de gobierno parlamentario; el Congreso de la República no cumple un rol secundario en el marco de la política y del ordenamiento jurídico nacional, porque tiene el poder de bloquear o aprobar el plan de gobierno del Presidente de la República y su implementación a través de leyes y reformas legales; de lo cual, no existía completa consciencia como lo existe hoy en día, cuando por primera vez en la historia republicana de Colombia, en el año 2022, ganó las elecciones de la Presidencia de la República una persona que enarbola las banderas de la izquierda política y que ha encontrado gran

---

10 El marco normativo del Congreso de la República se encuentra en el título VI de la Constitución Política (comprende los artículos 132-188); la Ley Orgánica del Congreso, ley 5ta de 1992; leyes 3ra de 1992 y 754 de 2002.

11 Alfonso Palacios Torres, *Concepto y control del procedimiento legislativo*, Primera Edición, vol. 1 (Universidad Externado de Colombia, 2005), 24.

12 *Ver* infra p. 12.

13 Como lo anota el profesor Alexei Julio, el término "regímenes presidencialistas" se origina en la doctrina francesa "para referirse peyorativamente a los sistemas de gobierno de América Latina inspirados en el modelo norteamericano". *Ver:* Alexei Julio Estrada, *Las ramas ejecutiva y judicial del poder público en la Constitución colombiana de 1991*, Primera edición (Universidad Externado, 2003), 24.

resistencia en el Congreso, tradicionalmente, conformado por mayorías de derecha o centro derecha[14].

La principal distinción entre el sistema de gobierno presidencial y el parlamentario es la independencia de mandatos entre el Presidente de la República y los miembros del Congreso. En Colombia, cada uno de ellos debe cumplir con un período fijo establecido de cuatro años determinado por la Constitución (Artículo 132 C.P. con respecto al Congreso y, art. 190 C.P. en relación con el Presidente de la República). [15]

Con el objetivo de ilustrar sobre las principales características del Congreso de la República como cabeza del poder legislativo, a continuación se describirá su estructura, composición y funciones en relación con los demás poderes públicos en el régimen constitucional colombiano.

II.1. La estructura de la rama legislativa: El bicameralismo perfecto del Congreso de la República.

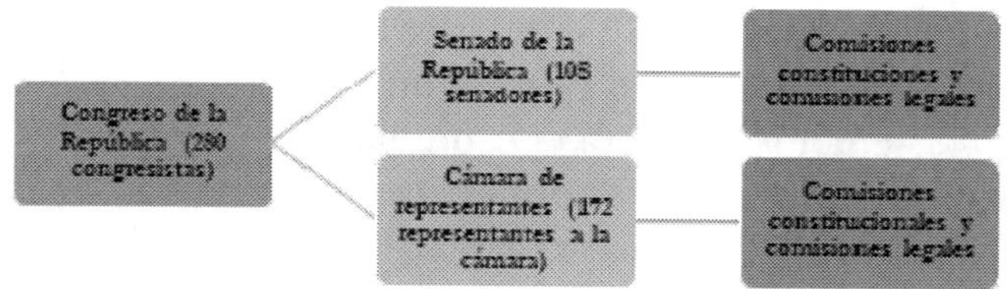

Mapa No. 1: Cámaras del Congreso de la República de Colombia.

-Elaboración propia-.

Aunque en la historia constitucional colombiana proliferaron los textos constitucionales, como se enunció en el primer acápite de este capítulo[16], hay un ele-

---

[14] Para ver un histórico de las tendencias políticas de los partidos y movimientos políticos que han conformado y conforman en la actual legislatura el Congreso de la República de Colombia, *Ver:* Universidad de los Andes. Observatorio del poder legislativo: Congreso Visible. Facultad de Ciencias sociales. Datos. Disponible en línea: https://congresovisible.uniandes.edu.co/datos/congreso-hoy/proyectos-de-ley/ [última consulta: 18/04/2024].

[15] Julio Estrada, *Las ramas ejecutiva y judicial del poder público en la Constitución colombiana de 1991*, 18.

[16] *Ver.* Supra p.2 El Congreso de la República se establece como un organismo bicameral desde el Acta de la Federación de las Provincias Unidas de la Nueva Granada (1811). De la misma manera quedó establecida en la primera constitución de índole nacional, a saber, en el artículo 40 de la Constitución Política Nacional de 1821.

mento orgánico que se ha mantenido estable con independencia de los cambios del texto constitucional: el bicameralismo del Congreso de la República[17].

El Congreso de la República colombiano está conformado por dos cámaras: el Senado de la República y la Cámara de Representantes. Por tener iguales competencias (funciones) en el procedimiento legislativo (pasos que hay que seguir para la promulgación de las leyes), el Congreso de Colombia se clasifica dentro del "bicameralismo perfecto o igualitario", lo que en la práctica significa que los proyectos de ley podrán tener origen en cualquiera de ambas cámaras (inciso primero del Artículo 154 C.P.)[18], para dar inicio al procedimiento que comprende dos (2) debates en cada cámara que habilita, una vez se surtan y se apruebe en los cuatro (4) debates, la remisión del Proyecto de ley al Presidente de la República para que sancione, esto es, para que firme el proyecto, y pueda considerarse como ley promulgada con su publicación en el Diario oficial [19] - *Ver* Mapa No2-.

Si bien ambas cámara tienen funciones equivalentes en relación con el procedimiento legislativo ordinario, se diferencian en las circunscripciones electorales[20] que se tienen en cuenta para la elección de sus integrantes[21]. Mientras que el Senado de República está integrado por: cien (100) miembros elegidos en circunscripción nacional, más dos (2) senadores elegidos en circunscripción nacional especial por comunidades indígenas (artículo 171 C.P.), más un (1) senador que será el candidato que le siga en votos a quien ha ganado la Presidencia de la República (en desarrollo del estatuto de la oposición -artículo 112 C.P.-), más cinco (5) senadores del partido o movimiento político que surgió del tránsito de las ex guerrillas FARC-EP, ahora reinsertadas por el Acuerdo de Paz firmado en La Habana en el 2016 (Artículo transitorio 1 del Acto legislativo 02 de 2021); los integrantes de la Cámara de Representantes se elegirán con base en circunscripciones territoriales y circunscripciones espaciales. Las circunscripciones territoriales surgen de la división administrativa del territorio[22] más el número de habitantes; mientras

---

17 Manuel Fernando Quinche Ramírez, *Derecho constitucional colombiano. De la carta de 1991 y sus reformas*, Quinta edición (Editorial Temis SA, 2012), 446-48.

18 Esta es la regla general, la excepción a ella está prevista en el inciso 4ta del Art. 154 C.P., en el cual se dispone que: "*Los proyectos de ley relativos a los tributos iniciarán su trámite en la Cámara de Representantes y los que se refieran a relaciones internacionales, en el Senado*".

19 Palacios Torres, *Concepto y control del procedimiento legislativo*, [illegible]:33.

20 Entiéndase por "circunscripción electoral" la división del territorio para fines de elecciones democráticas para la conformación de organismos colegiados como lo es el Congreso de la República.

21 Sin embargo, como manifestación del bicameralismo perfecto o igualitario, todos los congresistas son elegidos por voto popular; orgánicamente, tienen el mismo nivel de poder y de responsabilidad.

22 Ver. Infra. p. 26 y ss.

que la circunscripciones especiales están reconocidas como asientos (curules) a los grupos étnicos y los colombianos residentes en el exterior. La Constitución Política establece que: "*Las circunscripciones especiales asegurarán la participación en la Cámara de Representantes de los grupos étnicos y de los colombianos residentes en el exterior. Mediante estas circunscripciones se elegirán cuatro (4) Representantes, distribuidos así: dos (2) por la circunscripción de las comunidades afrodescendientes, uno (1) por la circunscripción de las comunidades indígenas, y uno (1) por la circunscripción internacional. En esta última, solo se contabilizarán los votos depositados fuera del territorio nacional por ciudadanos residentes en el exterior*". (Inciso 4to del artículo 176 C.P.)

A nivel interno, cada Cámara tiene unos órganos administrativos y unas comisiones de trabajo legislativo. Dentro de los administrativos están las mesas directivas de cada una de las cámaras que están compuestas por un presidente y dos vicepresidentes elegidos para un período de un año, a partir de cada 20 de julio (Artículo 40 de la Ley 5ta de 1992); además, cada una de las cámaras tiene un secretario general (Artículo 47 de la Ley 5ta de 1992) que tiene un periodo de dos años (numeral 2 del Artículo 135 C.P.).

Por su parte, las comisiones pueden ser de dos tipos según su origen normativo: las comisiones constitucionales permanentes y las comisiones de origen legal. Las comisiones constitucionales permanentes -Artículo 142 C.P.- tienen funciones legislativas, porque en ellas se tramitarán siempre el primer debate de los proyectos de acto legislativo o de ley. Distinguidas por materias, existen siete (7) comisiones constitucionales permanentes en cada una de las cámaras, las cuales son (artículo 2 de la Ley 3° de 1992 -reformado por la Ley 754 de 2002-): Primera, de asuntos constitucionales; Segunda, de relaciones internacionales; Tercera, de hacienda y crédito público; Cuarta, de presupuesto; Quinta, de medio ambiente; Sexta, de transporte y comunicaciones y, Séptima, de salud y seguridad social.

Dentro de las comisiones de origen legal encontramos una subclasificación: las comisiones legales (artículos 56-61, arts. 309-312 y 327 y 328 de la L.O. 5ta de 1992); las comisiones especiales (arts. 62, 63 y 65 de L.O. 5ta de 1992) y las comisiones accidentales (arts. 66 y 67, 186 a 189 de la L.O. 5ta de 1992). Las comisiones legales están previstas en el reglamento del Congreso (Ley Orgánica 5ta de 1992), son seis (6)[23], pero no son todas comunes a ambas cámaras. Solo tres de ellas son comunes a ambas cámaras, dos son exclusivas de la Cámara de presentantes y la última es exclusiva del Senado. En relación con las comisiones especiales, también están previstas en el Reglamento del Congreso, son permanentes y actualmente existen tres (3)[24]. Por

---

23 Comisiones de: Derechos Humanos y audiencias; de ética y estatuto del congresista; de acreditación documental; para la equidad de la mujer; de cuentas; de investigación y acusación y la de instrucción.

24 Comisiones especiales: adscritas a organismos nacionales o internacionales; de seguimiento (de vigilancia de: los organismos de control público; del organismo electoral

último, las comisiones accidentales son de dos tipos: accidentales especiales y de conciliación.

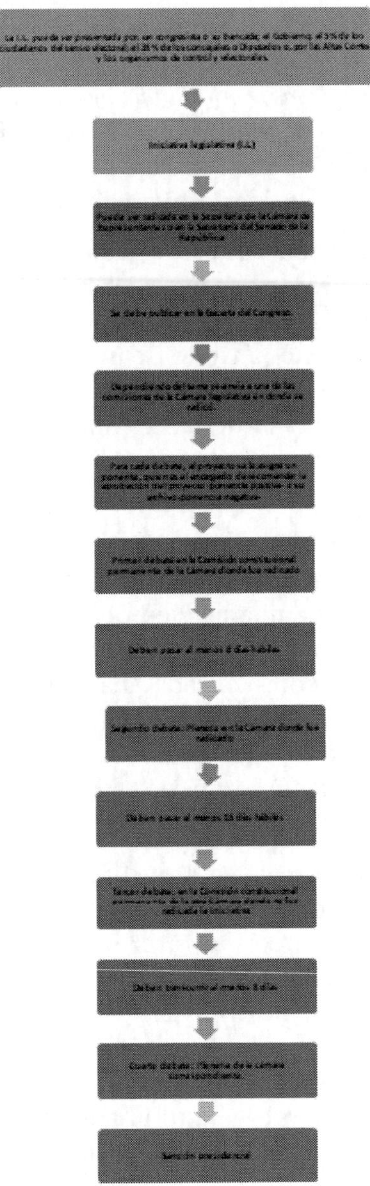

Mapa No. 2: Procedimiento legislativo de ley ordinaria como expresión del bicameralismo perfecto o igualitario.

-Elaboración propia-.

---

y del proceso de descentralización y ordenamiento territorial) y de crédito público.

II.2. Tipo de funciones

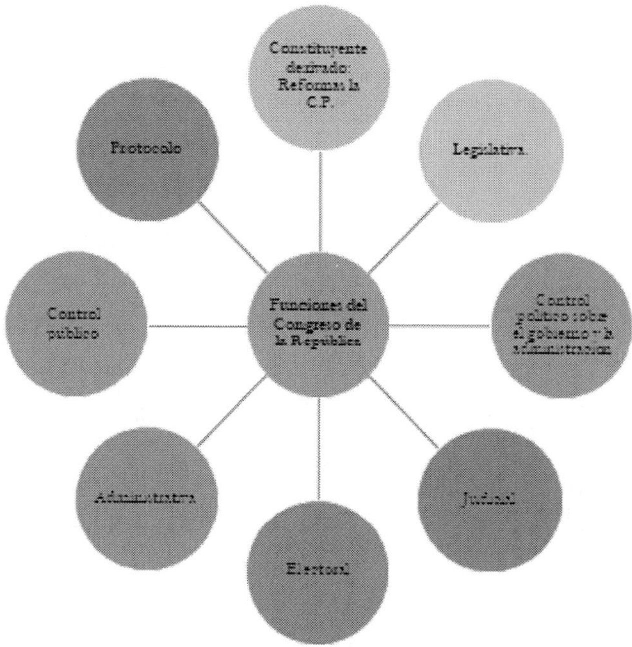

Mapa No3: Funciones del Congreso de la República de Colombia.

-Elaboración propia-

Al considerar el poco espacio con el que se cuenta para profundizar sobre cada una de las funciones[25], solo se hará una breve descripción de ellas y se indicarán las principales fuentes normativas en donde se encuentran reguladas.

Tipo de función	Descripción	Principal fuente normativa
Constituyente derivado	Consiste en la facultad de reformar (no de sustituir)[26] la C.P. a través de actos legislativos.	Art. 375 C.P.

---

[25] *Ver:* Quinche Ramírez, *Derecho constitucional colombiano. De la carta de 1991 y sus reformas*, 453-83.

[26] La diferencia entre "reformar" y "sustituir" es aún un debate abierto. En términos generales, "reformar" no implica cambiar los elementos esenciales de la Constitución. La cuestión reside entonces en la determinación de los "elementos esenciales" de la Constitución. *Cfr.* Entre otras sentencias que aplican el denominado *test de sustitución*, son sentencias hitos-*leading cases*-: Corte Constitucional, sentencias C-551 de 2003, C-1200 de 2003, C-970 de 2004, C-971 de 2004, C-1040 de 2005, C-588 de 2009, C-141 de 2010.

Legislativa	En términos de la propia C.P. consiste en: "*interpretar, reformar y derogar las leyes*".[27]	Arts. 150, 152, 153 y 157 C.P.
Control político	Comprende la facultad para requerir y convocar a los Ministros del despacho y demás autoridades; así como la de conocer las acusaciones que se formulen contra altos funcionarios del Estado. [28]	Art. 114 y el inciso 4to del Art. 138 C.P. Numerales 3, 4, 8 y 9 del Art. 135 C.P. Numeral 3ro del Art. 6 de la L.O. 5ta de 1992.
Judicial	Consiste en la titularidad de la función judicial para investigar, acusar y juzgar, esto último, solo en lo concerniente a la responsabilidad política de los altos funcionarios del Estado.	Inciso 2º del Art. 116 C.P. Art. 174 C.P. Numeral 3 del Art. 178 C.P. Art. 264 C.P. Arts. 311 y 312; 327 y 328 de la L.O. 5ta de 1992.
Electoral	Se refiere a la facultad otorgada al Congreso en pleno (reunión de ambas cámaras) o a cualquiera de sus cámaras (una de ellas dependiendo el cargo) para elegir: Contralor General de la República, Procurador General de la Nación, Magistrados de la Corte Constitucional, Magistrados de la Comisión Nacional de disciplina judicial, Defensor del Pueblo, y Vicepresidente de la República cuando hay vacancia absoluta.	Art. 257a; Inciso 5 del art. 267; art. 267; art. 239; art. 281 y art. 141 de la C.P. Numeral 5 del art. 6 de la L.O. 5ta de 1992.
Administrativa	Consiste en la autonomía del Congreso "*para establecer la organización y funcionamiento del Congreso Pleno, el Senado y la Cámara de Representantes*".29	Art. 135 C.P. Numeral 6 del Art. 6 de la L.O. 5ta de 1992.
Control público	Consiste en la facultad de las cámaras de hacer comparecer, es decir, presentarse ante las comisiones, a cualquier persona, natural o jurídica, para que declare, oral o por escrito, sobre hechos relacionados con las indagaciones que la comisión respectiva esté llevando a cabo.	Numeral 7 del Art. 6 de la L.O. 5ta de 1992.
Protocolo	Consiste en recibir a Jefes de Estado o de Gobierno de otros Estados.	Numeral 8 del Art. 6 de la L.O. 5ta de 1992.

Tabla No1: Funciones del Congreso de la República de Colombia.

-Elaboración propia-

27 Numeral 1 del Art. 150 C.P. En este mismo artículo constitucional, se establecen los distintos tipos de leyes, los cuales son: ordinarias; estatutarias, orgánicas; de facultades extraordinarias; leyes marco, cuadro o general y las leyes aprobatorias de tratados internacionales. *Ver:* Humberto A Sierra Porto, *Concepto y tipos de ley en la Constitución colombiana*, Primera edición (Universidad Externado, 1998).Quinche Ramírez, *Derecho constitucional colombiano. De la carta de 1991 y sus reformas*, 466-75.

28 En los numerales 3, 4, 8 y 9 del art. 135 C.P. se establecen los mecanismos a través de los cuales el Congreso ejercerá el control político, a sabes: 1) La solicitud de informes; 2) las citaciones y requerimientos a los ministros y otros funcionarios; 3) La moción de censura y, por interpretación de la Corte Constitucional, 4) El control presupuestal y el control de la ley del plan como control político. *Cfr.* Corte Constitucional. Sentencia C-198 de 1994.

29 Numeral 6 del Art. 6 de la L.O. 5ta de 1992.

Con el fin de detallar las funciones del Congreso, a continuación se identifican cuáles las ejercen el congreso en pleno (la reunión de ambas cámaras) y cuáles corresponde solo a una de sus cámaras, sin perder de vista que en lo relacionado con la función legislativa ambas cámaras tienen competencias equiparables o igualitarias.[30]

Congreso en pleno (ambas cámaras)	Senado de la República	Cámara de representantes
Instalar y clausurar sus sesiones. Dar posesión al Presidente de la República o al Vicepresidente cuando haga sus veces. Recibir a los jefes de estado de otros países. Elegir al Contralor General de la República. Elegir al Vicepresidente de la República cuando se requiera reemplazar al elegido y en caso de falta absoluta del mismo. Elegir a los magistrados de la Comisión Nacional de disciplina judicial. Decidir sobre la moción de censura.	Admitir o no la renuncia del Presidente o del Vicepresidente de la República. Conceder licencia al Presidente de la República para separarse temporalmente del cargo, si no se presenta caso de enfermedad. Declarar el abandono del cargo y la incapacidad física permanente del Presidente de la República. Decidir sobre las excusas del Vicepresidente para ejercer la Presidencia de la República. Elegir a los Magistrados de la Corte Constitucional. Elegir al Procurador General de la Nación. Aprobar o desaprobar los ascensos militares que confiera el Gobierno, desde oficiales generales y oficiales de insignia de la fuerza pública, hasta el más alto grado. Autorizar al Gobierno para declarar la guerra a otra Nación. Permitir el tránsito de tropas extranjeras por el territorio de la República. Rendir concepto previo al Gobierno sobre la prórroga para el segundo período del Estado de conmoción interior. Conocer de las acusaciones que formule la Cámara de Representantes contra los altos funcionarios del Estado. Conocer el abandono del ejercicio del cargo, por motivo de enfermedad y por el tiempo necesario, del Presidente de la República. Elegir a los miembros de la Comisión de Administración del Senado.	Elegir al Defensor del Pueblo. Examinar y concluir la cuenta nacional del tesoro que le envía el Contralor General. Acusar ante el Senado a los altos funcionarios del Estado (Presidente de la República o quien lo reemplace, magistrados de la Corte Constitucional, magistrados de la Corte Suprema de Justicia, miembros del Consejo Superior de la Judicatura, magistrados del Consejo de Estado y Fiscal General de la Nación) si hay causas constitucionales. Conocer las denuncias y las quejas que ante ella presenten el Fiscal General de la Nación de esos funcionarios y, si son meritorias, acusarlas ante el Senado. Comisionar funcionarios u otras autoridades que le apoyen en el desarrollo de las investigaciones que le competen.

Tabla No2: Funciones discriminadas por Cámaras del Congreso de la República de Colombia.

-Elaboración propia-

[30] *Ver:* Supra p. 7.

II.3. La elección de los congresistas

Se ha mencionado[31] que aunque estamos frente a un modelo de sistema de Congreso bicameral perfecto o igualitario, una de las principales distinciones entre las dos cámaras es la manera cómo se integran. Así, mientras el Senado está integrado por personas elegidas en circunscripción nacional (comprende todo el territorio de la Nación); la Cámara de Representantes está conformado por personas elegidas en circunscripciones territoriales (división del territorio conforme a la división administrativa en entidades territoriales y el número de habitantes en ellas) y especiales (con base en el principio de pluralidad en la representación y de igualdad material, se concede a grupos étnicos y a los colombianos que residen en el exterior).

Con base en las disposiciones constitucionales que regulan la materia, a continuación se presenta un cuadro que de forma paralela entre ambas cámaras detalla: 1) número de integrantes; 2) tipo de elección y período por el que son electos; 3) circunscripción electoral; 3) fórmula para designar las curules o sillas en el órgano colegiado y 4)requisitos para poder ser elegido.

---

31 *Ver:* Supra. p. 6.

Senado de la República	Cámara de representantes
• 108 senadores • Por voto directo[32] de listas inscritas (cerradas bloqueadas o no bloqueadas)[33] por partidos y movimientos políticos, grupos significativos de ciudadanos y movimientos sociales, comités promotores del voto en blanco y organizaciones indígenas y afrodescendientes reconocidas por el Ministerio del Interior. Para un período de 4 años. • Circunscripción nacional, indígena y curules transitorias -temporales- a reinsertados de la FARC-EP.[34] • Las curules se distribuyen por cifra repartidora entre las listas de candidatos que superen un mínimo de votos que no podrá ser inferior al tres por ciento (3%) de los votos válidos[35]. • *"Para ser elegido senador se requiere ser colombiano de nacimiento, ciudadano en ejercicio y tener más de treinta años de edad en la fecha de la elección".*[36]	• 172 representantes a la cámara. • Por voto directo de listas inscritas (cerradas bloqueadas o no bloqueadas)[37] por partidos y movimientos políticos, grupos significativos de ciudadanos y movimientos sociales, comités promotores del voto en blanco y organizaciones indígenas y afrodescendientes reconocidas por el Ministerio del Interior. Para un período de 4 años. • Circunscripción territorial, indígena, afrodescendiente, internacional y circunscripciones transitorias especiales de paz.[38] • Los aspirantes deben pasar el umbral que equivale al 50% del cociente electoral, que se calcula dividiendo todos los votos válidos, entre el número de curules, que varía por departamento y depende de su extensión y número de habitantes. En este caso, la cifra repartidora resultará ordenando de mayor a menor todos los votos obtenidos por las listas que superen el umbral.[39] • *"Para ser elegido representante se requiere ser ciudadano en ejercicio y tener más de veinticinco años de edad en la fecha de la elección".*[40]

Tabla No3: Paralelismo de la elección de los congresistas del Congreso de la República de Colombia.

-Elaboración propia-

III. PODER EJECUTIVO: ESTRUCTURA DE LA RAMA EJECUTIVA Y FUNCIONES

Al Poder Ejecutivo o Rama Ejecutiva del poder público se le ha asignado tradicionalmente el rol de 'ejecución de la ley'. Su composición y funciones

32 El voto en Colombia es un derecho y un deber ciudadano, pero no es obligatorio. Art. 258 C.P.

33 *Ver:* Pedro Pablo Vanegas Gil, *Estudios de derecho electoral* (Universidad Externado, 2008), 130-35.

34 Art. 171 C.P.

35 Inciso 1 del Art. 263 C.P. Adicionalmente, en este mismo artículo en su inciso 2, se establece que: "*La cifra repartidora resulta de dividir sucesivamente por uno, dos, tres o más, el número de votos por cada lista ordenando los resultados en forma decreciente hasta que se obtenga un número total de resultados igual al número de curules a proveer. El resultado menor se llamará cifra repartidora. Cada lista obtendrá tantas curules como veces esté contenida la cifra repartidora en el total de sus votos*". Para comprender cómo funcionan los umbrales y fórmulas en la elección de los congresistas en Colombia, *Ver:*Vanegas Gil, *Estudios de derecho electoral,* 117-46.

36 Art. 172 C.P.

37 Vanegas Gil, *Estudios de derecho electoral,* 130-35.

38 Art. 176 C.P.

39 Inciso 2 del Art. 263 C.P. *Ver:* Vanegas Gil, *Estudios de derecho electoral,* 117-46.

40 Art. 177 C.P.

no se enmarcan de manera exclusiva a la mera ejecución de las disposiciones normativas expedidas por el legislador, sino depende de criterios materiales que identifican el contenido de las actuaciones desarrolladas por sujetos, tanto públicos como privados, dirigidos a la garantía de intereses generales.

La división de poderes no es una regla inequívoca a través de la cual segmenta las funciones legislativas, judiciales y administrativas en cada una de las ramas a las que han sido previamente atribuidas. Por el contrario, "estructuras organizacionales que no hacen parte de la Rama Ejecutiva [pueden] adelantar funciones administrativas"[41]. Por tal razón, el concepto de Administración pública en el ordenamiento jurídico colombiano se fundamenta en criterios materiales y no orgánicos. Podría resultar totalmente compatible que tanto el órgano legislativo como judicial, en el curso de sus funciones, desarrolle funciones administrativas sin perjuicio de desnaturalizar las concedidas de manera principal por el legislador. Por ejemplo, el caso del Consejo Superior de la Judicatura cuando elabora convocatorias a concursos para seleccionar jueces o magistrados, no lo hace en ejercicio de funciones judiciales sino administrativas[42].

Lo anterior, termina incluso justificándose con la habilitación realizada por el constituyente para que particulares puedan ejercer funciones públicas sin que orgánicamente se encuentren vinculadas a la Administración pública o al poder ejecutivo (Articulo 123 C.P. y 210 C.P.). La adopción de criterios materiales en la comprensión de la estructura, composición y funcionamiento de las ramas del poder público resulta esencial para justificar que sujetos externos al aparato organizacional público participe en la ejecución de la ley y atienda al cumplimiento de intereses generales.

La Constitución Política de Colombia, sitúa el estudio de la Rama Ejecutiva a partir de las características propias de un régimen presidencial. La formación política y de gobierno de América Latina, en contraste con los antecedentes históricos y políticos que la fundamentan, incorporó la figura presidencial, determinante y protagonista en la comprensión del Poder Ejecutivo y de las funciones que éste desempeña[43].

El régimen presidencialista, a diferencia del régimen parlamentario, revela su especificidad como una verdadera garantía de la independencia recipro-

---

41 Rincón Córdoba, Jorge Iván, Teoría de la Organización Administrativa Rincón Córdoba, Jorge Iván, La Teoría de la Organización Administrativa en Colombia, Serie de Derecho Administrativo n°29, Universidad Externado de Colombia, 2018, p. 142.

42 Ibid.

43 Restrepo Piedrahita, Carlos, El síndrome del presidencialismo en Colombia, Bogotá, Universidad Externado de Colombia, Temas de Derecho Público, n°16, 1988, p. 10. *Ver* supra p. 3.

ca entre los poderes públicos, además de la certeza temporal en el ejercicio de las funciones para los cuales han sido encomendadas. Un propio sistema de frenos y contrapesos (*checks and balances*). Aunado al hecho que, entre el Poder Ejecutivo y el Poder Legislativo no existe una relación de confianza que permita a los parlamentarios disponer del mandato presidencial cuando se carezca de ella, ni del Presidente disolver o entrometerse en las funciones parlamentarias.

A partir de la Constitución Política de 1991, se propuso desconcentrar parte de los poderes centralizados en la figura presidencial, particularmente con el fortalecimiento del Congreso, respecto a las funciones de control de carácter político y legislativo, así como también su sometimiento a las disposiciones normativas de carácter constitucional. Elegido por un período de cuatro años a través de elección popular por todos los ciudadanos en Colombia y en el Exterior (Articulo 190 C.P.).

En paralelo a la figura protagonista del Presidente de la República, le acompaña la del Vicepresidente quien lo reemplazará ante faltas temporales o absolutas (Artículo 202 C.P.).En el escenario de faltas temporales, bastará con la toma de posesión por parte del Vicepresidente en el cargo, el cual será ejercido las veces que sea considerado necesario. En el caso de faltas absolutas, el Vicepresidente será quien asuma el cargo de la figura presidencial hasta el fin del mandato. A diferencia del resto de autoridades de la Rama Ejecutiva, la Constitución no le ha asignado un listado de competencias específicas, razón por la cual se ha entendido que éste podrá ejercer cualquier mandato, misión o encargo realizado por el Presidente, quien deberá observar las prohibiciones expresas consignadas en la Ley.

A partir de la decantación histórica y el desenlace de sus características propias, el Poder Ejecutivo en Colombia se concentra en la figura del Presidente quien ejerce de manera directa o indirecta, a través de sus ministros y los directores de distintas autoridades públicas. Estos últimos, serán los encargados de dirigir la agenda política presidencial al frente de las distintas entidades públicas en las que han sido nombrados; sin perjuicio, que puedan ser retirados del cargo cuando se estime conveniente por el Presidente (Artículo 115 C.P., 189.1).

Por las breves razones expuestas, la figura del Presidente de la República será esencial en la comprensión de la composición y funcionamiento de la Rama Ejecutiva, la cual en parte, se fundamenta en las competencias atribuida a aquél las cuales en algunos escenarios son delegadas en sus ministros, directores de departamentos administrativos u otras entidades del orden nacional.

III.1. Composición

III.1.1. Orden territorial

La Rama Ejecutiva puede clasificar su composición a través de un orden territorial que la clasifica en sujetos públicos del orden nacional, departamental y municipal. Con fundamento en la desconcentración administrativa y la autonomía de las entidades territoriales, las entidades del orden nacional procuraran distribuir las competencias que pueden ejecutarse en los distintos niveles de la Administración desde un plano organizacional y territorial. (Artículo 8 Ley 489 de 1998)[44].

III.1.2. Orden funcional

A pesar de la mención del Articulo 115 C.P. sobre la composición de algunos de los órganos y autoridades que componen la Rama Ejecutiva, ha sido desarrollo legislativo a través de la Ley 489 de 1998 en donde se ha diseñado el verdadero listado *in extenso* de la composición de ésta. El Artículo 38, enumera con detalle los sujetos públicos de diferente naturaleza en el orden nacional, cuyo desarrollo depende de su dependencia a la figura presidencial introduciendo una distinción entre el Sector Central y el Sector Descentralizado por Servicios.

La distinción entre ambos sectores descritos por el legislador se centrará en los criterios y características que puedan atribuírseles. El sector descentralizado por servicios se identifica por contar con personería jurídica, autonomía administrativa y patrimonio autónomo, siendo un centro de imputación competencial y jurídica. Mientras que, las autoridades y órganos del sector central cuya personería jurídica radica en la de la Presidencia de la República, cuya competencia necesariamente se ajusta al marco de una agenda política sectorial en el marco de la ley (Artículos 39 y 41 Ley 489 de 1998).

---

44 *Ver infra* 5 p. 26.

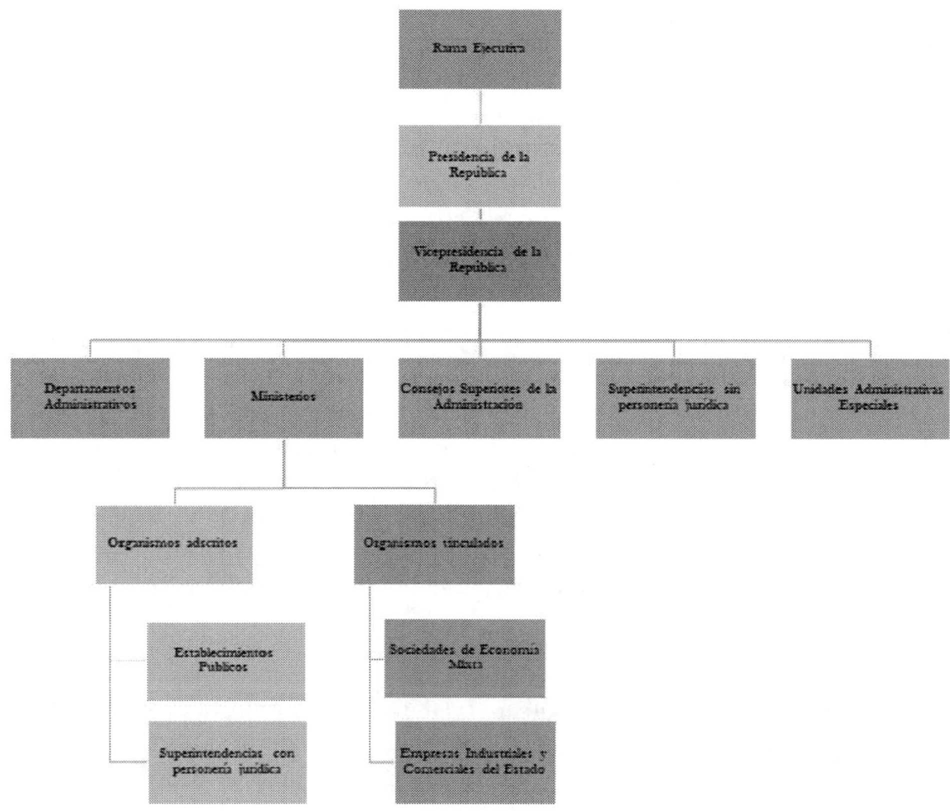

Mapa No 4: Estructura de la Rama Ejecutiva del Poder Público

-Elaboración propia-

III.2. Funciones de la Rama Ejecutiva

III.2.1. Funciones del Presidente de la República

El Presidente, reconocido por la Constitución Política de 1991 como Jefe de Gobierno, Jefe de Estado y Suprema Autoridad Administrativa (Artículo 115 C.P. y 189 C.P.) representará el símbolo de unidad nacional y a quien le ha sido atribuida la competencia de garantizar los derechos y libertades de los ciudadanos (Artículo 188 C.P.).

Esta separación y enmarcación de calidades en cabeza del Presidente trae consigo problemas para la identificación plena de cada una de ellas. Particularmente, se ha cuestionado en la jurisprudencia la referencia al Gobierno como una categoría que reúne al Presidente de la República junto a sus ministros y demás encargados de distinto sujetos públicos del orden nacional. A pesar de ello, se niega la posibilidad de diferenciar el Gobierno como una institución especifica al interior de la Rama Ejecutiva. La referencia constitucional al *Gobierno* hace referencia a una categoría autónoma que tiene por objeto articular una relación estructural y funcional del Estado quien, desde el punto de vista material, domina el vértice de la Rama Ejecutiva y desde allí asume la dirección de ésta[45]. Por tanto, diferenciar aquellas funciones en calidad de Jefe de Gobierno resulta problemático y poco útil para los efectos que pretenden dirimirse.

Los cuestionamientos que sobresalen alrededor del Artículo 115 C.P. es precisamente la asignación de determinadas funciones y competencias atribuidas al Presidente de la República, sin que necesariamente se designe o manifieste expresamente a cuál corresponde a la calidad de Jefe de Estado, a la de Jefe de Gobierno o a la de Suprema Autoridad Administrativa. Por eso tras el listado provisto por el constituyente en la Carta Política de 1991 en su Artículo 189 C.P., se entiende que las competencias a éste atribuidas son de carácter reglado, sin que se limiten a este y se entenderá también como suyas aquellas consignadas en la ley.

La labor de identificación de cada una de las competencias, dependiendo de la calidad en la que es ejercida por el Presidente de la República, no puede determinarse de manera expresa, siendo metodológicamente más apropiado agruparlo según potestades. En este orden, pueden agruparse distintas de sus competencias según la finalidad que estas atienden, por ejemplo las siguientes:

45 Corte Constitucional C-195 de 1994;C-078 de 1999.

Funciones presidenciales	
Dirección de Relaciones Internacionales	• Nombramiento de agentes diplomáticos y consulares. • Representar a la Nación frente a otros Estados y entidades del Derecho internacional. • Celebrar todo tipo de tratados y convenios internacionales[46].
Potestad nominadora	• Proveer los empleos de los órganos y entidades del Estado (Artículo 125 C.P.) que responden a los principios de la carrera administrativa, así como también debe ocupar aquellos cargos que generalmente se conocen como de "libre nombramiento y remoción"[47]. • Crear, fusionar o suprimir los empleos que demande la Administración central, señalar sus funciones especiales y fijar el presupuesto para su operación[48]. • Participar en la integración de distintos órganos constitucionales, mediante la proposición de candidatos para su elección. Escogencia de un candidato de la terna para la elección del Procurador General de la Nación, Defensor del Pueblo[49] y del Fiscal General de la Nación[50], presentar ternas ante el Senado para la elección de tres magistrados de la Corte Constitucional[51], así como también presentar terna para los magistrados de la Sala Disciplinaria del Consejo Superior de la Judicatura[52].

46 Art.189 núm.2 C.P. Frente a esta última facultad, se entiende que su realización no es directa sino que se integra la participación de todas las ramas del poder público, tras la vinculación del Ejecutivo en la fase de negociación, adhesión y otros actos relativos al convenio o la manifestación de voluntad del Estado colombiano. Posterior a ello, se requiere de la aprobación del Legislativo tras su traslado por el Presidente para que pueda iniciarse el trámite de su aprobación (Articulo 224 C.P.). Por último, a esta interacción se integra la participación del Poder Judicial con el control de constitucionalidad por la Corte Constitucional (Artículo 241.10 C.P.), cuestión en la cual solo a partir de su declaración de constitucionalidad, el Presidente podrá optar por la ratificación siempre y cuando permanezca la protección a los intereses del Estado y del interés público.

47 Art. 189 núm.2 C.P. y Art.125 C.P.

48 Art. 189 núm. 14 C.P.

49 Art. trans.37 C.P.

50 Art. 249 C.P.

51 Art. 239 C.P.

52 Art. 254 C.P.

Conservación del orden público y dirección de la Fuerza Pública	• Ejercer la calidad de comandante supremo de las Fuerzas Armadas de la República y dirigir la Fuerza Pública[53]. Ésta última se encuentra integrada por las Fuerzas Militares (Artículo 217 C.P.) y la Policia Nacional (Artículo 218 C.P.), siendo la primera la de naturaleza militar. No obstante, ambas se reúnen bajo las direcciones del Ministerio de Defensa • Dirigir las operaciones de guerra cuando ello se estime conveniente[54]. Proveer la seguridad exterior, defensa de la independencia y honra de la nación y la inviolabilidad del territorio[55]. • Conservar en todo el territorio el orden público y restablecerlo donde fuere turbado[56]. • Adelantar todo tipo de negociaciones, conversaciones, diálogos con grupos divergentes y demás grupos que alteren el orden público de los colombianos[57]. A propósito de esta función, la figura presidencial ha sido el catalizador para la promoción de diálogos y negociaciones con distintos grupos subversivos que dio como resultado la firma del Acuerdo de Paz con las Fuerzas Armadas Revolucionarias de Colombia (FARC) en el año 2016[58].
Potestad normativa	• Ejercer potestad reglamentaria para la expedición de decretos, resoluciones y ordenes necesarias para la correcta ejecución de la ley[59]. • Expedición de decretos leyes o decretos extraordinarios[60]. • Fijación de la parte dinámica de la estructura de la Administración Pública. Una vez establecida la parte estática de ésta por el legislador, el Presidente con fundamento en el Art.189 núm. 14 C.P. consistente en definir la planta de personal que demande la administración central, suprimir fusionar o modificar la estructura de las entidades u organismos administrativos, funciones bajo el marco legal. • Modificar la estructura de los Ministerios, Departamentos Administrativos y demás entidades u organismos administrativos nacionales[61].
Potestad de inspección, vigilancia y control	• Ejercicio de potestades de inspección, vigilancia y control como un medio de intervención y fiscalización de la actividad de particulares y operadores económicos. no es ejercido directamente por el Alto Mandatario, sino por el contrario son competencias delegadas en entidades como lo son las Superintendencias o Unidades Administrativas con personería jurídica[62]

53 Art. 189 núm. 3 y 19 C.P. y Art. 216 C.P.

54 Art. 189 núm. 5 C.P.

55 Art.189 núm.6 C.P.

56 Art.189 núm.4 C.P. y Art. 223 C.P.

57 Corte Constitucional, C-048 de 1991.

58 Corte Constitucional, C-630 de 2017.

59 Art. 189 núm. 11 C.P.

60 Art.150 núm. 10 C.P.

61 Art.189 núm. 16 C.P.

62 Artículo 189 núm.21, Artículo 189 núm.22 y Artículo 189 núm.24 C.P.).

Potestad ordenadora	• Reglamentar, ordenar y dirigir las actividades financieras, económicas y aseguradoras o cualquier otra actividad que se relacione con el aprovechamiento e inversión de recursos provenientes de ahorros de terceros, así como también es la autoridad competente para organizar el crédito público, reconocer la deuda nacional y arreglar su servicio, modificar y estructurar cuestiones relacionadas con aranceles, tarifas y regímenes de aduanas, regular el comercio exterior, entre otros[63]. • Vela por la estricta recaudación y administración de las rentas y caudales públicos y decretar su inversión[64].

En resumen, el Articulo 211 constitucional establece que el legislador determinará las funciones del Presidente de la República que puedan ser objeto de delegación en cabeza de ministros, directores de departamentos administrativos, representantes legales de entidades descentralizadas, superintendentes, así como autoridades a nivel territorial como gobernadores y alcaldes. Son delegables aquellas funciones señaladas en los numerales 13,20,21,22,23,24,26,27 y 28 del Articulo 189 C.P.

III.2.2. Funciones presidenciales respecto del Congreso de la República y la Rama Judicial

La interacción con los otras ramas del poder público se evidencia de igual forma en la competencia atribuida al Ejecutivo para colaborar y prestar a los funcionarios judiciales, de conformidad con los instrumentos legales pertinentes, los auxilios necesarios para hacer efectivas las providencias judiciales

63 Art. 189 núm.25 C.P.
64 Arti. 189 núm. 20 C.P.

Congreso de la República	Rama Judicial
• Instalación y clausura de las sesiones del Congreso en cada legislatura[65]. • Iniciativa legislativa en cualquiera de las Cámaras en lo referente a la aprobación del plan nacional de desarrollo y de inversiones públicas que hayan de emprenderse o continuarse y cuestiones relativas a la ejecución de recursos públicos[66], la creación de entidades u organismos de carácter público, así como cualquier modificación de la estructura de la Administración pública[67], la habilitación para la celebración de contratos públicos, negociar empréstitos o enajenar bienes nacionales[68], el establecimiento de rentas nacionales[69], las funciones del Banco de la República[70], relativas a cuestiones de crédito público, comercio exterior, y régimen salarial de empleados públicos, de los miembros del Congreso Nacional y de la Fuerza Pública[71], además de las señaladas específicamente en la ley. • Solicitud de trámite de urgencia de cualquier proyecto de ley[72]. • Sancionar u objetar leyes[73]. • Promulgar las leyes, obedecerlas y velar por su estricto cumplimiento[74] • Presentar un informe al Congreso, al inicio de cada legislatura, sobre los actos de la Administración, sobre la ejecución de los planes y programas de desarrollo económico[75].	• Prestar a los funcionarios judiciales los auxilios necesarios para hacer efectivas sus providencias[76]. • Conceder indultos por delitos políticos e informar al Congreso sobre el ejercicio de esta facultad[77].

65 Art.189 núm.8 C.P.

66 Art.150 núm. 3 C.P.

67 Art. 150 núm.7 C.P.

68 Art. 150 núm.9 C.P.

69 Art. 150 núm. 11 C.P.

70 Art. 150 núm. 22 C.P.

71 Art. 150 núm. 22 C.P.

72 Art. 162 C.P.

73 Las objeciones pueden responder a razones de inconveniencia o inconstitucionalidad, el cual tendrá por consecuencia que se reinicie el debate en la Cámara en la cual tuvo origen el proyecto de ley. Por su parte, la sanción presidencial es el acto mediante el cual el gobierno aprueba la ley, atestigua la idoneidad de ésta y el cumplimiento de los requisitos exigidos para su expedición, además de concluir el trámite legislativo. Articulo 189 núm. 9 y Articulo 157 núm.4 C.P.

74 Artículo 189 núm. 10 C.P.

75 Art. 189 núm. 12 C.P.

76 Art. 201 núm. 1 C.P.

77 Art. 201 núm. 2 C.P.

III.2.3. Funciones de Ministros y Directores de Departamentos Administrativos

El número, denominación y orden de precedencia de los ministerios y departamentos administrativos, así como su creación, modificación o fusión será determinado por el legislador (Artículo 206).

Tanto los Ministros como Directores de Departamentos Administrativos son nombrados libremente por el Presidente de la República (Artículo 115, 189.1). Si bien ambos son los jefes de la administración en su respectiva dependencia (Artículo 208), se distinguen sus funciones no solo por el objeto perseguido por cada una de las entidades públicas, sino también por las finalidades políticas que persiguen los ministros al ser voceros del Gobierno. Lo anterior, se evidencia en funciones específicas como el hecho que ministros puedan presentar proyectos de ley y participar en debates políticos en el Congreso, mientras que los directores de departamentos administrativos dirigen sus funciones a competencias técnicas o especificas sin ejercer representación ante el ente político.

Tanto ministerios como departamentos administrativos serán los encargados de orientar, direccionar y controlar su respectivo sector administrativo, así como también entidades u organismos descentralizados adscritos o vinculados a sus despachos (Artículo 60 y 61 Ley 489 de 1998). Asimismo, ejercen bajo su propia responsabilidad las funciones que el Presidente delegue o sean atribuidas por la ley, además de su representación en aquellos procesos judiciales en los que esté involucrada la Nación.

IV. PODER JUDICIAL: ESTRUCTURA DE LA RAMA JUDICIAL Y SUS FUNCIONES.

La administración de justicia es la parte de la función pública que cumple el Estado encargada por la Constitución Política y la ley de hacer efectivos los derechos, obligaciones, garantías y libertades consagrados en ellas, con el fin de realizar la convivencia social y lograr y mantener la concordia nacional.

Art. 1, Ley Estatutaria de administración
de Justicia -L.E.-No 270 de 1996.

El poder judicial entendido como el ejercicio de la función de administrar justicia, esto es, de aplicar el Derecho[78], está diseminado en varias instituciones y organismos dentro de la estructura del Estado colombiano, invistiendo incluso a los particulares del poder de ejercerlo para casos determinados y de manera transitoria.

---

78 Para una disertación sobre el concepto de "función jurisdiccional", *Ver:* Julio Estrada, *Las ramas ejecutiva y judicial del poder público en la Constitución colombiana de 1991*, 155-60.

Por regla general y en desarrollo del principio de división del poder público en su concepción clásica del Estado Liberal, el poder judicial lo ejerce por antonomasia la Rama judicial. No obstante, en aplicación del principio de colaboración armónica (*checks and balances*) – segundo inciso del Art. 113 C.P., la Constitución establece que en ciertos casos y para ciertas materias también será ejercido por: el Congreso[79], las autoridades administrativas[80] y los particulares[81]. (Art. 116 C.P.).

Con independencia de quien lo ejerza, lo cierto es que desde la Constitución se establecen unos principios para el ejercicio del poder judicial. En el artículo 228 C.P. se estipula que la administración de justicia debe hacerse de manera independiente (principio de independencia de la función judicial); con un funcionamiento autónomo (principio de autonomía en el ejercicio de la función judicial) y, desconcentrado (principio de desconcentración de la estructura del poder judicial); las actuaciones serán públicas y permanentes con las excepciones que establezca la ley (el principio y derecho fundamental de libre acceso a la administración de justicia); en las actuaciones prevalecerá el derecho sustancial (el principio de prevalencia del derecho sustancial sobre el procedimental y, los términos procesales se deberán cumplir con diligencia y su incumplimiento se sancionará (principio de celeridad)[82].

En este acápite nos restringiremos a explicar la estructura de la rama judicial (Artículo 11 de la L.E. No. 270 de 1996) y la repartición de las competencias entre los órganos que la componen con dos excepciones: 1) lo concerniente a la jurisdicción constitucional que debido a su trascendencia en la ya no tan solo aplicación, sino transformación, del Derecho colombiano y su influencia a nivel del Derecho comparado, merece un acápite propio [83]y, 2) lo atinente a las jurisdicciones especiales, que aunque no forman parte de la estructura de la rama judicial[84], con excepción de los jueces de paz, sí es necesario mencionarlas y reseñar cuáles son sus funciones.

---

79 *Ver.* Supra p. 10 y 11. Tabla No1: Funciones del Congreso de la República de Colombia.

80 *Ver.* Supra. Mapa 4, p. 14.

81 De acuerdo con lo establecido por la Constitución en el inciso 3 del Artículo 116, los particulares solo pueden ejercer funciones jurisdiccionales en calidad de jurados en causas criminales, árbitros o conciliadores. *Ver:*Julio Estrada, *Las ramas ejecutiva y judicial del poder público en la Constitución colombiana de 1991*, 192-97.

82 Para una descripción de los principios que rigen la administración de justicia tanto en su ámbito funcional como orgánico, *Ver:* Julio Estrada, 168-83.

83 *Ver.* Infra p. 19.

84 Las "jurisdicciones especiales" están conformadas por jueces indígenas y jueces de paz. Sin embargo, de acuerdo con la sentencia C-713 de 2008 de la Corte Constitucional, la Jurisdicción penal militar y la jurisdicción indígena aunque administran justicia, no hacen parte de la Rama Judicial. *Cfr.* Art. 11 de la L.E. 270 de 1996.

IV.1. La estructura de la rama judicial

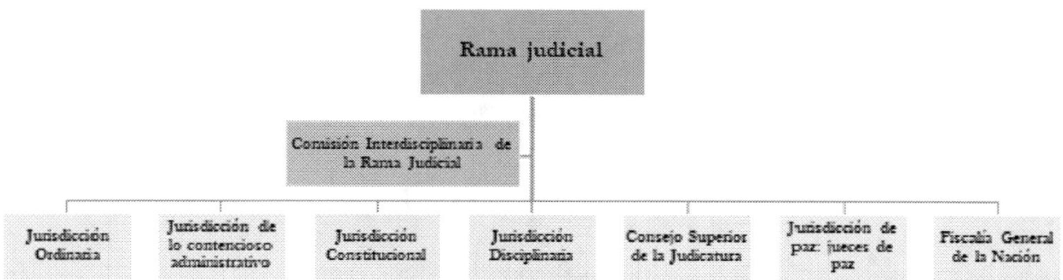

Mapa No5: Estructura de la Rama Judicial.

-Elaboración propia-

La estructura de la rama judicial tiene relevancia constitucional, por ello, la Constitución dedica todo su título VIII para establecer los principios generales, así como los organismos que componen la rama judicial, determinando la distribución de sus competencias. A su vez, a nivel legal, la L.E. No. 270 de 1996 en su artículo 11 enumera los órganos y organismos que la integran.

Respetando el orden establecido por la Constitución y la Ley, a continuación se describirán cada una de las jurisdicciones en las que está dividida la rama judicial, así como aquellos otras instituciones que la conforman (la Fiscalía General de la Nación y el Consejo Superior de la Judicatura).

IV.1.1. Jurisdicciones que conforman la rama judicial

Desde la teoría del derecho procesal, el concepto de "jurisdicción" se considera como el poder de dirimir las controversias con la aplicación con autoridad (esto es, vinculatoriedad) del Derecho a través de providencias (autos o sentencias). En este sentido, la "jurisdicción" es solo una[85] y la distribución de ella por materia o especialidades correspondería a las "competencias" o facultades de cada uno de los encargados de administrar justicia de conocer determinados conflictos o problemas jurídicos. Sin embargo, la Constitución denominó cada una de las especialidades en las que se divide la administración de justicia como "jurisdicciones"; por ello, en desarrollo de las disposiciones

---

85 *Ver:* Ramos Acevedo, Jairo y Rodríguez Becerra, Carlos H., *Estructura y organización del Estado Constitucional colombiano* (Ibañez, 2009), 484-86.

constitucionales, se describirán las distintitas jurisdicciones que conforman la rama judicial.

IV.1.1.1. Jurisdicción Ordinaria

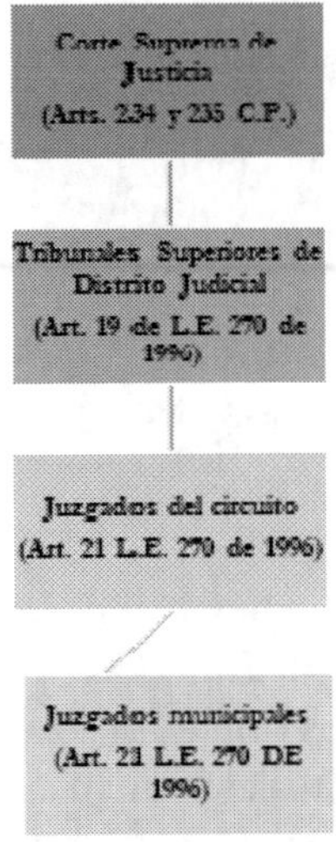

Mapa No6: Estructura de la Jurisdicción Ordinaria.

-Elaboración propia-

A la jurisdicción ordinaria le compete conocer y resolver los conflictos que se presentan entre los particulares. Es la jurisdicción residual, lo que quiero decir que le compete todos aquellos asuntos que no estén atribuidos constitucional o legalmente a otra jurisdicción.

Tiene subespecialidades como lo son los jueces: penales; civiles; de familia; laborales. La Corte Suprema es el órgano de cierre para resolver recursos especiales en asuntos: civil-agraria; laboral y penal, incluyendo la penal militar.

IV.1.1.2. Jurisdicción de lo Contencioso Administrativo

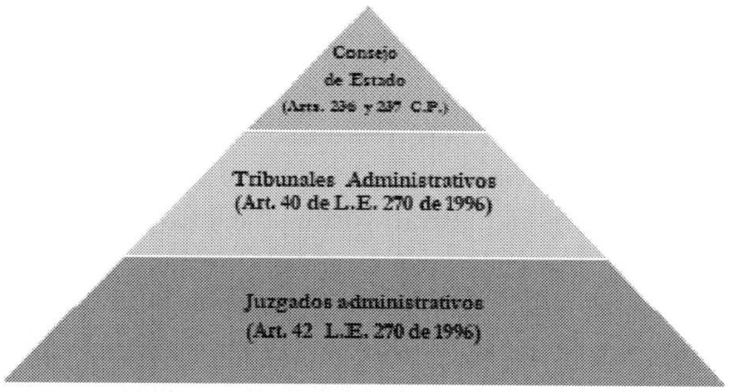

Mapa No7: Estructura de la Jurisdicción Contenciosa administrativa.

-Elaboración propia-

A la Jurisdicción de lo Contencioso administrativo le compete juzgar los asuntos originados entre las entidades públicas o quienes ejerzan funciones públicas y las personas privadas.

Comprende a su vez subespecialidades, como lo son: el control de legalidad de los actos administrativos; asuntos laborales, asuntos de responsabilidad civil contractual o extracontractual del Estado; asuntos tributarios; asuntos electorales y procesos ejecutivos por jurisdicción coactiva.

IV.1.1.3. Jurisdicción agraria y rural

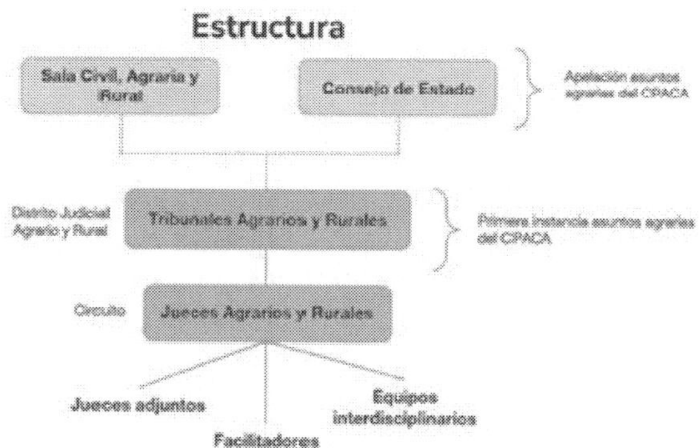

Mapa No8: Estructura de la Jurisdicción agraria y rural.

-Tomado de la página oficial del Ministerio de Justicia y del Derecho[86]-

86 Disponible en línea: https://www.minjusticia.gov.co/Sala-de-prensa/Paginas/Gobierno-del-Cambio-radico-proyectos-de-ley-para-implementar-la-Jurisdiccion-Agraria-en-Colombia.aspx [última consulta: 20/04/2024].

Es una novedad, introducida por reforma constitucional, Acto legislativo 03 de 2023. A la jurisdicción agraria y rural, una vez inicie a operar, le competiría conocer los conflictos relacionados con el territorio rural, tanto su titularidad como su destinación. Es una reivindicación del movimiento campesino, que junto con su reconocimiento como sujeto especial y colectivo de derecho, también por medio de la reforma constitucional del Art. 64 (Acto legislativo 01 de 2023), logró que constitucionalmente se estableciera que existe no solo una jurisdicción propia, también que esta debe aplicar un procedimiento especial, "*con base en los principios y criterios del derecho agrario señalados en la ley, y con la garantía del acceso efectivo a la justicia y la protección a los campesinos y a los Grupos étnicos: Comunidades negras o afrocolombianas, palenqueras, raizales, pueblos y comunidades indígenas, comunidad Rom y las víctimas del conflicto armado*". (Art. 238 A C.P.).

IV.1.1.4. Jurisdicción Disciplinaria

Mapa No8: Estructura de la Jurisdicción disciplinaria.

-Elaboración propia-

A la jurisdicción disciplinaria le compete conocer sobre los asuntos disciplinarios y quejas que se presenten sobre los funciones y empleados de la Rama judicial. Así mismo, hoy en día tiene a su cargo la función de examinar la conducta y sancionar las faltas de los abogados en ejercicio de su profesión.

IV.1.1.5. Jurisdicción de paz: Los jueces de paz

Establecida constitucionalmente (Art. 247 C.P.), la jurisdicción de paz conoce los conflictos particulares y/o comunitarios. Es competente cuando las partes implicadas en el conflicto están interesadas en buscar una solución con base en la equidad, no en el Derecho y, acuden a un líder comunitario que por votación popular ha sido investido de la autoridad de Juez de paz.

IV.1.2. Otros organismos que conforman la rama judicial

IV.1.2.1. La Fiscalía General de la Nación

La Fiscalía General de la Nación forma parte de la Rama Judicial (Arts. 249-253 C.P.). Tiene a su cargo ejercer la acción penal con base en el resultado de investigaciones de los hechos que, eventualmente, pueden configurar un delito que lleguen a su conocimiento a través de una denuncia, petición especial, querella o de oficio, siempre y cuando medien suficientes motivos y circunstancias fácticas que indiquen la posible existencia del mismo (Art. 250 C.P.). Está integrada por el Fiscal General y los fiscales delegados que son cargos de origen constitucional (primer inciso del Art. 249 C.P.), así como por otros funcionarios que determina le Ley.

IV.1.2.2. El Consejo Superior de la Judicatura

Al Consejo Superior de la Judicatura le compete el gobierno y la administración de la rama judicial (Arts. 254 y 256 C.P.), lo cual comprende principalmente (Arts. 256 y 257 C.P.): 1. Administrar la carrera judicial; 2) Elaborar las listas de candidatos para la designación de funcionarios judiciales y enviarlas a la entidad que deba hacerla. Se exceptúa la jurisdicción penal militar que se regirá por normas especiales; 3) Llevar el control de rendimiento de las corporaciones y despachos judiciales; 4) Elaborar el proyecto de presupuesto de la rama judicial que deberá ser remitido al Gobierno, y ejecutarlo de conformidad con la aprobación que haga el Congreso; 5) Fijar la división del territorio para efectos judiciales y ubicar y redistribuir los despachos judiciales; 6) Crear, suprimir, fusionar y trasladar cargos en la administración de justicia. En ejercicio de esta atribución, el Consejo Superior de la Judicatura no podrá establecer a cargo del Tesoro obligaciones que excedan el monto global fijado para el respectivo servicio en la ley de apropiaciones iniciales; 7) Dictar los reglamentos necesarios para el eficaz funcionamiento de la administración de justicia, los relacionados con la organización y funciones internas asignadas a los distintos cargos y la regulación de los trámites judiciales y administrativos que se adelanten en los despachos judiciales, en los aspectos no previstos por el legislador y, 8) Proponer proyectos de ley relativos a la administración de justicia y a los códigos sustantivos y procedimentales.

IV.2. Jurisdicciones especiales que no hacen parte de la Rama Judicial

IV.2.1. La jurisdicción especial indígena

Como consecuencia de la consagración de Colombia como una nación multicultural y pluriétnica, en el artículo 246 C.P., la Constitución reconoce que los pueblos indígenas tienen autonomía para tener sus propias autoridades que conozcan aquellos conflictos que se hayan dado dentro de su ámbito territorial, aplicando sus propias normas y procedimientos, siempre que no sean contrarios a la Constitución y a la Ley.

La jurisdicción especial indígena debe entenderse como expresión del principio de autonomía de las entidades territoriales (arts. 329 y 330 C.P.).

IV.2.2. La justicia penal militar

De raigambre constitucional, se establece en el art. 221 de la Constitución, a la justicia penal militar le corresponde juzgar las conductas punibles cometidas por los miembros de la Fuerza Pública en servicio activo, y en relación con el mismo servicio. Está conformada por cortes marciales o tribunales militares integrados por miembros de la Fuerza Pública en servicio activo o en retiro.

IV.2.3. La jurisdicción especial para la paz (JEP).

La Jurisdicción especial para la paz (JEP) está consagrada en la Constitución, aunque de manera transitoria, por reforma constitucional a través del Acto Legislativo 01 de 2017, "*por medio del cual se crea un título de disposiciones transitorias de la Constitución para la terminación del conflicto armado y la construcción de una paz estable y duradera y se dictan otras disposiciones*".

La JEP es el componente de justicia del Sistema Integral de Verdad, Justicia, Reparación y no Repetición, creado por el Acuerdo de Paz entre el Gobierno Nacional y las Farc-EP firmado en el 2016 en La Habana, Cuba. A la JEP le corresponde la aplicación de la justicia transicional y conocer de los delitos cometidos en el marco del conflicto armado que se hubieran cometido antes del 1 de diciembre de 2016. Por su transitoriedad, la existencia de la JEP no podrá ser superior a 20 años (Art. 34 de la Ley Estatutaria No. 1957 de 2019).

Por el factor subjetivo de competencia, la JEP podrá conocer de los delitos que hubieren cometido excombatientes de las FARC-EP, miembros de la Fuerza Pública y, de manera voluntaria, los que hubiesen cometido otros agentes del Estado y terceros civiles.

V. EL TRIBUNAL CONSTITUCIONAL

El Tribunal Constitucional colombiano se denomina Corte Constitucional (Arts. 239-245 C.P.). Es la cabeza, el órgano de cierre, de la jurisdicción constitucional; pero no su único componente.

Por ello, no se puede equiparar Jurisdicción Constitucional a Corte Constitucional. La Jurisdicción constitucional, además de la Corte Constitucional, está integrada por los jueces y corporaciones de las Jurisdicciones Ordinaria y de lo Contencioso Administrativo. Quienes ejercen jurisdicción constitucional cuando: 1) conocen y resuelven acciones de tutela (mecanismo de amparo colombiano, Art. 86 C.P.) y 2) cuando ejercen control constitucional de manera difusa a través de la excepción de inconstitucionalidad.

La Corte Constitucional se presenta en acápite aparte del poder judicial, aunque hace parte de la rama juridicial y por supuesto cumple una función de administración de justicia, dado su rol protagónico en el sistema constitucional colombiano, que la ha erigido como un actor no solo judicial, también político clave para el sostenimiento y progresividad del Estado social de Derecho.

En las próximas páginas se hará una presentación de la Corte Constitucional colombiana, tan solo reseñando muy brevemente dado el objetivo meramente introductorio del tema, su estructura, composición y, funciones.

V.1. La estructura y composición de la Corte Constitucional.

Corte Constitucional
Sala plena
Salas de seguimiento
Despachos (9)
Presidencia
Secretaría General
Coodinación administrativa
Oficina de prensa
Relatoria
Area de sistemas

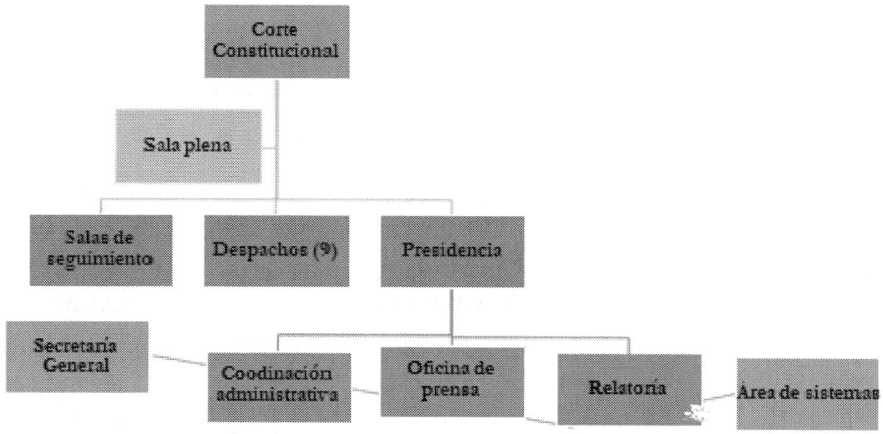

Mapa No10: Estructura de la Corte Constitucional

-Elaboración propia-

La Corte Constitucional fue creada por el Constituyente de 1991 y entró en funcionamiento en 1992, antes de ello, el control de constitucionalidad lo realizaba la Corte Suprema de Justicia.

La Corte Constitucional está integrada por nueves magistrados que son elegidos por el Senado de la República de ternas presentadas por el Presidente de la República, la Corte Suprema de Justicia y el Consejo de Estado. Los períodos de los magistrados son individuales por 8 años (segundo inciso del art. 239 C.P.).

V.2. Tipo de funciones

Las funciones atribuidas a la Corte Constitucional están establecidas por la Constitución (Artículo 241) y se pueden resumir de la siguiente manera:

(1) Control automático y de oficio de constitucionalidad: La Corte Constitucional tiene el deber de pronunciarse de manera oficiosa sobre la constitucionalidad de:

- La convocatoria a un referendo o a una asamblea constituyente para reformar la Constitución por vicios de procedimiento en su formación;
- Los referendos sobre leyes, consultas populares y plebiscitos del orden nacional también por vicios de procedimiento;
- Los proyectos de ley que hayan sido objetados por el gobierno como inconstitucionales
- Los proyecto de ley estatutaria tanto por su contenido material como por vicios de procedimiento en su formación y,
- Los decretos legislativos que dicte el gobierno en estados de excepción.

(2) Control rogado sobre la inconstitucionalidad de normas con rango de Ley y reformatorias de la Constitución: A raíz de una demanda de inconstitucionalidad que puede interponer cualquier ciudadano cuestionando la constitucionalidad de:

  - Los actos reformatorios de la Constitución por vicios de procedimiento en su formación;
  - Las leyes tanto por su contenido material como por vicios de procedimiento en su formación;

- Los decretos con fuerza de ley dictados por el gobierno por su contenido material o vicios de procedimiento en su formación,

(3) Revisiones de acciones de tutela: Todas las sentencias de tutela que fallan los jueces, ya sea en primera o en segunda instancia, debe ser remitida a la Corte Constitucional para su eventual revisión. La Corte tiene la facultad de seleccionar aquellas sentencias de tutela con la finalidad de unificar la jurisprudencia constitucional y de verificar que las decisiones en efecto garantizan los derechos fundamentales.

(4) Decisiones de exequibilidad de los tratados internacionales y de las leyes que los aprueben.

A nivel legal y reglamentario, los procedimientos que se adelantan ante la Corte Constitucional están reglamentados por el Decreto Ley 2067 de 1991 en materia del control de constitucionalidad y, el Decreto Ley 2591 de 1991 en lo concerniente a la acción de tutela. Adicionalmente, el Gobierno Nacional para reglamentar la tutela, expidió los Decretos reglamentarios 306 de 1992 y 1382 de 2000.

VI. ORGANIZACIÓN TERRITORIAL. DIVISIÓN POLÍTICO-ADMINISTRATIVA DEL ESTADO

Los antecedentes de organización del territorio en Colombia se caracterizan, principalmente, por tendencias pendulares entre la disputa de un sistema y régimen centralista y uno federalista que, desde tiempos históricos, aboga por mayor autonomía de las entidades territoriales[87].

El carácter fragmentario del territorio Colombiano, las complejidades de su topografía y condiciones climáticas, los fuertes periodos de violencia, entre otros criterios, han influido en el diseño de su división político-administrativa. Los periodos previos a la actual Carta Política se han caracterizado por la excesiva concentración de poder en los órganos centrales que, además de permanecer en la capital, han dejado de lado los territorios periféricos, en ocasiones, en el abandono total del Estado.

En la Asamblea Nacional Constituyente (ANC) que da origen a la Constitución Política de 1991 se discutieron varias ideas centrales consistentes en la

---

87 Sobre antecedentes históricos de la formación del régimen de organización territorial en Colombia se remite a la obra de la profesora Robledo en Robledo Silva, Paula, El régimen territorial en la Constitución, En Correa Henao, Magdalena; Ramírez Cleves, Gonzalo Andrés, Lecciones de Derecho Constitucional, Tomo II, Universidad Externado de Colombia, 2018.

"autonomía de las entidades territoriales, profundización de la descentralización, fortalecimiento económico de los entes territoriales, consagración del municipio como eje fundamental del Estado y democracia participativa, eso sí, en el contexto y bajo las limitaciones del Estado Unitario"[88], además de una cuestión fundamental en el actual diseño territorial del país apoyado en el reconocimiento de derechos de las comunidades indígenas y ancestrales sobre el territorio.

La finalidad subyacente a la discusión de la organización territorial en la ANC fue la democracia participativa para la inclusión de los ciudadanos en la vida política del país[89], haciendo de este propósito un camino loable que requería, a su vez, de la participación de las distintas entidades territoriales. La vinculación de estas tenía como propósito que estas pudiesen ejercer las competencias a ellas conferidas, de manera plenamente autónoma, para la gestión de sus intereses sin verse supeditadas a las órdenes de los poderes centrales.

La actual división político-administrativa del Estado que define la organización territorial, diseñada por el constituyente en 1991, si bien sentó las bases para la organización del territorio nacional, delimitó su alcance a las bases genéricas, dejando un amplio margen de concreción al legislador.

VI.1. Principios constitucionales de la organización territorial del Estado

VI.1.1. Modelo Unitario de Estado

El Articulo 1 C.P. indica que el Estado colombiano está "organizado en forma de República Unitaria, descentralizada, con autonomía de sus entidades territoriales, democrática, participativa y pluralista". La idea de un modelo unitario de Estado responde a la centralización política, relativa a la idea de una única estructura de Poder que se divide en las tres ramas del poder público (§supra), particularmente por un único órgano legislativo quien expide leyes que se extienden sobre todo el territorio nacional (Articulo 150 C.P.), con una única soberanía que reside exclusivamente en el pueblo(Articulo 3 C.P.), además de ser la Constitución política el fundamento normativo que se ubica en la cúspide de los instrumentos jurídicos vinculantes del ordenamiento jurídico colombiano (Articulo 4 C.P.).

---

88 Estupiñán Achury, Liliana, Desequilibrios territoriales, Bogotá, Doctrina y Ley y Universidad del Rosario, 2012, p. 152.

89 Robledo Silva, Paula. Op. Cit., 2018, p. 591.

La configuración de un Estado unitario no es una característica introducida en la más reciente de los textos constitucionales. Sin embargo, a pesar de dar continuación a la fórmula de un Estado Unitario, el cambio fue la interpretación y las consecuencias que se derivan de éste. En este orden, de un estado centralizado y excesivamente jerarquizado, se dota de competencias propias a los entes territoriales por parte del Constituyente así como también por el legislador.

VI.1.2. Autonomía de las entidades territoriales

El constituyente en el Articulo 287 C.P. establecido que las entidades territoriales gozan de autonomía para la gestión de sus intereses dentro de los límites impuestos tanto por la Constitución como por la ley. Tal autonomía, entonces, hace referencia a un atributo conferido a las entidades territoriales en su calidad de tal, para el ejercicio de derechos de la cual éstas son titulares.

Así, la autonomía de las entidades territoriales puede concebirse en cualquiera de sus tres vertientes: una autonomía política, autonomía administrativa, autonomía financiera.

Frente a la autonomía política que, principalmente atiende a la "capacidad de dirección u orientación de los entes territoriales, en el ejercicio de un gobierno propio y no simplemente en el poder de normación"[90]. Siguiendo a ROBLEDO, esta, a su vez, se compone de dos potestades que se relacionan y dependen una de otra: la potestad normativa y la potestad de autogobierno y auto orientación. Ello implica que de la estructura institucional de las entidades territoriales se cuente con autoridades propias.

Por su parte, la autonomía administrativa atiende al "conjunto de potestades que permiten a los entes territoriales organizar y orientar su funcionamiento de forma autónoma". Se trata de la capacidad de entes territoriales para la expedición de actos administrativos con la finalidad de gestionar asuntos propios dirigidos a su autoorganización y definir la estructura de sus propias administraciones[91]

Por último, la autonomía financiera atañe a la capacidad de los entes territoriales de generar y gestionar un sistema de financiación de recursos propios para atender sus gastos y las necesidades que atienden a su jurisdicción territo-

---

90 Robledo Silva, Paula, La autonomía municipal en Colombia, Universidad Externado de Colombia, 2010,. pp. 68 y ss.

91 Robledo Silva, Paula, El régimen territorial en la Constitución, En Correa Henao, Magdalena; Ramírez Cleves, Gonzalo Andrés, Lecciones de Derecho Constitucional, Tomo II, Universidad Externado de Colombia, 2018, p. 601.

rial[92]. Facultades propias como las de ordenación del gasto público, la elaboración de presupuestos anuales de rentas y gastos (Articulo 300 núm. 5 y 313 núm.5 C.P.). Lo anterior, bajo el cumplimiento de los mandatos referentes al régimen económico y hacienda pública diseñados por el constituyente, como la Ley Orgánica del Presupuesto cuya función es determinar la aprobación y ejecución del presupuesto de la Nación y las distintas entidades territoriales.

Aunado a la autonomía financiera, ésta también cuenta con atribuciones en materia de tributos y la realización de operaciones de crédito público (Articulo 287, 300 núm.4 y 313 núm.4 C.P.).

VI.2. Entidades territoriales

Las entidades territoriales se entienden como un "conjunto de entes o secciones del territorio"[93] que describen los distintos niveles de gobierno y administración (Articulo 286 C.P.), siendo estos: departamentos, distritos, municipios y territorios indígenas. Sin embargo, no se trata de un listado taxativo puesto que, conforme a la habilitación del constituyente, el legislador puede optar por la creación de regiones y provincias cuando éstas se les atribuya la naturaleza de entidad territorial.

Bien hace en señalarse que se trata de un sistema territorial inacabado pues, incluso, dos décadas después de la entrada en vigor del texto constitucional no puede considerarse que sea un listado cerrado. Será competencia exclusiva del legislador definir la estructura territorial, materia sobre la cual recae una reserva constitucional para ser materializada en una ley orgánica, hoy en día conocida como la Ley Orgánica de Ordenamiento Territorial (LOOT, Ley 1454 de 2011). Así, ésta es la llamada a resolver cuestiones relacionadas con la asignación de competencias a las entidades territoriales y la distribución de estas respecto a la Nación (Articulo 288 C.P.), así como la definición de las condiciones y requisitos para la existencia de las respectivas entidades territoriales (Articulo 297, 303 y 329 C.P) y otras divisiones administrativas del territorio (Articulo 319 C.P.)[94].

El reparto de competencias entre el nivel nacional y los niveles sucedáneos serán ejercidos conforme a principios de coordinación, concurrencia y subsidiariedad por la LOOT. Si bien el texto constitucional ha señalado algunas competencias de la Nación, departamentos y municipios, estas se encuentran

---

92 Ibid.

93 Ibid.

94 Listado propuesto por Robledo Silva, P. en p. 607.

dispersas, así como también dejando un vacío sobre la asignación de competencias específicas para el resto de las entidades territoriales.

A nivel local, encontramos los municipios, distritos y las entidades territoriales indígenas. Se trata del primer nivel de la organización territorial al ser los que tienen mayor cercanía de las autoridades con los ciudadanos. Mientras que en un nivel intermedio, están los departamentos. Por último, aquellas entidades administrativas que tienen vocación de convertirse en entidades territoriales podrían catalogarse en un tercer nivel, como es el caso de las regiones y provincias.

VI.2.1. Municipios

El Constituyente de 1991 destacó los municipios como células fundamentales de la división político-administrativa del Estado (Articulo 311 C.P.). Su protagonismo en el texto constitucional fue una respuesta frente a los privilegios consignados a los departamentos en la anterior Constitución de 1886. El papel significativo de estos en la estructura territorial del Estado significa que, las autoridades del nivel central no pueden intervenir o entrometerse en las competencias establecidas a estos y en la construcción de decisiones a nivel local[95].

Con fundamento en el principio de autonomía, los municipios cuentan con una corporación político-administrativo elegida popularmente denominado concejo municipal (Articulo 312 C.P.). Será competencia de los concejos realizar la prestación de servicios públicos a cargo del municipio, así como adelantar cualquier actividad relacionada con obras públicas, celebrar contratos públicos, ejercer la ordenación del gasto e ingresos públicos a nivel municipal, la determinación de la estructura de la administración municipal, entre otras previstas por la Constitución y la Ley (Articulo 313 C.P.).

Paralelo a los concejos municipales, esta entidad territorial cuenta con un alcalde quien fungirá como jefe de la Administración local y representante del municipio, quien será elegido cada tres años (Articulo 314 C.P.). Los alcaldes, serán miembros del Ejecutivo que cumplirán las mismas funciones de éste a nivel municipal, como por ejemplo puede ser garantizar el cumplimiento de la ley, decretos del gobierno, ordenanzas municipales y acuerdos del concejo, así como también conservar el orden público y demás facultades propias del poder de policia (Articulo 315 núm.1 y 2 C.P.), añadido a las demás funciones de carácter administrativo correspondientes a la dirección, orientación y organización de la entidad territorial (Articulo 315 núm. 3,4,5,6,7,8,9,10 C.P.).

---

95 Robledo Silva, 2018, p. 611. Corte Constitucional C-1146 de 2001.

Será el legislador el competente de establecer categorías de municipios dependiendo de criterios como puede ser la población, recursos fiscales, importancia económica o situación geográfica. Así, habrá algunos municipios que cuenten con distintos regímenes de organización, gobierno y administración según la clasificación legal provista (Articulo 320 C.P.).

VI.2.2. Distritos

Dentro del nivel local, al lado de los municipios, encontramos a los distritos como una categoría dentro de la visión político-administrativa del territorio. Estos, a pesar de poseer características comunes a las entidades municipales, poseen un régimen jurídico diferenciado al verse atribuidas con características específicas como por ejemplo, el tamaño, ubicación geográfica, actividad económica. En este orden, se verán atribuidos de un "régimen especial en materia política, administrativa y fiscal; sin embargo, en ausencia del mencionado régimen, o frente a vacíos normativos concretos, serán aplicables las normas que rigen el nivel municipal"[96]

Anteriormente señalábamos que una de las denotaciones atribuidas al concepto de autonomía era aquella relativa a asuntos administrativos. Así, con base en esta, aquellos municipios que tienen relaciones económicas, sociales y físicas, podrán organizarse como entidad administrativa encargada de programar y coordinar el desarrollo armónico del territorio, racionalizar la prestación de servicios públicos a cargo de quienes la integran, así como ejecutar obras públicas bajo la creación de un área metropolitana (Artículo 319 C.P.). Las áreas metropolitanas podrán convertirse en Distrito según lo previsto por el legislador en la LOOT.

Por ejemplo, el mismo constituyente estableció un régimen especial a Bogotá como Distrito Capital (Articulo 322 C.P.). Así, su régimen político, fiscal y administrativo será el que determine el texto constitucional así como las leyes especiales para con este propósito. Dos o más distritos especiales, con base en su autonomía política, administrativa y financiera podrán organizarse en conjunto para la prestación de servicios o la ejecución de obras públicas de interés común a través de un convenio o contrato-plan (Articulo 13 LOOT).

VI.2.3. Territorios indígenas

Los territorios indígenas como entidades territoriales han sido calificadas como una de las innovaciones en materia territorial introducida por la Cons-

---

96 Robledo Silva, Paula, p. 612.

titución de 1991[97], así como también una modalidad sui generis de gobierno local[98]. Uno de los retos tanto en su definición como la determinación de su régimen jurídico atiende a que su configuración no se circunscribe ni coincide con las características, ni límites fronterizos de los municipios o los distritos, en ocasiones quedando inmersos en territorios limítrofes[99].

La Constitución de 1991, en reconocimiento de la diversidad étnica y su carácter pluralista, otorga derechos de amplia diversidad, entre ellos de carácter territorial, a estos grupos formalmente reconocidos que han sufrido desventajas en la historia nacional. Así, los derechos a ellos atribuidos permiten concebir en entidades territoriales aquellos territorios que tradicionalmente han sido ocupados por éstos, con la finalidad que puedan tener sus propias autoridades, órganos de decisión y autonomía sobre su territorio. Con una década de retraso, el legislador habilitó las condiciones para que estos entes territoriales pudiesen ejercer de manera directa competencias especificas en materia de salud, educación, agua potable y saneamiento básico (Decreto Ley 1953 de 2014)[100].

VI.2.4. Departamentos

Después de la escala a nivel nacional, los llamadas a seguir en la escala de división político-administrativa del territorio colombiano son los departamentos. Al igual que los municipios, estos son dirigidos y administrados por un gobernador y una Asamblea Departamental. Los departamentos serán totalmente autónomos para la administración de asuntos seccionales y la planificación y promoción del desarrollo económico y social (Articulo 298 C.P.). Estos, son llamados entes territoriales seccionales puesto que ejercen funciones administrativas de coordinación y complementariedad con la acción de los municipios, así como a su vez, ejerce una actuación de intermediación entre la Nación y estos últimos.

Las Asambleas Departamentales, como corporaciones administrativas, son elegidas popularmente cuyas competencias especificas han sido señaladas por el constituyente, recogiendo la reglamentación del ejercicio de funciones y prestación de servicios a cargo del Departamento, expedir todas las disposiciones relacionadas con la planeación, desarrollo económico, financiero, so-

---

97 Robledo Silva, P. p.p. 612.

98 Hernández Becerra, Ordenamiento y desarreglo territorial de Colombia, Universidad Externado de Colombia, 2001, pp. 164.

99 Robledo Silva, o, 613.

100 P. 614.

cial de los departamentos, tributos, la estructura departamental, entre otras asignadas en la Constitución y la Ley (Articulo 300 C.P.).

De forma paralela, los Gobernadores son los jefes de la Administración seccional, también elegidos popularmente por el periodo de tres años, sin posibilidad de reelegirse para el periodo siguiente. Este fungirá sus competencias como agente del Presidente de la República para el mantenimiento del orden público y para la ejecución de política económica general (Articulo 303 C.P.).

VI.2.5. Entidades administrativas con vocación de conversiones en entidades territoriales[101].

De conformidad al mandato constitucional establecido en el Articulo 286, el proceso inacabado del diseño de la estructura territorial del Estado colombiano, el legislador podrá otorgar el carácter de entidad territorial a regiones y provincias según los requisitos legales establecidos para ello.

VI.2.5.1. Regiones

Dentro de la categoría de regiones como divisiones administrativas del territorio, se encuentran clasificadas bajo dos categorías: Regiones como simples divisiones administrativas del territorio y Regiones Administrativas y de Planificación (RAP). Éstas últimas, conformadas por dos o más departamentos, tendrán personería jurídica propia, autonomía financiera y patrimonio propio. Su creación ha sido motivada con la finalidad de promover el desarrollo regional, la inversión y competitividad (Articulo 306 C.P. y Art. 30 LOOT). Cuando la alianza sea integrada por un Distrito Especial con un Departamento, su denominación será Región Administrativa y de Planificación Especial (RAPE) (Párr.. 2° Articulo 30 LOOT).

VI.2.5.2. Provincias

Como parte de los esquemas asociativos promovidos por la Constitución y la LOOT, las provincias son una especie de asociación de entidades territoriales, como pueden ser municipios o entidades territoriales indígenas, siempre y cuando compartan sus límites territoriales y se circunscriban a la jurisdic-

---

101 Seguimos la clasificación planteada por Robledo, en la medida que recoge muy bien la realidad sobre la división territorial colombiana. Sin ser reconocidas como uno de los niveles de entidades territoriales reconocidas en el texto constitucional, señala los escenarios en los cuales de manera potencial, otros esquemas asociativos pueden llegar a ser considerados bajo esta naturaleza.

ción de un mismo Departamento. En cuanto a la finalidad de su creación, no se asignó una finalidad especifica por el constituyente, y las competencias futuras en caso de ser creadas dependerá de la delegación y reparto de competencias que a ella sea conferida por parte de la Administración central (Articulo 321 C.P.)

VII. ORGANISMOS DE CONTROL

Tras el estudio de la composición y organización de las tres ramas del poder público, dentro de la estructura funcional del Estado encontramos unos organismos que no hacen parte de ninguna de éstas y, su carácter autónomo al interior de la estructura del Poder público ha sido reconocidos como organismos de control. Se trata de la Contraloría General de la República (CGR) y la Procuraduría General de la Nación (PGN).

El papel otorgado por el constituyente de 1991 a estas entidades fue fortalecer las funciones de control disciplinario y control fiscal sobre los excesivos poderes del Poder Público, con especial relevancia en el Ejecutivo[102]. Las funciones ejercidas por los organismos de control tienen un alto contenido técnico de carácter económico, ambiental, contable e institucional, calificado por algún sector de la doctrina como esencial para la cualificación de la deliberación pública y el adecuado manejo del patrimonio público frente al régimen presidencialista[103]).

VII.1. Contraloría General de la República

Introducida por primera vez en el texto constitucional en la reforma legislativa de la Constitución de 1886, a través del Acto Legislativo número 01 de 1945, se le encargó, de manera específica, la gestión fiscal de la Administración púbica. Con la expedición de la Constitución de 1991, la reestructuración y modificación de la estructura central del poder Ejecutivo, vinculó a la CGR como un organismo de control del Estado competente en llevar a cabo el control fiscal sobre la gestión fiscal que ejercen las entidades y organismos públicos, de conformidad con los criterios establecidos por la ley, así como también sobre aquellos particulares que administran recursos públicos, trá-

---

102 Suarez, Federico, Organismos de Control en la Constitución Política de 1991: Contraloría General de la República y Procuraduría General de la Nación, En Correa Henao, Magdalena I., Osuna Patiño, Néstor I., Ramírez Cleves, Gonzalo A. (Eds.), Lecciones Derecho Constitucional, Tomo II, Universidad Externado de Colombia, p. 402.

103 *Ver supra* p. 11 y 12.

tese de fondos o bienes de la Nación (Articulo 267 C.P.). En casos excepcionales, este control vincula a cualquier entidad territorial (Articulo 267 inc.3 C.P.).

El control fiscal atiende al cuidado del '*fiscus*', término latino que significa erario o tesoro público, bajo el esquema constitucional colombiano debía ser conferido a un organismo autónomo e independiente. El control sobre la gestión fiscal del Estado -en general-, particularmente sobre los recursos públicos, incluye todo tipo de actuaciones vinculadas al control financiero, la gestión de resultados con el fin de determinar si estos se ajustan a los principios, políticas, planes, programas, proyectos, presupuestos y normatividad aplicables y logran efectos positivos para la consecución de los fines esenciales del Estado (Articulo 2° Decreto 403 de 2020). Como objetivo transversal de la acción pública, el legislador impuso el deber a todas las entidades públicas contar con métodos de control interno, o externalizar este control en privados cuando fuese necesario.

VII.1.1. Organización

La CGR es una entidad de carácter técnico, con autonomía administrativa y presupuestal. Parte de los rasgos que la caracterizan es la autonomía conferida por el constituyente quien la habilita para establecer y definir las dependencias que requiera y fijar su organización de acuerdo con la consecución de los resultados y la protección de intereses asignados a especial protección por esta por parte del constituyente.

Por tal razón, para poder abarcar el control fiscal de la Nación, en su interior se crearon contralorías delegadas intersectoriales que de acuerdo con el sector se especializan en el sector agropecuario, minas y energía, salud, trabajo, educación, ciencia y tecnologia, inclusión social, infraestructura, tecnologías de la información, vivienda y saneamiento básico, gestión pública e instituciones financieras, medio ambiente, entre otros.

Dirigido por un Contralor General de la República quien, según los términos del constituyente, sería elegido por el Congreso para un período igual al del Presidente de la República, por terna integrada por candidatos presentados por las tres altas cortes; es decir, el Consejo de Estado, la Corte Suprema de Justicia y la Corte Constitucional (Artículo 267 C.P). No obstante, el Acto Legislativo 02 de 2015 suprimió la participación de la Rama Judicial en su elección, dejándola solo en manos del poder legislativo quien elaborara una lista de elegibles mediante convocatoria pública.

VII.1.2. Funciones y Objetivos

Dentro de las funciones asignadas al Contralor General de la República, podrían agruparse, según su finalidad[104], competencias especificas al control fiscal micro, control fiscal macro, otras dirigidas a la gestión institucional y el ejercicio de competencias por la entidad, así como también un mandato constitucional relevante que es la conservación del ambiente y recursos naturales de la Nación.

Funciones del Contralor General de la República[105]	
Control Fiscal Micro[106]	• Prescribir los métodos y formas de rendir cuentas los responsables del manejo de fondos o bienes de la Nación, así como indicar los criterios de evaluación financiera, operativa y de resultados que deberán seguirse (num.1); • Revisar y fenecer las cuentas que deben llevar los responsables del erario y determinar el grado de eficiencia, eficacia y economía con que hayan obrado (núm. 2); • Exigir informes sobre la gestión fiscal de empleados oficiales de cualquier orden (núm.4); • Establecer la responsabilidad que se derive de la gestión fiscal, imponer las sanciones pecuniarias, recaudar su monto y ejercer la jurisdicción coactiva sobre los alcances deducidos de la misma (núm.5); • Conceptuar sobre la calidad y eficiencia del control fiscal interno de las entidades y organismos del Estado (núm. 6); • Promover la investigación penal o disciplinaria contra quiere hayan causado perjuicio a los intereses patrimoniales del Estado (núm.8); • Dictar normas generales para armonizar los sistemas de control fiscal de todas las entidades públicas del orden nacional o territorial (núm.12).
Control Fiscal Macro[107]	• Llevar un registro de la deuda pública de la Nación y de las entidades territoriales (núm.3); • Adelantar relaciones con el Congreso de la Republica respecto a la presentación de la Cuenta General del presupuesto y del Tesoro y certificar el balance de la Hacienda presentada por el Contador General (núm.13); • Presentación de proyectos de ley relativos al régimen de control fiscal.

En este orden, las funciones de control fiscal no solo se limitan a establecer una armadura de protección respecto del patrimonio público, sino también promover una gestión pública que "cuantifica y establece responsabilidades ante eventuales sucesos de detrimento patrimonial al Estado"[108], además de procurar recuperar aquellos recursos públicos que, por acción u omisión, su

---

[104] Criterios de agrupación ofrecidos por Suarez, Federico, Op. Cit., p. 412.

[105] Criterios de agrupación expuestos con bastante acierto por Suarez, Federico, Op. Cit., p. 412.

[106] Art.268 C.P.

[107] Ibid.

[108] Quinche Ramírez, Manuel Fernando, Derecho constitucional colombiano: de la Carta de 1991 y sus reformas, 4ª ed. Doctrina y Ley, Bogotá, 2010, p. 412

uso ha sido tergiversado de conformidad con las normas fiscales que establecen la destinación y adecuada gestión sobre los recaudos y gastos públicos.

La Ley 42 de 1993 en su Artículo 4° y 5° establece con detalle las características del control fiscal calificándolo como un control posterior y selectivo tanto por la Contraloría General de la Republica en el orden nacional y territorial, los auditores reconocidos para ello. Se trata de un control posterior pues la intervención y revisión parte de la base de resultados sobre la gestión financiera sobre los recursos públicos. Además, es selectivo ya que a través de un procedimiento técnico de una muestra representativo de recursos, cuentas, operaciones o actividades con la finalidad de obtener conclusiones.

VII.2. Ministerio Público: Procuraduría General de la Nación, Defensoría del Pueblo y personeros municipales.

Como parte del Ministerio Público, la Procuraduría General de la Nación ejercerá sus competencias como supremo director de éste (Articulo 275 C.P.). Al interior de aquél, también estará integrado por el Defensor del Pueblo, procuradores delegados y demás agentes de su estructura, ante las autoridades jurisdiccionales, por los personeros municipales y demás funcionarios que determine la ley. El constituyente le atribuyó a éste la guarda y promoción de los derechos humanos, la protección del interés público y la vigilancia de la conducta oficial de quienes desempeñan funciones públicas.

Esta gozará de un poder preferente disciplinario frente a otras agencias estatales (Artículo 277 núm.6 C.P.). Ello indica que el ejercicio de la potestad sancionadora le permitirá solicitar adelantar una investigación directamente, sobre otras entidades estatales que sean competentes de su ejercicio en sectores especializados.

El modelo colombiano de poder disciplinario por la Procuraduría General de la Nación ha sentado precedentes en la jurisprudencia de la Corte Interamericana de Derechos Humanos (CorteIDH), especialmente tras la sanción e inhabilitación por quince años que recayó sobre el ex Alcalde Mayor de Bogotá, Gustavo Petro, en el año 2013. La Corte IDH ordenó la suspensión inmediata de la decisión de la Procuraduría[109], el cual después en decisión de fondo ordenó al Estado colombiano la modificación de las garantías procedimentales del poder sancionador del Procurador General de la Nación y su armonización a las disposiciones previstas en el Articulo 23 del Pacto de San José y la jurisprudencia interamericana de derechos humanos.

---

[109] CIDH, Resolución 5/2014, 18 de marzo de 2014, Gustavo Francisco Petro Urrego respecto de la República de Colombia. Medida cautelar n° 374-13-

A grandes rasgos, la PGN es la Entidad que representa a los ciudadanos ante el Estado para la vigilancia de las actuaciones de los servidores públicos y alertar y advertir cualquier hecho que pueda ser violatorio de las normas vigentes. Sin ser expresa mención en calidad de organismo de control, el Defensor del Pueblo forma parte del Ministerio público y ejerce sus funciones bajo la dirección del Procurador general de la Nación (Articulo 281 C.P.). El Defensor del Pueblo (*ombudsman*) se encargará por velar y promocionar el ejercicio y divulgación de los derechos humanos, realizando actuaciones de orientación e instrucción alrededor del territorio nacional, así como también de colombianos en el exterior, interponer acciones populares en el ámbito de sus competencias, presentar proyectos de ley y rendir informes ante el Congreso de la República para la promoción y protección de estas garantías constitucionales (Articulo 282 C.P).

VII.2.1.Organización

La Procuraduría General de la Nación, en su calidad de órgano de control, se le han atribuido garantías de independencias y autonomía en virtud de un régimen legal propio relativo al funcionamiento y estructura de la entidad. Así, se le atribuye características propias de una autonomía técnica, financiera y presupuestal, para el cumplimiento de sus funciones.

Dirigida por el Procurador General de la Nación, en cuya elección, por el término de cuatro años, participan las tres ramas del poder público. Por un lado, la integración de la terna por el Presidente de la República, la Corte Suprema de justicia y el Consejo de Estado (Articulo 276 C.P). Éste, ejercerá sus funciones, por si o por medio de sus delegados y agentes (Articulo 277 C.P.). Por el otro, será el Senado de la República, quien elegirá dentro de los candidatos de la terna al Procurador General de la Nación.

VII.2.2. Funciones

El Constituyente previó en el Articulo 277 C.P. las competencias asignadas al Procurador General de la Nación, pueden ser ejercidas por él o a través de sus delegados y agentes, tales como: i) la vigilancia del cumplimiento de la Constitución, las leyes, decisiones judiciales y actos administrativos; ii) proteger los derechos humanos y asegurar su efectividad, con auxilio del Defensor del Pueblo; iii) defender los intereses de la sociedad; iv) defender los intereses colectivos, en especial el ambiente; iv) velar por el ejercicio diligente y eficiente de las funciones administrativas; v) ejercer vigilancia superior de la conducta oficial de quienes desempeñan funciones públicas, inclusive las de elección popular; ejercer preferentemente el poder disciplinario; adelantar las investigaciones correspondientes e imponer las respectivas sanciones conforme a la ley; vi) intervenir en procesos y ante autoridades judiciales o administrativas, cuando sea necesario, en defensa del orden jurídico, del patrimonio público, o de los derechos y garantías fundamentales; vii) rendir anualmente informe de su gestión al Congreso; viii) exigir a los funcionarios públicos y a los particulares la información que considere necesaria, así como también cualquier otra competencia asignada en la ley.

Por último, la habilitación expresa para la delegación de competencias por parte del Procurador General de la Nación en quien, dentro de su estructura orgánica y funcional, considere idóneo. Sin embargo, el constituyente asignó competencias cuya delegación se encuentra expresamente prohibida en el Articulo 288 C.P. , lo cual significa que debe ser ejercida directamente por éste, tales como aquellas facultades destinadas a la desvinculación del cargo a un funcionario público, así como emitir conceptos en procesos disciplinarios contra funcionarios sometidos a fuero especial, así como presentar proyectos de ley y exhortar al Congreso para la expedición de leyes que aseguren la promoción y proteccion de los derechos humanos y su cumplimiento por las autoridades públicas, entre otros.

BIBLIOGRAFÍA

Amaya León, Wilman. «Constituciones provinciales en Colombia», 2020.

Colombia, Pombo, Manuel Antonio, y José Joaquín Guerra. *Constituciones de Colombia: recopiladas y precedidas de una breve reseña histórica*, 1911.

Estupiñán Achury, Liliana, Desequilibrios territoriales, Bogotá, Doctrina y Ley y Universidad del Rosario, 2012

Julio Estrada, Alexei. *Las ramas ejecutiva y judicial del poder público en la Constitución colombiana de 1991*. Primera edición. Universidad Externado de Colombia, 2003.

Kelsen, Hans. «Pure Theory of Law, The-Its Method and Fundamental Concepts». *LQ Rev.* 50 (1934): 474.

Molinares Hassan, Viridiana. *Manual introductorio de derecho constitucional colombiano*. Universidad del Norte, 2023. https://www.digitaliapublishing.com/a/127886.

Montaña Plata, Alberto, Fundamentos de Derecho Administrativo, Universidad Externado de Colombia, 2010.

Palacios Torres, Alfonso. *Concepto y control del procedimiento legislativo*. Primera Edición. Vol. 1. Universidad Externado de Colombia, 2005.

Quinche Ramírez, Manuel Fernando. *Derecho constitucional colombiano. De la carta de 1991 y sus reformas*. Quinta edición. Editorial Temis SA, 2012.

Ramos Acevedo, Jairo y Rodríguez Becerra, Carlos H. *Estructura y organización del Estado Constitucional colombiano*. Ibañez, 2009.

Restrepo Piedrahita, Carlos. *Constituciones políticas nacionales de Colombia*. 4ta Edición. Bogotá D.C., Colombia: Universidad Externado de Colombia, 2009.

Robledo Silva, Paula, La autonomía municipal en Colombia, Universidad Externado de Colombia, 2010.

Robledo Silva, Paula, El régimen territorial en la Constitución, En Correa Henao, Magdalena; Ramírez Cleves, Gonzalo Andrés, Lecciones de Derecho Constitucional, Tomo II, Universidad Externado de Colombia, 2018,

Sierra Porto, Humberto A. *Concepto y tipos de ley en la Constitución colombiana.* Primera edición. Universidad Externado, 1998.

Suarez, Federico, Organismos de Control en la Constitución Política de 1991: Contraloría General de la República y Procuraduría General de la Nación, En Correa Henao, Magdalena I., Osuna Patiño, Néstor I., Ramírez Cleves, Gonzalo A. (Eds.), Lecciones Derecho Constitucional, Tomo II, Universidad Externado de Colombia, p. 402.

Tascón, Tulio Enrique. *Historia del derecho constitucional colombiano.* 9.ª ed. Bogotá D.C., Colombia: Universidad Externado de Colombia, 2005.

Vanegas Gil, Pedro Pablo. *Estudios de derecho electoral.* Universidad Externado, 2008.

Villa, Hernando Valencia. *Cartas de batalla.* Universidad Nacional de Colombia, 1987.

Capítulo XIV

La constitución chilena de 1980 y sus reformas

RICARDO IGNACIO BACHMANN FUENTES
Departamento de Derecho Administrativo Universidad de Granada

SUMARIO: I. Introducción. II. Historia constitucional. III. Fuentes del Derecho. III.1. Las normas del Parlamento. III.2. Los tratados internacionales. III.3. La jurisprudencia. III.4. Reglamentos. IV. Instituciones constitucionales. IV.1. El Gobierno. IV.2. El Congreso Nacional. IV.3. El poder judicial. IV.4. El Ministerio Público. IV.5. Banco Central de Chile. V. Derechos fundamentales. VI. Justicia constitucional. VII. Comentario a modo de cierre. Bibliografía.

I. INTRODUCCIÓN

Como consecuencia de dos procesos constituyentes efectuados en los últimos años, existe un creciente interés por el constitucionalismo chileno, especialmente debido a la idea que se ha transmitido desde hace décadas de que Chile goza de estabilidad política, una democracia madura y funcional, además de un sistema económico exitoso, lo que habría permitido un desarrollo y crecimiento de esta nación poco habitual en la región. Sin embargo, el descontento de la gente con el actual sistema político y económico quedó en evidencia con el estallido social que comenzó en octubre de 2019, que derivó en la vulneración de los derechos humanos de miles de ciudadanos que se manifestaban, por parte de las fuerzas del Estado. Como respuesta a estas demandas, se convocó a una convención constituyente que redactara un nuevo texto constitucional. Esta vez, concebido por la propia ciudadanía.

Desde su promulgación, la Constitución de 1980 ha sido objeto de controversia y debate en Chile, por lo que se ha buscado su reforma o reemplazo en varias ocasiones, especialmente después del retorno a la democracia en 1990. Sin embargo, el proceso de reforma por parte de las cámaras del parlamento se ha encontrado limitado por los altos quórums exigidos y al sistema electoral binominal, por lo que, hasta la fecha, solo se han podido realizar reformas parciales al texto original, abordando aspectos específicos del sistema político, como las potestades del presidente, la composición y funciones del

Congreso, los derechos y garantías individuales, entre otros, pero sin alterar el modelo económico y el estado subsidiario[1].

Así, en respuesta a las demandas ciudadanas por la implementación de un estado de bienestar, se convocó a un plebiscito nacional en octubre de 2020 para decidir si se debía redactar una nueva Constitución y qué tipo de órgano sería responsable de redactarla. La opción de una Convención Constitucional, compuesta completamente por ciudadanos electos para ese propósito, ganó abrumadoramente en el plebiscito[2]. Sin embargo, el texto constitucional propuesto por este órgano fue rechazado en el referéndum de salida, lo que llevó a la convocatoria de una segunda Comisión Constituyente.

En estas dos ocasiones, los textos propuestos fueron rechazados por los ciudadanos, por cuanto pervive la Constitución Política que fue promulgada en 1980 durante la dictadura militar de Augusto Pinochet. Su génesis se encuentra en un proceso liderado por la Junta Militar, que convocó ese año a un plebiscito para aprobar un nuevo texto constitucional que reemplazase a la Constitución de 1925[3].

La comisión que redactó esta Constitución estuvo conformada por diversos expertos y colaboradores del régimen militar, quienes trabajaron en el diseño de un texto que reflejara los principios y objetivos de ese gobierno de facto. Por ello, es importante destacar que la redacción del texto constitucional consagraba únicamente las visiones políticas y económicas de quienes dirigían el país en ese momento, lo que incluía una orientación hacia el neoliberalismo económico, un sistema político presidencialista con importantes atribuciones para el presidente, en desmedro de los otros poderes del Estado y una centralización del poder político en la capital del país[4].

La comisión encargada de redactar la Constitución de Pinochet estuvo liderada por el jurista y abogado chileno Jaime Guzmán Errázuriz, quien fue un influyente político y académico chileno conservador. Fue miembro importante de la dictadura y uno de los ideólogos detrás de la concepción del modelo económico y político que se plasmó en la nueva Constitución[5].

---

1 ASTE LEIVA, B. Estallido social en Chile: la persistencia de la Constitución neoliberal como problema. Saggi-DPCE online, Nº 1, 2020, pp. 3-19.

2 CABRERA TAPIA, R. Chile ante el inicio del proceso constituyente. BIE3, Boletín IEEE, Nº 20, 2020, pp. 462-478.

3 MONCADA DURRUTI, B. Jaime Guzmán, el político de 1964 a 1980: una democracia contrarrevolucionaria. RIL Editores, Santiago de Chile, 2006.

4 ASTE LEIVA, B. Op. Cit.

5 PEREZ GODOY, F. y VALENCIA NARBONA, L. El pensamiento político de Jaime Guzmán en la formación cívica de los chilenos en dictadura. *Cuadernos de Historia* [online], Nº 54, 2021, pp.119-145.

El modelo económico neoliberal consagrado en la Constitución chilena, inspirado por la llamada *Escuela de Chicago* y el pensamiento económico de Milton Friedman, buscaba reducir al mínimo la intervención del Estado en la economía y promover la libre competencia y el libre mercado. Las principales expresiones de este modelo se encuentran en: la fuerte protección constitucional de la propiedad privada que se ha interpretado como una salvaguarda para los intereses de los inversionistas y empresarios y la limitación del rol del Estado en la economía, ya que la Constitución establece un marco en el cual este tiene un papel subsidiario, dejando a la iniciativa privada la responsabilidad principal en el desarrollo económico del país[6]. Esto se traduce en una limitación de las funciones del Estado en la regulación y provisión de servicios públicos; la garantía de la libre competencia: junto a este principio, se prohíben prácticas que la limiten en los mercados[7]. Su finalidad sería fomentar la eficiencia económica y evitar monopolios o prácticas anticompetitivas que distorsionen el mercado y, la autonomía del Banco Central, lo que implica una separación entre las decisiones económicas y políticas del gobierno y las decisiones relacionadas con la política monetaria y la estabilidad de precios[8].

En todo caso, es importante señalar que, a lo largo de los años, la aplicación y los efectos de este modelo económico han sido objeto de debate y crítica en la sociedad chilena, especialmente en lo que respecta a la desigualdad económica-social y a la provisión de servicios públicos como salud, educación y pensiones. La actual discusión sobre la reforma constitucional en Chile también incluye el debate sobre el modelo económico y la necesidad de reformas que aborden sus deficiencias y desafíos[9].

En cuanto al ya comentado rol de *Estado subsidiario* en la Constitución chilena, se refiere a un principio fundamental en la organización de este y su relación con la sociedad y la economía. Este principio establece que el Estado debe intervenir en la sociedad y en la economía sólo cuando sea necesario y en la medida necesaria para cumplir con ciertos objetivos y funciones específicas, dejando el máximo espacio posible para la iniciativa privada y la sociedad civil[10].

---

6 MONCADA DURRUTI, B.Op. Cit.

7 VIERA ÁLVAREZ, C. y GARCÍA-CAMPOS, G. El largo camino hacia la democracia: el neoliberalismo autoritario en la Constitución Económica chilena. Revista de Derecho del Estado, N° 58, 2024, pp. 389-422.

8 LAGOS TORRES, A. Reflexiones sobre el Banco Central de Chile en el rechazado borrador constitucional de 2022. Derecho Público Iberoamericano, N° 22, 2023, pp. 43-84.

9 ASTE LEIVA, B. Op. Cit.

10 VIERA ÁLVAREZ, C. y GARCÍA-CAMPOS, G. Op. Cit.

En términos simples, este principio postula que el Estado sólo debe intervenir cuando los privados no pueden satisfacer determinadas necesidades o cuando la acción del Estado es indispensable para garantizar derechos fundamentales o corregir desigualdades significativas. En consecuencia, existe una limitación a las funciones del Estado, toda vez que la Constitución establece que el Estado debe cumplir ciertas funciones esenciales, como defensa, seguridad pública, la protección de los derechos fundamentales, educación y salud, aunque estos dos últimos también son considerados bienes de consumo[11]. En todo lo demás, se promueve la autonomía de la sociedad y la iniciativa privada.

Del mismo modo, la libertad económica cobra especial importancia, ya que la Constitución la protege junto con la iniciativa privada, reconociendo el papel central del mercado en la economía y limitando la intervención del Estado en la actividad económica privada.

En resumen, el principio de subsidiariedad en la Constitución chilena refleja una concepción de Estado limitado, que interviene solo "en los casos en que el desempeño de los privados sea deficitario"[12]. Sin embargo, en la práctica ha generado desigualdad y precariedad para la mayoría de la población debido a los servicios mínimos estatales (salud y educación, por ejemplo) que se traduce en la ausencia de un estado de bienestar, lo que ha llevado a una gran parte de la ciudadanía movilizarse[13].

II. HISTORIA CONSTITUCIONAL

La historia constitucional de Chile es a la vez rica y compleja, ya que está marcada por una serie de hitos políticos, sociales y culturales a lo largo de los siglos XIX, XX y XXI, con periodos de estabilidad y crisis política. Durante el siglo XIX, Chile logró su independencia de España en un proceso que comenzó con la formación de juntas de gobierno en 1810 y culminó con la declaración de independencia en 1818. Durante este período, se redactaron varias constituciones provisionales y se estableció un sistema político republicano[14].

---

11 HENRY, S., "La Educación Chilena: ¿Derecho Humano o bien de consumo?" (201[illegible]). Independent Study Project (ISP) Collection. 1418. https://digitalcollections.sit.edu/isp_collection/1418

12 VIERA ÁLVAREZ, C. y GARCÍA-CAMPOS, G. Op. Cit. pág. 408.

13 ASTE LEIVA, B. Op. Cit.

14 BIBLIOTECA DEL CONGRESO NACIONAL.Reseña histórica constitucional de Chile. Recurso electrónico permanente disponible en: https://www.camara.cl/camara/doc/archivo_historico/resena.pdf

La Constitución de 1833 fue una de las constituciones más duraderas de Chile y estableció las bases del sistema político y social del país durante gran parte del siglo XIX. Fue redactada durante el gobierno del presidente José Joaquín Prieto y estableció un sistema presidencialista con un fuerte poder ejecutivo y un Senado vitalicio.

Como consecuencia de la Guerra Civil de 1891, también conocida como la Revolución de 1891, que derivó en la caída del presidente José Manuel Balmaceda y la subsecuente instalación de un nuevo gobierno con características parlamentarias, se promulgó en 1925 una nueva Constitución[15]. La vigencia de esta Constitución se vio interrumpida por el Golpe de Estado encabezado por Augusto Pinochet, quien en el año 1980 convocó a la ciudadanía a un plebiscito para aprobar el nuevo texto constitucional. Estableció un sistema presidencialista y otorgó amplios poderes al presidente, así como protecciones para la propiedad privada y una serie de disposiciones económicas y sociales.

Una vez finalizada la dictadura y conseguido el retorno a la democracia en 1990, Chile experimentó un proceso de transición. Se realizaron reformas constitucionales parciales con el fin de democratizar el sistema político y establecer salvaguardias para los derechos humanos y las libertades civiles. Entre estas, se pueden mencionar las leyes N° 18.825 de agosto de 1989, en materia de derechos fundamentales; N° 19.055 de abril de 1991 sobre indulto, amnistía y libertad provisional; N° 19.876 de mayo de 2003 que establece la gratuidad y obligatoriedad de la educación secundaria; N° 21.011 de mayo de 2017 que impone la obligación del presidente a rendir cuentas ante el Congreso Pleno, entre muchas otras[16].

Finalmente, cabe recalcar lo indicado en la introducción, en cuanto a que se han realizado dos procedimientos constituyentes y ambos han terminado con sus sendas propuestas, rechazadas. A este respecto, solo me cabe puntualizar que las demandas de la ciudadanía siguen insatisfechas y que, probablemente, las movilizaciones continúen hasta que se logre un amplio consenso sobre los temas más relevantes, como sería el fin del estado subsidiario y la instalación de un estado de bienestar.

---

15 JIMÉNEZ LARRAÍN, F; JIMÉNEZ LOOSLI, F. Historia constitucional de Chile. Ediciones UCSC, Concepción, 2021.

16 BIBLIOTECA DEL CONGRESO NACIONAL DE CHILE. Historia de la ley. Leyes que modifican la Constitución Política de Chile. Recurso electrónico permanente disponible en: https://www.bcn.cl/historiadelaley/nc/historia-de-la-ley/modificaciones/2422/aHR0cDovL2hpc3RvcmlhZGVsYWxleS5iY24uY2wvbmMvbGlzdGEtZGUtcmVzdWx0YWRvLWRlLWJ1c3F1ZWRhL2NvbnN0aXR1Y2lvbi8%3D/#tab-2&pagina-1

III. FUENTES DEL DERECHO

De conformidad a lo establecido en su artículo 6, la Constitución Política es la norma suprema del ordenamiento jurídico chileno. A su vez, se reconocen diversas fuentes del derecho, las que se organizan en virtud del principio de supremacía constitucional. Además de suprema, la Constitución es normativa, lo que significa que es directamente aplicable por los jueces y que el garante último de este principio es un órgano jurisdiccional. Esto se debe a que el ordenamiento jurídico chileno es el resultado de dos corrientes jurídicas distintas: del *Judicial Review* norteamericano y de la teoría normativa de Hans Kelsen[17].

En todo caso, persiste la discusión en torno a determinar cuál o cuáles son los efectos prácticos de este principio en el ordenamiento jurídico chileno. Luis Silva advierte que no está claro si el control de constitucional es concentrado o difuso; si la ley interfiere o no en el control de constitucionalidad de los actos administrativos; respecto de la aplicación directa de la Constitución en el recurso de casación en el fondo, sobre la derogación tácita por inconstitucionalidad; el alcance de las sentencias que interpretan su significado; la eficacia horizontal de los derechos fundamentales o, quién es -en definitiva- el garante final de la Constitución[18].

III.1. Las normas del Parlamento

En el Capítulo XV se establece el procedimiento para la reforma constitucional. Para ello, se requiere un quórum de cuatro séptimas partes de los parlamentarios en ejercicio (diputados y senadores). Del mismo modo, para la aprobación, modificación o derogación de *las leyes interpretativas* de la Constitución se requiere el mismo quórum[19].

En cuanto a las demás leyes, los artículos 63 y siguientes establecen las siguientes categorías de normas creadas por el legislador:

---

17 ALVARADO ROJAS, C. y SILVA IRARRÁZAVAL, L. Supremacía constitucional y derechos sociales: ¿Hacia la judicialización de la política?

18 SILVA, L. La supremacía constitucional: fundamento y límite de su garantía por el Tribunal Constitucional. Anuario de Derecho Público UDP,

19 Según ZÚÑIGA URBINA, en la doctrina constitucional chilena la ley interpretativa de la Constitución es concebida como "un tipo específico de interpretación, denominada auténtica (las otras denominadas interpretación usual e interpretación doctrinal), que determina el sentido y alcance de una norma jurídica –norma constitucional- oscura, falta de claridad o imprecisa", pág. 268.

a) Leyes Ordinarias: Son leyes que regulan materias no contempladas en las leyes orgánicas constitucionales. Se aprueban y modifican por mayoría simple en el Congreso Nacional y cubren una amplia gama de asuntos, como el derecho civil, laboral, comercial, entre otros.

b) Leyes Orgánicas Constitucionales y las de Quórum Calificado: Son leyes especiales establecidas en la Constitución y requieren de la mayoría absoluta de los diputados y senadores en ejercicio para su aprobación, derogación y modificación. Regulan aspectos esenciales de la organización y funcionamiento del Estado, así como de los derechos y deberes de los ciudadanos[20].

c) Ley de Presupuestos de la Nación: Los artículos 67 y siguientes establecen el procedimiento que ha de seguir el proyecto de ley de presupuestos para ser aprobado. Si bien en estas disposiciones no se establece un quórum especial para aprobar, se colige de distintas reglas que se exige la mayoría relativa al igual que las leyes ordinarias. Sí se establece el quórum de dos tercios de los miembros presentes de una u otra Cámara, para determinadas situaciones establecidas en el artículo 68 y 70 en lo podría denominarse *hipótesis de insistencia.*

Por su parte, el artículo 64 de la Constitución configura los Decretos con Fuerza de Ley dictados por el presidente de la República previa autorización del Congreso Nacional para que, durante el plazo no superior a un año sobre materias que correspondan al dominio de la ley. En todo caso, estos no podrán referirse a determinadas materias tales como: nacionalidad, inmigración, las elecciones ni a plebiscitos, entre otras, tampoco a aquellas que sean objeto de ley orgánica constitucional o de quórum calificado.

III.2. Los tratados internacionales

La Constitución Política, en su artículo 5°, reconoce a los tratados internacionales ratificados por Chile como parte integrante del ordenamiento jurídico interno. Además, se establece que, para que un tratado internacional sea ratificado, debe cumplir con un procedimiento específico que incluye la aprobación del presidente de la República y su posterior ratificación por parte del Congreso Nacional. Una vez ratificado, el tratado se convierte en ley de la República y adquiere plena vigencia y aplicación en el territorio chileno.

---

20 Originalmente, estos tipos de leyes requerían de distintas mayorías debido a la importancia de las materias que trataba cada una de ellas, pero en la reforma realizada mediante la Ley 21.481 de 23 de agosto de 2022, se estableció el mismo quórum.

Conforme a este principio, los tratados internacionales ratificados adquieren jerarquía normativa equiparable a la de las leyes, aunque superior a las leyes ordinarias y a los reglamentos. Esto significa que, en caso de conflicto entre una ley interna y un tratado internacional ratificado por Chile, prevalecerá la normativa del tratado internacional[21]. Este reconocimiento del valor normativo de los tratados internacionales ratificados por Chile refleja el compromiso del Estado con el derecho internacional y con el respeto a los compromisos adquiridos en este ámbito. Asimismo, garantiza la armonización y la coherencia entre el ordenamiento jurídico interno y los estándares y principios del derecho internacional.

Respecto a los tratados sobre Derechos Humanos, conviene hacer presente que, de conformidad a lo establecido en el artículo 5° inciso 2° de la Constitución, los derechos fundamentales recogidos en estos tratados no solo constituyen un límite a la soberanía de la nación, sino que además, constituye un mandato para todos los órganos del Estado, por lo que implicaría reconocerles una jerarquía supralegal[22].

Además, la jurisprudencia de la Corte Suprema de Chile ha reiterado la importancia y el valor normativo de los tratados internacionales sobre derechos humanos. La Corte ha establecido que estos tratados deben ser interpretados y aplicados por los tribunales chilenos de conformidad con las normas y principios del derecho internacional de los derechos humanos, y que prevalecen sobre las disposiciones legales internas en caso de conflicto[23].

Por su parte, el Tribunal Constitucional ha utilizado distintas convenciones de Derechos Humanos ratificadas por Chile para interpretar la ley interna. En tales casos, el alto tribunal ha definido cuál es la correcta aplicación que debe darse a los tratados y de forma indirecta cuál es el rango normativo que debe atribuírseles, pues al utilizarlos como criterios de control de las normas legales que revisa les ha reconocido un rango especial en estrecha vinculación con preceptos constitucionales, específicamente con el artículo 5° inciso segundo de la Constitución[24].

---

21 ALDUNATE LIZANA, E. "La posición de los tratados internacionales en el sistema de fuentes del ordenamiento jurídico chileno a la luz del derecho positivo". Ius et Praxis, Vol. 16, N° 2, 2010, pp. 185-210.

22 VIERA-GALLO, J y LÜBBERT, V. "Los tratados sobre Derechos Humanos en la jurisprudencia chilena". Estudios internacionales, N° 71, 2012, pp. 87-115.

23 Véase la Sentencia de la Corte Suprema en el caso de secuestro calificado de Miguel Ángel Sandoval del 17.11.2004, en la cual se invoca el principio de imprescriptibilidad de los crímenes de lesa humanidad contenido en tratados internacionales de Derechos Humanos.

24 VIERA-GALLO, J y LÜBBERT, V. Op. Cit.

En resumen, la Constitución no regula de manera expresa ni la fuerza ni la función normativas de los tratados internacionales. La asimilación que la Constitución hace de los tratados a la ley no resuelve estas cuestiones. Empero, desde un punto de vista positivo, podría colegirse que el fundamento del carácter normativo del tratado es el acto de promulgación que ordena a cumplirlo como ley. En cuanto a su función normativa, el juez se encuentra doblemente vinculado al tratado que, si bien adquiere carácter de fuente interna, siempre conserva su carácter vinculante para el juez en cuanto órgano del estado obligado. Así las cosas, el principal problema que se plantea entre un tratado y leyes posteriores, se resuelve a favor del primero, no debido a la jerarquía sino debido a la prevalencia que el juez debe dar a su obligación respecto del tratado[25].

III.3. La jurisprudencia

La Constitución no hace referencia al valor de la jurisprudencia de los tribunales chilenos como fuente del Derecho y, en el artículo 3° del Código Civil, se establece el principio de efecto relativo de las resoluciones: "Las sentencias judiciales no tienen fuerza obligatoria sino respecto de las causas en que actualmente se pronunciaren". Sin embargo, intentaré explicar aquí el valor de la jurisprudencia tanto de la Corte Suprema en tanto en cuanto constituye una fuente indirecta del ordenamiento jurídico chileno, así como en lo tocante a la jurisprudencia de la Corte Interamericana de Justicia.

Romero Seguel advierte que el proceso de codificación perseguía prescindir de la jurisprudencia como fuente del Derecho. Empero, esta tendencia se ha ido debilitando por el convencimiento de que el valor de esta no es exclusividad de los países del *Common Law*. Prosigue el autor indicando que se ha llegado a la convicción de que el Derecho es un fenómeno que no se agota con la ley y, al menos en lo que respecta al Derecho Procesal, la jurisprudencia opera como referente normativo, "fijando requisitos de admisibilidad y condiciones para el ejercicio de los derechos procesales"[26].

Es así como cada día van cobrando más relevancia los fallos de la Corte Suprema ya que, si bien no obligan a los tribunales ordinarios, estos consideran los precedentes al momento de resolver. De hecho, en materia laboral existe un recurso de unificación de jurisprudencia, el cual fue introducido a través

---

[25] ALDUNATE LIZANA, E. Op. Cit.

[26] ROMERO SEGUEL, A. "El valor de la jurisprudencia en materia procesal a la luz del concepto de las leyes reguladoras de la prueba". Revista Chilena de Derecho, Vol 29, N° 1, pág. 174.

de la Ley 20.087 de 29 de marzo de 2008, como resultado de una evaluación negativa al sistema recursivo en esta rama del Derecho[27].

En cuanto a la jurisprudencia de la Corte Interamericana de Derechos Humanos, al ser Chile un país miembro de la Convención Interamericana, las sentencias resultan vinculantes para el Estado. Un caso paradigmático fue el presentado contra el Estado de Chile por la censura de la película *La última tentación de Cristo*, que derivó en la reforma constitucional realizada mediante la Ley N° 19742, que eliminó la censura cinematográfica sustituyéndola por un sistema de calificación y que consagró el derecho a la libre creación artística[28].

Ahora bien, cabe preguntarse qué sucede con aquellas sentencias que no vinculan al Estado chileno. ¿Tienen alguna repercusión en el Derecho interno? En lo que respecta a la investigación de violaciones de los derechos humanos, la jurisprudencia de la Corte interamericana ha sido reiteradamente utilizada por varios tribunales de los países miembros. Un ejemplo de la aplicación de la jurisprudencia de la Corte como del Convenio Interamericano, es el comentado caso Sandoval, por secuestro calificado y la aplicación de imprescriptibilidad de los crímenes de lesa humanidad[29].

III.4. Reglamentos

En cuanto a la potestad reglamentaria, esta es reconocida por la Constitución al presidente de la República, a sus ministros y demás autoridades administrativas, con el fin de que regulen aquellas materias no reservadas a la ley o en ejecución de estas últimas, facilitando así su aplicación y cumplimiento. El artículo 35 de la Constitución distingue entre Reglamentos, Decretos del presidente, Decretos de los ministros y las instrucciones. Los primeros son normas dictadas por el presidente de la República u otros órganos del poder ejecutivo para la ejecución y aplicación de las leyes. Estos no pueden contravenir las leyes a las que están subordinados y deben ceñirse a lo establecido en ellas, al igual que se subordinan a la Constitución[30].

---

27 DÍAZ GARCÍA et al. "Seguimiento del precedente por la Corte Suprema de Chile en materia laboral. Estudio empírico del recurso de unificación de jurisprudencia". Revista Chilena de Derecho, Vol. 41, N° 3, 2014, pp. 1105-1131.

28 Diario Oficial, 2001-08-25, núm. 37046, p. 2.

29 STORINI, C. "Efectos de la jurisprudencia de la Corte Interamericana de Derechos Humanos en los países miembros de la OEA". Foro, Revista de Derecho, N° 11, 2009, pp. 55-69.

30 SQUELLA, A. "Introducción al Derecho". Editorial Jurídica de Chile, Santiago, 2002.

En cuanto a la Administración Pública Local, el gobierno de la provincia opera por desconcentración del Ejecutivo. En las comunas, las municipalidades cuentan con potestad reguladora, la que se concreta en reglamentos (de funcionamiento interno), decretos alcaldicios o circulares y las ordenanzas municipales, que regulan aspectos específicos de la vida local dentro de su jurisdicción. Tienen como objetivo principal establecer normas y disposiciones para el adecuado funcionamiento y desarrollo de las comunidades locales[31].

Estos reglamentos permiten a los municipios adaptar las normativas generales a las necesidades y realidades específicas de sus territorios, promoviendo así un mejor desarrollo y convivencia en las localidades. Algunos de los aspectos más importantes sobre las ordenanzas municipales en Chile son:

a) Rango normativo: Las ordenanzas municipales tienen un rango normativo inferior a las leyes y reglamentos dictados por el gobierno central. La contravención al principio de jerarquía acarrea la nulidad;

b) Materias reguladas: Pueden abordar una amplia gama de materias relacionadas con el ámbito local, como el uso del suelo, la construcción y urbanismo, el comercio ambulante, la salud pública, el medio ambiente, la seguridad ciudadana, el tráfico y estacionamiento, entre otros;

c) Proceso de elaboración: Se redactan y aprueban en el ámbito de las municipalidades, generalmente a través del Concejo Municipal, que es el órgano colegiado encargado de tomar decisiones importantes en la gestión local. Para su aprobación, suelen requerir una mayoría calificada o simple, dependiendo de lo que estipule la normativa local y la relevancia de la materia regulada;

d) Aplicación y cumplimiento: Una vez aprobadas, deben estar a disposición del público y deben ser publicadas en los medios digitales o electrónicos de que disponga la municipalidad. Tienen carácter vinculante y deben ser acatadas por los residentes y agentes económicos dentro del territorio municipal.

IV. INSTITUCIONES CONSTITUCIONALES

La actual constitución dedica diez capítulos a las principales instituciones del Estado chileno. En el presente apartado me referiré someramente a los capítulos: IV que corresponde al Gobierno, al V sobre el Congreso Nacional, VI del Poder Judicial, VII del Ministerio Público, VIII sobre el Tribunal Cons-

---

[31] Artículo 12 de la Ley Orgánica Constitucional de Municipalidades, N° 18.695, coordinada y sistematizada por el Decreto con Fuerza de Ley N° 1 de 26 de julio de 2006.

titucional, X de la Contraloría General de la República y al XIII, referente al Banco Central.

IV.1. El Gobierno

El presidente de la República de Chile es la máxima autoridad del país y ejerce funciones tanto ejecutivas como políticas. Es elegido democráticamente por votación popular en elecciones generales que se celebran cada cuatro años. La Constitución limita el mandato presidencial a un máximo de dos períodos consecutivos.

Ejerce la Jefatura del Estado y del Gobierno, representando internacionalmente al país y dirige la política exterior, ostenta la Comandancia en Jefe de las Fuerzas Armadas y es responsable de la defensa nacional, nombra a sus ministros quienes lo asisten en la administración del gobierno y en la toma de decisiones, dirige y supervisa la administración pública y es responsable de implementar políticas y programas que afectan a todo el país, establece la agenda política del país y lidera la implementación de políticas en áreas como economía, educación, salud, seguridad, entre otros importantes funciones. Como cabeza de la Administración Pública, debe actuar dentro del marco establecido por la Constitución y las leyes y su gestión está sujeta al escrutinio público y al equilibrio de poderes con el Congreso y el Poder Judicial.

Si bien no tiene funciones legislativas propiamente tales, ya que no puede legislar directamente, el presidente de la República sí tiene algunas atribuciones y facultades relacionadas con el proceso y la función legislativos:

1. Iniciativa legislativa: Puede enviar proyectos de ley al Congreso para su consideración. Estos proyectos pueden ser propuestas para la creación, modificación o derogación de leyes.

2. Mensaje presidencial: Puede dirigirse al Congreso mediante un mensaje presidencial para informar sobre el estado del país, presentar iniciativas legislativas, solicitar la urgencia de proyectos de ley o tratar otros asuntos de interés nacional.

3. Veto presidencial: Una vez que el Congreso aprueba un proyecto de ley, este es enviado al presidente para su promulgación. El presidente tiene la facultad de objetar total o parcialmente un proyecto de ley mediante el veto. Si el presidente veta un proyecto de ley, este debe ser devuelto al Congreso con las observaciones correspondientes para su revisión.

4. Promulgación de leyes: Una vez que el Congreso aprueba un proyecto de ley y el presidente no lo veta, el presidente debe proceder a su pro-

mulgación, es decir, a su oficialización como ley del país. Esto implica la firma y orden de publicación de la ley aprobada en el Diario Oficial.

5. Decretos con fuerza de ley: En situaciones de emergencia o urgencia, el presidente puede dictar decretos con fuerza de ley para legislar sobre materias específicas. Sin embargo, estos decretos deben ser posteriormente ratificados por el Congreso Nacional para mantener su validez como leyes[32].

IV.2. El Congreso Nacional

Es el órgano legislativo del país y está compuesto por dos cámaras: la Cámara de Diputados y el Senado. Ambas tienen funciones específicas y están diseñadas para representar diferentes aspectos de la sociedad chilena. La Cámara de Diputados es la cámara baja del Congreso Nacional. Está conformada por un total de 155 diputados, quienes son elegidos directamente por votación popular en distritos electorales del país. La principal función de la Cámara de Diputados es la de representar los intereses del pueblo chileno y legislar sobre asuntos de interés nacional. Tiene la facultad exclusiva de iniciar proyectos de ley relacionados con impuestos, finanzas públicas, que creen o supriman servicios públicos.

Por otra parte, el Senado constituye la cámara alta del Congreso Nacional. Está integrado por un total de 50 senadores, que son elegidos directamente por votación popular en circunscripciones senatoriales, las cuales corresponden a las 16 regiones del país más la Región Metropolitana de Santiago (unidades territoriales distintas a los distritos). La principal función del Senado es la de representar a las regiones y defender sus intereses en el ámbito legislativo. Tiene un rol clave en la aprobación de leyes, ya que debe ratificar los proyectos de ley aprobados por la Cámara de Diputados para que se conviertan en ley. Los senadores tienen un mandato de ocho años, renovándose cada cuatro años la mitad de la cámara.

La Ley 21.238 de 3 de julio de 2020, sobre reforma constitucional, limitó la reelección de diputados y senadores. Los primeros pueden ser reelegidos consecutivamente hasta por dos periodos. En cambio, los senadores sólo podrán ser reelegidos consecutivamente por un periodo más[33].

---

32 MELÉNDEZ ÁVILA, F. “La forma de gobierno en el Chile actual: un caso de presidencialismo latinoamericano equilibrado”. Revista Republicana, N° 26, 2019, pp. 21-42.

33 También se limitó la reelección de los cargos de: gobernador regional, consejeros regionales, alcaldes y concejales.

En cuanto a los procesos legislativos en la Cámara de Diputados, estos se encuentran establecidos por el Reglamento de la Corporación, que detalla cómo se deben llevar a cabo las distintas etapas de discusión y votación de proyectos de ley. Cabe recordar que los proyectos de ley pueden ser presentados por el presidente de la República, por los diputados, por los senadores o por cualquier comisión de la Cámara de Diputados[34].

Una vez presentado un proyecto de ley, se inicia su tramitación en la Comisión respectiva, donde se analiza y se discute su contenido antes de ser sometido a votación en la sala de la Cámara. Los proyectos de ley son derivados a una o más comisiones de la Cámara, dependiendo de su naturaleza y contenido. Estas comisiones son responsables de estudiar detalladamente el proyecto, realizar audiencias con expertos y ciudadanos interesados, proponer modificaciones y emitir un informe que será presentado ante la sala de la Cámara. Estas pueden solicitar la opinión de organismos públicos, expertos o ciudadanos en relación con el proyecto de ley que están estudiando.

Una vez que la comisión correspondiente ha emitido su informe, el proyecto de ley es llevado a discusión en la sala de la Cámara de Diputados. Durante la discusión en sala, los diputados pueden hacer uso de la palabra para exponer sus argumentos a favor o en contra del proyecto y pueden proponer modificaciones a través de indicaciones. La discusión puede dividirse en etapas, dependiendo de la complejidad del proyecto y del interés de los diputados en debatir ciertos aspectos en particular.

Una vez concluida la discusión, se procede a la votación del proyecto de ley y de las indicaciones presentadas por los diputados, que puede ser realizada de manera nominal, es decir, cada diputado vota individualmente y su voto es registrado, o puede ser realizada de manera conjunta mediante votación electrónica. Para que un proyecto de ley ordinaria sea aprobado, se requiere la mayoría de los votos de los diputados presentes en la sala[35].

Por su parte, la tramitación en el Senado tiene como objetivos la revisión y posible aprobación del proyecto, que sigue un proceso similar al que experimentó en la Cámara de Diputados, incluyendo su estudio en comisiones y su discusión y votación en sala.

---

34 La actual Constitución chilena no contempla la posibilidad de presentar iniciativas legislativas populares.

35 Véase el capítulo IV del Reglamento de la Cámara de Diputadas y Diputados de Chile. Recurso electrónico disponible en: https://www.camara.cl/camara/doc/leyes_normas/reglamento.pdf

IV.3. El poder judicial

La Constitución determina su estructura, funcionamiento y atribuciones. Se garantiza la independencia del Poder Judicial, estableciendo que este poder del Estado es autónomo y no está sujeto a instrucciones ni órdenes del presidente de la República ni de ningún otro poder del Estado. En todo caso, a partir del golpe militar de 1973, se niega que este poder tenga una independencia real. Así lo hizo patente un informe de la Comisión Interamericana de Derechos Humanos del año 1985, que advirtió esta circunstancia y estableció que el Poder Judicial "ha restringido su acción de manera tal que ha facilitado, en muchos casos, las extralimitaciones del poder político en perjuicio de los derechos de las personas"[36].

El Poder Judicial está organizado en diversos tribunales que ejercen la función jurisdiccional en distintas materias. En la cúspide se encuentra la Corte Suprema, que es el máximo tribunal de justicia del país y tiene competencia en asuntos de relevancia constitucional y en casos de recursos de casación. En el nivel inferior se encuentran los tribunales de primera instancia, como los juzgados de letras, los juzgados de garantía y los juzgados de familia, que tienen competencia en casos civiles, penales y de familia, respectivamente.

Además de la Corte Suprema, existen tribunales de apelación, como las Cortes de Apelaciones, que revisan las decisiones de los tribunales inferiores en determinadas materias.

A su vez, la Constitución establece una serie de garantías para asegurar la independencia, imparcialidad y eficacia del Poder Judicial. Entre ellas se encuentran la inamovilidad de los jueces, la incompatibilidad de ciertos cargos públicos con la función judicial y la publicidad de los juicios. Desde luego, afirma Bordalí Salamanca, en Chile se requiere realizar reformas constitucionales y legales en el derecho chileno que reafirmen el principio de una organización judicial como poder difuso. Estas reformas deben estar dirigidas a que ningún tribunal pueda tener poder sobre otros jueces o tribunales[37]. En la práctica, esto no ocurre debido a que los jueces inferiores, para garantizar la continuidad de su carrera, deben satisfacer a los superiores con el fin de obtener las calificaciones exigidas y opciones para un puesto de mayor jerarquía.

---

36 COMISIÓN INTERAMERICANA DE DERECHOS HUMANOS. Informe de país. Chile 1985, cap. 8. Disponible en: https://cidh.oas.org/countryrep/Chile85sp/cap8.htm

37 BORDALÍ SALAMANCA, A. "La independencia de los jueces en la aplicación de la ley dentro de la organización judicial chilena". Revista chilena de Derecho, V. 40, Nº 2, 2013, pp. 609-634.

IV.4. El Ministerio Público

Mediante la Ley 19.519 de reforma constitucional, se incorporó el Capítulo VI (posteriormente el VII) que creó al Ministerio Público. Se trata de un organismo autónomo e independiente del Poder Ejecutivo y de los demás poderes del Estado. Su función principal es investigar y perseguir los delitos, así como proteger los derechos de las víctimas y de la sociedad en general.

El Ministerio Público tiene la facultad exclusiva de dirigir la investigación de los delitos y de ejercer la acción penal pública en nombre del Estado. Esto significa que tiene la responsabilidad de reunir pruebas, realizar diligencias investigativas y presentar acusaciones ante los tribunales de justicia. Este órgano goza de autonomía funcional, administrativa y financiera. Esto significa que tiene la capacidad de dirigir sus acciones y tomar decisiones de manera independiente, sin influencia de otros poderes del Estado. El jefe del Ministerio Público es el fiscal nacional, quien es elegido por un período de ocho años por el Consejo General del Ministerio Público. El fiscal nacional representa al Ministerio Público y tiene la responsabilidad de dirigir y supervisar las investigaciones penales en todo el país[38].

Con respecto al Consejo General, es el órgano encargado de la administración superior del Ministerio Público. Está compuesto por el fiscal nacional, los fiscales regionales y otros miembros designados por ley. Entre sus funciones se destacan la designación y remoción de fiscales regionales, la aprobación del presupuesto del Ministerio Público, entre otras.

Cada región del país tiene un fiscal regional a cargo de la dirección y coordinación de las investigaciones penales en su jurisdicción. A nivel local, existen fiscales locales, que tienen la responsabilidad de conducir las investigaciones penales en sus respectivas comunas o territorios[39].

En definitiva, el Ministerio Público de Chile es una institución fundamental en el sistema de justicia del país, encargada de investigar y perseguir los delitos, proteger los derechos de las víctimas y contribuir a la aplicación efectiva de la ley. Su configuración constitucional y su autonomía garantizan su independencia en el ejercicio de sus funciones[40].

---

38 DUCE, M. "Diez años de reforma procesal penal en Chile: apuntes sobre su desarrollo, logros y desafíos". En: A diez años de la reforma procesal penal: los desafíos del nuevo sistema. Ministerio de Justicia, Santiago de Chile, 2010, pp. 191-234.

39 El concepto de comuna es el equivalente al de municipio español.

40 DUCE, M. Op. Cit.

IV.5. Banco Central de Chile

El Banco Central es la institución encargada de regular la moneda y el crédito en Chile. Tiene un papel fundamental en la estabilidad económica y financiera del país. Aunque no es una institución constitucional en el sentido estricto, su existencia y funciones están establecidas y reguladas por la ley, en particular, por la Ley 18.849 Orgánica Constitucional del Banco Central de Chile.

Este organismo goza de autonomía en el ejercicio de sus funciones, lo que puede definirse como "su capacidad para tomar decisiones en el ámbito que le concierne, en forma autónoma y sin recibir instrucciones gobierno"[41]. La finalidad de esta independencia sería sustraerlo de los vaivenes de la política y así facilitar el logro de sus objetivos[42].

Tiene la responsabilidad exclusiva de emitir la moneda nacional (peso chileno) y regular su circulación en la economía; es responsable de diseñar y ejecutar la política monetaria del país con el objetivo principal de mantener la estabilidad de precios y el valor de la moneda y supervisa el sistema financiero chileno para garantizar su solidez y estabilidad. Esto incluye la supervisión de bancos, instituciones y mercados financieros.

A pesar de su autonomía, el Banco Central de Chile está sujeto a altos estándares de transparencia y rendición de cuentas. Publica regularmente informes sobre su gestión, decisiones de política monetaria y análisis económicos.

La máxima autoridad del Banco es el Consejo del Banco Central, compuesto por cinco miembros designados por el presidente de la República con acuerdo del Senado, teniendo en consideración el perfil técnico de los candidatos. El presidente del Banco Central es elegido entre los miembros del Consejo y actúa como su representante.

Pese a que este órgano es considerado un referente a nivel internacional, no está exento de críticas. Una de ellas, sería que la actual constitución no contempla la acusación constitucional en contra de sus miembros, como método de control. Otra crítica es la injerencia del poder político en los nombramientos o *cuoteo político,* ya que al intervenir el Senado en esta función los criterios técnicos para seleccionar a los candidatos al consejo, el nombramiento queda supeditado a las coyunturas políticas habidas al momento en que este se produzca[43].

---

41 EYZAGUIRRE, N. y VERGARA, R. "Reflexiones en torno a la experiencia de autonomía del Banco Central de Chile". Cuadernos de Economía, año 30, N° 91, pág. 328.

42 LAGOS TORRES, A. Op. Cit.

43 LAGOS TORRES, A. Op. Cit.

V. DERECHOS FUNDAMENTALES

La naturaleza de fundamentales o esenciales de estos derechos y libertades implica la prevalencia de estos sobre toda norma, en cuanto a que tales derechos constituyen un límite al ejercicio de la soberanía, obligando -por tanto- a todos los poderes del Estado, tal como lo prescribe el inciso 2° del artículo 5° y, a su vez, operan como elementos interpretativos en toda operación de creación o aplicación del derecho[44].

El artículo 1°, inciso 4° de la Constitución dispone que, *"el Estado está al servicio de la persona humana y su finalidad es promover el bien común, para lo cual debe contribuir a crear las condiciones sociales que permitan a todos y cada uno de los integrantes de la comunidad nacional su mayor realización espiritual y material posible, con pleno respeto a los derechos y garantías que esta Constitución establece"*.

De esta manera, la Constitución Política de Chile establece especial protección de estos derechos fundamentales a través de diversas disposiciones, como la garantía de su igual protección y respeto por parte de los órganos del Estado, la prohibición de discriminación arbitraria y la protección judicial efectiva para hacer valer estos derechos, entre otras.

Además, Chile ha ratificado varios tratados internacionales de derechos humanos que refuerzan la protección de los derechos fundamentales, y estos tratados tienen fuerza de ley en el país. Así, los tribunales chilenos tienen la responsabilidad de garantizar el respeto y la protección de estos derechos en el ejercicio de su función judicial y pueden revisar la constitucionalidad de las leyes y actos del Estado que vulneren estos derechos[45].

Por otra parte, la protección judicial de los derechos fundamentales juega un papel crucial en el sistema legal y constitucional del país. Los tribunales chilenos, desde la Corte Suprema a los tribunales inferiores, tienen la responsabilidad de garantizar el respeto y la aplicación de los derechos fundamentales reconocidos en la Constitución y en tratados internacionales ratificados por Chile.

Esta garantía de protección judicial se lleva a cabo a través de varios mecanismos y procedimientos, entre los cuales destacan los siguientes:

i. *El recurso de protección*: Es una acción judicial que permite a cualquier persona solicitar la protección inmediata de sus derechos fundamenta-

---

44 NOGUEIRA ALCALÁ, H. Aspectos de una Teoría de los Derechos Fundamentales: La Delimitación, Regulación, Garantías y Limitaciones de los Derechos Fundamentales. Revista Ius et Praxis, 2005, Vol. 11, N° 2, pp. 15 - 64.

45 HENRÍQUEZ VIÑAS, M. La justicia constitucional chilena y vicios de forma: un caso de improcedencia. Revista de Derecho, 2017, N° 15, pp. 49-68.

les, cuando estos sean amenazados o vulnerados por actos u omisiones ilegales de autoridades o de particulares. Es de tramitación rápida y sumaria, y su objetivo es restablecer el derecho vulnerado o amenazado[46].

ii. *El recurso de amparo*: Es una acción judicial que procede cuando una persona es objeto de una detención ilegal, arbitraria o que amenace su derecho a la libertad personal. Tiene por objeto poner fin a la privación de libertad ilegal y proteger el derecho a la libertad personal del afectado.

iii. *Acciones de nulidad por inconstitucionalidad*: La Corte Suprema y otros tribunales chilenos tienen la facultad de revisar la constitucionalidad de las leyes y actos del Estado que vulneren los derechos fundamentales reconocidos en la Constitución. Cuando un tribunal considera que una norma legal es contraria a la Constitución, puede declarar su inconstitucionalidad y dejarla sin efecto.

iv. *Acciones de cumplimiento*: Las acciones de cumplimiento son acciones judiciales que permiten a cualquier persona solicitar a los tribunales que ordenen a las autoridades el cumplimiento de una norma legal o constitucional, cuando estas se niegan a cumplirla.

v. *Control de convencionalidad*: Los tribunales chilenos también deben realizar un control de convencionalidad para asegurar que las leyes y actos del Estado estén en conformidad con los tratados internacionales de derechos humanos ratificados por Chile. En especial, se refiere a la Convención Interamericana sobre Derechos Humanos y a la jurisprudencia de la Corte Interamericana de Derechos Humanos. Esta acción implica que los tribunales deben interpretar y aplicar las normas internas de acuerdo con los estándares internacionales en esta materia[47].

En definitiva, los derechos fundamentales en Chile son reconocidos y protegidos por la Constitución y otros instrumentos internacionales, y reciben una especial protección por parte de los órganos del Estado y el sistema judicial, con el objetivo de garantizar el respeto y la dignidad de todas las personas en el país.

Sin embargo, todo este sistema de protección quedó en tela de juicio después de los acontecimientos de octubre de 2019, fecha en la cual se produjeron protestas masivas en contra del sistema neoliberal consagrado en la Cons-

---

46 LETURIA INFANTE, F.J. Las acciones cautelares y el recurso de protección ¿Es necesaria una duplicidad de instituciones? Notas para una mejor garantía de los derechos fundamentales. Estudios constitucionales, Vol. 16, N° 1, 2018, pp. 227-244.

47 PAÚL DÍAZ, A. Los enfoques acotados del control de convencionalidad: las únicas versiones aceptadas de esta doctrina. Revista de Derecho, N° 246, 2019, pp. 49-82.

titución de 1980. De acuerdo con organismos internacionales, las fuerzas de seguridad y de orden provocaron la muerte, mutilaciones y graves lesiones a manifestantes, se constató la comisión de torturas y malos tratos de connotación sexual, agresiones a médicos, periodistas y reporteros, detenciones y reclusiones arbitrarias, entre otros abusos y vulneraciones a los derechos fundamentales[48].

VI. JUSTICIA CONSTITUCIONAL

Como se indicó anteriormente, la justicia constitucional se ejerce -por una parte- por los tribunales ordinarios de justicia y -por otra- por el Tribunal Constitucional. En este apartado, me referiré exclusivamente a este último quien se encarga de velar por la supremacía de la Constitución y de resolver conflictos de competencia entre los órganos del Estado, así como el control de constitucionalidad de las leyes y otros actos normativos.

El Tribunal Constitucional de Chile es un órgano autónomo e independiente, cuya principal función es controlar la constitucionalidad de las leyes y actos del Estado. Está compuesto por diez miembros, designados de la siguiente manera: tres son designados por el presidente de la República, tres por el Senado y cuatro por la Corte Suprema. Los miembros del Tribunal son abogados de reconocida competencia y tienen un mandato de nueve años, sin posibilidad de reelección. Estos deben actuar con independencia e imparcialidad en el ejercicio de sus funciones, resguardando la integridad y la supremacía de la Constitución.

La composición del Tribunal busca garantizar la representatividad y la diversidad de opiniones en el ejercicio de sus funciones, así como asegurar su independencia y autonomía respecto de los demás poderes del Estado, toda vez que este órgano desempeña un papel crucial en el sistema jurídico chileno al proteger y garantizar la supremacía de la Constitución y los derechos fundamentales de los ciudadanos[49].

El Tribunal tiene competencia para conocer y resolver diversas materias, entre las que destacan:

---

48 Véanse los informes de Amnesty International 2022/23," La situación de los Derechos Humanos en el mundo" (Chile); Informe de la Comisión Interamericana de Derechos Humanos, "Situación de Derechos Humanos en Chile"

49 Puede consultarse el portal del Tribunal Constitucioonal de Chile en: https://www2.tribunalconstitucional.cl/integracion-actual/atribuciones/#:~:text=El%20Tribunal%20tambi%C3%A9n%20controla%2C%20en,reglamentaria%20(decretos%20y%20resoluciones).

- El control de constitucionalidad de las leyes,
- La resolución de conflictos de competencia entre los órganos del Estado,
- La revisión preventiva y *a posteriori* de ciertos actos y disposiciones administrativas y de los tratados internacionales que versen sobre materias de derecho interno,

Su actividad se inicia por medio de los procedimientos establecidos en la ley, los cuales varían según la materia que se esté tramitando. Por ejemplo, para el control de constitucionalidad de las leyes, se siguen procesos específicos que permiten a las partes presentar sus argumentos y pruebas.

En cuanto a sus decisiones, estas son vinculantes y de carácter definitivo. toma sus decisiones por mayoría absoluta de sus miembros presentes y sesiona con la asistencia de la mayoría de estos. Sus fallos establecen la interpretación oficial de la Constitución en los casos que resuelve y tienen efectos *erga omnes*, es decir, son aplicables a todas las personas y autoridades del país. Nogueira Alcalá precisa que los efectos de estas sentencias se refieren a la modificación que estas producen en el ordenamiento jurídico como consecuencia de la nulidad y en las situaciones de los destinatarios que produce la parte resolutiva de las sentencias que determina la inconstitucionalidad y nulidad del precepto jurídico que hasta ese momento era eficaz[50].

VII. COMENTARIO A MODO DE CIERRE

En este capítulo, he pretendido realizar un somero análisis de aspectos importantes del Derecho Constitucional chileno. Sin duda, el lector podrá comprender que existen varios motivos que han propiciado la movilización de la sociedad chilena en pro de un proceso constituyente. Además de la constitución económica, existen otras deficiencias como la falta de independencia de los jueces, la configuración de la justicia constitucional, la autonomía del Ministerio Público y la conveniencia de un régimen parlamentario, entre otros.

En todo caso, la idea de un Estado mínimo frente a un fuerte sector privado que controla incluso aquellos servicios públicos esenciales ha sido la principal motivación de los movimientos ciudadanos, ya que el discurso exitista pronunciado durante décadas, confirma que cualquier sistema económico es próspero si funciona sobre la base de un gasto público muy reducido y una amplia mayoría de la población sumida en la precariedad.

---

50 NOGUEIRA ALCALÁ, H. "La sentencia del Tribunal Constitucional en Chile: análisis y reflexiones jurídicas. Estudios Constitucionales, N° 1, 2010, pp. 79-116.

BIBLIOGRAFÍA

ALDUNATE LIZANA, E. "La posición de los tratados internacionales en el sistema de fuentes del ordenamiento jurídico chileno a la luz del derecho positivo". *Ius et Praxis,* Vol. 16, Nº 2, 2010, pp. 185-210.

ASTE LEIVA, B. Estallido social en Chile: la persistencia de la Constitución neoliberal como problema. *Saggi-DPCE online,* Nº 1, 2020, pp. 3-19.

CAZOR ALISTE, K. y PICA, R. Tribunal Constitucional y control concreto en Chile: ¿Evolución hacia un amparo imperfecto? *Nomos,* Nº 3, 2009, pp. 13-39.

CONTRERAS VÁSQUEZ, P. Lovera Pardo, D. (2020). La constitución de Chile. Editorial Tirant lo Blanch, Santiago de Chile.

DUCE, M. "Diez años de reforma procesal penal en Chile: apuntes sobre su desarrollo, logros y desafíos". En: A diez años de la reforma procesal penal: los desafíos del nuevo sistema. Ministerio de Justicia, Santiago de Chile, 2010, pp. 191-234.

DURÁN, D. Chile: Un estado de bienestar inexistente. *UCMaule,* Nº 64, 2023, 103-116.

EYZAGUIRRE, N. y VERGARA, R. "Reflexiones en torno a la experiencia de autonomía del Banco Central de Chile". Cuadernos de Economía, año 30, Nº 91, pp. 327-347.

HENRÍQUEZ VIÑAS, M. Justicia constitucional chilena y vicios de forma: un caso de improcedencia. *Revista de Derecho UCUDAL,* Nº 15, 2017, pp. 49-68.

HENRY, S., "La Educación Chilena: ¿Derecho Humano o bien de consumo?" *Independent Study Project (ISP) Collection.* 1418, 2012. Recurso electrónico disponible en: https://digitalcollections.sit.edu/isp_collection/1418

JIMÉNEZ LARRAÍN, F; JIMÉNEZ LOOSLI, F. Historia constitucional de Chile. Ediciones UCSC, Concepción, 2021.

LAGOS TORRES, A. Reflexiones sobre el Banco Central de Chile en el rechazado borrador constitucional de 2022. *Derecho Público Iberoamericano,* Nº 22, 2023, pp. 43-84.

LETURIA INFANTE, F.J. Las acciones cautelares y el recurso de protección ¿Es necesaria una duplicidad de instituciones? Notas para una mejor garantía de los derechos fundamentales. *Estudios constitucionales,* Vol. 16, Nº 1, 2018, pp. 227-244.

MELÉNDEZ ÁVILA, F. "La forma de gobierno en el Chile actual: un caso de presidencialismo latinoamericano equilibrado". *Revista Republicana,* Nº 26, 2019, pp. 21-42.

MONCADA DURRUTI, B. Jaime Guzmán, el político de 1964 a 1980: una democracia contrarrevolucionaria. RIL Editores, Santiago de Chile, 2006.

NOGUEIRA ALCALÁ, H. "La sentencia del Tribunal Constitucional en Chile: análisis y reflexiones jurídicas. *Estudios Constitucionales,* Nº 1, 2010, pp. 79-116.

NOGUEIRA ALCALÁ, H. Aspectos de una Teoría de los Derechos Fundamentales: La Delimitación, Regulación, Garantías y Limitaciones de los Derechos Fundamentales. *Ius et Praxis,* V. 11, Nº 2, 2005, pp. 15-64.

PAÚL DÍAZ, A. Los enfoques acotados del control de convencionalidad: las únicas versiones aceptadas de esta doctrina. *Revista de Derecho,* Nº 246, 2019, pp. 49-82.

ROMERO SEGUEL, A. "El valor de la jurisprudencia en materia procesal a la luz del concepto de las leyes reguladoras de la prueba". *Revista Chilena de Derecho,* Vol 29, Nº 1, pp. 173-181.

SQUELLA NARDUCCI, A. Introducción al Derecho. Editorial Jurídica de Chile, Santiago, 2002.

VALDÉS, G. Distribución del poder político en Chile. Propuestas para una nueva Constitución: (1 ed.). RIL editores, 2021.

VIERA ÁLVAREZ, C. y GARCÍA-CAMPOS, G. El largo camino hacia la democracia: el neoliberalismo autoritario en la Constitución Económica chilena. *Revista de Derecho del Estado,* N° 58, 2024, pp. 389-422.

VIERA-GALLO, J y LÜBBERT, V. "Los tratados sobre Derechos Humanos en la jurisprudencia chilena". *Estudios internacionales,* N° 71, 2012, pp. 87-115.

ZÚÑIGA URBINA, F. Constitución y ley interpretativa: algunas notas sobre una paradoja y peligros relativos a este tipo de ley. *Ius et Praxis* [online], 2009, Vol.15, N° 2, pp.255-281.